检察实务培训系列教材

编委会主任：杨　司

编委会副主任：荣　彰　谢鹏程

监所检察
案例教程

JianSuo JianCha
AnLi JiaoCheng

荣彰／主编

中国检察出版社

《检察实务培训系列教材》
编委会和编写人员

编委会主任：杨　司

编委会副主任：荣　彰　　谢鹏程

编委会委员：曹改莲　严奴国　秦文峰　武传慧
　　　　　　胡克勤　王国宏　王海林　王建中
　　　　　　李　勃　张仲马　文晓平

编委会办公室：刘　恒　王晋真　杨　洁

《监所检察案例教程》编委会

主　　编：荣　彰

副主编：李卫平　周洪波

编写人员：李卫平　周洪波　袁玉成　蔺　春
　　　　　赵振钰　张迎宪　赵明春　任焕山
　　　　　毕太平　常天林　刘玉玲　杨建新
　　　　　常中平　马惠贤　白文亮　赵东华
　　　　　于　海　韩　斌　李世高　张青春
　　　　　张素庭　宋剑卫　张军民　苗金凤
　　　　　樊泮军　王志展　杨　刚　乔舸平
　　　　　杨　臻

总　序

检察教育培训是检察队伍建设的先导性、基础性、战略性工程，是检察机关提高法律监督能力的重要基础和主要途径，事关检察事业长远发展和进步。近年来，全国检察机关按照中央关于大规模培训干部、大幅度提高干部素质的战略部署，把教育培训纳入检察事业整体布局，提到优先发展的战略地位，大力推进检察教育培训工作，使检察队伍的人员结构、知识层次、专业素养有了较大改善。面对新形势新任务新要求，必须坚持把检察教育培训放在更加突出的位置来抓，要树立向教育培训要检力、要战斗力的理念，更加注重提高教育培训的质量，积极推进教育培训内容形式、方法手段和工作机制创新，不断健全中国特色检察教育培训体系，切实提升检察教育培训科学化水平，使检察教育培训工作始终与时代同步伐、与检察事业共发展。

培训教材资料建设是检察教育培训工作一项极为重要的基础性工作，是提高教育培训质量和检察队伍专业化、职业化水平的重要保障。当前，既要紧紧围绕全面提高思想政治素质、职业道德素质和业务素质的目标任务，抓紧开发与政治教育、专业理论、业务能力和综合素质等内容模块相配套的教材，也要以检察实务为重点，开发一批贴近实际、满足基层干警需求、特色鲜明、形式多样的实务培训教材和精品案例教材。最高人民检察院要抓好培训教材建设的组织、规划和指导，有条件的省级检察院可以探索编写反映本地特色和适应培训需要的教材。我们相信，通过上下级检察院的共同努力、系统内外的结合，充分发挥各方面的积极性、主动性和创造性，一定能够形成一个品种结构合理、内容科学规范、符合检察岗位素能基本标准要求、适应检察队伍专业化、职业化建设需要的检察培训教材体系。

山西省人民检察院一直高度重视检察教育培训和教材建设工作。在省检察院党组的领导下，国家检察官学院山西分院组织以资深检察官为主体、有专职教师参与的检察培训教材编写队伍，在培训需求调查和培训特色规律研究的基础上，以检察业务流程为主线，以典型的、代表性的案例为载体，以讲解办案的规则、政策、策略和经验为重点，编写了包括侦查监督、公诉、贪污贿赂犯罪侦查、渎职侵权犯罪侦查、民事行政检察、监所检察、刑事申诉检察、职务犯罪预防八个分册的《检察实务培训系列教材》。系列教材的针对性、实用性、可读性都很强，既可以作为新进检察人员的入门培训教材，也可以作为具备一定办案经验的检察人员业务素能提升的培训教材。由省级检察院牵头编写检察实务培训系列教材，其探索创新精神十分可嘉，其编写经验和初步成效难能可贵。通过编写精品教材，既可以为检察教育培训工作提供一套内容完整、流程规范、案例充实、适应不同培训需求的教学资源，促进和保障检察教育培训工作的系统化、规范化；又可以通过教材编写、修订，集中集体智慧，总结办案经验，提升理论概括能力，促进和提高参编教师、检察官的能力和水平。

是为序。

最高人民检察院党组成员、政治部主任　李如林

二〇一三年十二月

目　录

第一章　监所检察概述

　　监所检察是新中国检察机关自成立之日起就承担的一项传统的检察业务工作。1949 年 12 月颁布的中央人民政府最高人民检察署试行组织条例规定的最高人民检察署职权包括"检察全国司法与公安机关犯人改造所及监所之违法措施"。1951 年修改通过的最高人民检察署暂行组织条例规定的最高人民检察署职权包括"检察全国监所及犯人劳教改造机构之违法措施"。1954 年 9 月通过的人民检察院组织法第 4 条规定最高人民检察院负责"对于刑事判决的执行和劳动改造机关的活动是否合法，实行监督"，之后最高人民检察院成立了监所、劳动改造机关监督厅承担这一职责。但"监所检察"的称谓最早出现在 1979 年 7 月全国人大常委会颁布的人民检察院组织法中。该法第 20 条规定"最高人民检察院设置刑事、法纪、监所、经济等检察厅"。最高人民检察院据此设立了监所检察厅，负责"对于刑事案件判决、裁定的执行和监狱、看守所、劳动改造机关的活动是否合法，实行监督"。

　　关于监所检察工作，最高人民检察院先后制定下发了《人民检察院监所检察工作试行办法》、《关于监所检察工作若干问题的规定》、《关于加强和改进监所检察工作的决定》、《人民检察院监狱检察办法》、《人民检察院看守所检察办法》、《人民检察院劳教检察办法》、《人民检察院监外执行检察办法》等一系列规范性文件，进一步明确了监所检察工作的职责、任务和具体要求，监所检察制度逐步建立和完善。2012 年刑事诉讼法修订，赋予检察机关一些新的职责，《人民检察院刑事诉讼规则（试行）》则将一部分新的职责赋予监所检察部门。

第一节 监所检察的概念与特征

一、监所检察的概念

监所检察是一个历史的概念，随着监所检察部门职责的变动而变化。按照 2012 年刑事诉讼法和《人民检察院刑事诉讼规则（试行）》的规定，监所检察，是指人民检察院依照法律的规定，对刑事判决、裁定执行活动、劳动教养执行活动、看守所执法活动，指定居所监视居住执行活动以及强制医疗执行活动是否合法实行监督的总称。

刑事判决、裁定执行活动监督是监所检察的主要内容，其法律依据是人民检察院组织法的规定，其第 5 条规定"对于刑事案件判决、裁定的执行是否合法，实行监督"。刑事诉讼法也有规定，但只是规定对"对执行机关执行刑罚的活动是否合法实行监督"。根据《人民检察院刑事诉讼规则（试行）》的规定，刑事判决、裁定执行活动监督包括对刑事判决、裁定交付执行活动监督，死刑执行临场监督，附加刑判决执行监督以及监狱检察、看守所检察。死刑执行临场监督原分属于公诉部门和监所检察部门，根据《人民检察院刑事诉讼规则（试行）》的规定，现统一由监所检察部门负责。在这里，看守所检察仅限于代为执行刑罚监督。

劳动教养执行活动监督，也叫劳教检察，其法律依据是《劳动教养试行办法》第 6 条的规定："劳动教养机关的活动，接受人民检察院的监督。"1987 年最高人民检察院制定了《人民检察院劳教检察工作办法（试行）》，将劳动教养执行活动监督的职责交给监所检察部门。2008 年最高人民检察院颁布了《人民检察院劳教检察办法》，进一步规范了劳教检察。我国劳动教养制度多受诟病，而劳教检察在监所检察中也一直是薄弱环节。劳动教养制度改革势在必行，劳教检察也会随之变动。

看守所执法活动监督，也叫看守所检察，其法律依据是人民检察院组织法和看守所条例。人民检察院组织法第 5 条规定："对于刑事案件判决、裁定的执行和监狱、看守所、劳动改造机关的活动是否合法，实行监督。"看守所条例第 8 条规定："看守所的监管活动受人民检察院的法律监督。"看守所检察包括对看守所监管活动和代为执行刑罚活动的监督。

指定居所监视居住执行活动监督，其法律依据是 2012 年修订的刑事诉讼法和《人民检察院刑事诉讼规则（试行）》，是监所检察新增内容。刑事诉讼法第 73 条规定，人民检察院对指定居所监视居住的决定和执行是否合法实行监督。《人民检察院刑事诉讼规则（试行）》第 120 条规定，人民检察院监所检察部门依法对指定居所监视居住的执行活动是否合法实行监督。

强制医疗执行监督，其法律依据是 2012 年修订的刑事诉讼法和《人民检察院刑事诉讼规则（试行）》，是监所检察新增内容。刑事诉讼法第 289 条规定："人民检察院对强制医疗的决定和执行实行监督。"《人民检察院刑事诉讼规则（试行）》第 661 条规定，"人民检察院对强制医疗执行活动是否合法实行监督。强制医疗执行监督由人民检察院监所检察部门负责"。监所检察部门仅负责强制医疗执行监督，不负责对强制医疗决定活动进行监督。

二、监所检察的特征

监所检察是检察机关法律监督职能中的一项权能，它和民行检察、公诉、侦查监督等一样，是法律监督的一部分，具有共同的特征，也具有与公诉、民行检察等不一样的自身特征。这主要表现以下三个方面：

（一）监督职权具有综合性

监所检察部门俗称"小检察院"，主要是指检察院有的监督职权，监所检察部门大都有，监督职权具有综合性。其职责涉及检察机关法律监督职能的各个方面，既承担着对刑罚执行和监管活动是否合法进行监督的职责，也有审查逮捕、审查起诉和出庭公诉以及刑事立案监督、侦查监督、审判监督的职责，同时还负有立案侦查刑罚执行和监管活动中职务犯罪案件的职责。另外，还有刑事控告、申诉检察职责，以及对指定居所监视居住执行监督、强制医疗执行监督的职责。当然，刑罚执行监督和监管活动监督是监所检察的主要业务，决定监所检察的职能定位，其他职权则是为这一业务服务的。

（二）监督内容具有广泛性

广泛性是指监所检察监督的内容涉及刑事诉讼的全过程，包括立案监督、侦查监督、审判监督、刑事判决、裁定执行监督，从被刑事拘留、逮捕的犯罪嫌疑人、被告人的羁押期限，刑事判决、裁定的交付执行，到罪犯减刑、假释、暂予监外执行，直到罪犯刑满释放，都有监所检察的内容。其既包括对执行刑罚活动的监督，也包括对监管活动的监督；既包括对监管场所执行刑罚情况的监督，也包括对社会上执行刑罚的监督。另外，监所检察部门还负责对劳动教养机关审批和管理教育劳教人员的活动是否合法实行监督，使监督活动涉及行政执法领域。不仅如此，监所检察部门还负责对指定居所监视居住执行活动的监督以及强制医疗执行活动的监督。

（三）监督对象具有特定性

监所检察部门监督的内容尽管具有广泛性，但其监督对象则比较特定，主要是监狱、看守所、劳教所等监管机关及监管民警。监所检察部门对监狱、看守所的刑罚执行活动和监管活动实施监督，其所具有的立案监督、侦查监督权是针对监狱、看守所的狱侦部门立案、侦查的发生在监狱、看守所的犯罪案件，其所具有的职务犯罪立案侦查权也是针对发生在监狱、看守所的职务犯罪案件。当然，监所检察部门监督的对象还包括公安机关、人民法院以及社区矫正机构、强制医疗机构，主要是公安机关、人民法院执行刑事判决、裁定的活动以及社区矫正机构的社区矫正执行活动、强制医疗机构的强制医疗执行活动。

三、监所检察的效力

检察机关实施法律监督的基本手段有四种：一是侦查手段；二是审查批捕手段；三是公诉手段；四是司法监督手段，包括依法采取通知立案、抗诉、要求纠正违法、检察建议等手段，对侦查活动、各种类型的审判活动、刑罚执行活动实施的监督。单纯就刑罚执行法律监督来说，其手段仅限于要求纠正违法、检察建议。刑事诉讼法第 265 条规定："人民检察院对执行机关执行刑罚的活动是否合法实行监督。如果发现有违法的情况，应当通知执行机关纠正。"第 263 条规定："人民检察院认为人民法院减刑、假释的裁定不当，应当在收到裁定书副本后二十日以内，向人民法院提出书面纠正意见。人民法院应当在收到纠正意见后一个月以内重新组成合议庭进行审理，作出最终裁定。"原监狱法第 34 条规定："人民检察院认为人民法院减刑、假释的裁定不当，应当依照刑事诉讼法规定的期间提出抗诉，对于人民检察院抗诉的案件，人民法院应当重新审理。"这里，监所检察的手段还包括抗诉，但由于其与刑事诉讼法的规定相冲突，因此，2012 年监狱法修订时，就将该条修改为："人民检察院认为人民法院减刑、假释的裁定不当，应当依照刑事诉讼法规定的期间向人民法院提出书面纠正意见。对于人民检察院提出书面纠正意见的案件，人民法院应当重新审理。"这样，监所检察的手段现不包括抗诉。

检察机关法律监督行为的效力可分为五种情形：一是程序启动、变更及终结的效力。程序效力本身不具有实体处置的效果，也就是说这些法律行为只能产生一种程序上的影响，它只是达到某一法律目的的手段和措施。二是法律行为准行效力。这是指检察机关相对被动地对提请它审查的法律事项进行审批。这一审批行为具有允许某一法律措施实施或不允许其实施的效力，如检察机关的审查批捕。三是直接强制效力。这是指检察机关行使检察侦查权时所采取的强制措施和强制性侦查手段。四是有限范围内的实体处理效力。这是指检察机关采取不起诉以及撤销案件的手段，对案件的刑事问题，作出的否定性实体处理，从而产生的一种对实体法律关系进行确认和处理的效力。五是建议影响效力。这是指检察机关对侦查活动、审判活动、刑罚执行活动的合法性实施监督，提出要求有关机关纠正违法行为意见，以及结合办案对发案单位和有关系统提出要求其整改的检察建议，所产生的影响力。

单纯就监所检察的效力来说，只有两种：一是程序启动效力。如对人民法院的减刑、假释裁定不当的，检察机关提出书面纠正意见，发动人民法院重新组合合议庭再次审理的程序；对批准服刑罪犯暂予监外执行的决定提出书面纠正意见的，引起作为决定机关的重新核查程序。二是建议影响效力。其包括提出口头或书面纠正意见、检察建议所产生的效力。

对于监所检察的效力，监所检察部门的同志认为效力太弱，监督效果不好。因此，有同志认为应建立起被监督者的责任体系，对接到口头通知纠正违法、纠正违法通知书或是提请惩戒都应该有对相应的违法人员的处罚程序和结果的明确规定，才能把刑罚的执行监督工作切实执行落到实处，真正发挥出刑罚执行监督的应有作用。① 甚至有同志认为，如果执行机关不接受监督，检察机关可以直接追究相关人员的责任，也可直接纠正。

我们认为，监督的本意在于以第三者的立场察看，如果发现监督对象应该做而未做或不应该做而做了，作为监督者，应该提醒、督促其改正或纠正。如果对方不做，监督者亲自去做，那监督者就是当事者了，超越了监督的权限。对方不接受监督者的监督意见，监督者只能采取其他合法方式，而不能越俎代庖亲自去做。另外，无隶属关系的部门之间的监督和有隶属关系的部门之间的监督以及部门的自我监督不一样。有隶属关系的部门之间的监督由于存在领导和被领导的关系，上级部门对于下级部门的违法行为可以直接纠正，并且有权直接追究责任人的行政责任；但对于无隶属关系的部

---

① 许海峰主编：《法律监督的理论与实证研究》，法律出版社 2004 年版，第 325 页。

门，存在的只是监督和被监督的关系，发现监督对象的违法行为，只能是提出建议，无权直接纠正，也无权直接追究责任人的行政责任。因为这是权力配置和制衡的基本原则。如果作为监督者还享有决定权、处分权，其就能够决定被监督者的一切，该权力就过于膨胀。监督只是启动纠错程序，而不是亲自去纠错。

当然，法律监督应该有效力，否则就没有必要存在。强化法律监督的权威是应该的，但不能违背监督理论、权力制衡理论。纠正意见和检察建议应该具有法律约束力，虽然不应有直接强制力，但应该具有要求被监督部门按期答复的法律约束力。从立法角度讲，法律应明确规定这种效力。

不过，即使在目前情况下，监所检察也大有可为，可以靠整个法律监督权来强化监所检察的权威和效力。因为"检察权是统一的监督权，它具有联动和综合监督的优势。这里强化监督的关键之一，在于检察机关如何利用自身资源，摸索行刑监督的有效方法"。[①]

对于被监督部门拒不接受监督的，检察机关可以采取以下措施：（1）构成滥用职权、玩忽职守或徇私舞弊等渎职犯罪或构成受贿犯罪或属于利用职权实施的重大犯罪案件的，可以初查或进行立案侦查；（2）向上一级机关通报其下属机关在执法中的违法情况和不接受监督的情况；（3）被监督部门存在一般违法行为的，向当地纪检监察部门提出检察建议，建议给予执行主体及其直接责任人员党纪政纪处分；（4）对于屡不接受监督的，向同级人民代表大会或其常务委员会通报被监督部门的违法情况和不接受监督的情况。如果这些措施能够运用好，基本上能够解决被监督部门拒不接受监督的问题。

---

① 王利荣：《刑事执行检察监督问题研究》，载张智辉、谢鹏程主编：《中国检察》（第1卷），中国检察出版社2003年版。

第二节　监所检察的监督方式与措施

一、监所检察的监督方式

基于监所检察的主要对象是监管场所，我国监所检察实行的是派驻检察与巡回检察相结合的方式。

（一）派驻检察

派驻检察是检察机关开展监所检察监督工作的主要方式，包括派出检察院和派驻检察室两种组织形式。派驻检察人员每月派驻检察的时间不得少于 16 个工作日。

检察机关依照法律规定和监督工作的需要，在大型监管场所或监管场所相对集中的区域设置派出检察院，全面履行监所检察职责。除直辖市外，派出检察院一般由省辖市（自治州）人民检察院派出。省辖市（自治州）人民检察院派出的检察院的检察长与派出它的人民检察院监所检察部门主要负责人由一人担任，派出检察院的检察长应当由与监管场所主要负责人相当级别的检察官担任。派出检察院由派出它的人民检察院领导。派出检察院的各项业务工作，应当由派出它的人民检察院监所检察部门统一管理和指导，经费保障独立预决算或者直接拨款。

根据工作需要，派出检察院在所担负检察的监管场所要设置派驻检察室，检察室主任应当由派出检察院的副检察长或者相当级别的检察官担任。对于没有设置派出检察院的监狱、看守所，一般由市级人民检察院派驻检察室。对于看守所、拘役所，由其所属的公安机关对应的人民检察院派驻检察室。派驻检察室以派出它的人民检察院的名义开展法律监督工作，并由派出它的人民检察院监所检察部门进行业务管理和指导。派驻检察室主任应当由派出它的人民检察院监所检察部门的负责人或者相当级别的检察官担任。

（二）巡回检察

常年关押人数较少的小型监管场所，一般实行巡回检察。对小型监狱、劳教所，一般由市级人民检察院进行巡回检察；对小型看守所，由对应的人民检察院进行巡回检察。另外，检察机关对社区矫正活动、指定居所监视居住执行活动以及强制医疗执行活动是否合法一般也实行巡回检察。实行巡回检察的，每月不得少于 3 次。

二、监所检察的监督措施

（一）检察建议

检察建议是人民检察院为促进法律正确实施、促进社会和谐稳定，在履行法律监督职能的过程中，结合执法办案，建议有关单位完善制度，加强内部制约、监督，正确实施法律法规，完善社会管理、服务，预防和减少违法犯罪的一种重要方式。提出检察建议，应当立足检察职能、结合执法办案工作，坚持严格依法、准确及时、注重实效的原则。监所检察部门结合执法办案工作，可以向涉案单位、有关主管机关或者其他有关单位提出检察建议。

1. 检察建议的内容

根据 2009 年《人民检察院检察建议工作规定（试行）》的规定，检察建议一般包括以下内容：（1）问题的来源或提出建议的起因；（2）应当消除的隐患及违法现象；（3）治理防范的具体意见；（4）提出建议所依据的事实和法律、法规及有关规定；（5）被建议单位书面回复落实情况的期限等其他建议事项。

2. 提出检察建议的情形

监所检察部门在检察工作可以就一些情况提出检察建议：（1）监管场所在预防职务犯罪等方面管理不完善、制度不健全、不落实，存在犯罪隐患的；（2）在办理案件过程中发现应对有关人员或行为予以表彰或者给予处分、行政处罚的；（3）监狱、看守所、劳动教养机关以及社区矫正机构、强制医疗机构在执法过程中存在苗头性、倾向性的不规范问题，需要改进的，如基础设施存在安全隐患、制度存在漏洞的。

例如，陕西省咸阳市泾阳县人民检察院监所检察部门利用检察建议取得了很好的效果。该县看守所从 2011 年 6 月 1 日开始，实行在押人员食堂食谱上墙，每周不吃重样饭，而且饭菜质量大为提高，使在押人员备感温暖。这样大的变化，就得益于该县人民检察院监所检察科一份检察建议书所产生的效果。5 月 30 日，驻所检察官针对检查中发现的在押人员食堂饭菜花样单调、质不高、量不足的问题，向该所发出一份检察建议书，得到了县看守所领导及管教民警的重视，他们从社会上聘请高级厨师，努力为伙食科增加人力、物力和财力，做到了食谱公开，每周饭不重样，确保质高量足，使在押人员伙食得到了较大改善，彰显了人文关怀，有力地促进了被监管人员的思想改造，使监所管理与监所检察实现了"双赢"。

3. 提出检察建议的程序

监所检察部门可以直接向本院所办理案件的发案单位提出检察建议，提出检察建议时，应当按照统一的格式和内容制作检察建议书，报请检察长审批或者提请检察委员会讨论决定后，以人民检察院的名义送达有关单位。

需要向发案单位的上级单位或者有关主管机关提出检察建议的，办理案件的人民检察院应当层报被建议单位的同级人民检察院决定并提出检察建议。检察建议书应当报上一级人民检察院备案，同时抄送被建议单位的上级主管机关。

另外，监所检察部门应当及时了解和掌握被建议单位对检察建议的采纳落实情况，必要时可以回访。被建议单位对检察建议没有正当理由不予采纳的，监所检察部门可以通过本院向其上级主管机关反映有关情况。

（二）纠正违法

纠正违法，是指监所检察部门在检察工作中发现被监督者存在违法情形时，向被监督者提出纠正违法意见。

纠正违法通知与检察建议在性质、适用范围、对象以及法律效力等方面都不同。但在实践中，存在着混用的情况，尤其是以检察建议书代替纠正违法通知书的现象比较突出。二者的区别是：（1）二者的性质不同。检察建议书是指人民检察院在办案过程中，对有关单位在管理上存在的问题和漏洞，为建章立制、加强管理，以及认为应当追究有关当事人的党纪、政纪责任，向有关单位正式提出建议或向人民法院提出再审民事、行政案件建议时适用的非诉讼法律文书。纠正违法通知书则是指人民检察院在办理检察业务过程中，发现侦查、审判、执行等活动存在违法行为，依法向有关机关提出纠正违法意见时制作的非诉讼法律文书。（2）二者的适用范围不同。检察建议书主要适用于以下几个方面：一是有关单位在管理上存在问题和漏洞，为建章立制，加强管理，向有关单位正式提出建议时；二是有关单位在管理上存在问题和漏洞，检察机关认为应当追究有关当事人的党纪、政纪责任时。根据《人民检察院刑事诉讼规则（试行）》及相关法律规定，纠正违法通知书主要适用于以下几个方面：一是发现侦查机关的侦查活动有违法行为。二是发现审判机关的审判活动有违法行为。三是发现公安机关、监狱、看守所、未成年犯管教所、人民法院等执行机关有违法行为。（3）二者的法律效力不同。检察建议书，作为"建议"是指对于需要办理的某件事情提出如何办理的意见和主张，不是命令，也不是检察机关的法定职权，因此不具有法律的约束力和强制性，既不需由检察机关执行，也不需要有关部门和单位强制执行。它体现的是检察机关发挥法律监督职能作用的延伸和辐射，是扩大办案效果的一种形式。纠正违法通知书则是检察机关对公安机关、人民法院和司法行政机关在立案、侦查、审判、刑罚执行等诉讼环节中是否合法行使检察监督权的文书,具有明确的法律效力。①

纠正违法有口头和书面两种形式,口头纠正一般针对违法轻微的情形,书面纠正适用于口头纠正无效或违法严重的情形。口头纠正是当面提出,书面纠正通常采用纠正违法通知书的形式。纠正违法通知书是人民检察院在履行法律监督职责的过程中,发现侦查机关、审判机关或执行机关有违法行为时,为纠正其违法行为制作并向其发出的法律文书,具有较强的法律强制力。纠正违法通知书是检察机关监所检察工作中经常使用的一种法律文书。

1. 纠正违法通知书的内容

纠正违法通知书一般包括四部分内容:第一部分是写明发往的单位。第二部分是发现的违法情况,包括违法人员的姓名、单位、职务、违法事实等;如果是单位违法,要写明违法单位的名称。违法事实,要写明违法时间、地点、经过、手段、目的和后果等。第三部分是认定违法的理由和法律依据,包括违法行为触犯的法律、法规和规范性文件的条款以及违法行为的性质。第四部分是纠正意见。

2. 纠正违法的程序

根据《人民检察院刑事诉讼规则(试行)》和《人民检察院监狱检察办法》、《看守所检察办法》等的规定,纠正违法程序如下:

(1)监所检察人员发现轻微违法情况,可以当场提出口头纠正意见,并及时向派驻检察机构负责人报告,填写《检察纠正违法情况登记表》;

(2)派驻检察机构发现严重违法情况,或者在提出口头纠正意见后被监督单位7日以内未予纠正且不说明理由的,应当报经本院检察长批准,及时发出纠正违法通知书;

(3)人民检察院发出纠正违法通知书后15日以内,被监督单位仍未纠正或者回复意见的,应当及时向上一级人民检察院报告。

---

① 熊正、肖宏武:《检察建议书与纠正违法通知书应区别适用》,载 http://www.sina.com.cn,2008年10月15日。

对严重违法情况，派驻检察机构应当填写《严重违法情况登记表》，向上一级人民检察院监所检察部门报送并续报检察纠正情况。

被监督单位对人民检察院的纠正违法意见书面提出异议的，人民检察院应当复议。被监督单位对于复议结论仍然提出异议的，由上一级人民检察院复核。

3. 纠正违法的情形

一般来说，对于属于监督范围的被监督者的违法行为，监所检察部门都应纠正。《人民检察院刑事诉讼规则（试行）》、《人民检察院监狱检察办法》、《人民检察院看守所检察办法》、《人民检察院劳教检察办法》和《人民检察院监外执行检察办法》对典型的、常见的、重要的违法行为作了规定，例如，《人民检察院刑事诉讼规则（试行）》第 120 条对指定居所监视居住执行中的违法情形作出了规定，发现下列违法情形的，应当及时提出纠正意见：（1）在执行指定居所监视居住后 24 小时以内没有通知被监视居住人的家属的；（2）在羁押场所、专门的办案场所执行监视居住的；（3）为被监视居住人通风报信、私自传递信件、物品的；（4）对被监视居住人刑讯逼供、体罚、虐待或者变相体罚、虐待的；（5）有其他侵犯被监视居住人合法权利或者其他违法行为的。其第 630 条规定，人民检察院发现看守所有下列违法情形之一的，应当提出纠正意见：（1）监管人员殴打、体罚、虐待或者变相体罚、虐待在押人员的；（2）监管人员为在押人员通风报信，私自传递信件、物品，帮助伪造、毁灭、隐匿证据或者干扰证人作证、串供的；（3）违法对在押人员使用械具或者禁闭的；（4）没有将未成年人与成年人分别关押、分别管理、分别教育的；（5）违反规定同意侦查人员将犯罪嫌疑人提出看守所讯问的；（6）收到在押犯罪嫌疑人、被告人及其法定代理人、近亲属或者辩护人的变更强制措施申请或者其他申请、申诉、控告、举报，不及时转交、转告人民检察院或者有关办案机关的；（7）应当安排辩护律师依法会见在押的犯罪嫌疑人、被告人而没有安排的；（8）违法安排辩护律师或者其他人员会见在押的犯罪嫌疑人、被告人的；（9）辩护律师会见犯罪嫌疑人、被告人时予以监听的；（10）其他违法情形。对于法律法规明确规定的违法行为，要按照相关规定纠正；对于按照法律法规能够确认被监督者的行为违法的，也应按照法定程序进行纠正。

（三）查办职务犯罪

查办刑罚执行和监管活动中发生的职务犯罪，是监所检察部门开展监督工作的重要手段和保障。《人民检察院刑事诉讼规则（试行）》第169条规定，初查由侦查部门负责，在刑罚执行和监管活动中发现的应当由人民检察院直接立案侦查的案件线索，由监所检察部门负责初查。对于重大、复杂的案件线索，监所检察部门可以商请侦查部门协助初查；必要时也可以报检察长批准后，移送侦查部门初查，监所检察部门予以配合。根据刑法、刑事诉讼法的规定，监所检察部门直接办理监管人员体罚、虐待被监管人的案件，私放在押人员的案件，过失致使在押人员脱逃的案件，徇私舞弊办理减刑、假释、暂予监外执行的案件，监管民警在刑罚执行和监管活动中实施的其他渎职侵权和贪污贿赂犯罪，以及在刑罚执行和监管活动中发现线索的其他职务犯罪案件。

查办职务犯罪就要努力拓宽发现案件线索的渠道。可以通过设立宣传栏、举报信箱，个别谈话，召开被监管人及其家属座谈会，加强与监管机关纪检监察部门的联系，受理相关人员的举报、控告等，发现职务犯罪案件线索。另外，还要规范案件线索管理，严格按照规定分级上报备案，严禁瞒案不报、压案不查、有案不办。

第三节 监所检察的内容

一、监狱检察

监狱检察是指人民检察院对监狱执行刑罚和监管活动是否合法

实行监督。根据《人民检察院监狱检察办法》的规定，监狱检察的任务是：保证国家法律法规在刑罚执行活动中的正确实施，维护罪犯合法权益，维护监狱监管秩序稳定，保障惩罚与改造罪犯工作的顺利进行。监狱检察的职责是：（1）对监狱执行刑罚活动是否合法实行监督；（2）对人民法院裁定减刑、假释活动是否合法实行监督；（3）对监狱管理机关批准暂予监外执行活动是否合法实行监督；（4）对刑罚执行和监管活动中发生的职务犯罪案件进行侦查，开展职务犯罪预防工作；（5）对监狱侦查的罪犯又犯罪案件审查逮捕、审查起诉和出庭支持公诉，对监狱的立案、侦查活动和人民法院的审判活动是否合法实行监督；（6）受理罪犯及其法定代理人、近亲属的控告、举报和申诉；（7）其他依法应当行使的监督职责。监狱检察包括：收监、出监检察，刑罚变更执行检察，监管活动检察。

（一）收监、出监检察

1. 收监检察

收监检察，是指监所检察部门对监狱对罪犯的收押管理活动是否合法进行的监督。收监，是指监狱按照法定程序将被判处死刑缓期2年执行、无期徒刑、有期徒刑的罪犯收押入监的活动。收监意味着刑罚执行的开始，是一项严肃的执法活动，必须严格依照法定程序执行。监狱法第16条规定："罪犯被交付执行刑罚时，交付执行的人民法院应当将人民检察院的起诉书副本、人民法院的判决书、执行通知书、结案登记表同时送达监狱。监狱没有收到上述文件的，不得收监；上述文件不齐全或者记载有误的，作出生效判决的人民法院应当及时补充齐全或者作出更正；对其中可能导致错误收监的，不予收监。"

收监检察的内容包括：（1）监狱对罪犯的收监管理活动是否符合有关法律规定。（2）监狱收押罪犯有无相关凭证：一是收监交付执行的罪犯，是否具备人民检察院的起诉书副本和人民法院的刑事判决（裁定）书、执行通知书、结案登记表；二是收监监外执行的罪犯，是否具备撤销假释裁定书、撤销缓刑裁定书或者撤销暂予监外执行的收监执行决定书；三是从其他监狱调入罪犯，是否具备审批手续。（3）监狱是否收押了依法不应当收押的人员。

收监检察的方法主要有三：（1）对个别收监罪犯，实行逐人检察；（2）对集体收监罪犯，实行重点检察；（3）对新收罪犯监区，实行巡视检察。

根据《人民检察院刑事诉讼规则（试行）》第641条的规定，人民检察院发现监狱在收押罪犯活动中有下列情形之一的，应当依法提出纠正意见：（1）对公安机关、看守所依照刑事诉讼法第253条的规定送交监狱执行刑罚的罪犯，应当收押而拒绝收押的；（2）没有已经发生法律效力的刑事判决书或者裁定书、执行通知书等有关法律文书而收押的；（3）收押罪犯与收押凭证不符的；（4）收押依法不应当关押的罪犯的；（5）其他违反收押规定的情形。

对监狱依法应当收监执行而拒绝收押罪犯的，送交执行的公安机关、看守所所在地的人民检察院应当及时建议承担监督该监狱职责的人民检察院向监狱提出书面纠正意见。

2. 出监检察

出监检察，是指监所检察部门对监狱对罪犯的出监管理活动是否合法进行的监督。出监检察的主要内容是对罪犯出监有无相关凭证进行检察：（1）刑满释放罪犯，是否具备刑满释放证明书；（2）假释罪犯，是否具备假释裁定书、执行通知书、假释证明书；（3）暂予监外执行罪犯，是否具备暂予监外执行审批表、暂予监外执行决定书；（4）离监探亲和特许离监罪犯，是否具备离监探亲审批表、离监探亲证明；（5）临时离监罪犯，是否具备临时离监解回再审的审批手续；（6）调监罪犯，是否具备调监的审批手续。

出监检察主要采取查阅罪犯出监登记和出监凭证、与出监罪犯进行个别谈话、了解情况等方法。

在出监检察工作中，发现监狱在出监管理活动中有下列情形的，应当及时提出纠正意见：（1）没有出监凭证或者出监凭证不齐全而出监的；（2）出监罪犯与出监凭证不符的；（3）应当释放而没有释放或者不应当释放而释放的；（4）罪犯没有监狱人民警察或者办案人员押解而特许离监、临时离监或者调监的；（5）没有派员押送暂予监外执行罪犯到达执行地公安机关的；（6）没有向假释罪犯、暂予监外执行罪犯、刑满释放仍需执行附加剥夺政治权利罪犯的执行地公安机关送达有关法律文书的；（7）没有向刑满释放人员居住地公安机关送达释放通知书的；（8）其他违反出监规定的。

（二）刑罚变更执行检察

刑罚变更执行检察，是指监所检察部门对相关部门变更在监狱服刑犯人的刑罚种类、期限以及执行方式的活动是否合法进行的监督。刑罚变更执行检察包括减刑、假释检察和暂予监外执行检察。

1. 减刑、假释检察

减刑、假释检察，是指监所检察部门对监狱提请减刑、假释活动以及人民法院审理减刑、假释案件活动是否合法进行的监督。减刑、假释属于刑罚执行制度，是对罪犯的奖励措施。正确运用减刑、假释制度，能极大程度地调动罪犯改造的积极性，特别是假释制度，附条件地将罪犯提前释放，起着罪犯从监禁生活回归社会生活的过渡阶段的作用，有助于减少罪犯对社会生活的不适应而导致重新犯罪。

（1）对监狱提请减刑、假释活动的监督

根据刑法、刑事诉讼法和监狱法的规定，减刑、假释建议由执行机关提请，由法院裁定。监狱主要对死缓犯、无期徒刑犯和有期徒刑犯的减刑和无期徒刑犯、有期徒刑犯的假释提出建议。根据《人民检察院诉讼规则》的规定，监所检察部门对监狱提请减刑、假释活动进行监督。

第一，对监狱提请减刑、假释活动检察的内容，具体包括：

其一，提请减刑、假释罪犯是否符合法律规定条件。

根据刑法和2012年最高人民法院《关于办理减刑、假释案件具体应用法律若干问题的规定》，减刑的条件是：被判处管制、拘役、有期徒刑、无期徒刑的犯罪分子，在执行期间，认真遵守监规，接受教育改造，确有悔改表现的，或者有立功表现的，可以减刑；有重大立功表现的，应当减刑。假释的条件是：被判处有期徒刑的犯罪分子，执行原判刑期1/2以上，被判处无期徒刑的犯罪分子，实际执行13年以上，如果认真遵守监规，接受教育改造，确有悔改表现，没有再犯罪的危险的，可以假释。对累犯以及因故意杀人、强奸、抢劫、绑架、放火、爆炸、投放危险物质或者有组织的暴力性犯罪被判处10年以上有期徒刑、无期徒刑的犯罪分子，不得假释。

其二，提请减刑、假释的程序是否符合法律和有关规定。

关于提请减刑、假释的程序，2003年司法部颁布的《监狱提请减刑假释工作程序规定》作了明确、具体的规定。根据该规定，被判处有期徒刑的罪犯的减刑、假释，由监狱提出建议，提请罪犯服刑地的中级人民法院裁定。被判处死刑缓期2年执行的罪犯的减刑，被判处无期徒刑的罪犯的减刑、假释，由监狱提出建议，经省、自治区、直辖市监狱管理局审核同意后，提请罪犯服刑地的高级人民法院裁定。提请减刑、假释，应当由分监区召开全体警察会议，根据法律规定的条件，结合罪犯服刑表现，集体评议，提出建议，报经监区长办公会审核同意后，报送监狱刑罚执行（狱政管理）部门审查。刑罚执行（狱政管理）部门完成审查后，应当出具审查意见，连同监区或者直属分监区报送的材料一并提交监狱提请减刑假释评审委员会评审。监狱提请减刑假释评审委员会应当召开会议，对刑罚执行（狱政管理）部门审查提交的减刑、假释建议进行评审。会议应当有书面记录，并由与会人员签名。监狱提请减刑假释评审委员会经评审后，应当将拟提请减刑、假释的罪犯名单以及减刑、假释意见在监狱内公示。公示期限为7个工作日。公示期内，如有警察或者罪犯对公示内容提出异议，监狱提请减刑假释评审委员会应当进行复核，并告知复核结果。监狱提请减刑假释评审委员会完成评审和公示程序后，应当将拟提请减刑、假释的建议和评审报告，报请监狱长办公会审议决定。经监狱长办公会决定提请减刑、假释的，由监狱长在《罪犯减刑（假释）审核表》上签署意见，加盖监狱公章，并由监狱刑罚执行（狱政管理）部门根据法律规定制作提请减刑建议书或者提请假释建议书，连同有关材料一并提请人民法院裁定。监狱在向人民法院提请减刑、假释的同时，应当将提请减刑、假释的建议书面通报派出人民检察院或者派驻检察室。

被判处死刑缓期 2 年执行的罪犯的减刑，被判处无期徒刑的罪犯的减刑、假释，省、自治区、直辖市监狱管理局收到监狱报送的提请减刑、假释建议的材料后，应当由主管副局长召集刑罚执行（狱政管理）等有关部门进行审核。审核中发现监狱报送的材料不齐全或者有疑义的，应当通知监狱补交有关材料或者作出说明。监狱管理局主管副局长主持完成审核后，应当将审核意见报请局长审定；对重大案件或者有其他特殊情况的罪犯的减刑、假释问题，可以建议召开局长办公会审议决定。监狱管理局审核同意对罪犯提请减刑、假释的，由局长在《罪犯减刑（假释）审批表》上签署意见，加盖监狱管理局公章。

其三，对依法应当减刑、假释的罪犯，监狱是否提请减刑、假释。

这主要有两种情况：第一种是罪犯符合刑法第 78 条规定的 6 种重大立功，应当减刑而监狱没有提请对该罪犯减刑的情况；第二种是在办理减刑过程中出现的个别异常情况。如目前各监狱都在执行司法部《关于计分考核奖罚罪犯的规定》，监狱对罪犯每日、每个阶段的计分考核情况都要进行公示，每名罪犯对自己排在什么位置都很清楚。实践中，有的罪犯提出排在自己后面的罪犯已经得到减刑，而自己由于干警的喜好或其他原因没有减刑，检察工作中关注的应是这类罪犯的情况，而不是由于比例限制而无法减刑、假释的情况。对这类罪犯的减刑、假释情况，派驻检察人员要对罪犯的表现认真调查，查清监狱不予办理减刑的原因，认为监狱不予办理的理由不成立的，要及时向监狱提出提请减刑、假释的建议。

第二，对监狱提请减刑、假释活动检察的方法。根据《人民检察院监狱检察办法》的规定，对监狱提请减刑、假释活动检察的方法主要有：查阅被提请减刑、假释罪犯的案卷材料；查阅监区集体评议减刑、假释会议记录，罪犯计分考核原始凭证，刑罚执行（狱政管理）部门审查意见；列席监狱审核拟提请罪犯减刑、假释的会议；向有关人员了解被提请减刑、假释罪犯的表现等情况。

第三，应当提出纠正违法意见的情形。根据《人民检察院监狱检察办法》的规定，发现监狱在提请减刑、假释活动中有下列情形的，应当及时提出纠正意见：

其一，对没有悔改表现或者立功表现的罪犯，提请减刑的；

其二，对没有悔改表现，假释后可能再危害社会的罪犯，提请假释的；

其三，对累犯以及因故意杀人、强奸、抢劫、绑架、放火、爆炸、投放危险物质或者有组织的暴力性犯罪被判处 10 年以上有期徒刑、无期徒刑的犯罪分子，提请假释的；

其四，对依法应当减刑、假释的罪犯没有提请减刑、假释的；

其五，提请对罪犯减刑的起始时间、间隔时间和减刑后又假释的间隔时间不符合有关规定的；

其六，被提请减刑、假释的罪犯被减刑后实际执行的刑期或者假释考验期不符合有关规定的；

其七，提请减刑、假释没有完备的合法手续的；

其八，其他违反提请减刑、假释规定的。

（2）对法院审理减刑、假释案件活动的监督

第一，法院审理减刑、假释案件的程序，主要包括：

其一，关于法院审理减刑、假释案件的管辖和期限。2012 年《最高人民法院关于适用〈中华人民共和国刑事诉讼法〉的解释》第 449 条规定，对减刑、假释案件，应当按照下列情形分别处理：一是对被判处死刑缓期执行的罪犯的减刑，由罪犯服刑地的高级人民法院根据同级监狱管理机关审核同意的减刑建议书裁定；二是对被判处无期徒刑的罪犯的减刑、假释，由罪犯服刑地的高级人民法院，在收到同级监狱管理机关审核同意的减刑、假释建议书后 1 个

月内作出裁定，案情复杂或者情况特殊的，可以延长 1 个月；三是对被判处有期徒刑和被减为有期徒刑的罪犯的减刑、假释，由罪犯服刑地的中级人民法院，在收到执行机关提出的减刑、假释建议书后 1 个月内作出裁定，案情复杂或者情况特殊的，可以延长 1 个月；四是对被判处拘役、管制的罪犯的减刑，由罪犯服刑地中级人民法院，在收到同级执行机关审核同意的减刑、假释建议书后 1 个月内作出裁定。

其二，关于审理减刑、假释案件的公示。《最高人民法院关于适用〈中华人民共和国刑事诉讼法〉的解释》第 452 条规定，审理减刑、假释案件，应当对以下内容予以公示：一是罪犯的姓名、年龄等个人基本情况；二是原判认定的罪名和刑期；三是罪犯历次减刑情况；四是执行机关的减刑、假释建议和依据。公示应当写明公示期限和提出意见的方式。公示地点为罪犯服刑场所的公共区域；有条件的地方，可以向社会公示。

其三，关于审理减刑、假释案件的形式。《最高人民法院关于适用〈中华人民共和国刑事诉讼法〉的解释》第 453 条规定，审理减刑、假释案件，应当组成合议庭，可以采用书面审理的方式，但下列案件应当开庭审理：一是因罪犯有重大立功表现提请减刑的；二是提请减刑的起始时间、间隔时间或者减刑幅度不符合一般规定的；三是社会影响重大或者社会关注度高的；四是公示期间收到投诉意见的；五是人民检察院有异议的；六是有必要开庭审理的其他案件。

第二，对法院审理减刑、假释案件活动监督的方式和内容。人民法院开庭审理减刑、假释案件，人民检察院应当指派检察人员出席法庭，发表意见。人民法院对减刑、假释案件裁定后，在收到裁定书副本后要及时进行审查。审查的内容包括：

一是被减刑、假释的罪犯是否符合法定条件，对罪犯减刑的减刑幅度、起始时间、间隔时间或者减刑后又假释的间隔时间、罪犯被减刑后实际执行的刑期或者假释考验期是否符合有关规定；二是执行机关提请减刑、假释的程序是否合法；三是人民法院审理、裁定减刑、假释的程序是否合法；四是按照有关规定应当开庭审理的减刑、假释案件，人民法院是否开庭审理。

检察人员审查人民法院减刑、假释裁定，可以向罪犯所在单位和有关人员进行调查，可以向有关机关调阅有关材料。经审查认为人民法院减刑、假释的裁定不当，应当在收到裁定书副本后20日以内，报经检察长批准，向作出减刑、假释裁定的人民法院提出书面纠正意见。

对人民法院减刑、假释裁定的纠正意见，由作出减刑、假释裁定的人民法院的同级人民检察院书面提出。下级人民检察院发现人民法院减刑、假释裁定不当的，应当向作出减刑、假释裁定的人民法院的同级人民检察院报告。

另外，人民检察院对人民法院减刑、假释的裁定提出纠正意见后，应当监督人民法院是否在收到纠正意见后1个月以内重新组成合议庭进行审理，并监督重新作出的裁定是否符合法律规定。对最终裁定不符合法律规定的，应当向同级人民法院提出纠正意见。

2. 暂予监外执行检察

暂予监外执行检察，是指监所检察部门对监狱提请暂予监外执行活动以及批准部门批准暂予监外执行的活动是否合法进行的监督。

（1）对监狱提请暂予监外执行活动的监督

暂予监外执行检察的内容主要是：第一，呈报暂予监外执行罪犯是否符合法律规定的条件；第二，呈报暂予监外执行的程序是否符合法律和有关规定。对监狱呈报暂予监外执行活动检察的方法主要有三：第一，审查被呈报暂予监外执行罪犯的病残鉴定和病历资料；第二，列席监狱审核拟呈报罪犯暂予监外执行的会议；第三，向有关人员了解被呈报暂予监外执行罪犯的患病及表现等情况。

监所检察部门收到监狱抄送的暂予监外执行书面意见副本后，应当逐案进行审查，发现罪犯不符合暂予监外执行法定条件或者提请暂予监外执行违反法定程序的，应当在10日以内向决定或者批准机关提出书面检察意见，同时也可以向监狱提出书面纠正意见。

（2）对批准机关批准暂予监外执行活动的监督

监所检察部门在接到决定或者批准机关抄送的暂予监外执行决定书后，应当进行审查。审查的内容包括：第一，是否属于被判处有期徒刑或者拘役的罪犯；第二，是否属于有严重疾病需要保外就医的罪犯；第三，是否属于怀孕或者正在哺乳自己婴儿的妇女；第四，是否属于生活不能自理，适用暂予监外执行不致危害社会的罪犯；第五，是否属于适用保外就医可能有社会危险性的罪犯，或者自伤自残的罪犯；第六，决定或者批准机关是否符合刑事诉讼法第 254 条第 5 款的规定；第七，办理暂予监外执行是否符合法定程序。

检察人员审查暂予监外执行决定，可以向罪犯所在单位和有关人员调查、向有关机关调阅有关材料。经审查认为暂予监外执行不当的，应当自接到通知之日起 1 个月以内，报经检察长批准，向决定或者批准暂予监外执行的机关提出书面纠正意见。下级人民检察院认为暂予监外执行不当的，应当立即层报决定或者批准暂予监外执行的机关的同级人民检察院，由其决定是否向决定或者批准暂予监外执行的机关提出书面纠正意见。

另外，向决定或者批准暂予监外执行的机关提出不同意暂予监外执行的书面意见后，应当监督其对决定或者批准暂予监外执行的结果进行重新核查，并监督重新核查的结果是否符合法律规定。对核查不符合法律规定的，应当依法提出纠正意见，并向上一级人民检察院报告。

（3）提出纠正违法意见的情形

监所检察部门发现监狱暂予监外执行的执法活动有下列情形之一的，应当依法提出纠正意见：第一，将不符合法定条件的罪犯提请暂予监外执行的；第二，提请暂予监外执行的程序违反法律规定或者没有完备的合法手续，或者对于需要保外就医的罪犯没有省级人民政府指定医院的诊断证明和开具的证明文件的；第三，监狱提出暂予监外执行书面意见，没有同时将书面意见副本抄送人民检察院的；第四，罪犯被决定或者批准暂予监外执行后，未依法交付罪犯居住地社区矫正机构实行社区矫正的;第五,对符合暂予监外执行条件的罪犯没有依法提请暂予监外执行的;第六,发现罪犯不符合暂予监外执行条件,或者在暂予监外执行期间严重违反暂予监外执行监督管理规定,或者暂予监外执行的条件消失且刑期未满,应当收监执行而未及时收监执行或者未提出收监执行建议的;第七,人民法院决定将暂予监外执行的罪犯收监执行,并将有关法律文书送达监狱后,监狱未及时收监执行的;第八,对不符合暂予监外执行条件的罪犯通过贿赂等非法手段被暂予监外执行以及在暂予监外执行期间脱逃的罪犯,监狱未建议人民法院将其监外执行期间、脱逃期间不计入执行刑期或者对罪犯执行刑期计算的建议违法、不当的;第九,暂予监外执行的罪犯刑期届满,未及时办理释放手续的;第十,其他违法情形。

(三)监管活动检察

监管活动检察,是指监所检察部门对监狱对罪犯的监管活动是否合法进行的监督。监管活动检察主要包括禁闭检察、事故检察和狱政管理、教育改造活动检察。

1. 禁闭检察

禁闭是监狱对严重破坏监管秩序的罪犯采取的一种处罚措施,也是在特定条件下采取的防范措施。禁闭检察,是指监所检察部门对监狱对罪犯采取禁闭处罚措施活动是否合法进行的监督。

禁闭检察的内容包括:(1)适用禁闭是否符合规定条件,即:适用禁闭的罪犯应当是严重破坏监管秩序者;加戴械具仍不能消除危险者;重新犯罪正在审理者;报处死刑待批者。其中,严重破坏监管秩序主要针对监狱法第58条规定的8类情况:一是聚众哄闹监狱,扰乱正常秩序的;二是辱骂或者殴打人民警察的;三是欺压其他罪犯的;四是偷窃、赌博、打架斗殴、寻衅滋事的;五是有劳动能力拒不参加劳动或者消极怠工,经教育不改的;六是以自伤、自残手段逃避劳动的;七是在劳动中故意违反操作规程,或者有意损坏生产工具的;八是有违反监规纪律的其他行为的。(2)适用禁闭的程序是否符合有关规定；对罪犯适用禁闭有严格的程序规定，一般由中队填写申请关押禁闭审批表，经大队和狱政部门审核同意后，报监狱主管领导批准。对罪犯实行禁闭的期限，除死刑待批和正在审理的罪犯，应为7日至15日。派驻检察人员通过认真审阅禁闭登记和审批手续，掌握禁闭程序是否合法。（3）执行禁闭是否符合有关规定。监狱是否按照有关规定执行禁闭是检察的内容之一。1990年司法部《监管改造环境规范》第16条规定"禁闭室根据需要设在罪犯生活区内、外，使用面积每间不少于3平方米，室内高度不低于3米，窗户不小于0.8平方米；门、窗、灯要安装防护装置；罪犯睡铺要保证防潮保暖；室内要通风透光，经常消毒；室外要有放风场地"等，同时，对被关禁闭人员在伙食、活动等方面都有一定的标准。

禁闭检察的方法主要有：（1）对禁闭室进行现场检察；（2）查阅禁闭登记和审批手续；（3）听取被禁闭人和有关人员的意见。

发现监狱在适用禁闭活动中有下列情形的，应当及时提出纠正意见：（1）对罪犯适用禁闭不符合规定条件的；（2）禁闭的审批手续不完备的；（3）超期限禁闭的；（4）使用械具不符合有关规定的；（5）其他违反禁闭规定的。

2. 事故检察

事故检察，是指监所检察部门对监狱在监管活动中发生的事故进行的监督。事故检察的内容主要是罪犯脱逃、罪犯破坏监管秩序、罪犯群体病疫、罪犯伤残、罪犯非正常死亡以及其他事故。事故检察可以采取如下方法：（1）派驻检察机构接到监狱关于罪犯脱逃、破坏监管秩序、群体病疫、伤残、死亡等事故报告，应当立即派员赴现场了解情况，并及时报告本院检察长；（2）认为可能存在违法犯罪问题的，派驻检察人员应当深入事故现场，调查取证；（3）派驻检察机构与监狱共同剖析事故原因，研究对策，完善监管措施。

罪犯非正常死亡的，监所检察部门接到监狱通知后，原则上应在24小时以内对尸体进行检验，对死亡原因进行鉴定，并根据鉴定结论依法及时处理。对于监狱发生的重大事故，派驻检察机构应当及时填写《重大事故登记表》，报送上一级人民检察院，同时对监狱是否存在执法过错责任进行检察。辖区内监狱发生重大事故的，省级人民检察院应当检查派驻检察机构是否存在不履行或者不认真履行监督职责的问题。

3. 狱政管理、教育改造活动检察

狱政管理、教育改造活动检察，是指监所检察部门对监狱管理、教育改造罪犯的活动是否合法进行的监督。狱政管理、教育改造活动主要包括：监狱的分押分管工作，警戒工作，人民警察械具和武器的使用情况，罪犯通信、会见、生活、卫生、劳动和教育改造情况。分押分管是监狱根据监狱法及其有关法律规定，依据服刑罪犯的性别、年龄、犯罪类型、刑罚种类、刑期、主观恶性程度、改造表现等情况实行的分类关押、分级管理的制度。该制度可以最大限度地减少和预防不同类型罪犯之间的交叉感染，以求得最佳的监管效果。警戒是指为了防止和打击罪犯逃跑、破坏、行凶、暴乱等犯罪行为，预防其他意外事故的发生，确保监狱安全和监管改造工作的顺利进行而建立的。械具是用以预防和制止罪犯中某些危险行为发生的专门器械。械具的使用主要是对付一些罪犯采用的特殊手段，不是惩罚罪犯的刑具。械具有防范和警戒两个作用。会见、通信制度是指有关罪犯会见、通信活动必须遵守的办事规程，其意义在于能为罪犯及其亲属消除彼此间的忧虑、误解，使双方正常的亲情需要得到满足，有利于培养罪犯正常的情感情绪，从而安心服刑改造。生活卫生管理制度是指监狱必须遵循的有关罪犯衣、食、住、用、疾病的预防与治疗以及劳动保护等方面的办事规程。教育改造是指监狱在对罪犯惩罚管制的前提下，以转变罪犯思想、矫正犯罪恶习为目的，以灌输政治思想和文化、技术教育为主要内容的，有组织、有计划、系统的影响活动。

狱政管理、教育改造活动检察的内容主要是监狱的狱政管理、教育改造活动是否符合有关法律规定以及罪犯的合法权益是否得到保障。狱政管理、教育改造活动检察可以采取如下方法：（1）对罪犯生活、学习、劳动现场和会见室进行实地检察和巡视检察；
（2）查阅罪犯名册、伙食账簿、会见登记和会见手续；（3）向罪犯及其亲属和监狱人民警察了解情况，听取意见；（4）在法定节日、重大活动之前或者期间，督促监狱进行安全防范和生活卫生检查。

在狱政管理、教育改造活动检察工作中，发现监狱有下列情形的，应当及时提出纠正意见：（1）监狱人民警察体罚、虐待或者变相体罚、虐待罪犯的；（2）没有按照规定对罪犯进行分押分管的；（3）监狱人民警察没有对罪犯实行直接管理的；（4）安全防范警戒设施不完备的；（5）监狱人民警察违法使用械具的；（6）没有按照规定安排罪犯与其亲属会见的；（7）对伤病罪犯没有及时治疗的；（8）没有执行罪犯生活标准规定的；（9）没有按照规定时间安排罪犯劳动，存在罪犯超时间、超体力劳动情况的；（10）其他违反狱政管理、教育改造规定的。

二、看守所检察

看守所检察是指人民检察院依法对看守所收押、监管、释放犯罪嫌疑人、被告人以及对留所服刑罪犯执行刑罚等执法活动实行监督。根据《人民检察院看守所检察办法》的规定，看守所检察的任务是：保证国家法律法规在刑罚执行和监管活动中的正确实施，维护在押人员合法权益，维护看守所监管秩序稳定，保障刑事诉讼活动顺利进行。

根据 2010 年最高人民检察院、公安部《关于人民检察院对看守所实施法律监督若干问题的意见》的规定，看守所接受人民检察院法律监督的执法活动包括：（1）收押、换押；（2）羁押犯罪嫌疑人、被告人；（3）提讯、提解、押解；（4）安排律师会见；（5）使用警械和武器；（6）执行刑事判决、裁定；（7）执行刑罚；（8）释放；（9）其他执法活动。看守所接受法律监督的管理活动包括：（1）分押分管；（2）安排家属会见、通信；（3）安全防范；（4）教育工作；（5）生活卫生；（6）在押人员死亡等重大事件的调查处理；（7）其他管理活动。

对看守所的执法和管理活动，人民检察院采取下列方式进行监督：（1）人民检察院在看守所设立派驻检察室，派驻检察室以派出人民检察院的名义开展法律监督工作；对关押量较少的小型看守所，由人民检察院进行巡回检察。（2）人民检察院对看守所发生的在押人员死亡等重大事件，以及看守所在执法和管理活动中的职务犯罪案件，及时进行调查或者立案侦查。（3）人民检察院派驻检察室应当按照既定方式与看守所实行监管信息共享和监控联网，通过网络及时、全面掌握看守所执法情况和监管情况，实行看守所信息共享、动态管理和动态监督，并确保信息安全。（4）人民检察院派驻检察室应当与看守所建立和完善联席会议制度，定期召开会议，及时通报重大情况，分析监管活动和检察监督中存在的问题，研究改进工作的措施。（5）人民检察院派驻检察室应当列席看守所主要执法和监管工作会议，认真听取情况，发现问题及时提出纠正意见。（6）人民检察院派驻检察室应当建立和完善在押人员约见检察官制度。凡在押人员提出约见派驻检察官的，派驻检察官要及时谈话，了解情况。派驻检察官相关信息应当告知在押人员，检察信箱应当设置在在押人员监室，畅通在押人员举报、控告、申诉渠道。

根据《人民检察院看守所检察办法》、《人民检察院刑事诉讼规则（试行）》的规定，看守所检察主要包括：收押、出所检察，羁押、办案期限检察，监管活动检察和执行刑罚活动检察。

（一）收押、出所检察

1. 收押检察

收押检察，是指监所检察部门对看守所的收押管理活动是否合法进行的监督。

收押检察的内容包括：（1）看守所对犯罪嫌疑人、被告人和罪犯的收押管理活动是否符合有关法律规定。（2）看守所收押犯罪嫌疑人、被告人和罪犯有无相关凭证：其一，收押犯罪嫌疑人、被告人，是否具备县级以上公安机关、国家安全机关签发的刑事拘留证、逮捕证；其二，临时收押异地犯罪嫌疑人、被告人和罪犯，是否具备县级以上人民法院、人民检察院、公安机关、国家安全机关或者监狱签发的通缉、追捕、押解、寄押等法律文书；其三，收押剩余刑期在 3 个月以下的有期徒刑罪犯、判决确定前未被羁押的罪犯，是否具备人民检察院的起诉书副本、人民法院的判决（裁定）书、执行通知书、结案登记表；其四，收押被决定收监执行的罪犯，是否具备撤销假释裁定书、撤销缓刑裁定书或者撤销暂予监外执行的收监执行决定书。（3）看守所是否收押了依法不应当收押的人员。

收押检察的方法有审查看守所收押凭证和现场检察收押活动两种。这两种方式既可以同时采用，也可以根据情况分别进行。在检察中，对白天收押的人员，驻所检察人员应当当天检察登记完毕；对晚上收押的人员，应当次日上班后及时进行补充登记；对节日、假日收押的人员，应当在节日、假日上班后的第一天进行补充登记。对检察情况和发现的违法及纠正情况，既要在检察日志中有所反映，也要在《在押人员情况检察台账》中详细记录。对于收押检察，《人民检察院看守所检察办法》并没有强制规定必须逐人进行收押检察，派驻检察人员根据工作量的大小和看守所在押人员数量的多少，可以逐人检察，也可以采取抽查的形式。

监所检察人员发现看守所在收押管理活动中有下列情形的，应当及时提出纠正意见：（1）没有收押凭证或者收押凭证不齐全而收押的；（2）被收押人员与收押凭证不符的；（3）应当收押而拒绝收押的；（4）收押怀孕或者正在哺乳自己婴儿的妇女的；（5）收押除特殊情形外的患有急性传染病或者其他严重疾病的人员的；（6）收押法律规定不负刑事责任的人员的；（7）收押时未告知被收押人员权利、义务以及应当遵守的有关规定的；（8）其他违反收押规定的。其中，检察人员发现看守所收押了刑事诉讼法第 15 条、刑法第 17 条规定情形的人，应当立即向看守所提出纠正意见，并督促看守所立即释放：一是情节显著轻微，危害不大，不认为是犯罪的；二是犯罪以过追诉时效期限的；三是经特赦令免除刑罚的；四是依照刑法告诉才处理的犯罪，没有告诉或者撤回告诉的；五是不满16周岁的人除犯故意杀人、故意伤害致人重伤或者死亡、强奸、抢劫、贩卖毒品、放火、爆炸、投毒罪外，不负刑事责任等。

另外，根据《人民检察院看守所检察办法》的规定，收押检察后应当逐人建立《在押人员情况检察台账》。检察台账是驻所检察人员对每名在押人员从入所开始到其出所为止的档案记录，记载着看守所每一名在押人员的基本情况、诉讼环节、羁押期限、留所服刑及刑罚变更执行的情况，是驻所检察人员对在押人员情况进行检察监督的依据和凭证。通过检察台账，驻所检察人员可以随时掌握和及时发现看守所在收押、释放、羁押期限中存在的违法问题，及时提出纠正意见，督促看守所纠正，实现对看守所监管活动的有效监督。检察台账由三部分组成：一是在押人员基本情况，包括在押人员的羁押场所、姓名、性别、出生日期、案由、入所时间等。二是羁押期限情况。这里的羁押期限情况与日志中的羁押期限情况不同，记录每一名在押人员的诉讼环节、羁押时限及其期限变化情况，而不是看守所总体羁押期限情况。三是所内主要表现情况。主要记录在押人员奖惩情况。驻所检察人员要把检察台账登记与信息联网工作有机结合起来，已经实现与看守所信息系统联网的，可从看守所信息系统中直接获取在押人员基本情况，建档备查；未实现联网的，要及时与看守所核对情况，进行登记，填写台账。检察台账实行在押人员一人一账，登记内容应当做到及时、准确、无误。

2. 出所检察

出所检察，是指监所检察部门对看守所对在押人员的出所管理活动是否合法进行的监督。

出所检察主要是检察在押人员出所有无相关凭证：（1）被释放的犯罪嫌疑人、被告人或者罪犯，是否具备释放证明书；（2）被释放的管制、缓刑、独立适用附加刑的罪犯，是否具备人民法院的判决书、执行通知书；（3）假释罪犯，是否具备假释裁定书、执行通知书、假释证明书；（4）暂予监外执行罪犯，是否具备暂予监外执行裁定书或者决定书；（5）交付监狱执行的罪犯，是否具备生效的刑事判决（裁定）书和执行通知书；（6）交付劳教所执行的劳教人员，是否具备劳动教养决定书和劳动教养通知书；（7）提押、押解或者转押出所的在押人员，是否具备相关凭证。

出所检察主要采取查阅出所人员出所登记和出所凭证或者与出所人员进行个别谈话，了解情况等方法。

根据《人民检察院看守所检察办法》的规定，监所检察人员发现看守所在出所管理活动中有下列情形的，应当及时提出纠正意见：（1）出所人员没有出所凭证或者出所凭证不齐全的；（2）出所人员与出所凭证不符的；（3）应当释放而没有释放或者不应当释放而释放的；（4）没有看守所民警或者办案人员提押、押解或者转押在押人员出所的；（5）判处死刑缓期2年执行、无期徒刑、剩余刑期在3个月以上有期徒刑罪犯或者被决定劳动教养人员，没有在1个月内交付执行的；（6）对判处管制、宣告缓刑、裁定假释、独立适用剥夺政治权利、决定或者批准暂予监外执行罪犯，没有及时交付执行的；（7）没有向刑满释放人员居住地公安机关送达释放通知书的；（8）其他违反出所规定的。另外，监狱违反规定拒收看守所交付执行罪犯的，驻所检察室应当及时报经本院检察长批准，建议监狱所在地人民检察院监所检察部门向监狱提出纠正意见。

根据《人民检察院看守所检察办法》第13条的规定，被判处管制、宣告缓刑、裁定假释、决定或者批准暂予监外执行的罪犯，独立适用剥夺政治权利或者刑满释放仍需执行附加剥夺政治权利的罪犯出所时，驻所检察室应当填写《监外执行罪犯出所告知表》，寄送执行地人民检察院监所检察部门。这样做是为了防止监外执行罪犯漏管采取的一项重要措施，驻所检察室应当认真落实，完成这一"必选动作"。

（二）羁押、办案期限检察

羁押、办案期限检察，是指监所检察部门对公安机关、人民法院办理犯罪嫌疑人、被告人被羁押的刑事案件是否遵守羁押、办案期限规定进行的监督。《人民检察院刑事诉讼规则（试行）》第615条规定："对公安机关、人民法院办理案件的羁押期限和办案期限的监督，犯罪嫌疑人、被告人被羁押的，由人民检察院监所检察部门负责；犯罪嫌疑人、被告人未被羁押的，由人民检察院侦查监督部门或者公诉部门负责。对人民检察院办理案件的羁押期限和办案期限的监督，由本院案件管理部门负责。"据此，监所检察部门仅负责公安机关、人民法院办理刑事案件羁押、办案期限的监督，不再负责本院办理的案件，包括职务犯罪的侦查环节、刑事案件的侦查监督环节和审查起诉环节。另外，监所检察部门在监所检察工作中发现不需要继续羁押的，可以提出释放犯罪嫌疑人、被告人或者变更强制措施的建议。

1. 羁押期限检察的内容

（1）看守所执行办案换押制度是否严格，应当换押的是否及时督促办案机关换押。换押制度是指人民法院、人民检察院、公安机关在办理案件中，按照法律规定变更诉讼程序对被羁押的犯罪嫌疑人、被告人递次移送时，应当履行的期限交接手续的制度。1999年"两高一部"联合制定的《关于羁押犯罪嫌疑人、被告人实行换押制度的通知》，规定凡对在押的犯罪嫌疑人、被告人依法变更刑事诉讼程序的，均应办理换押手续。公安机关侦查终结移送人民检察院审查起诉的，人民检察院审查或者职务犯罪侦查终结后人民法院决定受理的，二审人民法院受理上诉、抗诉案件时，在递次移送交接时，移送机关应当填写《换押证》，随案移送；接收机关应当在《换押证》上注明承接时间，填写本诉讼阶段的法定起止时间，及时送达看守所。

（2）看守所是否在犯罪嫌疑人、被告人的羁押期限届满前7日，向办案机关发出羁押期限即将届满通知书。提示制度，是指看守所和人民检察院监所检察部门按照有关规定对办案期限即将届满前，应当向办案机关履行的提前告知程序的制度。在押的犯罪嫌疑人、被告人羁押期限届满前 7 日，看守所向办案机关发出羁押期限即将届满通知书进行提示。

（3）看守所是否在犯罪嫌疑人、被告人被超期羁押后，立即向人民检察院发出超期羁押报告书并抄送办案机关。发生犯罪嫌疑人、被告人被超期羁押情况后，看守所应当立即向人民检察院报告。派驻检察人员通过监督落实换押制度，可以准确掌握在押人员的诉讼环节和办案期限；通过预警提示，切实防止超期羁押问题的发生；通过监督看守所执行超期羁押报告制度，可以使超期羁押问题得到及时发现和纠正。

2. 羁押期限检察的方法

根据《人民检察院看守所检察办法》第 15 条的规定，羁押期限检察的方法有：（1）查阅看守所登记和换押手续，逐一核对在押人员诉讼环节及其羁押期限，及时记录诉讼环节及其羁押期限变更情况；（2）驻所检察室应当与看守所信息联网，对羁押期限实行动态监督；（3）提示看守所及时履行羁押期限预警职责；（4）对检察机关立案侦查的职务犯罪案件，在犯罪嫌疑人羁押期限届满前 7 日，监所检察部门应当向本院办案部门发出《犯罪嫌疑人羁押期限即将届满提示函》。当然，根据《人民检察院刑事诉讼规则（试行）》的规定，监所检察部门不再对本院办理案件的羁押、办案期限进行监督，上述第四项的内容就不属于监所检察部门的监督内容。

3. 纠正超期羁押的程序

检察人员发现在押犯罪嫌疑人、被告人被超期羁押后，应当区别情况予以纠正、报告：（1）发现看守所没有报告超期羁押的，立即向看守所提出纠正意见；（2）发现同级办案机关超期羁押的，立即报经本院检察长批准，向办案机关发出纠正违法通知书；（3）发现上级办案机关超期羁押的，及时层报上级办案机关的同级人民检察院；（4）发出纠正违法通知书后 5 日以内，办案机关未回复意见或者仍然超期羁押的，报告上一级人民检察院处理。

（三）监管活动检察

监管活动检察，是指监所检察部门对看守所对在押人员的监管活动是否合法进行的监督。监管活动检察主要包括事故检察和教育管理活动检察。

1. 事故检察

事故检察，是指监所检察部门对看守所在监管活动中发生的事故进行的监督。事故检察的内容有：（1）在押人员脱逃；（2）在押人员破坏监管秩序；（3）在押人员群体病疫；（4）在押人员伤残；（5）在押人员非正常死亡；（6）其他事故。

事故检察的方法有：（1）驻所检察室接到看守所关于在押人员脱逃、破坏监管秩序、群体病疫、伤残、死亡等事故报告，应当立即派员赴现场了解情况，并及时报告本院检察长；（2）认为可能存在违法犯罪问题的，派驻检察人员应当深入事故现场，调查取证；（3）驻所检察室与看守所共同剖析事故原因，研究对策，完善监管措施。

在押人员非正常死亡的，人民检察院接到看守所通知后，原则上应当在24小时内对尸体进行检验，对死亡原因进行鉴定，并根据鉴定意见依法及时处理。对于看守所发生的重大事故，驻所检察室应当及时填写《重大事故登记表》，报送上一级人民检察院，同时对看守所是否存在执法过错责任进行检察。

2. 教育管理活动检察

教育管理活动检察，是指监所检察部门对看守所对在押人员的教育管理活动是否合法进行的监督。根据看守所条例、《看守所条例实施办法（试行）》等有关文件的规定，看守所教育管理活动包括警戒看守、械具使用、提讯、生活卫生、会见通信、教育奖惩等内容。

教育管理活动检察的主要内容是检察看守所的教育管理活动是否符合有关规定，在押人员的合法权益是否得到保障。监督的重点是：（1）检察看守所是否按照规定对羁押的犯罪嫌疑人、被告人由民警直接监管，监管民警有无体罚、虐待或者变相体罚、虐待在押人员，以及利用在押人员管理在押人员。（2）检察看守所是否严格执法，监管民警有无为在押人员通风报信、私自传递信件、伪造立功材料等问题。（3）检察看守所是否按照规定对在押人员分别羁押的，即对男性和女性、同案犯罪嫌疑人、被告人、未成年人和成年人、未决人员和已决犯实行分别羁押，有无对在押人员混押混管。（4）检察看守所对关押犯罪嫌疑人、被告人的安全防范措施是否落实，特别是重要案犯、死刑犯的监管警戒措施是否严密、安全。（5）检察看守所是否按照规定依法使用警械具，有无违法使用警械具或者使用非法定械具的问题。（6）检察看守所是否按照规定适用禁闭措施，有无违反规定的条件和程序适用禁闭措施。（7）检察看守所是否按照规定安排办案人员提讯犯罪嫌疑人、被告人，有无违反规定安排办案人员一人提讯。（8）检察看守所是否按照规定安排律师及在押人员亲属与在押人员会见，有无违反规定安排律师及在押人员亲属与在押人员会见。（9）检察看守所是否按照规定执行在押人员的生活卫生标准，伤病治疗是否得到及时治疗。（10）检察看守所是否按照规定安排在押人员劳动，在押人员有无超时间、超体力劳动情况。

检察的方法主要有：（1）对监区、监室、提讯室、会见室进行实地检察和巡视检察；（2）查阅在押人员登记名册、伙食账簿、会见登记和会见手续；（3）向在押人员及其亲属和监管民警了解情况，听取意见；（4）在法定节日、重大活动之前或者期间，督促看守所进行安全防范和生活卫生检查。

根据《人民检察院刑事诉讼规则（试行）》第 630 条的规定，人民检察院发现看守所有下列违法情形之一的，应当提出纠正意见：（1）监管人员殴打、体罚、虐待或者变相体罚、虐待在押人员的；（2）监管人员为在押人员通风报信，私自传递信件、物品，帮助伪造、毁灭、隐匿证据或者干扰证人作证、串供的；（3）违法对在押人员使用械具或者禁闭的；（4）没有将未成年人与成年人分别关押、分别管理、分别教育的；（5）违反规定同意侦查人员将犯罪嫌疑人提出看守所讯问的；（6）收到在押犯罪嫌疑人、被告人及其法定代理人、近亲属或者辩护人的变更强制措施申请或者其他申请、申诉、控告、举报，不及时转交、转告人民检察院或者有关办案机关的；（7）应当安排辩护律师依法会见在押的犯罪嫌疑人、被告人而没有安排的；（8）违法安排辩护律师或者其他人员会见在押的犯罪嫌疑人、被告人的；（9）辩护律师会见犯罪嫌疑人、被告人时予以监听的；（10）其他违法情形。

另外，驻所检察室应当与看守所建立联席会议制度，及时了解看守所发生的重大情况，共同分析监管执法和检察监督中存在的问题，研究改进工作的措施。联席会议每半年召开一次，必要时可以随时召开。驻所检察室还应当协助看守所对在押人员进行经常性的法制宣传教育。

（四）执行刑罚活动检察

执行刑罚活动检察，是指监所检察部门对看守所对留所服刑人员执行刑罚活动是否合法进行的监督。执行刑罚活动检察主要包括留所服刑检察和减刑、假释、暂予监外执行活动检察。

1. 留所服刑检察

留所服刑检察，是指监所监察部门对看守所将罪犯留所服刑活动是否合法进行的监督。留所服刑检察的内容包括：（1）看守所办理罪犯留所服刑是否符合有关规定；（2）对剩余刑期在1年以上罪犯留所服刑的，是否按照规定履行批准手续；（3）看守所是否将未成年犯或者被决定劳教人员留所执行；（4）是否将被判处有期徒刑剩余刑期在3个月以上的罪犯留所服刑；（5）是否将留所服刑罪犯与犯罪嫌疑人、被告人混押、混管、混教。

留所服刑检察的方法有：（1）审查看守所《呈报留所服刑罪犯审批表》及相关材料；（2）向有关人员了解留所服刑罪犯的表现情况；（3）对留所服刑人员的监室实行巡视检察。

2. 减刑、假释、暂予监外执行活动检察

减刑、假释、暂予监外执行活动检察，是指监所检察部门对看守所提请或者呈报减刑、假释、暂予监外执行活动是否合法进行的监督。检察的内容包括：（1）提请或者呈报减刑、假释、暂予监外执行的罪犯，是否符合法律规定的条件；（2）提请或者呈报减刑、假释、暂予监外执行的程序是否符合法律和有关规定；（3）对依法应当减刑、假释、暂予监外执行的罪犯，看守所是否提请或者呈报减刑、假释、暂予监外执行。

对看守所提请或者呈报减刑、假释、暂予监外执行活动检察的方法有：（1）查阅被提请减刑、假释罪犯的案卷材料；（2）审查被呈报暂予监外执行罪犯的病残鉴定和病历资料；（3）列席看守所审核拟提请或者呈报罪犯减刑、假释、暂予监外执行的会议；（4）向有关人员了解被提请或者呈报减刑、假释、暂予监外执行罪犯的表现等情况。

三、劳动教养检察

劳动教养检察，是指人民检察院对劳教所执行劳教决定和监管活动是否合法实行监督。劳动教养简称劳教，是将违法尚不够刑罚处罚的人员，送进劳动教养管理所（场）进行强制性劳动教育改造的一种行政措施。

由于种种原因，劳教检察一直是监所检察的薄弱环节，劳教人员的合法权益也被忽视。近几年，随着监所检察的强化，对劳教检察也逐渐重视起来。2008 年最高人民检察院颁布了《人民检察院劳教检察办法》，较为全面地规定了劳教检察工作，一定程度地突出了劳教检察"维护劳教人员合法权益"的职责。根据《人民检察院劳教检察办法》的规定，劳教检察的任务是：保证国家法律法规在劳动教养活动中的正确实施，维护劳教人员合法权益，维护劳教场所监管秩序稳定，保障惩治和矫正劳教人员工作的顺利进行。劳教检察的职责是：（1）对劳教所执行劳教决定和监管活动是否合法实行监督；（2）对劳教所呈报和劳教管理机关批准延期、减期、提前解教、所外执行、所外就医活动是否合法实行监督；（3）对劳教执行和监管活动中发生的职务犯罪案件进行侦查，开展职务犯罪预防工作；（4）对公安机关侦查的劳教人员犯罪案件审查逮捕、审查起诉和出庭支持公诉，对公安机关的立案、侦查活动和人民法院的审判活动是否合法实行监督；（5）受理劳教人员及其法定代理人、近亲属的控告、举报和申诉；（6）其他依法应当行使的监督职责。

（一）入所、出所检察

1. 入所检察

入所检察，是指监所检察部门对劳教所的入所管理活动是否合法进行的监督。入所检察的内容有：（1）劳教所对被决定劳教人员的收容管理活动是否符合有关规定。（2）劳教所收容劳教人员有无相关凭证，包括：一是新收容劳教人员，是否具备劳动教养决定书和劳动教养通知书；二是被收回所内执行剩余劳教期的劳教人员，是否具备批准手续；三是从其他劳教所调入的劳教人员，是否具备审批手续。（3）劳教所是否收容了不应当收容的人员。

对劳教人员个别入所的，实行逐人检察；劳教人员集体入所的，实行重点检察；对新收劳教人员大队，实行巡视检察。

根据《人民检察院劳教检察办法》的规定，发现劳教所在收容管理活动中有下列情形的，应当及时提出纠正意见：（1）没有入所凭证或者入所凭证不齐全的；（2）收容劳教人员与入所凭证不符的；（3）应当收容而拒绝收容的；（4）收容怀孕的妇女、正在哺乳自己未满 1 周岁婴儿的妇女或者丧失劳动能力的人的；（5）收容除法律、法规有特殊规定外的精神病人、呆傻人、盲、聋、哑人，严重病患者的；（6）劳教人员入所后未按时通知其家属的；（7）其他违反收容规定的。

另外，派驻检察机构发现入所人员不符合劳动教养条件或者需要依法追究刑事责任的，应当在发现后 3 日以内，报经本院检察长批准，将有关材料转交劳教审批地人民检察院监所检察部门办理。

劳教审批地人民检察院监所检察部门收到相关材料后，应当在 15 日以内进行核查，并将核查情况和处理意见反馈劳教执行地人民检察院监所检察部门。

2. 出所检察

出所检察是指监所检察部门对劳教所的出所管理活动是否合法进行的监督。出所检察的内容主要是劳教人员出所有无相关凭证，包括：（1）解除劳教人员，是否具备解除劳动教养证明书、劳教审批机关撤销原劳教决定书、人民法院撤销原劳教决定的判决书；（2）所外执行人员，是否具备所外执行劳教呈批表、所外执行劳教证明；（3）所外就医人员，是否具备劳教人员所外就医呈批表、劳教人员所外就医证明；（4）离所人员，是否具备拘留证、逮捕证、调离转所审批手续或者因办案需要临时离所批准手续；（5）放假、准假人员，是否具备劳教人员放假、准假呈批表、劳教人员准假证明。

出所检察主要采取查阅出所人员的出所登记和出所凭证、与出所人员进行个别谈话、了解情况等方法。发现劳教所在出所管理活动中有下列情形的，应当及时提出纠正意见：（1）出所人员没有出所凭证或者出所凭证不齐全的；（2）出所人员与出所凭证不符的；（3）到期不及时办理解教手续或者无故扣押解教证明的；（4）被刑事拘留、逮捕或者因办案需要临时离所以及调离转所人员，没有劳教所民警或者办案人员押解的；（5）没有向解教人员居住地公安机关送达解除劳动教养通知书的；（6）没有向所外执行、所外就医人员居住地公安机关送达有关法律文书的；（7）其他违反出所规定的。

（二）劳教变更执行检察

劳教变更执行检察，是指对劳教所呈报劳教变更执行活动是否合法进行的监督。劳教变更执行包括变更执行期限和变更执行方式，前者包括延长劳动教养期限、减期、提前解除劳动教养，后者包括所外执行、所外就医。

1. 劳教变更执行检察的内容

检察的内容包括：（1）呈报延期、减期、提前解教、所外执行、所外就医的劳教人员，是否符合规定的条件；（2）呈报延期、减期、提前解教、所外执行、所外就医的程序，是否符合有关规定；（3）对应当延期、减期、提前解教、所外执行、所外就医的劳教人员，劳教所是否呈报延期、减期、提前解教、所外执行、所外就医。

2. 劳教变更执行检察的方法

对劳教所呈报劳教变更执行活动检察的方法有：（1）查阅被呈报延期、减期、提前解教、所外执行、所外就医劳教人员的案卷材料；（2）查阅劳教人员所在中队办公会记录、计分考核原始凭证、劳教人员病历资料、医院诊断证明以及劳教所的审查意见；（3）列席劳教所研究呈报延期、减期、提前解教、所外执行、所外就医的会议；（4）向有关人员了解被呈报延期、减期、提前解教、所外执行、所外就医劳教人员的表现等情况。

3. 应提出纠正意见的违法情形

根据《人民检察院劳教检察办法》的规定，监所检察部门发现劳教所在呈报劳教变更执行活动中有下列情形的，应当及时提出纠正意见：（1）对劳教期间表现不好或者有重新违法犯罪可能的劳教人员，呈报减期、提前解教、所外执行的；（2）对多次流窜作案被劳教的人员呈报提前解教、所外执行的；（3）对因吸毒被劳教尚未戒除毒瘾的人员呈报提前解教、所外执行的；（4）对患有性病未治愈的劳教人员呈报提前解教、所外执行的；（5）呈报所外就医人员没有劳教所医院或者指定地方县级以上医院出具的证明，或者没有家属提出书面申请或者担保的；（6）其他违反呈报减期、提前解教、所外执行、所外就医规定的。

4. 劳教变更执行检察的程序

（1）派驻检察机构收到劳教所移送的呈报延期、减期、提前解教材料的，应当及时审查并签署意见。认为呈报延期、减期、提前解教不当的，应当提出纠正意见，填写《劳教所办理延期、减期、提前解教不当情况登记表》。所提纠正意见未被采纳的，可以报经本院检察长批准，向受理本案的劳教管理机关的同级人民检察院报送。

派驻检察机构收到劳教所移送的呈报所外执行、所外就医材料的，应当及时审查并签署意见。认为呈报所外执行、所外就医不当的，应当提出纠正意见。

（2）派驻检察机构应当将审查情况填入《劳教所办理所外执行、所外就医情况登记表》，报送受理本案的劳教管理机关的同级人民检察院监所检察部门。

（3）派驻检察机构发现延期、减期、提前解教、所外执行、所外就医的决定不当的，报经本院检察长批准，应当立即向作出批准决定的劳教管理机关的同级人民检察院监所检察部门报告。人民检察院监所检察部门收到派驻检察机构的报告后，应当及时审查。认为延期、减期、提前解教、所外执行、所外就医不当的，应当向劳教管理机关提出书面纠正意见。

（三）监管活动检察

监管活动检察，是指监所检察部门对劳教所的监管活动是否合法进行的监督。主要内容包括禁闭检察、事故检察和教育管理活动检察。

1. 禁闭检察

禁闭检察，是指监所检察部门对劳教所对劳教人员采取禁闭处罚措施活动是否合法进行的监督。检察的内容主要是适用禁闭是否符合规定的条件，适用禁闭的程序是否符合有关规定，以及执行禁闭是否符合有关规定。禁闭检察的方法主要是对禁闭室进行现场检察，查阅禁闭登记和审批手续，听取被禁闭人和有关人员的意见。

监所检察人员发现劳教所在适用禁闭活动中有下列情形的，应当及时提出纠正意见：（1）对劳教人员适用禁闭不符合规定条件的；（2）禁闭的审批手续不完备的；（3）超期限禁闭的；（4）使用械具不符合有关规定的；（5）其他违反禁闭规定的。

2. 事故检察

事故检察，是指监所检察部门对劳教所在监管活动中发生的事故进行的监督。事故检察的内容主要是劳教人员逃跑、破坏监管秩序、群体病疫、伤残、非正常死亡以及其他事故。事故检察的方法主要有：（1）派驻检察机构接到劳教所关于劳教人员逃跑、破坏监管秩序、群体病疫、伤残、死亡等事故报告，应当立即派员赴现场了解情况，并及时报告本院检察长；（2）认为可能存在违法犯罪问题的，派驻检察人员应当深入事故现场，调查取证；（3）派驻检察机构与劳教所共同剖析事故原因，研究对策，完善监管措施。

劳教人员非正常死亡的，人民检察院接到劳教所通知后，原则上应当在 24 小时内对尸体进行检验，对死亡原因进行鉴定，并根据鉴定结论依法及时处理。

对于劳教所发生的重大事故，派驻检察机构应当及时填写《重大事故登记表》，报送上一级人民检察院，同时对劳教所是否存在执法过错责任进行检察。

3. 教育管理活动检察

教育管理活动检察，是指监所检察部门对劳教所对劳教人员的教育管理活动是否合法进行的监督。检察的内容主要是劳教所的教育管理活动是否符合有关规定以及劳教人员的合法权益是否得到保障。

教育管理活动检察的方法主要有：（1）对劳教人员生活、学习、劳动现场和会见室进行实地检察和巡视检察；（2）查阅劳教人员登记名册、伙食账簿、劳动记录、会见登记和会见手续；（3）向劳教人员及其亲属和监管民警了解情况，听取意见；（4）在法定节日、重大活动之前或者期间，督促劳教所进行安全防范和生活卫生检查。

监所检察人员发现劳教所在教育管理活动中有下列情形的，应当及时提出纠正意见：（1）监管民警体罚、虐待或者变相体罚、虐待劳教人员的；（2）没有按照规定对劳教人员实行分类编队、分级管理的；（3）监管民警没有对劳教人员实行直接管理的；（4）监管民警违法使用警械、械具的；（5）没有按照规定安排劳教人员与其亲属会见的；（6）没有及时治疗伤病劳教人员的；（7）没有执行劳教人员生活标准规定的；（8）没有按照规定时间安排劳教人员劳动，存在劳教人员超时间、超体力劳动情况的；（9）其他违反教育管理规定的。

四、社区矫正检察

社区矫正检察，是指监所检察部门依法对社区矫正执法活动是否合法进行的监督。社区矫正，是与监禁矫正相对的行刑方式，是指将符合社区矫正条件的罪犯置于社区内，由专门的国家机关，在相关社会团体和民间组织以及社会志愿者的协助下，在判决、裁定或决定确定的期限内，矫正其犯罪心理和行为恶习，并促进其顺利回归社会的非监禁刑罚执行活动。根据刑事诉讼法第 258 条的规定，对被判处管制、宣告缓刑、假释或者暂予监外执行的罪犯，依法实行社区矫正，由社区矫正机构负责执行。根据 2012 年最高人民法院、最高人民检察院、公安部、司法部《社区矫正实施办法》第 2 条的规定，司法行政机关负责指导管理、组织实施社区矫正工作。人民法院对符合社区矫正适用条件的被告人、罪犯依法作出判决、裁定或者决定。人民检察院对社区矫正各执法环节依法实行法律监督。根据 2012 年《人民检察院刑事诉讼规则（试行）》的规定，社区矫正监督由监所检察部门负责。

（一）社区矫正检察对象

《社区矫正实施办法》第 2 条规定："司法行政机关负责指导管理、组织实施社区矫正工作。……公安机关对违反治安管理规定和重新犯罪的社区矫正人员及时依法处理。"第 3 条规定："县级司法行政机关社区矫正机构对社区矫正人员进行监督管理和教育帮助。司法所承担社区矫正日常工作。"

检察机关对社区矫正的监督重点应是执法活动的合法性，对于违法行为依法予以纠正，对于发现社区矫正工作中存在的突出问题提出检察建议。社区矫正工作的执法者、工作者才是检察机关法律监督的对象。《刑法修正案（八）》的出台，从刑法条文上取消了公安机关负责对社区矫正人员监督考察的表述，使司法行政机关真正成为社区矫正的牵头机关。《社区矫正实施办法》细化了公安机关、司法行政机关在社区矫正工作中的职责分工，进一步解决了社区矫正执法主体和工作主体职责不明的问题。

因此，检察机关监督的对象不是接受社区矫正的监外服刑人员，而主要是担负监外执行交付、管理、矫正社区服刑人员的人民法院、司法行政机关和公安机关的司法、执法活动，监督这些国家机关及其履职活动是否合法。

（二）社区矫正检察的内容

《社区矫正实施办法》规定，人民检察院对社区矫正各执法环节依法实行法律监督。因此，社区矫正检察的内容包括确认矫正对象、交付执行、执行矫正、执行变更、执行终止等执法活动的监督。根据《人民检察院刑事诉讼规则（试行）》的规定，社区矫正监督的重点是：（1）没有依法接收交付执行的社区矫正人员的；（2）违反法律规定批准社区矫正人员离开所居住的市、县，或者违反人民法院禁止令的内容批准社区矫正人员进入特定区域或者场所的；（3）没有依法监督管理而导致社区矫正人员脱管的；（4）社区矫正人员违反监督管理规定或者人民法院的禁止令，依法应予治安管理处罚，没有及时提请公安机关依法给予处罚的；（5）缓刑、假释罪犯在考验期内违反法律、行政法规或者有关缓刑、假释的监督管理规定，或者违反人民法院的禁止令，依法应当撤销缓刑、假释，没有及时向人民法院提出撤销缓刑、假释建议的；（6）对具有刑事诉讼法第257条第1款规定情形之一的暂予监外执行的罪犯，没有及时向决定或者批准暂予监外执行的机关提出收监执行建议的；（7）对符合法定减刑条件的社区矫正人员，没有依法及时向人民法院提出减刑建议的；（8）对社区矫正人员有殴打、体罚、虐待、侮辱人格、强迫其参加超时间或者超体力社区服务等侵犯其合法权利行为的；（9）人民法院对依法应当撤销缓刑、假释的罪犯没有依法、及时作出撤销缓刑、假释裁定的；（10）对不符合暂予监外执行条件的罪犯通过贿赂等非法手段被暂予监外执行的；（11）在暂予监外执行期间脱逃的罪犯的执行刑期计算错误的；（12）有权决定、批准暂予监外执行的机关对依法应当收监执行的罪犯没有及时依法作出收监执行决定的，等等。

（三）社区矫正检察的措施

《社区矫正实施办法》第37条规定："人民检察院发现社区矫正执法活动违反法律和本办法规定的，可以区别情况提出口头纠正意见、制发纠正违法通知书或者检察建议书。交付执行机关和执行机关应当及时纠正、整改，并将有关情况告知人民检察院。"第38条规定："在实施社区矫正过程中，司法工作人员有玩忽职守、徇私舞弊、滥用职权等违法违纪行为的，依法给予相应处分；构成犯罪的，依法追究刑事责任。"

因此，在监督过程中，检察机关可区分不同情况采取不同监督措施：提出口头纠正意见、制发纠正违法通知书或者检察建议书。此外，还应依法行使职务犯罪立案侦查权，通过对社区矫正法律监督对象的贪污贿赂和渎职侵权犯罪案件进行立案管辖，加强社区矫正检察。

五、死刑执行临场监督

死刑执行临场监督，是指监所检察部门依法临场对人民法院执行死刑立即执行判决的活动是否合法进行的监督。死刑执行临场监督原由公诉部门和监所部门分别负责：监所检察部门只负责本部门起诉后经人民法院判处死刑的罪犯和对死刑缓期二年执行的罪犯核准交付执行死刑的临场监督，其余绝大多数则由公诉部门负责。2012年《人民检察院刑事诉讼规则（试行）》则根据工作便宜的原则对此进行了调整，其第635条规定："死刑执行临场监督由人民检察院监所检察部门负责。"

（一）死刑执行的程序

根据刑事诉讼法和 2012 年《最高人民法院关于适用〈中华人民共和国刑事诉讼法〉的解释》的规定，死刑采用枪决或者注射等方法执行，由人民法院负责执行。采用注射方法执行死刑的，应当在指定的刑场或者羁押场所内执行。采用枪决、注射以外的其他方法执行死刑的，应当事先层报最高人民法院批准。

执行死刑前，指挥执行的审判人员对罪犯应当验明正身，讯问有无遗言、信札，并制作笔录，再交执行人员执行死刑。执行死刑应当公布，禁止游街示众或者其他有辱罪犯人格的行为。

执行死刑后，应当由法医验明罪犯确实死亡，在场书记员制作笔录。负责执行的人民法院应当在执行死刑后 15 日以内将执行情况，包括罪犯被执行死刑前后的照片，上报最高人民法院。

执行死刑后，负责执行的人民法院应当办理以下事项：（1）对罪犯的遗书、遗言笔录，应当及时审查；涉及财产继承、债务清偿、家事嘱托等内容的，将遗书、遗言笔录交给家属，同时复制附卷备查；涉及案件线索等问题的，抄送有关机关。（2）通知罪犯家属在限期内领取罪犯骨灰；没有火化条件或者因民族、宗教等原因不宜火化的，通知领取尸体；过期不领取的，由人民法院通知有关单位处理，并要求有关单位出具处理情况的说明；对罪犯骨灰或者尸体的处理情况，应当记录在案。（3）对外国籍罪犯执行死刑后，通知外国驻华使、领馆的程序和时限，根据有关规定办理。

（二）死刑执行临场监督的内容

监所检察部门临场监督死刑执行，主要是为了保障人民法院合法、正确执行死刑，保障被执行死刑罪犯的合法权益。监督的内容主要有：（1）核实执行人民法院是否收到最高人民法院核准死刑的判决或者裁定和最高人民法院院长签发的执行死刑命令；（2）依法监督执行死刑的场所、方法和执行死刑的程序是否合法；（3）在执行死刑前，监所检察人员发现有不应当立即执行死刑情形的，应当建议人民法院立即停止执行；（4）执行死刑后，监督检查罪犯是否确已死亡；（5）发现人民法院在执行死刑活动中有侵犯被执行死刑罪犯的人身权、财产权或者其近亲属、继承人合法权利等违法情形的，应当依法向人民法院提出纠正意见。

（三）死刑执行临场监督的程序

死刑执行临场监督，由检察人员担任，并配备书记员担任记录。负责临场监督的检察人员应当核实本院是否在交付执行 3 日前接到执行人民法院临场监督通知，并应进一步熟悉本案案情，做好相关准备工作。必要时，监所检察部门应当在执行前向公诉部门了解案件有关情况。

人民检察院应当在死刑执行 1 日前将执行临场监督任务的人员情况通报执行人民法院。人民检察院临场监督人员不得将与执行任务无关的人员带入执行现场。

临场监督的检察人员在执行人员执行死刑前，如果发现可能有错误，应当建议暂停执行，并立即向本院检察长报告。检察长认为暂停执行建议正确的，应当向执行人民法院提出停止执行建议；认为暂停执行建议不当的，应当立即予以撤销。人民检察院建议停止执行死刑的，应当及时制作停止执行死刑意见书送达执行人民法院；停止执行死刑的原因消失后，应当制作撤销停止执行死刑意见通知书送达执行人民法院。人民检察院建议停止执行死刑的，应当逐级对案件提出意见，报告最高人民检察院。

在执行死刑过程中，人民检察院临场监督人员根据需要可以进行拍照、录像；执行死刑后，人民检察院临场监督人员应当检查罪犯是否确已死亡，并填写死刑执行临场监督笔录，签名后入卷归档。

六、刑事判决、裁定交付执行活动监督

刑事判决、裁定生效后，需要由相关部门将罪犯以及相关的法律文书移交给执行部门。刑事判决、裁定交付执行活动监督，是指

监所检察部门对人民法院、公安机关、看守所的交付执行活动是否合法进行的监督。

（一）刑事判决、裁定的交付执行

刑事判决、裁定的交付执行，包括死刑缓期执行、无期徒刑、有期徒刑、拘役的交付执行和管制、缓刑、剥夺政治权利的交付执行。

根据 2012 年《最高人民法院关于适用〈中华人民共和国刑事诉讼法〉的解释》第 429 条的规定，被判处死刑缓期执行、无期徒刑、有期徒刑、拘役的罪犯，交付执行时在押的，第一审人民法院应当在判决、裁定生效后 10 日以内，将判决书、裁定书、起诉书副本、自诉状复印件、执行通知书、结案登记表送达看守所，由公安机关将罪犯交付执行。罪犯需要收押执行刑罚，而判决、裁定生效前未被羁押的，人民法院应当根据生效的判决书、裁定书将罪犯送交看守所羁押，并依照前款的规定办理执行手续。

其第 430 条规定，同案审理的案件中，部分被告人被判处死刑，对未被判处死刑的同案被告人需要羁押执行刑罚的，应当在其判决、裁定生效后 10 日以内交付执行。但是，该同案被告人参与实施有关死刑之罪的，应当在最高人民法院复核讯问被判处死刑的被告人后交付执行。

根据 2012 年公安部《公安机关办理刑事案件程序规定》第 289 条的规定，公安机关接到人民法院生效的判处死刑缓期二年执行、无期徒刑、有期徒刑的判决书、裁定书以及执行通知书后，应当在 1 个月以内将罪犯送交监狱执行。对未成年犯应当送交未成年犯管教所执行刑罚。

对于管制、缓刑、剥夺政治权利的交付执行，根据 2012 年《最高人民法院关于适用〈中华人民共和国刑事诉讼法〉的解释》第 436 条、第 437 条的规定，对被判处管制、宣告缓刑的罪犯，人民法院应当核实其居住地。宣判时，应当书面告知罪犯到居住地县级司法行政机关报到的期限和不按期报到的后果。判决、裁定生效后 10 日以内，应当将判决书、裁定书、执行通知书等法律文书送达罪犯居住地的县级司法行政机关，同时抄送罪犯居住地的县级人民检察院。

对单处剥夺政治权利的罪犯，人民法院应当在判决、裁定生效后 10 日以内，将判决书、裁定书、执行通知书等法律文书送达罪犯居住地的县级公安机关，并抄送罪犯居住地的县级人民检察院。

根据 2012 年公安部《公安机关办理刑事案件程序规定》第 291 条的规定，对被判处管制、宣告缓刑、假释或者暂予监外执行的罪犯，已被羁押的，由看守所将其交付社区矫正机构执行。对被判处剥夺政治权利的罪犯，由罪犯居住地的派出所负责执行。

（二）刑事判决、裁定交付执行活动监督的内容

监督的主要内容有：（1）交付执行的第一审人民法院没有在判决、裁定生效 10 日以内将判决书、裁定书、人民检察院的起诉书副本、自诉状复印件、执行通知书、结案登记表等法律文书送达公安机关、监狱或者其他执行机关的；（2）对被判处死刑缓期二年执行、无期徒刑或者有期徒刑余刑在 3 个月以上的罪犯，公安机关、看守所自接到人民法院执行通知书等法律文书后 30 日以内，没有将成年罪犯送交监狱执行刑罚，或者没有将未成年罪犯送交未成年犯管教所执行刑罚的；（3）对需要收押执行刑罚而判决、裁定生效前未被羁押的罪犯，第一审人民法院没有及时将罪犯收押送交公安机关，并将判决书、裁定书、执行通知书等法律文书送达公安机关的；（4）公安机关对需要收押执行刑罚但下落不明的罪犯，在收到人民法院的判决书、裁定书、执行通知书等法律文书后，没有及时抓捕、通缉的；（5）对被判处管制、宣告缓刑或者人民法院决定暂予监外执行的罪犯，在判决、裁定生效后或者收到人民法院暂予监外执行决定后，未依法交付罪犯居住地社区矫正机构执行，或者对被单处剥夺政治权利的罪犯，在判决、裁定生效后，未依法交付罪犯居住地公安机关执行的；（6）人民法院判决被告人无罪、免予刑事处罚，判处管制，宣告缓刑，单处罚金或者剥夺政

治权利，被告人被羁押的，被告人没有被立即释放的。对于人民法院、公安机关、看守所的交付执行违法的，监所检察部门应当提出纠正意见。

七、附加刑判决执行活动监督

附加刑判决执行活动监督，是指监所检察部门对剥夺政治权利、财产刑的执行活动是否合法进行的监督。包括对公安机关执行剥夺政治权利活动的监督和对人民法院执行罚金、没收财产刑以及执行生效判决、裁定中没收违法所得及其他涉案财产的活动实行的监督。

（一）对剥夺政治权利执行的监督

对公安机关执行剥夺政治权利活动的监督，一是对单独判处剥夺政治权利刑罚执行的监督；二是主刑执行完毕后，对附加的剥夺政治权利刑罚执行的监督。

根据 2012 年公安部《公安机关办理刑事案件程序规定》的规定，负责执行剥夺政治权利的派出所应当按照人民法院的判决，向罪犯及其所在单位、居住地基层组织宣布其犯罪事实、被剥夺政治权利的期限，以及罪犯在执行期间应当遵守的规定。

被剥夺政治权利的罪犯在执行期间应当遵守下列规定：（1）遵守国家法律、行政法规和公安部制定的有关规定，服从监督管理；（2）不得享有选举权和被选举权；（3）不得组织或者参加集会、游行、示威、结社活动；（4）不得出版、制作、发行书籍、音像制品；（5）不得接受采访，发表演说；（6）不得在境内外发表有损国家荣誉、利益或者其他具有社会危害性的言论；（7）不得担任国家机关职务；（8）不得担任国有公司、企业、事业单位和人民团体的领导职务。被剥夺政治权利的罪犯违反上述规定，尚未构成新的犯罪的，公安机关依法可以给予治安管理处罚。

被剥夺政治权利的罪犯，执行期满，公安机关应当书面通知本人及其所在单位、居住地基层组织。

对剥夺政治权利执行的监督重点是公安机关未依法执行的情形以及剥夺政治权利执行期满未书面通知本人及其所在单位、居住地基层组织等违法情形。

（二）对财产刑执行的监督

根据 2012 年《最高人民法院关于适用〈中华人民共和国刑事诉讼法〉的解释》第 439 条的规定，罚金在判决规定的期限内一次或者分期缴纳。期满无故不缴纳或者未足额缴纳的，人民法院应当强制缴纳。经强制缴纳仍不能全部缴纳的，在任何时候，包括主刑执行完毕后，发现被执行人有可供执行的财产的，应当追缴。

行政机关对被告人就同一事实已经处以罚款的，人民法院判处罚金时应当折抵，扣除行政处罚已执行的部分。判处没收财产的，判决生效后，应当立即执行。

因遭遇不能抗拒的灾祸缴纳罚金确有困难，被执行人申请减少或者免除罚金的，应当提交相关证明材料。人民法院应当在收到申请后 1 个月内作出裁定。符合法定减免条件的，应当准许；不符合条件的，驳回申请。

监所检察部门对人民法院执行罚金刑、没收财产刑以及执行生效判决、裁定中没收违法所得及其他涉案财产活动的监督，主要内容包括：（1）人民法院有依法应当执行而不执行的；（2）执行不当的；（3）罚没的财物未及时上缴国库的；（4）执行活动中存在的其他违法情形。

八、指定居所监视居住执行监督

指定居所监视居住执行监督，是指监所检察部门对公安机关执行指定居所监视居住活动是否合法进行的监督。指定居所监视居住，是指对符合取保候审条件，但犯罪嫌疑人不能提出保证人，也不交纳保证金的，无固定住处或者涉嫌危害国家安全犯罪、恐怖活动犯罪、特别重大贿赂犯罪在住处执行可能有碍侦查的，可以在指定的居所执行。"有碍侦查"是指：（1）可能毁灭、伪造证据，干扰证人作证或者串供的；（2）可能自杀或者逃跑的；（3）可能导致同案犯逃避侦查的；（4）在住处执行监视居住可能导致犯罪嫌疑人面临人身危险的；（5）犯罪嫌疑人的家属或者其所在单位的人员与犯罪有牵连的；（6）可能对举报人、控告人、证人及其他人员等实施打击报复的。刑事诉讼法第 73 条规定，人民检察院对指定居所监视居住的决定和执行是否合法实行监督。根据《人民检察院刑事诉讼规则（试行）》第 120 条的规定，人民检察院监所检察部门依法对指定居所监视居住的执行活动是否合法实行监督。

（一）指定居所监视居住的执行

根据刑事诉讼法的规定，指定居所监视居住的执行机关为公安机关。根据 2012 年公安部《公安机关办理刑事案件程序规定》第 114 条的规定，人民检察院决定监视居住的，负责执行的县级公安机关应当在收到法律文书和有关材料后 24 小时以内，通知被监视居住人住处或者指定居所所在地的派出所，核实被监视居住人身份、住处或者居所等情况后执行。

公安机关对被监视居住人，可以采取电子监控、不定期检查等监视方法对其遵守监视居住规定的情况进行监督；在侦查期间，可以对被监视居住的犯罪嫌疑人的电话、传真、信函、邮件、网络等通信进行监控。被监视居住人违反应当遵守的规定，执行监视居住的县级公安机关应当及时告知决定机关。

（二）指定居所监视居住执行监督的内容

指定居所监视居住执行监督的主要内容是：（1）在执行指定居所监视居住后 24 小时以内没有通知被监视居住人的家属的；（2）在羁押场所、专门的办案场所执行监视居住的；（3）为被监视居住人通风报信、私自传递信件、物品的；（4）对被监视居住人刑讯逼供、体罚、虐待或者变相体罚、虐待的；（5）有其他侵犯被监视居住人合法权利或者其他违法行为的。对于公安机关执行指定居所监视居住中的违法情形，监所检察部门应当及时提出纠正意见。

九、强制医疗执行监督

强制医疗执行监督，是指监所检察部门对强制医疗执行机构的强制医疗执行活动是否合法进行的监督。强制医疗是 2012 年刑事诉讼法规定的。该法第 284 条规定："实施暴力行为，危害公共安全或者严重危害公民人身安全，经法定程序鉴定依法不负刑事责任的精神病人，有继续危害社会可能的，可以予以强制医疗。"第 289 条规定："人民检察院对强制医疗的决定和执行实行监督。"《人民检察院刑事诉讼规则（试行）》第 661 条规定："人民检察院对强制医疗执行活动是否合法实行监督。强制医疗执行监督由人民检察院监所检察部门负责。"

（一）强制医疗执行监督的内容

强制医疗执行监督包括对强制医疗交付执行活动的监督和强制医疗执行活动的监督。

1. 强制医疗交付执行活动监督

监所检察部门对强制医疗的交付执行活动实行监督，发现交付执行机关未及时交付执行等违法情形的，应当依法提出纠正意见。

2. 强制医疗执行活动监督

监所检察部门对强制医疗机构的强制医疗活动进行监督，监督的主要内容包括：（1）对被决定强制医疗的人应当收治而拒绝收治的；（2）收治的法律文书及其他手续不完备的；（3）没有依照法律、行政法规等规定对被决定强制医疗的人实施必要的医疗的；（4）殴打、体罚、虐待或者变相体罚、虐待被强制医疗的人，违反规定对被强制医疗的人使用械具、约束措施，以及其他侵犯被强制医疗的人合法权利的；（5）没有依照规定定期对被强制医疗的人进行诊断评估的；（6）对于被强制医疗的人不需要继续强制医疗的，没有及时提出解除意见报请决定强制医疗的人民法院批准的；（7）对被强制医疗的人及其近亲属、法定代理人提出的解除强制医疗的申请没有及时进行审查处理，或者没有及时转送决定强制医疗的人民法院的；（8）人民法院作出解除强制医疗决定后，不立即办理解除手续的。

（二）强制医疗执行监督的程序

1. 监所检察部门在强制医疗执行监督中发现被强制医疗的人不符合强制医疗条件或者需要依法追究刑事责任，人民法院作出的强制医疗决定可能错误的，应当在 5 日以内报经检察长批准，将有关材料转交作出强制医疗决定的人民法院的同级人民检察院。收到材料的人民检察院公诉部门应当在 20 日以内进行审查，并将审查情况和处理意见反馈负责强制医疗执行监督的人民检察院。

2. 对强制医疗机构违法行为情节轻微的，检察人员可以口头提出纠正意见；发现严重违法行为，或者提出口头纠正意见后强制医疗机构在 7 日以内未予以纠正的，应当报经检察长批准，向强制医疗机构发出纠正违法通知书，同时将纠正违法通知书副本抄报上一级人民检察院并抄送强制医疗机构的主管机构。

人民检察院发出纠正违法通知书 15 日后，强制医疗机构仍未纠正或者回复意见的，应当及时向上一级人民检察院报告。

3. 被强制医疗的人及其近亲属、法定代理人提出控告、举报和申诉的，人民检察院监所检察部门应当受理并及时审查处理。对控告人、举报人、申诉人要求回复处理结果的，人民检察院监所检察部门应当在 15 日以内将调查处理情况书面反馈控告人、举报人、申诉人。

人民检察院监所检察部门审查不服强制医疗决定的申诉，认为原决定正确、申诉理由不成立的，可以直接将审查结果答复申诉人；认为原决定可能错误，需要复查的，应当移送作出强制医疗决定的人民法院的同级人民检察院公诉部门办理。

4. 人民检察院监所检察部门收到被强制医疗的人及其近亲属、法定代理人解除强制医疗决定的申请后，应当及时转交强制医疗机构审查，并监督强制医疗机构是否及时审查、审查处理活动是否合法。

5. 人民检察院对于人民法院批准解除强制医疗的决定实行监督，发现人民法院解除强制医疗的决定不当的，应当依法向人民法院提出纠正意见。

第二章　监狱检察

第一节　收监检察

一、因患有疾病拒收

【案例】

李某拒收案

　　2010 年 2 月 5 日，某市看守所在法院下达执行通知书后，第一次将罪犯李某送交某监狱执行，某监狱以李某患有慢性乙肝为由拒收，并未按规定出具书面拒收文书。根据法律规定，罪犯患有慢性乙肝不属于暂不收监范围。某市看守所又于 2010 年 3 月 5 日至 4 月 5 日先后共 4 次将罪犯李某送交某监狱执行，均被拒收，并且均未按规定出具书面拒收文书。在此期间，某市人民检察院驻市看守所检察室和驻某监狱检察室均提出过口头纠正意见，但李某都未能交付执行。

　　检察机关认为，该监狱的行为已明显违反我国监狱法和山西省高级人民法院、山西省人民检察院、山西省公安厅、山西省司法厅《关于进一步规范罪犯交付执行刑罚工作的意见》（晋公通字〔2009〕76 号）第 1 条第 5 款和第 5 条的规定。为严格执行法律，经检察长批准，市人民检察院向该监狱发出了纠正违法通知书。罪犯李某已交付某监狱执行。

【案例评析】

　　根据我国刑事诉讼法的规定，对判处有期徒刑或者拘役的罪犯，以及正在怀孕、哺乳自己婴儿的无期徒刑犯才可以暂予监外执行。因此，被判处死刑缓期二年执行、其他无期徒刑的罪犯，监狱应无条件接收。监狱发现送达的法律文书在姓名、刑期等主要方面有误，可能导致错误收监的，可不予收监。除此之外，不得以任何理由拒收。

据调查，监狱拒收罪犯的理由大多不成立：一是因交付执行文书有瑕疵拒收罪犯。监狱法第 16 条只是规定"监狱没有收到上述文件的，不得收监；上述文件不齐全或者记载有误的……其中可能导致错误收监的，不予收监"。文书稍有瑕疵就不予收监显然违法。二是罪犯患有一般性疾病并不符合保外就医条件，监狱要求将疾病治愈后再送交执行，有的监狱甚至只凭罪犯自己介绍有病就拒收。监狱法第 17 条只是规定"有严重疾病需要保外就医的，可以暂不收监"，患有一般疾病就拒收显然于法无据。三是罪犯年龄大、生活自理能力差的，拒绝收监。四是有的监狱对送罪犯的时间、人数等作出苛刻要求。五是个别甚至有过分要求，百般刁难。总结以上监狱拒收罪犯的理由，有一个共同点就是个别监狱为创造经济效益、减轻自身负担而置国家法律于不顾。

监狱拒收无期徒刑罪犯，因其患有严重疾病、怀孕或者正在哺乳期，近几年在实际工作中比较典型。依据原刑事诉讼法第 214 条的规定，判处无期徒刑罪犯患有严重疾病、怀孕或者哺乳自己婴儿的妇女，不可以暂予监外执行；而原监狱法第 17 条规定，被判处无期徒刑罪犯是患有严重疾病、怀孕或者正在哺乳自己婴儿妇女的，可以暂不收监，应当由交付执行的人民法院决定暂予监外执行。这两个法律条款存在矛盾，导致实践中多起无期徒刑罪犯被监狱拒收，长期滞留在看守所。2012 年修订的刑事诉讼法对此作了修改，怀孕或者正在哺乳自己婴儿妇女的无期徒刑犯可以暂予监外执行。2012 年监狱法也作了修改，与刑事诉讼法保持了一致。

修改后的监狱法第 17 条规定："罪犯被交付执行刑罚，符合本法第十六条规定的，应当予以收监。罪犯收监后，监狱应当对其进行身体检查。经检查，对于具有暂予监外执行情形的，监狱可以提出书面意见，报省级以上监狱管理机关批准。"根据该条规定，监狱对于患有疾病的罪犯，无论是否属于暂予监外执行情形，都必须无条件收监。对于符合暂予监外执行情形的，也由监狱收监后提出书面意见，报省级以上监狱管理机关批准。

【工作策略】

监所检察部门对监狱收监活动存在违法情形提出口头纠正意见后，监狱没有改正，要及时报检察长批准，发出纠正违法通知书，李某一案就取得了较好的效果。

二、因手续不全拒收

【案例】

吴某成拒收案

罪犯吴某成，男，1983 年 11 月 3 日出生，山西省某市人，小学文化。2010 年 8 月 31 日因犯故意伤害罪被某市某区人民法院判处有期徒刑 2 年，刑期自 2011 年 8 月 6 日起至 2013 年 4 月 21 日止。

判决生效后，某市某区人民法院于 2011 年 8 月 6 日将吴某成交付某市公安局某分局看守所执行。因吴某成患肺结核在山西省某监狱接受治疗，某市某监狱根据晋公通字（2009）76 号文件《关于进一步规范罪犯交付执行刑罚工作的意见》第 1 条之规定，决定暂不收监。后山西省监狱管理局将吴某成调入省某监狱。省某监狱在审查吴某成档案时，发现执行通知书未写明起刑时间，只写了刑期截止时间，遂将这一情况向某区人民检察院派驻检察室报告。某区人民检察院派驻某监狱检察室对吴某成收监手续进行审查后，以执行通知书记载有错误为由提出口头纠正意见。2011 年 8 月 16 日，某市某区人民法院以执行通知书作出更正后，将吴某成交付执行。刑期自 2011 年 8 月 6 日起至 2013 年 4 月 21 日止。

【案例评析】

收监是监狱将被判处监禁刑罚的罪犯依照法律规定程序予以收监执行的一项管理活动，是执行刑罚活动的首要环节，是其他行刑制度的前提和基础。人民检察院对监狱收监罪犯的管理活动是否合法实行监督，是人民检察院监狱检察的内容之一，其目的是防止发生下列违法情形，以维护国家法律的正确实施，保障罪犯的合法权益。根据《人民检察院监狱检察办法》，发现监狱在收监管理活动中有下列情形的，应当及时提出纠正意见：（1）没有收监凭证或者收监凭证不齐全而收监的；（2）收监罪犯与收监凭证不符的；（3）应当收监而拒绝收监的；（4）不应当收监而收监的；（5）罪犯收监后未按时通知其家属的；（6）其他违反收监规定的。

我国监狱法第 16 条规定：罪犯被交付执行刑罚时，交付执行的人民法院应当将人民检察院的起诉书副本、人民法院的判决书、执行通知书、结案登记表同时送达监狱。监狱没有收到上述文件的，不得收监；上述文件不齐全或者记载有错误的，作出生效判决的人民法院应当及时补充齐全或者作出更正；对其中可能导致错误收监的，不予收监。

本案中，某地区人民检察院派驻某监狱检察室依据监狱法第 16 条、《人民检察院监狱检察办法》第 7 条的规定，以执行通知书记载有错误为由，向某监狱提出了不予收监的口头纠正意见。某监狱根据人民检察院的纠正意见，作出了暂不收监的决定，并通知了交付执行机关和原判人民法院。原判人民法院在对原执行通知书作出更正，写明了罪犯吴某成的刑期起止时间，并送达某监狱。在某地区人民检察院派驻某监狱检察室审查后，山西某监狱根据法律规定对罪犯吴某成予以收监执行。

在实际工作中，收监检察的主要内容包括以下三个方面：

1. 监狱对罪犯的收监管理活动是否符合有关法律规定。

2. 监狱收押罪犯有无相关凭证：（1）收监交付执行的罪犯，是否具备人民检察院的起诉书副本和人民法院的刑事判决（裁定）书、执行通知书、结案登记表；（2）收监监外执行的罪犯，是否具备撤销假释裁定书、撤销缓刑裁定书或者撤销暂予监外执行的收监执行决定书；（3）从其他监狱调入罪犯，是否具备审批手续。

3. 监狱是否收押了依法不应当收押的人员。

进行收监检察，不仅要审查"三书一表"是否齐全，还应当注意"三书一表"记载是否有错误。这种错误主要表现为"刑期折抵错误"或"判决书与执行通知书刑期起止不相一致"等情况。当然，不是记载有错误都必须不予收监，而是这种记载错误可能导致错误收监。吴某成一案，执行通知书未写明起刑时间，只写了刑期截止时间，属于记载严重错误，影响刑期的计算，可能导致错误收监，监所检察人员向监狱提出口头纠正是正确的。

【工作策略】

在收监检察中，对文书凭证不仅要进行形式审查，更要注重实质审查。发现错误问题后，要对问题进行分析，以防导致错误收监。

三、因撤销保外就医收监

【案例】

宋某被撤销保外就医收监执行案

罪犯宋某，男，1972 年出生，因犯故意伤害罪被某市中级人民法院判处有期徒刑 15 年，刑期自 1995 年 7 月 9 日至 2010 年 7 月 8 日止。1996 年 9 月 27 日宋某被送至某监狱服刑改造，1998 年 4 月 23 日某省精神疾病司法鉴定委员会技术鉴定组出具《司法精神病学鉴定书》，鉴定结论为：精神分裂症，目前无服刑能力。1998 年 8 月 20 日经某省监狱管理局批准保外就医 1 年，1999 年 7 月 7 日批准保外就医 2 年，2001 年 8 月 6 日批准保外就医 1 年，2002 年 8 月 23 日批准保外就医 1 年，2003 年 8 月 25 日批准保外就医 1 年。2004 年 8 月续保时诊断证明书不符合要求，于 2005 年 1 月 17 日收监执行，2005 年 8 月 26 日某省精神疾病司法鉴定所出具《司法精神病学鉴定书》，鉴定结论为：精神分裂症，目前无服刑能力。2005 年 11 月 17 日经某省监狱管理局批准保外就医 1 年，2006 年 11 月 1 日批准保外就医 1 年，2007 年 11 月 28 日经某省监狱管理局同意续保 1 年，2008 年 10 月 9 日经某省监狱管理局批准保外就医 1 年。2009 年 9 月，某监狱在对宋某进行实地考察时，宋某居住地公安机关即某县公安局杨村派出所在《暂予监外执行罪犯考察表》中"罪犯表现情况"一栏中说明："2009 年 7 月，宋某涉嫌伪造买煤凭证，现正在进一步调查中。"经与当地公安机关核实，查明宋某在 2009 年的一段时间内精神较正常，并伙同他人伪造煤票，有正常思维能力，当公安机关发现后，该犯又表现出不正常。鉴于该犯涉嫌从事违法行为，检察机关建议监狱对宋某收监执行，被监狱采纳，于 2009 年 9 月 22 日对宋某收监执行。2010 年 7 月 8 日该犯刑满释放。

【案例评析】

根据中央政法委《关于进一步加强保外就医工作的通知》精神和《人民检察院监外执行检察办法》的要求，对罪犯保外就医的检察监督应当树立变事后监督为同步监督的执法理念，从程序上确保保外就医工作的全过程置于法律监督之下。在办理保外就医案件的三个环节，即针对呈报、审批、考察三个时段采取动态监督办法开展检察监督。在呈报环节，采取审查罪犯病残鉴定和病历资料、列席监狱相关会议、实地了解罪犯患病情况和改造表现等形式进行监督；在审批环节，采取审查审批手续、签署意见、填写《监外执行罪犯告知表》等形式进行监督；在考察环节，派人实地到监外执行罪犯居住地，通过查阅当地公安机关监督档案、向居民自治机构了解情况、实际接触罪犯等形式进行监督。

本案对保外就医罪犯宋某予以收监执行，确保了保外就医罪犯的无社会危险性。保外就医是我国刑罚执行中的一项重要制度，是让罪犯出监在外治疗的一项措施，体现了刑罚对不致再危害社会的罪犯人性化、缓和化的要求，使一部分病犯在保持与社会和家庭的联系下获得更好的医疗条件和治疗效果，是鼓励受刑人员进一步悔过自新、回报社会的措施。罪犯宋某在保外期间涉嫌从事违法活动，具有一定的社会危险性，且宋某作为精神病犯，从事违法活动说明其病情趋向好转，对其收监执行体现了刑罚的严肃性和威慑力，有利于规范保外就医罪犯的行为、促进社会和谐稳定。

本案对保外就医罪犯宋某予以收监执行，促进了基层组织对保外就医罪犯的监督管理。对保外就医罪犯进行监督管理的是罪犯居住地公安派出所，而基层派出所警力有限，业务繁杂，常常是"重办案，轻监管"，虽然对保外就医罪犯建立档案、成立帮教组织在相应市级范围内均已落实，但有时具体的监督考察却缺乏警力来执行。基层组织，特别是村委、社区的帮教往往流于形式，社会力量参与少，而帮教组织的成员主要由基层群众自治组织成员组成，他们往往疏于监督、不愿监督，无法达到综合治理的效果。监外罪犯亲属配合帮教不力，他们中的多数人存在片面认识，认为对监外执行罪犯无须帮教。本案中对宋某的收监执行极大地促进了基层组织对监外执行罪犯的监管。

【工作策略】

监所检察部门在监督保外就医工作中，应注重以下几点：一是建立顺畅的交付执行工作监督机制；二是着重加强对执行终止环节的监督，对执行机关是否对执行期间保外条件消失的监外罪犯依法按期履行相关手续等进行监督；三是加强与基层帮教组织的联系，随时掌握保外就医罪犯的病情变化、行为表现，实现动态监控，发现苗头，及时解决，防微杜渐，防患于未然，减少保外就医罪犯重新违法犯罪的现象。

四、因暂予监外执行情形消失收监

【案例】

梁某被依法收监执行案

梁某，女，汉族，中专文化，1985 年出生，无业，某省某县武灵镇人，居住在某县原交警队对面。2007 年 3 月 10 日因贩卖毒品被某县公安局刑事拘留，2007 年 5 月 29 日被某县人民法院以贩卖毒品罪判处有期徒刑 3 年。因其怀孕经某县公安局批准暂予监外执行（日期为 2007 年 6 月 14 日至 2008 年 6 月 13 日），于 2008 年 8 月 15 日送某省女子监狱服刑。

2007 年 1 月至 3 月，梁某先后卖给吸毒人员安某、尚某、邱某、张某、刘某某等人海洛因，共计 2.19 克，并从梁家中收出海洛因 1.05 克。因涉嫌贩卖毒品于 2007 年 3 月 10 日被某县公安局刑事拘留，2007 年被某县人民检察院批准逮捕，2007 年 5 月 29 日被某县人民法院以贩卖毒品罪判处有期徒刑 3 年（刑期为 2007 年 3 月 10 日至 2010 年 3 月 9 日）。由于梁某系怀孕妇女，当时怀孕近 6 个月，经某县公安局批准暂予监外执行（日期为 2007 年 6 月 14 日至 2008 年 6 月 13 日）。2008 年 6 月 13 日，驻所检察室没有接到梁某的收监信息，便把这一情况上报院领导，县人民检察院随即对某县公安局下达收监服刑的检察建议书，检察建议书下达 50 多天后，仍没有结果。2008 年 8 月 7 日县院对县公安局再次下达纠正违法通知书。梁某于 2008 年 8 月 15 日被收押送某女子监狱服刑。

【案例评析】

本案中驻某县看守所检察室的工作人员于 2008 年 6 月 13 日发现暂予监外执行人员梁某监外执行期满应收监服刑，立即向监所检察科科长进行报告。监所检察科决定进一步了解情况，查阅了看守所以前的在押记录和对梁某暂予监外执行的审批情况记录，并询问了看守所领导有没有得到把梁某收监的信息。在证实梁某没有按规定收监后，监所检察科迅速把这一情况向院领导作了汇报。县检察院对某县公安局下发了检察建议书，建议对梁某收监服刑。但几周过去了，仍没有结果。驻所检察人员便对梁某进一步调查了解，发现梁某不在以前居住地某县内，只听左邻右舍说回其老家了。根据以前留下的联系方式无法联系到梁某，为此驻所检察科干警还去了一趟梁某的老家，也没有见到梁某。鉴于此情况，2008 年 8 月 7 日，某县检察院对某县公安局下达纠正违法通知书，要求县公安局及时纠正。2008 年 8 月 15 日，梁某被收监服刑。

检察认定事实及证据如下：梁某暂予监外执行情形消失，公安机关没有及时收监服刑；梁某监外执行期间，对其监管不到位；梁某收监时间比规定超出 63 天；公安机关对检察建议不够重视，未能及时落实答复；收押罪犯文件。

对暂予监外执行的检察监督应掌握以下重点：

1. 依法监督、规范监督。暂予监外执行，主要体现一个"暂"字，如果直到刑罚期满了，符合法定的情形也早已消失了，罪犯却得不到收监执行，"暂"就成了"永久"，法律判决也就成了一纸空文，刑罚的效果无从体现，法律的威严就显得苍白无力，公众对法律的公正性、严肃性就会产生质疑，产生不信任感，引发更大的危机。

2. 对暂予监外执行的罪犯建立专门的信息库，实行规范化管理，定期或不定期地到罪犯生活的地方及治疗场所进行走访，对罪犯是否在接受治疗及康复情况进行了解，做到心中有数，以便在法律规定的情形消失时，及时将罪犯收监执行。不定期地对罪犯所在地的派出所进行抽查，查看罪犯的每月思想、工作、学习的情况汇报及派出所对罪犯教育、改造方面的材料，发现问题的，及时予以纠正，并限令整改；对在限期内不能整改或没有整改的派出所，应发出检察建议书予以督促，以此来增强其责任心，确保其履行监管之职能。

【工作策略】

在实际工作中，应当重视以下几个问题：

1. 明确何种情况属暂予监外执行的情形已经消失，有针对性地告知罪犯及其担保人及有关基层组织等，以利于执行和监督。检察机关、公安机关应通过已建立的加强监管工作的合作协议，坚持每季度核对一次对象名单，纠正差错，做到底数清、情况明，发现问题及时解决，以改变目前由于信息沟通不畅、监外罪犯脱管失控现象时有发生的状况。

2. 增强监管意识，各司其职，相互配合，加强监管力度。有关部门应明确各自职责，疏通信息渠道，确保责任落实。对监外罪犯实施依法监督考察改造，是法律赋予公安机关的刑事惩罚权，是公安机关对监外罪犯管理的依据和保障。因此，要教育民警应将监管工作作为社区警务中的一项重要工作来对待，针对部分干警对监管工作的执法依据、管理业务不熟的问题，公安机关应对社区民警加强有关法律、法规和专门业务知识的培训，提高依法监管工作的能力和水平。检察机关应采取全面检察与专项检察相结合的形式，加强对暂予监外执行罪犯监管工作的法律监督的力度，及时纠正执法活动中的不力或违法现象，确保刑事诉讼活动的顺利进行。

3. 建立相应的奖罚制度。如罪犯依照规定及时回监的可根据计分考核规定予以加分或给予表扬等，对符合减刑条件的应与不主动回监罪犯区别对待。规定罪犯不主动回监服刑的，自暂予监外执行的情形消失次日起至收监执行之日止的时间不计入刑期。对主动回监的罪犯应及时作出处理。认为暂予监外执行的情形确已消失的，应当立即收监；反之，应当向罪犯说明情况，通知其继续暂予监外执行。

4. 收监执行由公安机关负责并在时间上作出限定。因为公安机关能够更及时全面地掌握罪犯的情况，如暂予监外执行的情形是否已经消失、罪犯住址有无变动、社会关系及行踪等，对那些应收监而难以收监的罪犯，更要依靠公安机关的优势才可达到。

五、因撤销缓刑收监

【案例】

秦某被撤销缓刑收监案

秦某，男，1986年7月25日生，农民，初中文化，某省某县人，现住某镇王家沟村。2008年7月31日被某县人民法院判处有期徒刑1年零6个月，缓刑2年。

某县人民检察院监所科人员在对缓刑人员进行检察时发现，缓刑人员秦某于 2008 年 10 月 4 日 22 时许伙同赵某、毛某对罗某、史某进行骚扰意欲不轨，并将与罗、史二人同行的田某某殴打后，强行将三人带到了沟南乡黄土坡口的某饭店二楼旅馆，欲对罗、史二人行奸。后在旅馆老板申某的帮助下，秦某一行三人被赶走。公安机关仅对秦某行政拘留 15 天。

县人民检察院监所科认为秦某在缓刑考验期间又有故意犯罪行为（未遂），依法应作收监处理，遂向某县公安局发出检察建议书。某县公安局向某县人民法院送达了对秦某的收监建议书，该县人民法院依法对秦某作出撤销缓刑执行原判刑罚的裁定，该县公安局对秦某进行网上追逃。

【案例评析】

我国刑法规定，对在缓刑考验期内犯新罪、发现漏罪或不服从监管的犯罪，应当撤销缓刑。但由于这种规定对所有的情形不加以区分，一律"应当"撤销，对罪犯不公平，且在实践中造成司法机关难以操作。为此，笔者认为，对于不服从监管的，可以分两种情形处理：对于严重违反监管规定的，表明罪犯不适宜继续进行缓刑考验，如此状态进行完结的缓刑考验不能达到缓刑目的，罪犯并未达到重新融入社会的要求，故此种情况下达到一定的程度，可由法官酌情撤销缓刑；对于违反监管规定并非十分严重的，可以适用缓刑考验期变更制度，由人民法院确定延长罪犯的缓刑考验期，既对其加以必要的惩罚，又可以观后效。

本案中秦某判处缓刑后，不认真接受监督管理，伙同其他人又有故意犯罪行为（未遂），经建议，某县人民法院依法作出撤销缓刑执行原判刑罚的裁定。通过这次对秦某的建议收监，我们也发现了监外执行工作中存在的一些问题。首先是监外执行的罪犯服刑意识淡薄。很多人往往轻视缓刑的执行，认为置身囹圄之外便不是所谓的罪犯，与平常人无异，于是不认真遵守缓刑考验期内的相关规定，不约束自身的言行，甚至有违法犯罪行为的发生，尤其是一些缺少家庭关心教育的未成年犯。其次是社区矫正第一线力量薄弱。社区矫正试点工作从 2003 年开始，2005 年扩大试点，2009 年在全国全面试行，2012 年颁布《社区矫正实施办法》，2012 年刑事诉讼法也规定检察机关对社区矫正实行法律监督。对社区矫正进行监督是检察机关面临的新课题，虽然有些地方进行了探索，但成熟的经验还是不多。随着轻刑化、非监禁刑刑事政策的贯彻，以后社区矫正人员会很多，如何有效监督社区矫正工作，就需要认真研究。自实行监外执行犯的社区矫正以来，各街道司法所入矫的对象远远多于司法所从事管教的人员数量，尽管区司法局采用手机定位等科技手段协助监督，但"一管众"的现状仍使得社矫工作难以开展，再加之街道司法所没有强制手段、缺乏威慑力，更增加了监管的阻力。最后是执行机关、社区矫正点、检察机关之间的沟通联系亟待加强。一方面，对服刑意识淡薄、容易重新违法犯罪的监外执行人员实行重点监督，同时经常深入社区矫正的第一线，参加街道司法所的社区矫正活动。另一方面，主动加强与人民法院、公安机关、司法局之间的联系，针对如何处理重新违法犯罪的监外执行人员这一问题，会同各部门建立起一套有效的工作机制，避免类似情况的发生。

【工作策略】

缓刑制度有着诸多的优势，对于改造罪犯有着积极意义。对缓刑执行的监督，既要着眼于执行机关是否违法，也要考虑到罪犯的合法利益，还要从预防改造犯罪的角度着眼。对于缓刑犯违反监管规定并非十分严重的，可以适用缓刑考验期变更制度，由人民法院确定延长罪犯的缓刑考验期，而不必全部投入监狱。

六、纠正未按时限交付执行

【案例】

王某、卢某、党某未按时交付执行案

2011 年 4 月 1 日上午，某县人民检察院驻看守所检察干警在履行日常检察时，发现在押人员王某、卢某、党某三名罪犯的判决

已经生效，而看守所迟迟不交付监狱执行刑罚。经查：罪犯王某于2010年1月30日被判处有期徒刑3年6个月；卢某于2009年9月3日被判处死缓；党某于2009年8月5日被判处有期徒刑5年。3名罪犯的余刑均在1年以上，根据法律规定，看守所已构成严重违法。经检察长批准，某县人民检察院针对未按时限交付执行的违法行为向县公安局发出了纠正违法通知书，4月7日，看守所将王某等3名罪犯送往某监狱执行刑罚，依法保障了刑罚的正确执行。

【案例评析】

刑罚交付执行活动，是指刑事判决、裁定生效后，人民法院及时将交付执行法律文书送达看守所；公安机关在1个月内将罪犯交付监狱执行，或者留看守所、拘役所服刑，或者在监外执行缓刑、暂予监外执行；监狱依法将罪犯收监执行刑罚的一种刑事诉讼活动。

判决生效后，公安机关不严格依法在1个月内交付监狱执行刑罚，有以下几种情况：一是看守所为改善经费困难，故意将具有特殊技术以及特殊工种的罪犯滞留在看守所。二是公安机关为办理其他案件或者监控重点罪犯留作"耳目"需要而拖延交付执行。三是看守所为节约交通费用，有时会考虑将罪犯集中送监狱，从而出现超过1个月交付执行的情况。四是受人情关系影响，故意拖延交付执行时间，待其余刑1年以下后留所服刑。五是罪犯患有疾病，监狱拒收且出具暂不收监证明，看守所待其疾病治愈后再送监狱服刑。监狱违法拒收交付执行的罪犯，甚至拒收人民法院已经作出收监执行决定的罪犯，导致罪犯长期滞留在看守所而不能正确及时执行刑罚。

实践中，检察机关应当监督：人民法院制作法律文书是否规范完备，是否及时送达看守所；公安机关是否在1个月内定点交付监狱执行，有无违法截留余刑1年以上罪犯情况；监狱是否依照法定程序和条件收押罪犯，有无违法拒收罪犯的情况。对存在的违法行为，要坚决予以纠正，并查清背后深层次的原因。对于一般违法行为，口头提出纠正；对于严重违法行为，应当发出纠正违法通知书，并要求告知纠正结果；对于构成犯罪的，依法追究刑事责任。

检察机关内部、公诉部门与监所检察部门之间、派驻监狱与派驻看守所的检察机构之间，要建立经常性的联系沟通和信息共享制度，及时了解公诉案件的判决、裁定情况，反馈交付执行情况，督促人民法院及时将生效判决、裁定和执行通知书送达看守所，督促看守所1个月内将余刑1年以上的已决犯投送监狱执行刑罚。

另外，还要建立和完善刑罚交付执行活动监督程序，强化检察机关法律监督的权威性和监督效力。建立和完善刑罚交付执行活动监督程序，规定人民法院交付执行通知书同时抄送检察机关。刑事诉讼法规定了检察机关对刑罚执行活动实行法律监督，最高人民检察院2007年《关于改进和加强监所检察工作的决定》规定了监所检察部门为职能部门，但是对刑罚交付执行监督缺少必要的程序规定，反映不出刑罚交付执行监督的应有功能。目前，仅靠驻所检察人员查阅看守所在押人员档案来履行刑罚交付执行监督职能显然不够，必须建立一整套程序上的介入机制，即人民法院在送达看守所交付执行文书的同时将交付执行通知书抄送检察机关，检察机关由此启动刑罚交付执行活动监督程序。

【工作策略】

刑罚执行是刑事诉讼的最后阶段，其执行效果如何，直接关系到刑罚惩治功能、教育功能的发挥与刑罚终极目标的实现。没有刑罚执行的监督，刑罚执行就难以体现行刑的正义与平等，难以实现刑罚的终极目标。刑罚交付执行是刑罚执行的前提，有必要加强对刑罚交付执行的监督。对于交付机关应该交付不交付、无法定理由迟延交付以及交付手续不全或存在瑕疵的都要作为监督的重点，对于违法轻微的，要口头提出纠正；逾期不改的或者违法严重的，要报检察长批准，发出纠正违法通知书。

第二节　出监检察

一、刑满释放的刑期有出入

【案例】

武某刑期计算错误案

某市检察院驻某看守所检察室在日常检察中发现，武某于2009 年 12 月 21 日被某市中级人民法院以故意伤害罪判处有期徒刑 1 年 6 个月，以非法拘禁罪判处有期徒刑 6 个月，决定执行有期徒刑 1 年 6 个月，刑期从 2009 年 11 月 6 日至 2012 年 5 月 4 日。通过审查判决书并向该犯了解情况后，检察人员发现该判决书刑期计算方面存在两个错误：一是武某 2008 年 11 月 10 日至 2008 年 12 月 10 日因同一犯罪行为曾被刑事拘留 31 天，未折抵刑期。二是刑期的截止日期应该为 2011 年 5 月 4 日而非 2012 年 5 月 4 日。针对上述问题，该院随即向某市中级人民法院提出纠正意见，现人民法院已予以纠正。

【案例评析】

判决书是判决的法定表现形式，是刑事诉讼中的重要法律文书，执行判决一律以判决书为依据。然而，刑事判决书中对被告人刑期起止时间计算时发生错误，不仅侵害了被告人的合法权益，也损害了刑罚执行的公正。

1. 判决书刑期计算错误的情形

刑期计算错误的判决是指刑事判决书在计算被告人刑期起止时间时，多计算或少计算刑期时间而存在错误的判决。判决书刑期计算错误的主要情形如下：

（1）侦查卷缺少被告人曾被羁押过的法律文书，造成刑期计算错误。侦查卷文书材料是记录被告人相关强制措施的凭证，也是人民法院计算被告人刑期起止时间的依据。如果缺少这些法律文书，就会导致刑期计算的错误。

（2）审判人员在制作判决书时，将强制措施的填写日期当做宣布执行日期而予以认定，造成被告人刑期计算错误。

（3）判决书将不应折抵刑期期间折抵刑期，造成刑期计算错误。我国刑法仅规定对判决前被告人被羁押的日期折抵刑期，但一些判决书却将不应折抵刑期的取保候审、监视居住等期间予以折抵刑期。

（4）打印过程中，被告人的刑期时间输入错误，却没有校对出来；或者在折抵刑期时，计算不精确存在偏差。

2. 造成刑期计算错误的原因

（1）领导重视不够，责任心不强，执法行为不规范，人权意识淡薄。部分领导在审查案件中，只重视案件定性、量刑等实质性问题的审查，对刑期计算的起止时间是否正确不重视。

（2）承办人员业务素质差或责任心不强。由于部分承办人员业务素质差或责任心不强，侦查人员不能全面有效收集犯罪嫌疑人曾被羁押过的文书材料；审判人员制作判决书时，不能准确核对被告人真正被宣布执行相关强制措施的日期，对刑期的折抵不精确或不能很好地掌握哪些应当折抵刑期、哪些不应折抵，对打印后的判决书不能认真仔细核对等。这些都极易导致刑期计算错误。

（3）监督不到位，公、检、法三机关相互监督，一般只注重案件对错等实质问题的监督，却常常忽略涉及刑期计算方面的监督。检察人员、审判人员不注意审查侦查卷中有关犯罪嫌疑人被羁押过的文书材料是否齐全；检察人员审查判决书时不重视刑期起止时间计算是否正确；审判人员不注意审查起诉书一些重要的期间信息是否准确，且时常照抄照搬。这都没有起到相互监督、相互制约的作用。

（4）无相关制约机制。对错误计算刑期行为，目前没有相关行之有效的规章制度予以制约，不能使承办人员在心理上产生压力，不能提高他们的责任心，从而不能促使他们很好地计算刑期起止时间。

3. 刑事判决书刑期计算错误的对策

刑事判决书刑期计算错误，无论是多计算还是少计算，都既损害了法律的威严，也侵害了被告人的合法权益和刑罚执行的公正。结合实践，我们提出以下预防对策：

（1）各诉讼环节的承办人员要提高责任心。特别是对异地押解回来的犯罪嫌疑人，侦查人员要全面收集他们被羁押过的文书材料；检察人员和审判人员也要及时提醒讯问他们以前是否因此事被羁押过，保障犯罪嫌疑人、被告人正当权利的行使。

（2）审判人员制作判决书时，要仔细核对侦查卷中的文书材料，不能仅仅依赖起诉书来制作判决书。且在判决书打印出来后要认真校对，防止不应出现的错误发生。

（3）审判人员在折抵刑期时，要严格按照刑法、刑事诉讼法的有关规定进行，特别是对一些强制措施频繁转换的被告人，哪些期间不能折抵、哪些能折抵、应该折抵多少，要严格把关、仔细核对，既不能少计算，也不能多计算。

（4）检察机关驻所（狱）检察人员，要充分利用监所检察信息软件，及时输入在押人员的相关信息材料，实行动态化管理，尤其要对判决书刑期的起止时间详细审查，把好刑罚执行的最后一关，以便及时发现错误，把错误消灭在萌芽状态。

（5）建立追究责任制，形成长效机制。对故意造成刑期计算错误的要视其情节，分别追究党政纪责任，后果严重的要追究其刑事责任。对过失造成刑期计算错误的，也要视其情节，批评教育或追究其党纪政纪责任。

【工作策略】

保障在押人员的合法权益是监所检察的最终目的，其途径就是监督监管机构的违法行为。对于监管机构侵犯在押人员合法权益的违法行为，要及时、有效地采取违法纠正通知书的形式给予纠正。另外，对于违法的监管人员，还应采取检察建议的形式建议有关机关给予处分。

二、不符合条件而特许离监

【案例】

亢某银被特许离监案

罪犯亢某银，1957 年 8 月 22 日出生，山西省某县人，原某县县委书记。2008 年 9 月 24 日因一起重大事故以涉嫌滥用职权罪被刑事拘留。2010 年 9 月 30 日被某市中级人民法院以滥用职权罪、受贿罪、巨额财产来源不明罪，判处有期徒刑 11 年。2010 年 12 月 27 日，省高级人民法院驳回上诉，维持原判。2011 年 5 月 16 日由某县看守所被押送至某监狱服刑。5 月 19 日至 5 月 31 日其在五监区集训，6 月 1 日分到教育科（六监区），下队时为普管级，6 月 16 日晚调回五监区。

罪犯亢某银的父亲于 2011 年 5 月 25 日去世，其妻子贺某某向监狱提出特许离监一天的申请。5 月 26 日上午，分管管教的副监狱长尚某某召集狱政科科长赵某某等监狱有关人员开会进行研究。其间，赵某某打电话通知检察室主任郑某某征求意见，但未告诉其罪犯的姓名。郑口头答复：如符合条件，同意回去补签。经会议研究，同意特许离监一天，由狱政科赵某某填写罪犯特许离监审批表，监狱长薛某某签字批准。

2011 年 5 月 28 日 13 时 30 分，罪犯亢某银戴着手铐由某监狱狱政科长赵某某、五监区监区长李某某和五监区副指导员贾某 3 名干警押护，乘坐罪犯亢某银小舅子驾驶的商务车离监。28 日下午 16 时 30 分左右到达亢某银老家某县某乡某村，当晚 23 时左右罪犯亢某银和 3 名干警在县城一宾馆套房过夜。5 月 29 日凌晨 5 时许，回村参加出殡仪式，大约早晨 8 时出殡仪式结束后，亢某银拜谢了参加其父出殡仪式的亲朋好友，监狱 3 名干警便又乘坐亢某银小舅子驾驶的商务车将亢某银押护回监，10 时 40 分入监。亢某银此行在当地造成极为恶劣的社会影响。

省人民检察院发现亢某银被非法特许离监后，立即进行调查，并向省监狱管理局发出检察建议要求依法予以处理。2011 年 7 月 7 日，省监狱管理局收到检察院送达的检察建议，局党委高度重视，及时研究对相关责任人员的处理。7 月 14 日，省监狱管理局决定给予监狱分管管教的副监狱长尚某某行政记大过处分；7 月 21 日，省司法厅决定给予监狱党委书记、监狱长薛某某行政记大过处分；7 月 28 日，监狱决定给予狱政科长赵某某行政记过处分，给予五监区监区长李某某行政警告处分。省监狱管理局于 8 月 11 日将上述处理结果书面报告省人民检察院。

针对此次事件，省监狱管理局在全省监狱系统下发了《关于某监狱违反规定办理罪犯特许离监情况的通报》，同时决定从当年 7 月 25 日到 9 月底在全省监狱系统集中开展一次纪律作风专项教育整顿活动，围绕某监狱执法过程中暴露出的问题，举一反三，深刻剖析，认真查找执法中存在的问题和不足。

【案例评析】

根据司法部《关于印发〈罪犯离监探亲和特许离监规定〉的通知》的精神，某监狱办理罪犯亢某银此次特许离监存在如下问题：

1. 条件不符合相关规定

亢某银特许离监时正处在入监集训期间，亢某银是 2011 年 5 月 16 日入监服刑，5 月 26 日获批，28 日离监，在监狱改造共计 13 天。一是根据《罪犯离监探亲和特许离监规定》第 11 条第 1 款之规定，要求特许离监罪犯必须是"改造表现较好的"，而亢某银仅入监服刑 13 天，不能根据 13 天的服刑情况得出"改造表现较好"的结论；二是根据该省《管教工作制度汇编》第二章"狱政管理"第三节"罪犯分级管理与分级处遇实施办法"中第 3 条第 7 款之规定，特许离监罪犯必须达到普管级，而亢某银在同年的 6 月 1 日之后才被确定为普管级。

2. 超越权限审批

根据《罪犯离监探亲和特许离监规定》第 6 条第 3 款之规定，

对列为重点管理的罪犯离监探亲，须报经省监狱管理局批准。罪犯亢某银原系某县县委书记，是最高人民检察院《关于加强和改进监所检察工作的决定》第15条确定的九类重点罪犯之一，此监狱无视以上制度规定，未报省监狱管理局批准，擅自批准亢某银特许离监是滥用职权的行为。

3. 押解使用车辆违规

根据该省《管教工作制度汇编》第二章"狱政管理"第四节"罪犯调遣押解制度"和第九节"警、囚车管理使用制度之规定"，押解罪犯必须使用囚车。而执行此次押解任务则是使用了罪犯亢某银小舅子驾驶的商务车。

4. 安排住宿违反规定

根据《罪犯离监探亲和特许离监规定》第11条第4款之规定，对特许离监罪犯，当晚不能返回监狱的，必须羁押于当地监狱或看守所。而此监狱押解民警违反规定在5月28日晚将亢某银安排在县城宾馆过夜。

综上所述，某监狱相关责任人员在办理罪犯亢某银特许离监过程中违反规定，性质严重，社会影响恶劣，但事后能积极配合调查，对所犯错误深感自责，态度中肯。省人民检察院于2011年7月7日向省监狱管理局提出检察建议，建议对相关责任人员按照有关规定作出处理，要求采取措施对该监狱进行作风纪律整顿。

【工作策略】

纠正监狱狱政管理违法活动是驻监狱检察部门的一项重要职责。罪犯亢某银原系某县县委书记，因职务犯罪被追究刑事责任而成为罪犯，是最高人民检察院《关于加强和改进监所检察工作的决定》第15条确定的九类重点罪犯之一，监狱违反多种规定的情况下作出特许离监参加其父葬礼的决定，在群众中造成恶劣影响，也暴露出监狱政治意识、责任意识的模糊及狱政管理的漏洞，驻监狱检察人员须进一步提高政治敏锐度，加强法律监督。

第三节　监管活动检察

一、事故检察

（一）罪犯脱逃

【案例】

牛某、焦某、周某脱逃案

被告人牛某，男，1974 年出生，汉族，小学文化，山西省某县人，因犯强奸、抢劫、盗窃罪被某市中级人民法院判处无期徒刑，剥夺政治权利终身。

被告人焦某，男，1978 年出生，汉族，小学文化，山西省某市人，因犯强奸罪、抢劫罪被某市中级人民法院判处无期徒刑，剥夺政治权利终身。

被告人周某，男，1984 年出生，汉族，小学文化，山西省某市人，2003 年因犯故意伤害罪被某市中级人民法院判处无期徒刑，2006 年 8 月 16 日经山西省高级人民法院裁定减为有期徒刑 20 年。

2006 年 8 月，焦某、周某同时被送到某监狱集训队集训。被告人牛某对办案人员怀恨在心，妄图在脱逃后将办案人员一一除掉。同样有脱逃图谋报复想法的焦某也对牛某流露了要逃出去的意图。集训结束后，牛某被分到三分监区服刑，焦某被分到四分监区服刑。焦某在四分监区服刑期间，又与同队的服刑罪犯被告人周某多次接触预谋脱逃之事，并将周某介绍给牛某。3 人趁出工之机，多次密谋策划越狱脱逃的方案。后因牛某对周某不放心，便同焦某商量不再与周某联系。牛、焦二被告人决定利用监区民警一人值班之机，以谈话为由将其骗到办公室，杀死民警夺取警服，冒充警察混出监狱。为能够成功逃脱，被告人牛某还提议剥下干警的整个头皮套在头上，剁下民警的一截手指带上，防止出电子门时辨认指纹。

2007 年 11 月 11 日晚 6 时许，被告人牛某以谈话为由随值班民警李某进入三分监区工地办公室，随后，焦某按原定计划也闯入办公室，并用脚将门碰上。在民警李某呵问焦某身份时，牛某迅速掏出藏在腰间的锤子朝李某后脑脖颈处猛砸两锤，李某奋起反抗，焦某扑上去捡起地上的锤子朝民警李某太阳穴和头部又猛砸两下。民警李某奋力与二人搏斗，最后挣脱跑出门外大声呼救。二被告见状慌忙逃窜，被闻讯赶到的管教民警和其他服刑人员抓获。李某经抢救脱离生命危险，经法医鉴定，其所受损伤构成轻伤。

【案例评析】

脱逃是严重事故，派驻监所检察部门应了解情况，向监狱发出检察建议：

一是建议加强对罪犯的思想动态的把控。牛某、焦某都是判处无期徒刑的罪犯，周某也是由无期徒刑减为有期徒刑 20 年，3 名罪犯都是重刑犯。牛某 1991 年因犯强奸、抢劫罪被判处无期徒刑，2003 年 7 月 31 日假释。后因在假释期间犯盗窃罪于 2006 年 7 月 7 日被判处无期徒刑，剥夺政治权利终身，同时撤销假释。焦某 2006 年 6 月 29 日以强奸罪被判处无期徒刑，剥夺政治权利终身，以抢劫罪判处有期徒刑 12 年，决定执行无期徒刑，剥夺政治权利终身。二罪犯都是暴力犯罪，牛某是二次犯罪，这类罪犯主观恶性较深，对这类罪犯的管理教育，监狱方面应当引起足够的重视，尤其对其思想动态的了解要深入细致，看其对自己犯罪根源的剖析是否深刻，思想认识和行为举止是否一致。

二是建议加强安全防范。从本案来看，监狱方面对罪犯的防范存在漏洞，如牛某和焦某不在一个分监区，却能经常密谋策划，1 年多的时间，不可能不留下蛛丝马迹。第一，罪犯互监组是否发挥了作用？罪犯耳目是否发挥了作用？第二，伤害民警的铁锤从哪儿来？判决书没有说明其来源，极大的可能是劳动工具，那么，它又是怎样通过层层检查，被罪犯带到监舍，继而带到民警办公室？监狱内的每道关口，出工收工的搜身检查是不是形同虚设？第三，罪犯监舍和民警办公室是否有隔离设施，隔离设施是否起到了防范作用？第四，夜间值班，值班室只有一名民警，这显然不符合规定，面对一群劣迹斑斑甚至恶贯满盈的特殊群体，任何管理上的疏漏都可能给监管安全带来隐患，警钟长鸣绝不是挂在嘴上的一句口号，必须落实到行动上。

【工作策略】

根据《人民检察院监狱检察办法》的规定，派驻检察机构接到监狱关于罪犯脱逃等事故报告，应当立即派员赴现场了解情况，并及时报告本院检察长。认为可能存在违法犯罪问题的，派驻检察人员还应当深入事故现场，调查取证；另外，派驻检察机构与监狱共同剖析事故原因，研究对策，完善监管措施。在彻底弄清事故原因的情况下，监所检察部门要向监狱发出检察建议：一是就制度漏洞或设施隐患进行整改；二是对事故中的违法人员要追责。

（二）罪犯破坏监管秩序

【案例】

苑某等破坏监管秩序案

罪犯曹某因犯故意杀人罪于 2003 年 7 月 16 日经某市中级人民法院判处死刑缓期二年执行，剥夺政治权利终身。2004 年 4 月 2 日送押监狱服刑，住四监区七号监舍。2005 年 4 月 9 日曹某在其母探视后出现精神异常，4 月 26 日被禁闭隔离，5 月 3 日出禁闭，5 月 6 日曹某死亡。

某市人民检察院在介入调查相关情况时发现：2005 年 4 月 9 日，住监狱四监区七号监舍服刑罪犯曹某，在其母探视后情绪开始变得反常，成天胡言乱语，夜间不睡觉大喊大叫。罪犯曹某的反常行为逐渐影响到同监舍其他罪犯的睡眠、休息，引起其他罪犯的反感。2005 年 4 月 21 日至同年 4 月 25 日，罪犯曹某遭到监舍内其他罪犯的殴打。2005年4月26日，监狱领导组织在操场召开犯人大会，罪犯曹某脱光衣服从监舍窜出，为防止发生自杀事故，当天将曹某关禁闭控制，5月3日出禁闭，5月6日曹某死亡。某市人民检察院以破坏监管秩序罪对苑某、申某、苗某、闫某、张某、李某某、陈某及被告人马某、李某9人提起公诉。经审理，人民法院认为该9人的行为已经构成了破坏监管秩序罪。

【案例评析】

破坏监管秩序罪，是指依法被关押的罪犯，故意破坏监管秩序，情节严重的行为。换言之就是：特定主体，特定时空，特定行为，情节严重。

1. 本罪的主体

本罪的主体是特殊主体，即依法被关押的罪犯。不难发现，这个主体条件可以分为两个必不可少的组成部分：罪犯＋依法被关押。罪犯，是有着特定内涵的法律概念。根据刑事诉讼法第12条"未经人民法院依法判决，对任何人都不得确定有罪"的规定可以认为：只有被人民法院依法判决有罪的人，才能被称为罪犯。因此，未决犯、劳教人员、受到行政处罚的人员便不具有罪犯身份，被排除在本罪主体之外。依法被关押，是指罪犯被监管的期间是有合法根据的被监管期间。反言之，诸如不应收押而予以收押，应当释放而不及时释放之类的错误的羁押期间一样也排除在本罪的构成要件要素范围之外。在本案当中，检察机关查明：事发当时，苑某、申某、苗某、闫某、张某、李某某、陈某及被告人马某、李某9人皆属于典型的"依法被关押的罪犯"，符合本罪的主体要件。

关于本罪的"特殊主体"，有一类特殊情况在本案当中没有体现，但是仍有必要加以分析：被违法关押的期间内，被关押人如果实施破坏监管秩序的行为，该如何处理？这时，应当区分不同的情况采取不同的措施。如果被违法关押的人实施的是个体性的妨害监管秩序的行为，如拒绝劳动、不服从管教等，此时，由于行为人本身系被错押，并无被强制劳动、管教的义务，自然也不宜治罪；但是，如果被违法关押的人实施的教唆、领导、组织他人妨害监管秩序行为的，则应当以共犯的身份以本罪论处。因为此时其行为的影响范围已经超越其个人而达到破坏公共秩序的程度，理应承担与其主观恶性相适应的刑事责任。

2. 特定的时空条件

这里的时空条件是指罪犯被判处刑罚后在法定的期间，依法在监管机关的监控下服刑的场所。这个场所既包括看守所、监狱、少年犯管教所等通常意义上的监管场所，也包括罪犯外出劳动的场所、罪犯在换押移动的途中等广义上的监管场所。如果不符合这个特定的时空条件的，则不构成此罪。具体来说，以下几种情况不构成此罪：被认定有罪但免予刑事处分的；被判处独立使用附加刑的；被判处管制、拘役或 3 年以下有期徒刑同时宣告缓刑的；本应关押的罪犯因病保外就医的；被假释、暂予监外执行的罪犯；罪犯被批准回家探亲、外出办事等。此时，这些人并没有处于被监管的空间环境当中，不受监管法规的约束，自然就不能成为本罪主体。在本案当中检察机关查明，虽然部分罪犯存在有假释、刑满释放等情况，但这些情况都发生于破坏监管秩序行为之后，具体情况如下：闫某于 2007 年 8 月 29 日被某市人民法院裁定假释，马某于 2005 年 4 月 24 日被释放，李某于 2007 年 9 月 29 日被释放。但是，罪犯曹某遭到监舍内其他罪犯的殴打的时间段是 2005 年 4 月 21 日至同年 4 月 25 日。通过对比不难发现，闫某、马某、李某在本案当中是符合破坏监管秩序罪所要求的时空条件的。

3. 特定的行为

刑法列出了四种行为：殴打监管人员的；组织其他被监管人破坏监管秩序的；聚众闹事，扰乱正常的监管秩序的；殴打、体罚或者指使他人殴打、体罚其他被监管人的。通过与案例的对比不难发现，在本案中苑某、申某、苗某、闫某、张某、李某某、陈某及被告人马某、李某 9 人的行为明显符合第四种规定的情形。对包括本案所涉及的行为在内，法律原文所列明的四种行为的理解，不能只停留在字面之上，都有应当注意的地方需要加以指出：

（1）刑法规定的"殴打"行为所造成的危害结果是有程度

限制的。具体而言，这里的"殴打"是指拳打脚踢等轻微的暴力，其意在造成受害人的肉体痛苦，而非对受害人造成实质上的身体损害，充其量只能限定在轻伤的范围之内。一旦超出了这样一种限制，那么就应当以故意伤害、故意杀人等罪论处，因为只有这样，才能使加害人所受到的刑罚与其所犯下的罪行相适应。

（2）刑法规定的第二种情形当中有三点需要注意：其一，"组织"指的是组织行为，换言之，只要行为人实行了召集、纠合他人的行为就构成本罪，而无须等到组织者或者被组织者实施了具体的破坏行为；其二，这里的"其他被监管人员"应当作广义的理解，即这里的"被监管人"不仅指罪犯，也包括与组织者在同一监管场所的所有被监管人员，如看守所当中依法被关押、监管的犯罪嫌疑人、被告人等；其三，这里的"破坏监管秩序"也应当作广义的理解，即不仅包括本罪的四种行为，还应包括监狱法第58条规定的其他破坏监管秩序的行为。

（3）刑法涉及的第三种情形只有组织者才能构成，本组织者如果实施了破坏监管秩序的行为，则应当以其他行为方式认定本罪。

（4）刑法涉及的第四种情形当中的"其他被监管人"同样应当作广义的理解。

4. 情节严重

实施上述四种行为，必须情节严重才构成犯罪。此处的情节严重可以有多种的考量方式：手段、次数、危害结果等。当然，这里的危害结果同样需要作限定性分析，就如同上文中对"殴打"行为的分析。具体到本案当中，可以参考的情节有：众犯多次殴打曹某，手持工具殴打曹某，这些都已达到了情节严重的标准。当然，最后曹某的死亡也是一种情节，但是案例中并未提出有足够的证据证明曹某的死亡与众犯的殴打之间存在有必然的联系，如果有，那么对此案的定性将发生变化。

【工作策略】

本案的处理过程当中，在实体和程序上并无不当，但本案整个事件发展过程中存在的一些问题，应当在我们今后的监管改造和监狱检察工作中引起足够的重视和注意：

1.2005年4月9日曹某在接受其母探视后，情绪反常，成天胡言乱语夜间不睡觉哇哇乱叫；4月23日上午脱光衣服在走廊乱跑；曹某曾于4月24日夜在监舍内大喊大叫。正常来讲，这些异于常人的行为表现理应引起其他押犯的警觉并报告监管人员，但是案例中没有表明是否曾有人向监管人员报告过此类事件。这也从侧面反映出监管方的日常工作不是很到位，如果监管方能及时发现这个情况并采取措施，如及时进行单独管控、申请鉴定和保外就医，也许就能避免曹某的死亡。

2. 众犯曾多次殴打曹某，其中不乏如"2005年4月25日夜，被同监舍众犯打得哇哇乱叫"这样的大场面，但是案例中却并没有表明监管人员是否及时发现了这个情况，也没有表明是否有犯人及时报告了相关情况，也没有表明监管方是否采取了有效的措施来给予相关责任人以相应的处罚。如果监管方能及时采取相应的措施，也许就能避免苑某等9人滑向又犯罪的深渊。

3.2005年4月26日犯人大会现场，罪犯曹某脱光衣服从监舍窜出，对于曹某这种异于常人的行为举止，理应引起监管方的重视，至少应当关注并收集一些曹某的日常表现情况，综合考虑并判断曹某的行为是装疯卖傻还是真的发生了精神类疾病，从而及时地启动应对程序，而不是简单地禁闭了之。

之所以会出现上述的问题，是因为少数监管人员在工作中缺乏一种保障人权的意识和人文关怀的精神。罪犯是触犯我国刑法，依法接受刑罚的人，罪犯在监狱在接受惩罚的同时也在接受再社会化的教育。因此，罪犯在服刑期间也享有人身安全以及其他未被依法剥夺或者限制的权利。充分保障罪犯所享有的这些权利，不仅仅体现在要做好法律规定的内容，更体现在充满人文关怀的日常工作当中。这样才能使罪犯感受到法律的公平正义和社会的关怀，进而树立起重新社会化的信心。如果监管人员做得不到位，监狱检察人员就要通过加强对监管工作的检察监督来督促他们做到，并最终通过双方的共同努力，实现监管场所的长治久安，实现对罪犯进行"触及灵魂"的彻底改造，促使罪犯从根本上转变世界观、人生观和价值观，使罪犯产生对社会秩序的遵守之心和对法律的敬畏之心。

（三）罪犯伤残

【案例】

罪犯李某又犯罪案

罪犯李某，男，39岁，捕前住山西省某地区，初中文化，汉族。2006年10月2日因涉嫌故意杀人被刑事拘留，同年10月19日被依法逮捕。2007年10月23日被山西省高级人民法院以故意杀人罪判处死刑，缓期二年执行，剥夺政治权利终身。2007年11月16日入监服刑，2008年3月25日下七监区服刑改造。

2009年4月29日上午10点10分左右，罪犯李某把打的宝石转给郭某抛光。抛光的宝石不合格，李某让郭某拿放大镜看一看，郭某骂骂咧咧。李某顺手拿起八角器朝郭某头顶部击打了三下，导致罪犯郭某头顶部三处受伤，住院治疗。

侦查科对罪犯郭某头部伤情进行了司法鉴定：伤者郭某系被他人用钝器（八角器）砸伤头部，头创口长度累计为10厘米，依照《人体轻伤鉴定标准（试行）》第6条之规定，伤者头部皮肤挫裂创口已构成轻伤。

罪犯李某伤害郭某的事实清楚，本人供认不讳，并有相应证据充分证实。侦监科建议结案起诉，依法追究李某的刑事责任。

【案例评析】

本案中，李某作为被判处死刑缓期二年执行的罪犯，在监狱中又故意犯罪，会被提请执行死刑。李某作出致郭某轻伤的故意伤害行为，充分说明了李某对自己的行为可能产生的后果的无知，也充分说明了李某法律观念的淡薄。

要做到在今后的工作中避免出现服刑人员又犯罪，监所检察工作中应该做到以下几点：

1. 通过多种形式在监狱、看守所开展法律知识教育

通过办培训班、发放宣传材料、组织法律问答等方式，切实提高服刑人员的法律知识水平。通过考试、问答等多种方式检验服刑人员的学习情况，对学习成绩优秀的服刑人员，对其减刑、假释给予一定程度的加分，切实提高服刑人员学习法律知识的热情，使服刑人员真正做到知法、懂法，使他们自觉守法。这样，才能使服刑人员从思想上真正认识到在服刑期间又犯罪可能引发的严重后果，自觉控制自己的行为。同时，也可以使得服刑人员在刑满释放以后，能够严格要求自己，切实自觉遵守法律。

2. 切实协助监管干警做好服刑人员的思想教育工作

服刑人员进入监狱服刑以后，或对判决不服，或对未来前途暗淡，灰心丧气，或者担心家庭人员的生活，无法安心改造，这些情况的存在均对服刑人员安心改造产生着消极的影响。监管人员一旦存在上述情形，就很有可能从心理上抗拒改造，在这种情况下，一旦遇到外因刺激，就很可能无法控制自己的行为，极易引发服刑人员又犯罪案件的发生。

在日常的工作中，监所检察人员要经常深入现场，和被监管人多谈心，了解服刑人员的心理状况，对于可能存在思想包袱的服刑人员，要采取个别谈话等多种方式及时帮助服刑人员化解心理上的问题。要切实加强被服刑人员的工作技能教育，使其在服刑期间掌握一技之长，对成绩优异的服刑人员给予奖励，要关心被服刑人员家属的生活情况，努力帮助被监管人员家属解决生活上的实际困难。这样，才能使服刑人员真正放下心理包袱，安心接受改造。

3. 切实加强对监管民警的思想教育工作，对监狱民警在监管工作中的违规违法问题必须严肃处理

服刑人员虽然在监狱接受改造，是在接受国家对其犯罪行为的

惩罚。但是我们也要明白，服刑人员进入监狱改造，就是在对自己行为引发的严重后果负责，同时，国家并不是仅仅希望通过限制自由、强制劳动来惩罚服刑人员，而是希望通过劳动改造，使犯罪人真正认识到自己行为的过错，从而使其在今后从新走上社会以后能够严格要求自己，不再做出违法犯罪的事。

监管民警应该摆正心态，虽然处于监管者的地位，但任务更多是帮助服刑人员改造，使他们真正认识到自己的过错，从而使其在今后重新走上社会之后能够严格遵守法律。但一些监管民警从思想上歧视服刑人员，对服刑人员态度冷漠、说话蛮横，这些都会使服刑人员产生抗拒改造的心理，在监管民警处受了气，没地方发泄，就很可能引发又犯罪行为。所以，监管民警和监所检察人员，要真正转变思想，在工作中做到尊重服刑人员，尽力帮助服刑人员改造，使他们从根本上认识到自己的过错，对于监狱民警在监管过程中的不文明行为和违规违法行为，应当发出检察建议和纠正违法通知书，切实履行监所检察部门的职责。

4. 切实加强减刑、假释的监督工作

对在服刑期间表现突出的服刑人员给予减刑、假释，是对服刑人员认真接受改造的一种奖励，而现在有一些监狱的减刑、假释不是给予表现突出的服刑人员，而是给了"关系户"，或是收受贿赂以后给了不符合减刑、假释条件的人员。这种现象的存在，会极大地削弱服刑人员的改造积极性，会在罪犯内部形成一种"好改坏改一个样"的心理，不认真接受改造，也无法认识到自己行为的过错和危害性。这样就难以避免在和其他服刑人员发生冲突的时候不能很好地控制自己的行为，也极易引发服刑人员的又犯罪案件。所以，监所检察工作中，要加强减刑、假释的检察监督，确保减刑、假释的公平公正。

5. 切实加强对服刑人员犯罪案件的处理工作

对于服刑人员又犯罪的案件，应当监督监狱部门尽快立案，查清案件事实，对于达到犯罪标准需要检察机关提起公诉的，监狱监所检察部门应尽快审查起诉。在开庭时，可以建议人民法院去监狱现场审理，现场判决，以对其他服刑人员起到警示教育作用。

【工作策略】

罪犯又犯罪，极大地扰乱了监管场所的秩序，严重挑战法律的权威，表明监管机构的监管制度存在漏洞。加强对监管机构的监督，努力防止服刑人员又犯罪案件的发生，是监所检察部门的一个工作重点。监所检察人员必须不断提高自己的政治素质、法律素养和检察业务素质，养成高度的职业使命感和工作责任心，发挥法律监督的职责，切实维护监管场所的安全稳定。

（四）罪犯非正常死亡

【案例】

秦某玩忽职守案

被告人秦某，男，41岁，本科学历，原系山西省某监狱三管区副教导员，二级警督警衔。2010年因涉嫌犯玩忽职守罪被取保候审。

2010年5月20日9时至21日9时，被告人秦某负责山西省某监狱三管区带班工作，同时与姚某（另案处理）在该管区四层值班。21日6时15分许，该管区四层夜间值班罪犯崔某叫被告人秦某起床，被告人秦某违反监管规定将启号钥匙交给罪犯崔某，让崔某开启号门和督促其余罪犯起床。6时30分许，被告人秦某叫姚某起床后，被告人秦某带该管区四层、三层14名罪犯下楼进行篮球训练。7时许，姚某未清点三管区四层罪犯出操人数及留层罪犯人数。7时30分许，该管区罪犯收操整队进车间报数时发现少了1名罪犯。后经查找，在7时35分许发现罪犯张某已在三管区四层的晾衣间内上吊自杀。

被告人秦某在带班期间，不正确履行民警带班值班直接管理职责，致使1名罪犯长时间脱管失控并死亡，其行为已触犯刑法第397条之规定，构成玩忽职守罪。人民法院依照《中华人民共和国刑法》第 397 条第 1 款、第 37 条、第 61 条之规定，判决其玩忽职守罪，免予刑事处罚。

【案例评析】

监狱警察工作性质较为特殊，在依法履行司法权的同时，还要负责监狱企业的生产经营活动，正因为如此，在实际工作当中，如何正当地行使国家赋予的刑罚执行的权力，正确处理生产管理与矫治改造的关系，是每一个监狱警察必须面对的重要课题，也是监狱工作的难点所在。然而，玩忽职守类的案件，由于其特殊的危害性，一方面，严重损害了国家司法的公信力，造成恶劣的社会影响；另一方面，打击了一线监狱警察的工作积极性，不利于监所工作的顺利开展，所以，研究此类案件，对于深入分析监所职务犯罪内在原因，有针对性地提出预防监狱警察职务犯罪问题的对策和建议，提高监所检察工作的质量和效果，有着非常深远的社会意义和理论价值。

在本案中，秦某作为一名监狱警察，因小的失误而造成严重的法律后果，虽是个案，但是从另一个方面反映出当前我国监狱系统内部少数监狱执法人员执法意识薄弱、素质低下的现象。当前，一些监狱执法人员普遍存在没有接受正规高等法律专业教育的问题，加之后期不加强或不善于学习，习惯于传统的管教模式，少数还存在着"重人治轻法治，重经验轻规范，重人情轻法理"的陈旧观念，满足于当好"看守"，对现实的执法要求认识模糊。往往在执行常规制度、计分考核、减刑、保外就医等执法过程中，要么"不会为"，要么"乱作为"，以致触犯了法律还意识不到自己存在的问题。

针对上述问题的存在，监狱系统内部应当加强法制宣传、教育，提高监狱执法人员依法行刑意识和执法素质，建立严格的自律机制。尽管近年来监狱系统也开展了一系列的教育培训活动，但这些活动存在很大程度的形式主义，导致这些活动取得的实际效果有限，没有切实提高执法人员的执法素质和法律意识。这就需要我们检察机关在实际工作切实做好宣传、教育工作，打好职务犯罪预防工作的基础。同时，对监狱执法人员是否了解职务犯罪的法律法规应该纳入日常监所检察考核的体系，使之有针对性、长期化、制度化。在教育形式和内容上要突出重点，开展诸如法律讲课、以案说法、对典型案例进行剖析、对新任职执法人员和干部实行任前诫免谈话、建立警示教育基地等活动。要让监狱执法人员明白哪些是"法律底线"，在执行刑罚工作过程中把握好这个度，严格区分违纪与违法犯罪的界限。作为检察机关在加强法律监督的同时，要加大惩处力度，形成"敲山震虎"的威慑态势。坚持派驻监狱检察形式，深入监狱一线，掌握监狱刑罚执行各个流程、各个环节，发现其中存在的漏洞，掌握监狱职务犯罪发案规律，畅通服刑罪犯举报、申诉渠道。对发现的职务犯罪线索，一定要认真摸排，涉嫌犯罪的，要严肃立案侦查，并与人民法院沟通、协调，形成打击监狱职务犯罪的合力，减少缓刑、免予刑事处罚判决，增加自由刑判决（缓刑除外），真正起到预防监狱职务犯罪的作用，避免因小失大的案件发生。

【工作策略】

本案中，秦某因为自己一时的懒惰，没有正确履行自己的职责，造成被监管人长时间脱离监管未被发现，致使被监管人有时间上吊自杀，秦某对被监管人的死亡负有不可推卸的责任。这个案例应该引起其他监管人员的重视。同时，作为监所检察人员，不能只是在监狱警察犯错以后去处理，而是要以预防为主，在日常工作中对监狱警察的违规违法行为及时纠正，保证其能够正确执行监狱的各项规定，履行好自己的职责，切实维护好监狱的安全稳定。

二、狱政活动检察超时、超强度劳动、体罚虐待罪犯、违法使用械具

【案例】

张某林虐待被监管人案

被告人张某林，男，1977 年 4 月 11 日出生，汉族，中专文化，原任某监狱八分监区第二分监区长。2007 年 6 月 14 日，因涉嫌虐待被监管人罪被取保候审，同年 7 月 19 日被依法逮捕。2008 年 3 月 18 日被某区人民法院取保候审。2009 年 1 月 8 日被某区人民法院判处有期徒刑 8 个月。张某林不服，提出上诉。2009 年 3 月 11 日，某州市中级人民法院裁定：驳回上诉，维持原判。

1. 2006 年 12 月 25 日，服刑罪犯张某强（质量监督员）向值班监区长张某林报告，称在生产劳动中犯人粘的台历不符合要求，后张某林对服刑人员马某国、白某新、谭某停等 10 余人用胶皮警棍进行殴打。

2. 2007 年 1 月的一天早上，张某林让服刑罪犯靳某茂、周某志、段某柱和李某飞等人擦玻璃，因天气寒冷，玻璃冻得擦不干净，张某林就分别把他们叫到办公室，将上衣脱光，跪在床前，戴上手铐，用警棍击打靳某茂、周某志、段某柱和李某飞等人的头部和背部。

3. 2007 年 1 月的一天，张某林在没有任何原因的情况下，在办公室用警棍殴打服刑犯赵某军的头部、胳膊 10 余下，后将其铐在五组的暖气片上，铐了 10 天。

4. 张某林在三九寒天，逼迫马某国等人坐在冰冷的楼道里，有凳子也不让坐，屁股下不让垫任何东西。并指使其他犯人在厕所给马某国洗冷水澡，洗完后继续坐在地上，致使马某国大小便失禁。

5. 2007 年 2 月期间，马某国病情已相当严重，行动不便，张某林为了惩罚马某国，就将其铺位由 3 组的下铺调到 2 组的上铺。马某国因病上不去床，不能睡觉，晚上只能睡在地上，以此进行虐待，直到 1 个月后死去。

6. 张某林在马某国病重行走不便期间，以让马某国"锻炼身体"为由，让马某国驾上平车，叫其他罪犯推着走，不走就打，对其进行虐待。

7. 2007 年 2 月 19 日至 3 月 3 日期间，该监区组织犯人纳鞋垫，张某林为了完成任务，超时超体力让犯人进行加班，持续 10 余天。同时，用殴打、不让睡觉等体罚虐待的方法让犯人纳鞋垫，涉及的犯人有 10 余人。

8. 2007 年 3 月 1 日晚 10 时左右，在八分监区多功能厅，因在多功能厅劳动的犯人需移到四组，马某国动作迟缓，张某林就用木棒捅马某国的胸部，马某国用手挡了一下，张某林就用木棒击打马某国头部数下，木棒断成了几节，致马某国头部严重受伤。

9. 2007 年 3 月 7 日晚，张某林因服刑罪犯李某贵不满服刑罪犯张某强安排晚上加班，就用胶皮警棍对李某贵的颈、背、腰部进行殴打。

2007 年 3 月 10 日，马某国死亡。经侦查认定，张某林长期体罚、虐待马某国是造成其死亡的主要原因。

【案例评析】

虐待被监管人罪，是指监狱、拘留所、看守所等监管机构的监管人员，对被监管人进行殴打或者体罚虐待，情节严重的行为。

虐待被监管人罪侵犯的客体是复杂客体，即被监管人的人身权利和监管机关的正常活动。对被监管的人进行体罚虐待，往往施用肉刑，捆绑打骂，侮辱人格，进行精神折磨，侵犯公民的人身权利。

虐待被监管人罪在客观方面表现为违反监管法规，对被监管人进行殴打或者体罚虐待，情节严重的行为。殴打，是指造成被监管人肉体上的暂时痛苦的行为。体罚虐待，是指殴打以外的能够对被监管人的肉体或精神进行摧残或折磨的一切方法，如罚趴、罚跑、罚晒、罚冻、罚饿、辱骂、强迫超体力劳动、不让睡觉、不给水喝等手段。需要指出的是，虐待被监管人罪中的殴打、体罚虐待，不要求具有一贯性，一次性殴打、体罚虐待情节严重的，就足以构成犯罪。至于行为人是直接实施殴打、体罚虐待行为，还是借被监管人之手实施殴打、体罚虐待其他被监管人的行为，只是方式上的差异，不影响虐待被监管人罪的成立。行为人默许被监管人殴打、体罚虐待其他被监管人的，亦应视为"指使被监管人殴打或体罚虐待其他被监管人"的行为。

殴打、体罚虐待被监管人的行为只有在情节严重时才构成犯罪。所谓情节严重，一般是指使用酷刑摧残，手段恶劣；一贯殴打、体罚虐待被监管人，屡教不改的；殴打、体罚虐待多人多次，影响很坏，等等。确定情节是否严重，一般应从行为人实施体罚虐待行为的主观意图、手段、对象及其造成的后果来认定。监管人员实施殴打、体罚虐待的行为，致使被监管人伤残、死亡的，依刑法第234条关于故意伤害罪、第232条关于故意杀人罪的规定定罪从重处罚。

虐待被监管人罪的主体是特殊主体，即监狱、拘留所、看守所等监管机构的监管人员。虐待被监管人罪主体的认定，在司法实践中并不以直接对被监管人实施体罚虐待者为限，有的司法工作人员未直接动手实施体罚虐待，而是在执行管教过程中，违反监管法规，指使、授意、纵容或者暗示某个或某些被监管人对其他被监管人实施体罚虐待，情节严重的，依刑法第248条第2款之规定，亦可构成虐待被监管人罪的主体。在这种情况下，实施体罚虐待的被监管人并非监管人员，固然不能单独构成虐待被监管人罪的主体，但他们是体罚虐待行为的直接实施者，仍可构成虐待被监管人罪的共犯。

虐待被监管人罪在主观方面表现为故意，过失不能构成虐待被监管人罪，即监管人员对其实施的体罚虐待及违反监管法规的行为是故意。犯罪目的一般是压服被监管人。犯罪的动机各种各样，有的是为泄愤报复，有的是逞威逞能等。不管出于何种动机，都不影响犯罪的成立。

本案中，身为监区第二分监区长的张某林，漠视在押人员合法权益，无视国家法律法规及监管场所各项管理规定，寻找各种借口，多次对服刑罪犯马某国实施了严重的殴打、虐待行为。张某林对马某国持续、多次的殴打、体罚虐待与马某国死亡存在因果关系。张某林主观方面表现为故意，情节和后果均十分严重，符合虐待被监管人罪的构成要件。

张某林之所以肆无忌惮地长时间体罚虐待被监管人，首先说明其道德品质败坏，无视人权保护，急需对在职干警加强思想道德教育，提升其政治素质；其次是有的监狱大搞生产承包经营，规定罪犯每人每月必须上交定额利润，从而让少数干警不顾一切地、无休止地追逐利润，以获取高额奖金、福利，其结果就是不管监管改造，只是一味地让罪犯加班加点地劳动；最后是检察监督的严重缺失，有的检察干部对监管干警的违法行为熟视无睹，责任心缺失，使检察监督流于形式。不敢监督、不愿监督、监督不到位必须引起各级检察机关领导的高度重视。

【工作策略】

监管人员虐待被监管人严重侵犯了被监管人的身心健康，是狱政活动检察的重要内容。监所检察要做到：一是建立与被监管人的信息沟通机制，不仅设置检察官信箱，还要切实建立约见检察官制度，保障被监管人在合法权益受到侵害时能在第一时间见到检察官；二是发现监管人员虐待被监管人的情形，要向监狱提出违法纠正意见，要发检察建议，建议监狱完善制度，追究相关人员的责任；三是对于构成虐待被监管人罪的，要及时立案侦查，依法追究相关人员的刑事责任。

第四节　又　犯　罪

一、对又犯罪案件的审查逮捕、审查起诉和出庭支持公诉

【案例】

马某、李某、高某被批捕案

2005 年 4 月 9 日，某监狱四监区罪犯曹某在其母探视后，情绪变得反常，成天胡言乱语，夜间不睡觉大喊大叫，曹某的反常行为逐渐影响到七号监舍其他罪犯的睡眠、休息，引起其他罪犯的反感。2005 年 4 月 21 日至同年 4 月 25 日，曹某多次遭到同监舍罪犯马某、李某、高某等 12 名罪犯的殴打。2005 年 5 月 6 日，曹某死亡。2005 年 6 月 8 日，经某市人民检察院法医检验鉴定：曹某系外力致多发性肋骨骨折、胸骨骨折合并重度支管肺炎引起呼吸、循环功能衰竭死亡。

曹某在服刑期间死亡一案，由某监狱于 2008 年依法立案进行侦查，查明事实后，认为马某、李某、高某等 12 名罪犯在服刑期间殴打其他服刑人员的行为已触犯刑法第 234 条之规定，涉嫌故意伤害罪，但其中马某、李某、高某已分别于 2005 年 4 月 24 日、2007 年 9 月 29 日、2005 年 5 月 18 日刑满释放。2008 年 12 月 8 日，某监狱以涉嫌故意伤害罪，提请某市人民检察院逮捕马某、李某、高某。

2008 年 12 月 9 日，某市人民检察院监所检察处收到某监狱提请逮捕书，提请对犯罪嫌疑人马某、李某、高某审查批准逮捕。市院监所检察处在审查案卷、法律文书及证据材料，经分管检察长批准，决定逮捕犯罪人马某、李某、高某。

【案例评析】

本案在程序上存在一些问题。曹某死亡的时间为 2005 年 5 月 6 日，起因是 2005 年 4 月 21 日至 4 月 25 日多次遭到同监舍罪犯的殴打。2005 年 6 月 8 日作出法医学鉴定报告，然而事情过去了 3 年之后，某监狱于 2008 年才对此事进行立案侦查。但此时曾对曹某实行殴打的 12 名罪犯中已有 3 名罪犯刑满释放。1996 年刑事诉讼法第 86 条规定：人民法院、人民检察院或者公安机关对于报案、控告、举报和自首的材料，应当按照管辖范围，迅速进行审查，认为有犯罪事实需要追究刑事责任的时候，应当立案。第 87 条规定：人民检察院认为公安机关对应当立案侦查的案件而不立案侦查的，人民检察院应当要求公安机关说明不立案理由。最高人民检察院《关于加强和改进监所检察工作的决定》中关于监所检察职责中规定：对罪犯又犯罪案件和劳教人员犯罪案件审查逮捕、审查起诉，对立案、侦查和审判活动是否合法实行监督。由此可见，某监狱在此三年内有案不立、有罪不究，工作上存在很大的失误。在罪犯刑满释放后才开始立案提请批捕，造成了有限司法资源的浪费。而某市检察院于 2005 年 6 月 8 日作出法医学鉴定报告后，并未对此案进行立案监督。迟来的正义不是正义，因此检察机关对立案监督工作应投入更多的精力，及时惩治犯罪，保证被害人的合法权益。

根据 1998 年 6 月 12 日最高人民检察院《关于重新明确监所检察部门办案范围的通知》，监狱、公安机关立案侦查，移送检察机关审查批捕、审查起诉的服刑罪犯又犯罪案件，由监所检察部门负责审查批捕、审查起诉、出庭公诉。本案中，某监狱在立案后，提请某市人民检察院监所检察处审查批准逮捕。某市人民检察院监所检察处审查案卷后，经分管检察长批准后，批准逮捕犯罪嫌疑人，这一程序是正确的。

【工作策略】

之所以将服刑罪犯又犯罪案件的侦查监督和审判监督交给监所检察部门，主要是监所检察部门对该类案件容易了解，办案方便的缘故。监所检察部门应切实履行法律、法规所赋予的职责。马某等人一案就表明监所检察部门怠于履行职责。立案监督不仅包括对立案侦查机构不应当立案而立案情形的监督，也包括对应该立案而不立案情形的监督。当然，监所检察部门在监督过程中，也应注意保护犯罪嫌疑人的合法权益。

二、对又犯罪案件实行立案监督、侦查监督

【案例】

程某等三人故意伤害案

程某，男，21岁，汉族，初中文化，山西省某县人，2010年3月3日因涉嫌敲诈勒索罪被某市公安局刑事拘留，2011年1月31日被某市城区人民法院判处有期徒刑6年。

康某荣，男，24岁，汉族，初中文化，山西省某市人，2010年12月9日因涉嫌盗窃罪被某市公安局刑事拘留，2011年8月5日被某市城区人民法院判处有期徒刑4年。

陈某白，男，34岁，汉族，初中文化，湖北省某市人，2007年12月29日因涉嫌抢劫罪被某市公安局刑事拘留，2011年8月10日被某市中级人民法院判处死刑缓期两年执行。

2011年8月7日，犯罪嫌疑人程某、康某荣、陈某白因琐事与同监室在押人员谷某青发生口角，3人分别对谷进行殴打，致谷某青身体多处受伤。经某市第五人民医院诊断：谷某青右颞叶及左额叶脑挫裂伤；双侧额部硬膜下积液；左侧筛骨纸样板骨折。

2011年8月12日，看守所检察室干警在巡视监室中听到谷某青受伤住院治疗一事后立即展开调查。对事发时监控录像进行固定，同时对涉案的犯罪嫌疑人程某、康某荣、陈某白进行了讯问，并询问了事发时管教民警。2011年8月31日，对同监室在押人员宋某、黄某曲进行了询问。2011年9月5日，对谷某青进行了询问并提取了某市第五人民医院及某大学附属医院对谷某青诊断的相关病历。以上证据可以相互印证，能够证明程某、康某荣、陈某白

有殴打谷某青的犯罪事实。2011 年 9 月 6 日，市人民检察院向市公安局下发了书面检察建议，建议市公安局开展教育整顿，切实增强民警的工作责任心，完善岗位责任制并加强对在押人员的管理教育。市公安局对检察建议进行了落实，制定了相关的规章制度。2011 年 9 月 29 日，市人民检察院向市公安局下达了《要求说明不立案理由通知书》，该局书面答复：因谷某青现伤情较重不能配合侦查机关进行伤情鉴定，待其病情好转进行伤情鉴定后立即予以立案侦查。

【案例评析】

本案中，驻所检察室干警的工作态度与效率是值得赞赏的。

刑事诉讼法赋予人民检察院对立案活动，侦查活动实施个案监督的权力，是为了充分发挥人民检察院的法律监督职能，解决刑事司法实践有案不立、有罪不究、以罚代刑等问题，以保证使犯罪分子无一例外地受到刑事追究。

本案中驻所检察室干警对立案监督工作认真负责，并对公安局不立案的情况发出了《要求说明不立案理由通知书》，办案程序符合法律要求。

刑事诉讼法虽然规定了人民检察院对公安机关的立案监督机制，使立案监督工作步入了法制化、正规化、程序化的轨道，初步解决了司法实践中长期以来的告状有门而诉权得不到保障的一大难题。但是，近几年来的司法实践也证明，由于法律的规定过于原则，缺乏可操作性，立案监督仍需要进一步补充和完善。针对司法实践中立案监督存在的问题，笔者认为，应从如下方面完善我国的立案监督机制：（1）强化意识，清除障碍，增强立案监督的自觉性。检察机关应充分认识到立案监督的重要性，把立案监督工作纳入议事日程，主动去调查研究，解决立案监督工作出现的新情况、新问题。（2）从法律机制上完善立案监督。一是要从立法上进一步完善检察监督的法律体系。二是尽快补充修正刑事诉讼法及司法解释中关于诉讼立案监督的未完善条款。（3）建议受理刑事案件备案审查制度。凡是公安机关受理的刑事案件均报同级检察机关备案，由检察机关对立案活动的合法性进行审查。（4）立案监督部门应当对立案监督的案件进行跟踪监督，以防止侦查机关立而不查、查而不究。

【工作策略】

程某一案中，监所检察人员表现很好，不仅及时进行立案监督，而且还能深挖背后的原因，及时向监狱发出检察建议，收到了良好的效果。监所检察人员要把工作做好，不仅要有专业理论知识和实践经验，而且要有对工作的热心。

第五节 受理控告、举报和申诉

【案例1】

马某某申诉案

申诉人马某某，男，1957年7月8日出生，汉族，初中文化，山西省某市人，原系某市城区实业总公司经理。1982年11月30日因犯贪污罪被某市人民法院判处有期徒刑1年；1995年9月16日因故意伤害被收审，1996年7月30日被逮捕，1999年7月5日因故意伤害罪被某市中级人民法院判处有期徒刑15年，现在某监狱服刑。

马某某以捕前的收审期限未折抵刑期为由提出申诉。依据1996年刑事诉讼法第203条、监狱法第21条、最高人民检察院《关于办理服刑人员刑事申诉案件有关问题的通知》第1条第3款之规定，某市人民检察院依法受理并办理了此案。

经对马某某以及同案侯某文的讯问，二人均反映，自1995年9月16日被收审直至1996年7月30日被逮捕后才离开收审站转至看守所，在此期间，二人未因任何原因离开过收审站。11月25日，检察人员又对某市某区公安局档案室、某市看守所及在原收审站、预审科工作过的老同志进行了走访调查，均证实马某某确实在收审站住过，但具体时间因年代久远不能确定。案卷中有马某某收审前期 3 个月的相关手续，后期直至捕前均未再查到延续收审或解除收审的相关资料。对此，某区公安局原预审科的同志回忆说，当时，收审期限最长为 3 个月，因此收审手续只能反映 3 个月，之后未及时转捕的就不再办理相关手续。

综上，依据刑法第 47 条之规定，检察机关认为罪犯马某某捕前的收容审查期限应依法予以折抵刑期。据此，建议某市中级人民法院依据事实和法律对罪犯马某某的刑期起止时间进行更正，市中级人民法院很快对原判决的刑期起止时间予以了更正。

【案例评析】

本案中根据收集的证据表明，罪犯马某某一经公安机关收审就失去了人身自由，依据刑法第 47 条之规定，罪犯马某某捕前的收审期限应依法予以折抵刑期。据此，侦办人员依据事实和法律规定，建议某市中级人民法院对罪犯马某某的刑期起止日期进行更正。某市中级人民法院经审委会研究决定，对罪犯马某某原判决的刑期起止日期予以了更正，维护了罪犯马某某的合法权益，维护了法律的严肃性和公正性。

这是一宗典型的超期羁押案件，严重地侵犯了罪犯马某某的合法权益，是执法人员执法不认真造成的，法律明确规定收审期限最长为 3 个月，在此期限不能办结的而需延期的应有延期收审的法律手续，显然原办案人员没有按法律规定去做；原审查人员很显然没有认真审查；原审判人员也是很显然没有尽职尽责，致使造成罪犯马某某的刑期起止时间的错误。历史告诫我们，作为执法人员任何时候都不能马虎，一旦疏忽大意就会造成当事人情绪低落、埋怨社会。此案的办理，稳定了罪犯马某某的改造情绪，收到了良好的社会效果和法律效果。

【工作策略】

监所检察人员要重视服刑犯人的申诉、控告，申诉、控告不仅是犯人的权利，还是监所检察人员了解犯人思想动态和监管机构违法情形的重要途径。正确处理犯人的申诉，对于犯人的改造有着积极意义。

【案例2】

刘某伟控告案

刘某伟，男，1988年1月14日出生，2009年因犯寻衅滋事罪被某县人民法院判处有期徒刑4年6个月，刑期从2009年9月21日至2014年3月20日，该罪犯于2010年3月25日送至某监狱服刑。2011年7月14日，刘某伟因涉嫌强迫卖淫罪，经某市公安局建议，山西省监狱管理局出具提解罪犯介绍信，7月15日由持有介绍信的某县公安局两名警官在经某监狱分管狱政管理的副监狱长批准后，解回刘某伟到某县看守所接受审讯，2011年8月10日，某县公安局经某县人民检察院审查，以为证据不足，不予变更强制措施，将刘某伟还押某监狱。

2011年8月12日，驻某监狱检察室接到服刑人员刘某伟的控告申诉，称其在2011年7月15日晚9时许被某县公安局提解回看守所遭在押犯赵某殴打后，有3名干警不问青红皂白，照其头部一阵狂打，民警走后，其感到嘴巴剧痛，随到卫生间冲洗嘴巴淤血，结果四颗门牙被打掉。

驻某监狱检察室在接到服刑人员控告申诉后，首先向狱政部门了解刘某伟提解的有关情况，司法部监狱管理局《关于公安机关、人民检察院、人民法院因案件需要将罪犯解回再审应办理何种法律手续的批复》规定："公安机关、人民检察院、人民法院因办理案件，需要讯问正在监狱服刑的罪犯的，原则上应在监狱就地讯问，并应出具县级以上公、检、法机关的正式公函，监狱予以配合。确需将罪犯解回侦查或审判的，应由地、市级以上公、检、法机关出具正式公函，具体说明需要解回罪犯的个人基本情况、解回理由、离监时间、期限及羁押地点，报请省（自治区、直辖市）监狱管理局批准后，由罪犯所在地监狱办理临时离监手续。监狱办理临时离监手续时，应查验提解罪犯的机关出具的地、市以上公、检、法机关的公函，监狱所在省（自治区、直辖市）监狱管理局批准解回罪犯的批件以及负责执行解回罪犯任务干警的身份证件。从监狱解回罪犯的公、检、法机关在结案后，除将罪犯执行死刑外，应负责在批准期限内将罪犯押送回原监狱服刑。"根据上述规定，刘某伟的出监手续只提及省监狱管理局的提解罪犯介绍信、某县公安局两名警官的警官证号、副监狱长的批准，未提及监狱在办理离监手续时，是否查验提解罪犯的机关出具的地、市以上公安机关的公函。在了解完刘某伟提解的有关情况后，驻监检察室进一步核查了刘某伟解回某监狱前后体检情况，经查：某监狱医务所 2011 年 5 月 30 日对刘某伟健康体检结果显示，各项未见异常；2011 年 8 月 13 日体检结果显示，五官科（左上第一、二、三齿和左下第二齿缺失），其他项未见异常。根据《人民检察院监狱检察办法》第 43 条规定："派驻检察机构应当受理罪犯及其法定代理人、近亲属向检察机关提出的控告、举报和申诉，根据罪犯反映的情况，及时审查处理，并填写《控告、举报和申诉登记表》。"派驻检察室及时填写了登记表后，为保障罪犯合法权益不受侵犯，将此案移交某市人民检察院监所检察处处理。

【案例评析】

对刑罚执行和监管活动实行监督是法律赋予检察机关的一项重要的法律监督职能，在实际工作中，办理服刑人员控告申诉案件是监狱检察的一项重要工作。《人民检察院监狱检察办法》第 2 条规定："人民检察院监狱检察的任务是：保证国家法律法规在刑罚执行活动中的正确实施，维护罪犯合法权益，维护监狱监管秩序稳定，保障惩罚与改造罪犯工作的顺利进行。"近几年，由于"躲猫猫"等一系列致死在押人员事件，引起社会对被羁押者权益的广泛关注，对监狱、看守所监管活动的监督成为大众关注的热点，监所检察工作也迎来了发展的新时机，监管场所在监管管理和队伍建设方面都有了很大的改进，取得了明显成效。但是，监管民警滥用职权，惩罚被监管人员，纵容被监管人员殴打、体罚被监管人员等失职渎职行为仍然存在。如不对这些职务犯罪进行查处追究，不仅会严重影响刑罚的正确执行和执法的公正公平，也将严重影响司法机关的形象和法律的统一正确实施，尤其不利于保障被监管人的合法权益。

根据《人民检察院监狱检察办法》的规定，派驻检察机构应当受理罪犯及其法定代理人、近亲属向检察机关提出的控告、举报和申诉，根据罪犯反映的情况，及时审查处理，并填写《控告、举报和申诉登记表》。派驻检察机构办理控告、举报案件，对控告人、举报人要求回复处理结果的，应当将调查核实情况反馈控告人、举报人。人民检察院监所检察部门审查刑事申诉，认为原判决、裁定正确、申诉理由不成立的，应当将审查结果答复申诉人并做好息诉工作；认为原判决、裁定有错误可能，需要立案复查的，应当移送刑事申诉检察部门办理。

刘某伟一案中，监所检察人员在接到刘某伟的申诉后，能够及时调查，并在弄清情况后，按照规定将案件移交给市人民检察院监所检察处处理，表明了监所检察人员高度的责任心，值得称赞。

【工作策略】

保障人权是现代法治社会的标志，也是必须恪守的准则。我国批准加入了《经济、社会及文化权利国际公约》和《公民权利和政治权利国际公约》，宪法也明确规定了"国家尊重和保障人权"。政法工作尊重和保障人权，不仅要为广大人民群众共同和普遍的人权提供完善的司法保障，也要切实尊重和保护行政管理相对人、违法行为人、犯罪嫌疑人、被告人、服刑人员以及被害人的诉讼权利和其他合法权利。刑罚执行和刑罚执行法律监督中都要贯彻人权保障的理念。所以，对刑罚执行进行法律监督，检察机关不仅要关注刑罚执行的正确运行，更要关注服刑人的生存状态与权利状态，防止服刑人遭受刑罚执行权异变造成的伤害。检察机关通过检察和纠正监管民警对被监管人员滥用械具、以械具作为刑具、错误使用武器、刑讯逼供、体罚虐待、侮辱人格以及故意伤害人身等野蛮监管行为，对构成犯罪的，依法追究刑事责任。

接受被监管人员的控告是掌握监管人员侵犯被监管人员合法权

益的违法行为的最佳途径。《人民检察院监狱检察办法》也规定，派驻检察机构应当在监区或者分监区设立检察官信箱，接收罪犯控告、举报和申诉材料。信箱应当每周开启。派驻检察人员应当每月定期接待罪犯近亲属、监护人来访，受理控告、举报和申诉，提供法律咨询。所以，建立被监管人与检察官之间的畅通信息沟通机制是了解监管人员违法行为最直接、最准确、最容易的途径。

【案例 3】

靳某控告、申诉案

靳某，女，1990 年 5 月 9 日出生于山西，汉族，初中文化，某市某区某海鲜楼服务员，暂住某市新建南路。2009 年 1 月 11 日因涉嫌盗窃被某市公安局某分局刑事拘留，同年 1 月 16 日经某市某区人民检察院批准，次日被某市公安局某分局执行逮捕。

2009 年 1 月 7 日 18 时 30 分许，被告人靳某在某市许坦西街"某海鲜楼" 502 号包间内，利用给客人服务的时机，盗窃被害人王某挂在椅子背上衣服的口袋内的 1600 元现金。现赃款已追归被害人。

2009 年 1 月 8 日 18 时 30 分许，被告人靳某在某市许坦西街"某海鲜楼" 201 号包间内，以同样的手段盗窃被害人马某春衣服里的 11600 元现金。现赃款已追归被害人。

2009 年 1 月 9 日 18 时 30 分许，被告人靳某在某市许坦西街"某海鲜楼" 501 号包间内，以同样的手段盗窃被害人魏某民衣服里的 2600 元现金。现赃款已追归被害人。

2009 年 1 月 9 日 18 时 40 分许，被告人靳某在某市许坦西街"某海鲜楼" 509 号包间内，以同样的手段盗窃被害人李某立衣服里的 550 元现金。现赃款已追归被害人。

2009 年 1 月 9 日 19 时许，被告人靳某在某市某区许坦西街"某海鲜楼" 505 号包间内，以同样的手段盗窃被害人蔚某刚衣服里的 10000 元现金。现赃款已追归被害人。

　　2009 年 10 月 10 日某市某区人民法院审理认为：被告人靳某以非法占有为目的，秘密窃取公民财物，价值 26350 元，数额巨大，其行为构成盗窃罪。判处有期徒刑 4 年 6 个月，并处罚金 10000 元。

　　2009 年 11 月 6 日，靳某被送某省女子监狱服刑。2010 年 1 月 13 日，靳某向驻监狱检察室书面控告办案单位扣押其银行卡（内有 26 万余元）以及现金、身份证等。检察室受理后，对靳某反映问题向办案单位进行了解，发现办案单位确实扣押靳某银行卡及现金共计 30 余万元，经调查无法确定其来历。检察院向办案单位提出口头纠正意见，让其尽快落实，如果确定不了非法所得，应尽快退还本人。2010 年 1 月 23 日，办案单位将银行卡（内有 28 万余元）、现金 2 万余元以及身份证件退还本人。

【案例评析】

　　本案经调查核实，靳某在 2009 年 1 月 11 日因盗窃罪被刑事拘留到 2009 年 10 月 10 日人民法院开庭审理已达 10 个月之久，而且靳某于 2009 年 11 月 6 日已交付执行刑罚服刑，到 2010 年 1 月 13 日提出控告长达 1 年之久，办案单位没有将不属于证据的 30 余万元的银行卡、现金及身份证件退还本人。按照刑事诉讼法以及公安部《公安机关办理刑事案件程序规定》第 217 条的规定，对于扣押的物品、文件、邮件、电子邮件、电报，应当指派人妥善保管，不得使用、调换、损坏或者自行处理。经查明确实与案件无关的，应当在 3 日以内解除扣押，退还原主或者原邮电部门、网络服务单位。但是办案机关认为，根据罪犯作案手段怀疑靳某的 30 万元来路不明疑为盗窃所得，而且进行大量调查无法证明系其非法所得，一直扣押实属违法。检察机关在调查核实中，明确提出没有证据能证明 30 万元是非法所得，就应该退还靳某。办案单位于 2010 年 1 月 23 日将 30 余万元退还靳某，我们又采取措施由监狱代管方式保证钱款的安全，一旦查清 30 万元是非法所得，将该款转给办案单位，但至今公安机关也未查清该款的来历。

　　人民检察院对监狱执法刑罚活动是否合法实行监督是宪法和有

关法律法规规定必须履行的职责，并对监所检察部门受理的罪犯及其家属控告和申诉范围规定了 5 种情况，其中包括违法扣押当事人财产不返还的申诉。最高人民检察院《人民检察院监狱检察办法》第 43 条规定，派驻检察机构应当受理罪犯及其法定代理人、近亲属向检察机关提出的控告、举报和申诉，根据罪犯反映的情况，及时审查处理，并填写《控告、举报和申诉登记表》。本案中，驻监狱检察室受理服刑人员对扣押财产不还的控告，并进行及时的调查核实，是依法履行法律所赋予的监督职责，有力地维护了被监管人的合法财产。

【工作策略】

刑事诉讼法第 142 条规定：人民检察院、公安机关根据侦查罪犯的需要，可以依照规定查询、冻结罪犯嫌疑人的存款、汇款、债券、股票、基金份额等财产。第 143 条规定：对于查封、扣押的财物、文件、邮件、电报或则冻结的存款、汇款、债券、股票、基金份额等财产，经查明确实与案件无关的，应当在 3 日以内解除查封、扣押、冻结，予以退还。根据公安部的有关规定，公安机关裁定予以没收的财物，如进行违法行为时所使用的归个人所有的工具等，可以没收，没收应开具相应的单据。公安机关对已查明与案件无关的财产，应当负有解冻、返还的责任。当犯罪嫌疑人经人民法院判决后，人民法院未判决没收个人财产，与案件无关的、应当解冻、返还的个人合法财产，公安机关拒不返还的，属侵犯当事人财产权的行为，应当予以纠正。

【案例 4】

杨某保申诉案

杨某保，男，44 岁，因非法运输爆炸物品，于 2009 年 5 月 12 日被某市中级人民法院判处有期徒刑 10 年，交付执行后，在太原某监狱服刑。2011 年 4 月 20 日，杨某保向驻太原某监狱检察人员提出申诉：其当时对所运输的物品并不知情，主观上没有非法运输爆炸物品的故意，人民法院对其判决时认定事实不准确，其不构成犯罪。派驻检察人员接到申诉后及时转太原某地区派出检察院控申检察部门处理，经控申检察部门审查，该案不属于本院管辖，按照规定将该案转送到某市人民检察院办理。

2011 年 6 月 21 日，某市人民检察院书面答复：经审查认为，申诉与案件事实不符。派驻检察室人员将审查意见及时答复给申诉人杨某保，并做好息诉解释工作。

【案例评析】

人民检察院是国家法律监督机关，人民检察院监狱检察不仅要保证国家法律法规在刑罚执行活动中的正确实施，同时还要维护罪犯的合法权益，维护监狱监管秩序的稳定，保障惩罚与改造罪犯工作的顺利进行。在维护罪犯合法权益方面，国家出台了相关的法律和法规，确保了监狱刑罚执行的顺利进行。

我国监狱法第 21 条规定，罪犯对生效的判决不服的，可以提出申诉。本案中罪犯杨某保因犯非法运输爆炸物品罪被判刑入狱，在交付执行后，本人不服判决向驻监狱检察人员提出申诉，驻监狱检察人员接到申诉后依据《人民检察院监狱检察办法》第 3 条第 2 项之规定及时受理并按法律规定转其派出检察院控申检察部门处理。该控申检察部门依照相关规定，又将该申诉案转送到某市人民检察院办理。市人民检察院审查后作出书面答复。派驻检察机构将调查核实情况反馈给申诉人杨某保，并做了法律解释，此申诉案得以息诉，维护了罪犯的合法权益，保障了监狱监管场所秩序的稳定。

【工作策略】

"受理罪犯及其法定代理人、近亲属的控告、举报和申诉 "是人民检察院监狱检察的职责之一，《人民检察院监狱检察办法》第 3 条第 6 项作了明确规定。做好此项工作，不仅保证了国家法律法规在刑罚执行活动中的正确实施，维护了法律的公正和罪犯的合法权益，维护了监狱监管秩序的稳定，而且还有利于树立检察机关的良好社会形象。本案例中驻监狱检察人员在受理杨某保的申诉后，认真履行检察职责，积极与各部门协调配合，及时做好该案的解释工作的做法值得借鉴。

第六节　减刑检察

一、通过普通积分、立功、劳积获得减刑

【案例 1】

李某减刑案

罪犯李某，男，1976 年 5 月 16 日出生，汉族，小学文化，重庆市人。某省某市中级人民法院 2002 年 7 月作出刑事判决，认定罪犯李某犯抢劫、脱逃罪，判处死刑，缓期二年执行，剥夺政治权利终身。罪犯李某不服，提出上诉。某省高级人民法院判决驳回上诉，维持原判。现在某省某监狱服刑。

第一次减刑：2006 年 8 月 16 日该罪犯在服刑期间，表现良好，减为无期徒刑，剥夺政治权利终身。

第二次减刑：2010 年 12 月 16 日罪犯李某在服刑期间，获监狱表扬 6 次、记功 1 次、监狱改造积极分子 2 次，表现良好，减为有期徒刑 18 年，剥夺政治权利改为 8 年。有期徒刑的刑期自 2011 年 6 月 22 日起至 2029 年 6 月 21 日止。

【案例 2】

付某减刑案

罪犯付某，女，40 岁，2007 年 9 月 11 日因诈骗罪判处有期徒刑 6 年，并处罚金 2000 元。2007 年 11 月 15 日入监，未减刑，刑期 2006 年 12 月 21 日至 2012 年 12 月 20 日。呈报减刑时剩余刑期 1 年 6 个月，奖励情况：2009 年 1 月 28 日累计积分 60 分获得表扬

1 次；2008 年 9 月 30 日累计积分 60 分获得表扬 1 次；2010 年 1 月 8 日获得监狱改造积极分子；4 月 30 日累计积分 60 分，获得监狱表扬 1 次；5 月 31 日累计嘉奖 12 次，获得表扬 1 次；11 月累计积分 60 分，获得表扬 1 次；12 月获得监狱改造积极分子，某市中级法院裁定减余刑。付某在劳动改造中获得表扬 5 次，监狱改造积极分子 2 次，实属改造表现突出，本应减刑 1 年 9 个月，实际减刑 1 年 6 个月。

【案例评析】

案例 1 中的李某是通过普通积分、劳动积分获得减刑，在司法实务中极为常见，所涵盖的问题也极为常见。减刑又可分为相对减刑和绝对减刑。罪犯有立功或者重大立功表现的毕竟是极少数，因此在实践中立功减刑的适用率很小，适用最多的是悔改、积分减刑即相对减刑，然而适用最广泛的"确有悔改表现"以及积分制度不易把握，值得探讨。

案例 1 中的李某与案例 2 中的付某，都是通过在监狱中的悔罪表现、获得积分的方式获得减刑。减刑作为我国刑罚执行制度的重要内容，对于调动和促进罪犯积极改造以重新回归社会，提高监狱人民警察的执法水平，维护正常的罪犯监管秩序发挥着重要而积极的作用。

1. 减刑适用的实体问题考察：减刑适用条件

我国刑法规定，减刑分为相对减刑与绝对减刑，相对减刑是指确有悔改表现或者有立功表现，可以减刑的情形。只要罪犯没有重大违规行为，到一定期限便给予减刑。上述两个案例中李某、付某就是以量化的客观标准为日常改造的考核计分。根据山西省《罪犯日常考核奖惩办法（试行）》第 12 条规定：从事煤矿井下直接生产的分监区人均 7 分/月，从事煤矿井下辅助劳动、高温作业、技术含量较高生产的分监区人均 6 分/月，其他分监区人均 5 分/月；老、病、残监区人均 4 分/月。罪犯付某在 2008 年 9 月到 2009 年 1 月，如何能达到累计积分 60 分？当计分达到一定的积分标准，便可以记功或表扬一次。监狱定期根据记功或表扬次数提出减刑建议，最后统一报请法院裁判。依法严格把握减刑的适用条件，才能充分体现法律的公平、正义，达到改造罪犯的目的。实践中，减刑在具体适用过程中存在以下一些问题：

（1）现行的刑事法律对于减刑的规定较为原则，缺乏操作性。尽管国家有关减刑的法律、最高人民法院《关于减刑、假释案件具体应用法律若干问题的规定》是全国统一法律和司法解释，是必须要执行的，但这些规定及要求也是比较原则的。为了使减刑制度得以有效、正确、统一的实施，实践部门亟待制定和颁布全国统一的、具有可操作性的有关减刑的实施细则。

（2）各地掌握减刑的标准、尺度不一。在具体的司法实践中，因各地、各部门规定不同，致使相同的表现而减刑可能幅度、间隔差异较大。

（3）减刑工作不能做到制度化、经常化。许多监狱、法院实行的每年集中1—2次大批量的减刑，受人力、时间所制约，很难保证裁定的公正性、准确性，也不利于及时调动罪犯改造的积极性。

（4）被减刑人员在减刑以后的监督和制约脱节。部分罪犯服刑改造后期，减刑以后余刑较短感到再减刑无望时，改造表现严重滑坡，不服管理，甚至严重违反监规纪律，也无法撤销先前的减刑裁定。

（5）把减刑办成"轮流坐庄"制。许多监狱将减刑呈报办成"轮流坐庄"，因为符合刑法规定的减刑条件的罪犯较多，而各地却设定减刑比例，人为限制了减刑人数，使很多符合减刑条件但又在比例之外的罪犯，不能及时得到减刑，只好排队等候减刑或照顾减刑。这种做法违背了减刑的本质，可能导致罪犯产生错误的想法与认识，严重降低减刑的效果。

2. 减刑适用的程序问题：考察刑罚执行部门对减刑条件的考察程序

要对一个罪犯提出减刑建议，一般需经过以下几个程序：统计罪犯考核积分情况→罪犯进行个人改造总结→组织罪犯小组评议→

经办狱警讯问罪犯。不难看出，这种程序设计带有浓厚的主观色彩。人的主观方面难以保持恒定性，在基于减刑功利动机的影响下尤其如此。实际上，罪犯个人总结、罪犯小组评议以及讯问程序流于形式的意义更大一些。对一名罪犯而言，决定是否适用减刑以及减刑幅度大小的大多是参考其考核积分情况，实践中，减刑在具体适用过程中存在以下一些问题：

（1）减刑的程序过于简单，缺乏严密的程序保障机制和运作机制。罪犯在整个减刑的过程中，没有严格的程序保证，他们发表个人意见，无论减刑公允与否，罪犯如果提出质疑都有"对抗改造"之嫌，罪犯不敢也不能发表真实的意见。这是许多监狱多年形成的习惯和风气，只允许唱赞歌，不允许有异议。

（2）监督机制不严密、不完整，监督约束的制度滞后。监狱警察和法官手中握有决定罪犯减刑的权力，而罪犯是否认真遵守监规，是否确有悔改表现，是否呈报、建议减刑，是否裁定减刑，减多减少、早减晚减，完全由监狱警察和法官来决定，因此普通减刑制度容易成为监狱、人民法院及其工作人员规避责任的"避风港"，更易滋生司法腐败。减刑关系到每个罪犯的切身利益特别是人身自由，几乎每个罪犯都渴望早获得减刑重获自由。在这种动力的驱使下，罪犯及其亲友就可能会投机取巧，通过贿赂、请客送礼等手段拉拢腐蚀监狱警察和法官等司法工作人员，减刑过程中产生权钱交易等也就不可避免。另外，由于减刑不受次数限制，间隔一两年就可以减刑一次，因此，监狱民警和法官手中的减刑权力变现和寻租的机会更多，概率更大。在实践中，有很多罪犯及其亲友通过不正当或者违法犯罪的手段使罪犯获得减刑，很多监狱民警、法官等司法工作人员凭借在减刑中掌握的职权，索贿、受贿，徇私舞弊，违法办理减刑，与罪犯及其亲友进行权钱交易，大搞"高墙内的司法腐败"，破坏了司法公正，严重损害了法律的权威，在社会和人民群众中造成了极其恶劣的影响，严重影响了监狱机关的形象，在社会上造成了不良影响。

（3）部分案件法律文书内容过于简单，个别案件材料不全。

由于案件数量过多，为减少减刑工作中不必要的重复劳动，人民法院在审理减刑案件时，几个相关的业务庭均制作了合议笔录、结案报告、审批表等制式文件。这在一定程度上加快了办案进度，但也造成有些案件的法律文书内容过于简单，如没有记录呈请减刑的罪犯是否在一线劳作、人民法院改变监狱意见的理由、上一次减刑的时间等与减刑有关的重要内容，有的合议笔录简单到只记载承办人的减刑意见，对于承办人提出减刑的理由以及合议庭其他成员同意或不同意承办人意见的根据只字不提，甚至连合议庭意见不统一的情况也未能体现。这些问题的存在，使得案卷本身无法反映出案件审理工作的全貌。

【工作策略】

减刑不仅仅是对服刑犯人的奖励，更是有助于服刑犯人的改造。实践中，减刑也容易成为监管人员、法院法官徇私枉法、腐败擅权的环节。监所检察人员在减刑检察工作中要注意发现、纠正相关人员的违法行为，同时也要注意保障服刑犯人的合法权益，对于应该减刑而没有减刑的要提出纠正意见，而对于不应该减刑而减刑但不存在违法情形的就不要再纠正。

在减刑检察工作中，要把书面检察和实地调查、全面检察和重点检察有机地结合起来，要从罪犯计分考核原始凭证入手进行审查。2003 年司法部颁布了《监狱提请减刑假释工作程序规定》，规范了监狱办理减刑、假释活动的程序。监狱提请减刑、假释，需要由分监区集体评议，监区长办公会审核，监狱提请减刑假释评审委员会评审，监狱长办公会决定。从这几年的实践来看，由于办理减刑、假释的程序越来越规范，环节也不少，有些干警开始在罪犯计分考核，即减刑、假释的源头上做文章，编写虚假的计分考核原始凭证，徇私舞弊，检察人员的工作思路和方法也要随之转变，要从审查罪犯计分原始凭证入手。在审查罪犯减刑、假释的案卷材料中，要注重对罪犯表扬、奖励和记功情况的审查。表扬、奖励和记功是罪犯获得减刑、假释条件的一种直接方式，各地要重点审查，审查表扬奖励是否符合相关规定的标准、证据是否充分；奖励的事实是否真实存在、奖励是否有权威机构鉴定，尤其是涉及技术革新方面的奖励、罪犯投票程序是否符合规定等。在书面审查发现问题后，向有关人员（这里的有关人员包括罪犯、罪犯家属和干警）了解情况；在日常检察活动中，通过与罪犯及干警谈话和沟通情况发现问题，与书面材料进行印证，两种方法结合起来，充分发挥作用。

二、通过重大立功获得减刑

【案例】

张某减刑案

罪犯张某分别在 2001 年 9 月 29 日 1 时许、2001 年 10 月 9 日 1 时许、2001 年 10 月 25 日 1 时许，伙同他人持火枪、刀、木棍等凶器先后在某市抢劫人民币共计 60800 元。2003 年 1 月 10 日因犯抢劫罪判处死刑，缓期二年执行，剥夺政治权利终身。2005 年 3 月减为无期徒刑，剥夺政治权利终身。

重大立功奖励情况：2005 年 3 月 27 日上午，罪犯张某在监狱围墙施工中发生城墙局部意外塌方事件中勇救一名服刑人员，导致其身受重伤，其服刑监狱给予其重大立功奖励的决定。

减刑情况：2007 年 6 月 19 日，罪犯张某的刑罚减为有期徒刑 14 年，剥夺政治权利改为 4 年。有期徒刑的刑期自 2007 年 6 月 19 日起至 2021 年 6 月 18 日止。

【案例评析】

通过重大立功减刑又称绝对减刑，刑法中明确规定六种情形下为绝对减刑，即只要有重大立功表现就应当减刑。通过本案不难发现绝对减刑的利弊。

本案中张某在监狱围墙施工中发生城墙局部意外塌方事件，勇救另一名服刑人员而致使自己重伤的行为符合刑法第 78 条第 1 款第 4 项"在日常生产、生活中舍己救人"的规定，认定为重大立功，属应当减刑情节。

1. 减刑可以有效地避免由个罪法定刑幅度差异较大所引起的不均衡，且能在犯同一种罪的不同犯罪分子之间做到差别对待。行刑制度上的重大立功是指罪犯在刑罚执行期间作出的对国家和社会有重大贡献的行为，是"应当减刑"的根本性要件。"重大立功表现"与"立功表现"的区别主要体现在程度方面，即犯罪人所为对国家和社会行为的有益性程度不同，前者远远高于后者，且是重大显著的，是一般的犯罪分子所不能及的，或者是非下一番努力所不能达到的。刑罚执行制度上的重大立功是指罪犯的刑罚执行期间作出的对国家和社会有重大贡献的行为，是"应当减刑"的根本性要件，也就是说，只要有重大立功就必须减刑。"重大立功表现"应当减刑的刑事立法化，表明了法律鼓励犯罪分子争取立大功的指导思想，是我国十几年来有关减刑的司法实践经验的总结，它可以调动犯罪分子争取立大功的主动性和积极性，增强了减刑的适用力度，在实践中也具可行性和可操作性。根据刑法第 78 条的规定，这种重大立功表现，也不以其他悔改表现为前提，张某因此获得减刑符合法律规定。

2. 张某在分别在 2001 年 9 月 29 日、2001 年 10 月 9 日、2001 年 10 月 25 日多次伙同他人持火枪、刀、木棍等凶器实施抢劫，性质恶劣。这类严重暴力性犯罪罪犯不得假释，但在司法实践中这类罪犯仍然可以通过减刑提前出狱。实践中对于这类罪犯除了初次减刑的起始时间、减刑幅度的控制较其他罪犯严格以外，以后的减刑基本上与其他罪犯没有任何区别。这样，累犯和严重暴力性犯罪罪犯和其他罪犯一样，仍然可以通过减刑在刑期过半时就有可能释放出狱。其结果便是，刑法第 81 条第 2 款的规定实际上被架空和虚置。暴力性犯罪通过重大立功获得减刑，并不一定能达到不致再危害社会的效果。减刑规定扩张适用带来一定的负面效应，如"可以"减刑变为"必须"减刑，导致被判处死缓、无期徒刑的罪犯经过数次减刑，服刑不过 10 年左右即可以释放，严重损害了刑罚的威慑力。减刑是对犯罪分子减刑裁定前行为的肯定，但不能制约其

减刑后的行为，一旦获得减刑，所减的刑期成为丧失法律威慑力的
"过去完成时"，心理上对已获得的减刑并不珍惜。刑满释放人员没
有社区矫正的过渡适应期，刑满释放后很难顺利回归社会，减刑制
度的上述缺陷，使减刑失去了应有的预防特殊犯罪的功能，弱化了
其积极引导的作用，这也是刑满释放人员重新违法、犯罪率高的原
因之一。

　　3. 死刑缓期执行限制减刑。2011 年 4 月 20 日通过的最高人民
法院《关于死刑缓期执行限制减刑案件审理程序若干问题的规定》
第 1 条规定：根据刑法第 50 条第 2 款的规定，对被判处死刑缓期
执行的累犯以及因故意杀人、强奸、抢劫、绑架、放火、爆炸、投
放危险物质或者有组织的暴力性犯罪被判处死刑缓期执行的犯罪分
子，人民法院根据犯罪情节、人身危险性等情况，可以在作出裁判
的同时决定对其限制减刑。

　　"限制减刑"的主要对象是累犯以及实施故意杀人、强奸、抢
劫、绑架、放火、爆炸、投放危险物质或者有组织的暴力性犯罪被
判处死缓的犯罪分子，人民法院根据犯罪情节、人身危险性等情
况，可以在作出裁判的同时决定对其限制减刑。对死缓的减刑进行
限制，延长实际服刑期，更有利于严惩那些严重犯罪分子。被判死
缓的犯人如果减为无期徒刑，再减为有期徒刑，最少要坐监 25 年
左右，是以前的两倍；如果犯罪分子在死缓服刑期间有重大立功表
现，可直接减为有期徒刑，实际坐监年数也至少为 20 年。以往不
少人觉得判了死刑，只要不立即执行，犯罪分子在服刑期间表现又
良好的话，就等于是判了十几年的有期徒刑。甚至有人觉得只要把
命留住，就有了"打点运作"的空间，给司法腐败留下了可能。
这对于犯罪分子和受害者及家属来说都是不公平的。现在，在死缓
判决的同时将限制减刑单独列出并宣告，除了可以消除群众对重犯
悍匪出来后再作恶的安全忧虑外，更可以使那些以为有钱有关系就
能尽早从监狱中释放的人不再心存幻想。本案中张某被判死缓时
30 多岁，如果限制减刑后，释放时最起码也有 60 多岁了，这时他
的人身危险性将大大降低。之前刑法的减刑规定由于没有限制减刑

后的最低刑期，容易造成实际上的不公平。

【工作策略】

重大立功减刑属于绝对减刑，但重大立功并不意味着罪犯悔改或者改造好了，这就存在矛盾或隐患。监所检察部门可以向监狱建议，对于重大立功且悔改或改造积极的罪犯要在减刑幅度上放宽，而对于重大立功但没有悔改或表现不好的罪犯在减刑幅度上要限制。

三、死缓、无期徒刑减刑

【案例】

高某减刑案

罪犯高某，某市中级人民法院于 1995 年 1 月 4 日作出刑事判决，判处其死刑，缓期两年执行，剥夺政治权利终身。某省高级人民法院经二审审理，于 1995 年 6 月 9 日予以核准，发生法律效力后，即交付执行。

第一次减刑：1997 年 9 月 26 日，某省高级人民法院作出刑事裁定，将其刑罚减为有期徒刑 15 年，剥夺政治权利 5 年，刑期自 1997 年 9 月 26 日起至 2012 年 9 月 25 日。

第二次减刑：2000 年 8 月 7 日，某市中级人民法院作出刑事裁定，将高某刑期减为 2 年 6 个月。

暂予监外执行情况：2005 年 5 月 13 日，某省监狱管理局作出《罪犯暂予监外执行期间不计入执行刑期决定书》，决定其 2003 年 11 月 14 日至 2004 年 7 月 7 日共 237 天不计入执行刑期，其刑期自 1997 年 9 月 26 日起至 2010 年 11 月 17 日止。

再审情况：罪犯高某不服生效判决，在服刑期间向某省人民法院申请再审。某省高级人民法院作出刑事附带民事判决，改判其为无期徒刑，剥夺政治权利终身不变。

第三次减刑：某省某监狱于 2010 年 12 月 6 日提出减刑建议，

建议将其刑罚减为有期徒刑。经某省监狱管理局审核，报送某省高级人民法院审理。

经审理查明，罪犯高某因犯故意杀人罪被判处无期徒刑，剥夺政治权利终身。在服刑期间，罪犯高某能认罪服法，服从管教，遵守监规纪律；积极参加政治课、文化课、技术课学习，按时完成作业，成绩良好；在生产劳动中服从分配。在其改为无期徒刑前共获监狱表扬奖励 5 次，记功奖励 2 次，评为监狱改造积极分子 2 次。在其改判为无期徒刑后共获监狱表扬 3 次，评为监狱改造积极分子 1 次，确有悔改表现。将罪犯高某死刑缓期执行的两年考验期视为其无期徒刑的减刑考验期。有期徒刑的起始时间仍然以 1997 年 9 月 26 日为起算日。因其被改造为无期徒刑后，原两次减刑裁定被依法撤销，但其服刑期间所获得奖励仍然是其减刑的依据。根据其服刑以来的表现，以及 2000 年 8 月 7 日以后一直再未减刑的情况，经某省高级人民法院审判委员会刑事专业委员会研究决定，一次性将其减为有期徒刑 14 年 6 个月，剥夺政治权利 4 年。刑期自 1997 年 9 月 26 日起至 2012 年 3 月 25 日止，暂予监外执行期间 237 日不计入刑期。

【案例评析】

1. 应该严格按照法律规定减刑

罪犯高某因故意杀人罪被判死刑，缓期两年执行，剥夺政治权利终身。某省高级人民法院经二审审理，于 1995 年 6 月 9 日作出刑事附带民事裁定予以核准，发生法律效力后，即交付执行。1997 年 9 月 26 日，某省高级人民法院作出刑事裁定，将其刑罚减为有期徒刑 15 年，剥夺政治权利 5 年。根据 1997 年刑法第 50 条："判处死刑缓期执行的，在死刑缓期执行期间，如果没有故意犯罪，二年期满以后，减为无期徒刑；如果确有重大立功表现，二年期满以后，减为十五年以上二十年以下有期徒刑；如果故意犯罪，查证属实的，由最高人民法院核准，执行死刑。"即如果高某在 2 年后有重大立功表现才可减为有期徒刑，高某第一次减刑应减为无期徒刑。该条被《刑法修正案（八）》进行了修改，改为："判处死刑缓期执行的，在死刑缓期执行期间，如果没有故意犯罪，二年期满以后，减为无期徒刑；如果确有重大立功表现，二年期满以后，减为二十五年有期徒刑；如果故意犯罪，查证属实的，由最高人民法院核准，执行死刑。"这主要是解决我国刑事执行中生刑太轻、死刑过重的现象。实践中，许多被判死缓、无期徒刑的罪犯经过减刑、假释，往往服刑不足 15 年就被释放，这不仅引起了公民的不满，也会对社会造成潜在的危害。因此，《刑法修正案（八）》提高了死缓、无期徒刑犯的服刑的最低年限。

2. 减刑不可撤销的例外规定

就目前关于减刑的规定来看，总的原则是减刑不可撤销，这是司法实践中无法回避的问题。这种问题的产生也暴露了现行法律规定的不完备、司法解释的滞后性。但最高人民法院在一些批复和答复中，仍有关于撤销减刑的例外规定，如 1989 年最高人民法院《关于对无期徒刑犯减刑后原审法院发现原判决确有错误予以改判，原减刑裁定应否撤销问题的批复》、1992 年最高人民法院研究室《关于死缓犯和无期徒刑犯经几次减刑后又改判原减刑裁定是否均应撤销问题的电话答复》、1994 年最高人民法院研究室《关于对无期徒刑犯减刑后原审法院发现原判决有错误予以改判，原减刑裁定应如何适用法律条款予以撤销问题的答复》等。这些答复和批复的基本精神都是相同的，依据这些答复和批复，对原判死缓或者无期徒刑的犯罪分子，由服刑地的高级人民法院依法裁定减刑后，原审人民法院发现原判决确有错误，并按照审判监督程序改判为有期徒刑的，应当由罪犯服刑地的高级人民法院裁定撤销原减刑裁定。这是由于原减刑裁定是在死缓、无期徒刑基础上的减刑，既然原判死缓、无期徒刑已被认定为错判，那么原减刑裁定在认定事实和适用法律上亦应视为确有错误，因此应当按照审判监督程序撤销原减刑裁定。本案中罪犯高某 2007 年经再审改判为无期徒刑，2010 年 7 月 16 日，某省高级人民法院作出刑事裁定，撤销某省高级人民法院 1997 年的刑事裁定，笔者认为完全合适。如果罪犯在原判执行期间确有悔改或者立功表现，还需要依法减刑的，应当重新办理对改判后有期徒刑减刑的法律手续。

笔者认为对于减刑并非绝对不可撤销，我国法律规定有假释撤销制度，而假释和减刑同是刑罚执行制度和对罪犯刑事奖励的措施，只是适用对象和执行方式不同而已，但其性质和作用是相同的。假释在一定条件下可以撤销，那么，减刑为何不可以在一定条件下撤销？应当完全可以。假释撤销的是全部，减刑则可视其情节撤销部分或全部，上述批复和答复明确规定了应当撤销减刑的几种情形，但上述规定只就由较重刑罚改判为较轻刑罚的减刑问题作出了规定，对于原判刑罚较轻，经审判监督程序改为较重刑罚的，已适用的减刑该如何处理，并未加以规定。有学者认为，对此种情况可以作如下处理：如果原判有期徒刑或无期徒刑被改判为死刑（包括死缓），原减刑裁定应予作废，也不存在执行刑期计算的问题；如果将原判有期徒刑改判为无期徒刑，原减刑裁定也应予以作废，认为罪犯改造表现好，还需要再减刑的，可以重新办理法律手续；如果将原判决较轻的有期徒刑改为较重的有期徒刑，原减刑裁定应当仍有效，所减刑期，应从改判的刑期中扣除。这种区分情况处理的建议值得借鉴。

3. 无期徒刑减为有期徒刑的刑期如何起算

本案例中，2010 年某省高级人民法院审判委员会刑事专业委员会研究决定，一次性将高某无期徒刑减为有期徒刑 14 年 6 个月，剥夺政治权利 4 年，刑期自 1997 年 9 月 26 日起至 2012 年 3 月 25 日止。笔者认为有所不妥。减刑总是发生在执行领域，并且是在执行了一部分刑罚之后发生的，因而减刑减轻的是人民法院的宣告刑减去已经执行的部分刑罚后剩余的刑罚。如罪犯 A 原判 13 年有期徒刑，已经执行了 5 年，还剩 8 年应予执行但尚未执行的刑罚。此时对 A 减刑，减轻的是应予执行的 8 年刑罚，而不是原判决宣告的13 年刑罚。刑法第 80 条规定："无期徒刑减为有期徒刑的刑期，从裁定减刑之日起计算。"这条规定是对被判处无期徒刑的罪犯依法被减刑后，其被减刑后的有期徒刑起始日的规定。1997 年 10 月28 日最高人民法院颁布的《关于办理减刑、假释案件具体应用法律若干问题的规定》第8条规定："被判处无期徒刑的罪犯减刑后，实际执行的刑期不能少于十年，其起始时间应当自无期徒刑判决确定之日起计算。"（《刑法修正案（八）》和2011年通过的最高人民法院《关于办理减刑、假释案件具体应用法律若干问题的规定》将10年提高到13年）这条规定是对无期徒刑被依法减为有期徒刑后被执行刑期的限制性规定和起始日规定。对此，多数人理解为被判处无期徒刑的罪犯无论其一次还是数次被减刑后被实际执行的刑期不能少于10年；被执行有期徒刑的起始时间从无期徒刑判决日计算。这种理解与刑法的规定存在矛盾。被判处无期徒刑的罪犯在被确定减刑之日前都存在两种有法律关系的羁押时间——判处无期徒刑的罪犯在被判决无期徒刑判决之日前被先行羁押的时间（甲）和被判决无期徒刑后至首次减刑为有期徒刑裁定之日前这段无期徒刑执行刑期的时间（乙）。刑法第80条规定无期徒刑减为有期徒刑的刑期，从裁定之日起计算。那么将被执行有期徒刑的刑期，既不能计入甲也不能计入乙。而最高人民法院《关于办理减刑、假释案件具体应用法律若干问题的规定》的规定，按照上述理解，其起始时间应当自无期徒刑开始执行之日起计算。即无期徒刑首次被依法减为有期徒刑的刑期起始日是被判决无期徒刑之日。那么将被执行的有期徒刑的刑期，虽不计入甲但是乙的时间还是要计入。因此，上述理解是与刑法矛盾的。正确的理解是，实际执行的刑期不能少于13年，其起始时间应当至无期徒刑判决确定之日起计算，这只是计算实际执行刑期的起点，而不是减为有期徒刑的起点。减刑减轻的是尚未执行的刑罚，并非是原判刑罚。具体到本案中高某的有期徒刑应从减刑裁定之日起，即2010年并非1997年。

【工作策略】

监所检察部门应当将死缓、无期徒刑犯的减刑、假释作为监督的重点，对于限制减刑、不得假释以及不应该减刑、假释的，应作为监督的重中之重；尤其要加大对监管人员在减刑、假释活动中的违法行为的监督力度，要做到早发现、早纠正。

四、特定重点罪犯的减刑（间隔期问题）

【案例】

陈某减刑案

罪犯陈某，犯组织、领导黑社会性质组织、绑架、敲诈勒索、妨害公务、非法买卖枪支、非法拘禁、非法持有枪支弹药、寻衅滋事、赌博、虚报注册资本罪，被判处无期徒刑，剥夺政治权利终身。判决后，同案被告人提出上诉。山西省高级人民法院于2003年4月28日维持对该犯的判决。

第一次减刑：2007年1月23日减为有期徒刑18年，剥夺政治权利7年。

第二次减刑：2009年3月准予减去有期徒刑2年，减剥夺政治权利2年。

第三次减刑：2010年陈某在服刑期间检举揭发狱外一起重大杀人案件，有重大立功表现，减去有期徒刑3年。

第四次减刑：2011年9月，减去有期徒刑1年8个月。

【案例评析】

减刑的实体适用主要表现在减刑的起始时间、减刑的幅度和减刑的间隔期等方面，对不同的刑种和刑期，我国法律规定了不同的减刑起始时间、减刑的幅度和减刑的间隔期。

减刑间隔，是指服刑人员在刑罚执行期间具备法定减刑而依法得到减刑后，下一次再具备减刑条件后的时间间隔。减刑的幅度，是指具有法定减刑条件的罪犯，在刑罚执行期间，可依法减轻原判刑期的限制性规定。

1. 减刑间隔期。关于"减刑间隔"、"起始条件"，1997年最高人民法院《关于办理减刑、假释案件具体应用法律若干问题的规定》规定：（1）无期徒刑犯在执行期间，如果确有悔改或者立功表现的，服刑2年以后，可以减刑。2011年最高人民法院《关于办理减刑、假释案件具体应用法律若干问题的规定》修改为：无期徒刑罪犯在刑罚执行期间，确有悔改表现，或者有立功表现的，服刑 2 年以后，可以减刑。减刑幅度为：确有悔改表现，或者有立功表现的，一般可以减为 20 年以上 22 年以下有期徒刑；有重大立功表现的，可以减为 15 年以上 20 年以下有期徒刑。陈某 2003 年终审判决为无期徒刑，服刑期间能认罪服法，服从管教，努力改造，确有悔改表现，获监狱表扬 3 次，记功奖励 2 次。2007 年 1 月 23 日减为有期徒刑 18 年，符合法律规定。（2）有期徒刑罪犯的减刑起始时间和间隔时间为：被判处 5 年以上有期徒刑的罪犯，一般在执行 1 年半以上方可减刑；两次减刑之间一般应当间隔 1 年以上。被判处 10 年以上有期徒刑的罪犯，一次减 2 年至 3 年有期徒刑之后，再减刑时，其间隔时间一般不得少于 2 年。被判处不满 5 年有期徒刑的罪犯，可以比照上述规定，适当缩短起始和时隔时间。

有下列情形之一的，应当认为是确有立功表现，即：揭发、检举监内外犯罪分子的犯罪活动，经查证属实的；制止他犯逃跑、行凶、破坏等犯罪活动的；在生产、科研中有重大发明创造、技术革新的；在日常生产、生活中舍己救人的；在抢险救灾中有突出表现的；有其他有利于国家和人民利益的突出事迹的。

根据以上规定，陈某 2005 年检举揭发狱外一起重大杀人案件，犯罪嫌疑人、被告人可能被判处无期徒刑以上刑罚，并查证属实，符合重大立功条件，可以不受间隔期间的限制，所以在 2009 年减刑后可以在 2010 年再次减刑；陈某 2010 年减去有期徒刑 3 年后，再减刑时，间隔期一般不少于 2 年，但执行机关时隔 1 年于 2011 年又对陈某减刑，间隔期不符合法律规定。

2. 减刑幅度。关于"减刑幅度"的法律规定，根据 1998 年最高人民法院《关于办理减刑、假释案件具体应用法律若干问题的规定》，对有期徒刑罪犯在刑罚执行期间，符合减刑条件的减刑幅度为：如果确有悔改表现的，或者有立功表现的，一般一次减刑不超过 1 年有期徒刑；如果确有悔改表现并有立功表现，或者有重大立功表现的，一般一次减刑不超过两年有期徒刑。被判处 10 年以上有期徒刑的罪犯，如果悔改表现突出的，或者有立功表现的，一次减刑不得超过 2 年有期徒刑；如果悔改表现突出并有立功表现，或者有重大立功表现的，一次减刑不得超过 3 年有期徒刑。对有立功表现的不受上述时间限制。

因陈某 2005 年检举揭发狱外一起重大杀人案件，犯罪嫌疑人、被告人可能被判处无期徒刑以上刑罚，并查证属实，符合重大立功条件，因此可以对陈某在 2010 年第 3 次减刑中减去 3 年有期徒刑。

不过，1997 年最高人民法院《关于办理减刑、假释案件具体应用法律若干问题的规定》在 2011 年被修订，修订后规定："有期徒刑罪犯在刑罚执行期间，符合减刑条件的，减刑幅度为：确有悔改表现，或者有立功表现的，一次减刑一般不超过一年有期徒刑；确有悔改表现并有立功表现，或者有重大立功表现的，一次减刑一般不超过二年有期徒刑。"也即取消了对 10 年以上徒刑减刑幅度的放宽。

现行规定中，减刑间隔期、减刑比例、减刑幅度与罪犯所犯罪行的轻重并不适应。法律规定不同刑期有不同的减刑间隔期与减刑幅度，以至于重罪犯比轻罪犯能获得更多的减刑资源，罪犯刑期越长，被减刑的概率就越大，被减刑比例就越高，而且，刑期长的罪犯得到的减刑的幅度一般要大于刑期较短的罪犯，导致重罪的犯罪人比轻罪的犯罪人得到了更多的减刑优惠待遇，为数不少的 5 年以下短期自由刑罪犯享受不到减刑优惠。这不仅不符合罪刑相适应原则，有悖于刑罚的公正性，同时也挫伤了部分在押罪犯的改造积极性，更不利于在押罪犯的改造。

【工作策略】

减刑前应重点从犯罪情节考察罪犯的人身危险性。犯罪情节体现罪犯的主观恶性、人身危险性和社会危害性。这种情节主要从犯罪主体方面和主观方面进行考察，对初犯、偶犯、过失犯、从犯、未成年犯、老病残犯、激情犯、防卫过当犯、紧急避险犯、非暴力犯、自首犯、积极赔偿或积极退赃犯，在再犯可能预测上就应与其他罪犯区别对待，结合服刑表现能适用减刑的就适用。

五、因减刑不当提出检察建议

【案例】

孟某减刑案

罪犯孟某犯故意伤害罪，2008 年 1 月 9 日判处无期徒刑，剥夺政治权利终身，现在某监狱服刑。2010 年 10 月 22 日减为有期徒刑 19 年，剥夺政治权利改为 9 年。

罪犯孟某在无期徒刑呈报减刑时无违反监规记录，但在 2010 年 8 月 21 日因违反监规受到禁闭处分。依据某省高级人民法院、某省人民检察院、某省公安厅、某省监狱管理局《关于办理减刑、假释案件的工作规范（试行）》第一章第 6 条"罪犯凡受到警告、记过、禁闭处罚的，法定减刑的起始时间或间隔时间应当适当延长"的规定，罪犯孟某不符合减刑条件，特向某人民法院提出《纠正减刑不当意见书》，某人民法院根据某人民检察院的《纠正减刑不当意见书》撤销了 2010 年 10 月 22 日某人民法院对该罪犯作出的刑事裁定。

【案例评析】

1. 减刑监督的滞后性

监所检察部门接到人民法院的减刑裁定书后进行监督只是对书面材料的审核监督，属被动性、补偿性监督，发现违法减刑、假释的概率小。正如本案中某市人民检察院只能在减刑裁定作出后，凭裁定书副本进行监督，而不能对减刑进行同步监督。这种事后监督具有一定的滞后性，对刑罚变更中的违法行为难以及时发现和纠正，影响了监督效果。刑事诉讼法规定检察机关对法院裁定减刑不当有提出书面意见的权力，但实践中检察机关因有关部门关于减刑对象的考察、呈报、审批等环节大多无从着手进行监督。这就使得检察机关发现减刑中所存在问题的困难很大，甚至出现了法律监督的"真空地带"。而且检察院的监督仅限于对减刑裁定不当的案件提出纠正意见，至于服刑罪犯为获取减刑，在改造过程中有无投机或弄虚作假行为，以及刑罚执行机关在呈报材料中是否秉公执法，是否存在徇私舞弊现象，现有的监督机制显然无法充分发挥作用。笔者认为应将检察机关的监督权前移，检察机关在监区提出减刑、假释建议时，应提前启动监督程序，发现问题及时纠正，充分发挥检察机关的监督作用。这样可以最大限度地保证监督的效果，避免减刑、假释工作中的不公平、不公正行为，切实保护罪犯的合法权益。

2. 驻监检察干部配备不足，检察监督难度大

根据上级要求，一级检察室要按照每一名干部对应一千名罪犯配置，根本不可能达到最高人民检察院提出的"全面掌握情况"的要求。派驻检察室干部已经在超负荷工作，没有精力每个月检查罪犯计分考核的客观真实性，没有精力相对全面地掌握服刑人员的改造表现。加之监狱、看守所为罪犯办理减刑、假释工作比较集中，使监所检察部门很难在 20 日内完成审查工作，而且罪犯接到减刑裁定后也开始执行，这些都给监所检察部门审查工作带来很多不便。上述问题使得检察机关在减刑活动中处在尴尬的位置。我们也呼吁加强和完善法制建设，把减刑活动纳入诉讼轨道，做到更新现代执法理念，在现有条件下踏踏实实地研究创新自己的工作方法，创造条件充分发挥监督职责。

3. 法院在审理减刑案件时存在一些问题，致使审理很难做到全面了解案件情况而出现纰漏

（1）法院书面审理减刑案件的弊端。减刑裁定直接关系服刑罪犯的利益，是否裁定减刑关乎服刑罪犯人身自由继续被剥夺的时间长度。然而，实际操作中，服刑罪犯被排除在有关的决定过程之外，除了相应的结果由其承担外，服刑罪犯完全是个被动的客体；罪犯在程序中只有接受调查的义务，而不能提出或补充有利于获得减刑的依据，也不能提出对减刑裁定过程的异议。尽管实践中也存在着个别案件先由承办法官对材料进行审阅，再到监狱看守所找罪犯及同监犯人调查核实，最后由合议庭合议作出裁定的情况，但是

按照这种方式审理的减刑案件凤毛麟角，绝大多数案件是以书面方式进行审理的。人民法院只对监狱提交的建议书进行书面和形式上的审查，审理透明度不高，检察机关难以监督。实践中，审查是如何进行的，人民法院依据哪些事实裁定准许减刑，人民法院据以裁定准许减刑的事实是否真实、可靠等，检察机关和当事人都无从知晓，这对防止执行机关以及法官滥用权力显然极为不利。本案中某人民法院不接触罪犯，不了解罪犯在执行机关的真实表现，作出裁决只单凭执行机关上报的书面材料，使审查流于形式，导致无法真正了解到罪犯孟某因违反监规受到禁闭处分这一事实，容易造成疏漏。

为了改变这种局面，2011年最高人民法院《关于办理减刑、假释案件具体应用法律若干问题的规定》对减刑假释案件的审理作了一些改革：一是建立公示制度。该规定第25条规定："人民法院审理减刑、假释案件，应当一律予以公示。公示地点为罪犯服刑场所的公共区域。有条件的地方，应面向社会公示，接受社会监督。公示应当包括下列内容：（一）罪犯的姓名；（二）原判认定的罪名和刑期；（三）罪犯历次减刑情况；（四）执行机关的减刑、假释建议和依据；（五）公示期限；（六）意见反馈方式等。"二是对部分案件实行公开审理。该规定第26条规定："人民法院审理减刑、假释案件，可以采用书面审理的方式。但下列案件，应当开庭审理：（一）因罪犯有重大立功表现提请减刑的；（二）提请减刑的起始时间、间隔时间或者减刑幅度不符合一般规定的；（三）在社会上有重大影响或社会关注度高的；（四）公示期间收到投诉意见的；（五）人民检察院有异议的；（六）人民法院认为有开庭审理必要的。"

（2）管辖问题。现行制度规定罪犯减刑由中级人民法院刑事审判庭审理裁决。全国大部分监狱每年要提请大约千余人减刑，中级人民法院的刑事审判庭主要审理符合刑法规定的重大刑事案件，法官也就5—7人，没有更多的精力去认真审理罪犯减刑，有时审理变成了"审批"，这种以行政审批方式进行的刑事诉讼审理活动显然无法确保客观公正。

（3）地方人民法院内部存在一些限制规定，影响减刑案件的审理。如规定一定的减刑率，限制了减刑的适用，使真正得到改造、确有悔罪表现、减刑后不致再危害社会的罪犯无法通过及时减刑而很好地回归社会；有些人民法院因怕减刑后出现问题担责任，而未将办理减刑案件的数量计入每年办案的工作量，影响办案人员的积极性，对减刑案件持消极态度。

【工作策略】

过去，检察机关无法介入到作出减刑裁定的过程中，无法对案件审理进行实质监督，只能依照刑事诉讼法之规定在减刑的裁定作出后，凭裁定书副本进行监督。

2011 年最高人民法院《关于办理减刑、假释案件具体应用法律若干问题的规定》第 26 条规定了 6 种必须开庭审理的减刑、假释案件。2012 年《人民检察院刑事诉讼规则（试行）》第 651 条规定："人民法院开庭审理减刑、假释案件，人民检察院应当指派检察人员出席法庭，发表意见。"这样，对于法院开庭审理的减刑案件，监所检察部门就可以同步监督。当然，在减刑检察过程中，监所检察人员应注意监督不能影响监管部门的正常工作，要把侵犯被监管人合法权益的违法行为作为监督的重点。

六、特殊日期的刑期计算问题

【案例】

杨某减刑案

2011 年 4 月 20 日，罪犯杨某因利用邪教法轮功、传播邪教宣传的行为已构成利用邪教组织破坏法律实施罪，被判处有期徒刑 4 年 6 个月，刑期自 2011 年 2 月 28 日起至 2015 年 8 月 27 日止。

【案例评析】

刑期是判决书主文的重要组成部分，刑期计算的正确与否直接关乎司法裁判的权威性和犯罪人的自由与权利。然而，实践中却时常发现刑事判决书在刑期计算上少算或者多算，致使刑期计算错误，这不仅侵害了被告人的合法权益，也损害了刑罚执行的公正。

刑罚执行以刑事判决书、裁定书及执行通知书为依据，刑事判决书、裁定书及执行通知书中涉及刑期计算问题应当引起重视。对被告人刑期起止时间计算有错误，不仅侵害了被告人的合法权益，也损害了刑罚执行的公正，应当有效预防和减少刑期计算错误。

1. 本案刑期计算错误

本案属于刑期截止时间为特殊月份而致使刑期计算错误。计算刑期时间与期间的计算方式不同，把关押的当天计算在内，以一个月为例，自本月某日至下月某日的前一天为一个月，如本月一日至本月最后一日为一个月。2月是一年中的特殊月份，平年28天，润年29天，而有的人民法院因为2月不足30天，刑期终止日期向后顺延。但当刑期的起止日期中涉及2月28日时则应引起注意。如果起始日期为2月28日，终止日期为其他小月份的27日，则终止月全月为30天，只服刑27天。如罪犯杨某2011年4月20日被判处有期徒刑4年6个月，刑期自2011年2月28日起至2015年8月27日止，导致罪犯实际少服刑3天，实际执行刑期少于判决刑期。人民法院对被告人量刑时，通常都是以年或者月为单位判处刑罚，对刑期起止日期的计算，一般都是根据所判刑期的长短，将刑期起始日期表述为"被告人某某的刑期自某年某月某日起至某年某月某日"，其中日期的某日只需简单地以起始日期的某日相应地减少一天即可。然而，在计算刑期过程中，由于月份有大小之分、长短之别，如以上述计算方式来确定刑期，则在以月为单位判处自由刑起止日期为某月的最后一天时，会出现被告人实际执行刑期与所判刑期不一致的差错。刑期起止月份同为大月份或者小月份的，多数情况下，不会发生判决刑期与实际执行刑期不一致的情形。

根据法律规定，检察机关对人民法院作出的未发生法律效力的刑事判决或裁定，认为确有错误的，应按照上诉程序提起抗诉；对已发生法律效力的判决或裁定，认为确有错误的，应按照审判监督程序提起抗诉。

本案中只是对杨某的刑期书写错误，人民检察院应在阐明上述法律事实的基础上，立即发出纠正刑期计算错误的违法通知书，人民法院收到该通知书后应随即裁定更正刑期起止时间，并书面回函。

2. 刑期计算错误的原因分析

（1）文书的核稿、签发、校对等相关人员对刑期计算把关不力。主要体现在两个方面：一是由于基层人民法院案多人少矛盾突出，核稿、校对等相关人员没有足够的时间认真核对，而使文书仓促印发；二是由于文书拟稿人、签发人、校对人对刑期计算问题不重视，审查的细致程度不高。

（2）缺乏刑期错误的责任追究机制。在文书差错责任追究上，质评人员往往关注裁判文书的格式是否正确、文字校对是否细致，对文书的刑期计算是否正确却经常疏于发现。现有的案件质量评查办法缺乏对错误计算刑期行为的具体惩罚措施，使承办人员往往忽视计算刑期的重要性。

（3）有关刑期计算法律制度的缺失。在刑期计算方面，我国刑法及其司法解释的规定很少，除了2000年最高人民法院《关于刑事裁判文书中刑期起止日期如何表述问题的批复》及2001年最高人民法院办公厅《关于实施〈法院刑事诉讼文书样式〉若干问题的解答》第21问、第22问涉及少数几种情形刑期起止时间如何表述及计算外，再无其他法律对其进行规定。前述规定根本不能满足于复杂多样的司法实践，造成许多情况在适用法律上存在盲区。

（4）罪犯的法律知识不够，维权意识不强。由于大多数罪犯文化水平不高，法律知识甚少，不知道如何计算刑期，不知道怎样维护自身的合法权益，使刑期起止日期出现的错误往往到执行阶段才由罪犯进行申诉或被检察人员及监狱管教民警发现，造成纠错不够及时。

【工作策略】

刑事判决书中刑期计算错误，无论多计算还是少计算，都损害了法律的威严，也侵害了被告人的合法权益和刑罚执行的公正。驻所（狱）检察人员要充分利用监所检察信息软件，及时输入在押人员的相关信息材料，实行动态化管理，尤其要对判决书刑期的起止时间详细审查，把好刑罚执行的最后一关，以便及时发现错误，把错误消灭在萌芽状态。

第七节　假释检察

一、正常假释

【案例】

闫某某假释案

罪犯闫某某，男，汉族，初中文化，1961 年出生，山西省某县人。1991 年 8 月 3 日因盗窃被某市中级人民法院判处死刑，缓期二年执行，剥夺政治权利终身，送押山西省某监狱服刑。1994 年 5 月 9 日经山西省高级人民法院裁定，减为有期徒刑 20 年，剥夺政治权利 10 年。至 2003 年 8 月，经某市中级人民法院裁定，先后三次共准予减刑 5 年。2007 年 8 月 29 日，由某监狱提请、派驻检察室审查，经某市中级人民法院裁定被假释。

【案例评析】

所谓假释，是指对于被判处有期徒刑、无期徒刑的犯罪分子，在执行期间确有悔改表现、不致再危害社会的，执行一定的刑期后，附条件地将其提前释放的一种制度。它对于教育改造罪犯，鼓励犯罪分子认罪服法，充分发挥刑罚的教育、改造功能起到了积极作用。假释考验期，是指对被假释的犯罪分子继续监督改造的期限，是对被假释的犯罪分子保持继续执行刑罚可能性的期限。

1. 适用假释的对象条件

只能是被判处有期徒刑的犯罪分子和被判处无期徒刑的犯罪分

子两种人。被判处管制的犯罪分子因本身不予关押，不存在假释问题；被判处拘役的犯罪分子因刑期较短，没有必要规定假释制度；死刑犯不存在假释问题，被判处死缓的犯罪分子本身也不存在假释问题，要有也是发生在改为无期徒刑或者有期徒刑以后。

根据《刑法修正案（八）》和 2011 年最高人民法院《关于办理减刑、假释案件具体应用法律若干问题的规定》的规定，对累犯以及因故意杀人、强奸、抢劫、绑架、放火、爆炸、投放危险物质或者有组织的暴力性犯罪被判处 10 年以上有期徒刑、无期徒刑的罪犯，不得假释。因前款情形和犯罪被判处死刑缓期执行的罪犯，被减为无期徒刑、有期徒刑后，也不得假释。

2. 适用假释的刑期条件

必须是被判处有期徒刑的犯罪分子，实际执行原判刑罚 1/2 以上；被判处无期徒刑的犯罪分子，实际执行原判刑罚 13 年以上。这样规定一方面是为了维护法律的严肃性，保证被判刑的犯罪分子要实实在在地服几年刑，受到应有的惩罚、教育和改造；同时，也只有在对被判无期徒刑和有期徒刑的人实际执行一定的刑期，经过一段时间的改造以后，执行机关和司法机关才能据此分析犯罪分子的悔改情况，判断是否会再危害社会，才能保证适用假释的准确性。在适用假释的刑期条件中，也有一个例外规定，即如果有特殊情况，经最高人民法院核准，可以不受上述执行刑期的限制。这一规定体现了原则性与灵活性的统一。这里所谓的"特殊情况"，主要是指出于国家政治、国防、外交等方面的特殊需要。

3. 适用假释的实质条件

犯罪分子认真遵守监规，接受教育改造，确有悔改表现，没有再犯罪危险。只有符合这样的条件才能假释，不具备上述实质条件的，即使对象条件和已服刑期条件都已经达到，也不能适用假释。是否认真遵守监规，接受教育改造，可以通过犯罪分子的平常表现考察出来。"确有悔改表现"是指同时具备以下四个方面情形：认罪悔罪；认真遵守法律法规及监规，接受教育改造；积极参加思想、文化、职业技术教育；积极参加劳动，努力完成劳动任务。

对罪犯在刑罚执行期间提出申诉的，要依法保护其申诉权利，对罪犯申诉不应不加分析地认为是不认罪悔罪。罪犯积极执行财产刑和履行附带民事赔偿义务的，可视为有认罪悔罪表现，在减刑、假释时可以从宽掌握；确有执行、履行能力而不执行、不履行的，在减刑、假释时应当从严掌握。判断"没有再犯罪的危险"，除符合刑法第81条规定的情形外，还应根据犯罪的具体情节、原判刑罚情况，在刑罚执行中的一贯表现，罪犯的年龄、身体状况、性格特征，假释后的生活来源以及监管条件等因素综合考虑。

本案中，闫某某从1994年至2007年已实际执行13年，余刑还有2年。在刑罚执行期间，其认真遵守法律法规和监规，认真学习，积极参加劳动，表现良好，确有悔改表现，符合假释条件，给予假释是适当的。

【工作策略】

假释相对于减刑更有意义，假释出狱属于"软着陆"，而减刑出狱则属于"硬着陆"。但在实践中，减刑率能达到20%—30%，而假释率则为2%，有些地方甚至不到1%。为了改变这种局面，《刑法修正案（八）》以及2011年最高人民法院《关于办理减刑、假释案件具体应用法律若干问题的规定》都放宽了假释的条件。在假释检察工作中，监所检察部门应该把工作重点定位在应该假释而没有给予假释的情形。

二、假释后又犯罪

【案例】

王某某假释后又犯罪案

罪犯王某某，男，汉族，高中文化，1961年出生，山西省某市人。1989年10月12日因盗窃、销赃被某市中级人民法院判处无期徒刑，剥夺政治权利终身，送押山西省某监狱服刑。1992年6月29日被山西省高级人民法院裁定减为有期徒刑18年，剥夺政治权利 7 年。至 2000 年 1 月，经某市中级人民法院裁定，先后 3 次共准予减刑 5 年。2002 年 1 月 28 日经某中级人民法院裁定准予假释，假释考验期从假释之日起至 2005 年 6 月 28 日止。2004 年 11 月 29 日因涉嫌绑架被某市公安局刑事拘留，2005 年 10 月 20 日某市中级人民法院以假释考验期内又犯罪判决撤销假释，未执行完毕的刑罚与新罪数罪并罚。

【案例评析】

本案中，罪犯王某某因盗窃、销赃罪被判处无期徒刑，由于王某某在刑罚执行期间遵守法律法规和监规，认罪服法，积极劳动改造，确有悔改表现，被依法假释。这本来是党和政府为了挽救罪犯，给予了他一次改过自新的机会。但王某某在获得假释后，辜负了党和政府的信任，旧"病"复发，又实施绑架，在假释期间又犯新罪。根据法律规定，不但要撤销假释，还要对其按照"先减后加"的原则实行数罪并罚。

对于罪犯在假释期间又犯罪的问题，我们要作全面的分析，不能一概认定原刑罚执行机关把关不严。假释作为一项刑罚执行的基本制度，初衷是好的，是为了教育、改造罪犯，稳定监管秩序，给罪犯以出路和机会。但刑罚执行机关在如何把握"不致再危害社会"上则相当困惑，有的地方甚至害怕罪犯假释后再犯罪，就基本上不开展这项工作。这是不对的。我们应该在刑罚执行方面做更加细致的工作，在对罪犯假释前的相当长的时间内，应该对其在刑罚执行中的一贯表现和罪犯的年龄、身体状况、性格特征、假释后的生活来源以及监管条件等因素进行综合分析考虑，作出比较切合实际的结论。假释后又犯罪的坚决依法追究，但不能过分指责刑罚执行机关。

【工作策略】

假释率低虽然与有些地方规定假释比例有关，但也与监管人员怕担责任有关。因为假释后，一旦假释人员再犯罪，尤其是恶性案件，往往引起强烈的社会舆论，舆论又很容易指向监管人员。因此，在假释检察中，监所检察部门要充分履行监督职责，让监管人员放下包袱，对于应该假释的罪犯大胆提请假释。

三、提请假释不当

【案例】

提请武某假释不当案

罪犯武某，男，初中文化，1971 年出生，山西省某市人。1996 年 11 月因盗窃被某市中级人民法院判处无期徒刑，剥夺政治权利终身，送押山西省某监狱服刑。1999 年 6 月被山西省高级人民法院裁定减为有期徒刑 18 年，剥夺政治权利 7 年。至 2005 年，经某市中级人民法院裁定，先后 3 次共准予减刑 5 年。2006 年 11 月某监狱对其提请假释建议，派驻检察人员审查后认为其曾在 1989 年 11 月因犯盗窃罪被判处有期徒刑 4 年，在 1993 年 3 月又因犯盗窃罪被劳教 1 年，表明该犯恶习较深，不能确认没有再犯罪风险，不符合刑法第 81 条第 1 款之规定，遂向监狱提出纠正意见，监狱采纳了检察建议。

【案例评析】

本案中检察机关的做法是正确的。对于"不致再危害社会"应当从以下几个方面来进行考察：（1）犯罪的具体情节、原判情况；（2）在刑罚执行中的一贯表现；（3）罪犯的年龄、身体状况、性格特征；（4）假释后的生活来源及监管条件。罪犯武某先后因盗窃被劳教、判刑，说明其主观恶性深，难以改变，从其犯罪情节上看，社会危险性大，再犯罪的可能性大，这样的罪犯一旦假释，必然会给社会带来极大的安全隐患。将该种情形提前予以考虑，并加以防范是必要的。当然，《刑法修正案（八）》将假释条件的"不致再危害社会"改为"没再犯罪的危险"，这样不仅降低了标准，也使这个条件更易把握。2011 年最高人民法院《关于办理减刑、假释案件具体应用法律若干问题的规定》第 15 条规定："办理假释案件，判断'没有再犯罪的危险'，除符合刑法第 81 条规定的情形外，还应根据犯罪的具体情节、原判刑罚情况，在刑罚执行中的一贯表现，罪犯的年龄、身体状况、性格特征，假释后生活来源以及监管条件等因素综合考虑。"

【工作策略】

2011 年最高人民法院《关于办理减刑、假释案件具体应用法律若干问题的规定》也加强了检察监督，明确规定，执行机关在提请减刑、假释时，人民检察院对提请减刑、假释案件提出的检察意见，应当一并移送受理减刑、假释案件的人民法院。检察机关对于执行机关减刑、假释"不当提而提"和"当提不提"均有着重要的监督和纠正职能，检察机关的监督意见可以为人民法院依法作出公正裁决提供重要而有力的帮助。法院主动接受检察机关监督自然有助于法律监督的开展，但这无疑也增加了检察机关的责任。在假释检察中，监所检察人员不仅要进行形式审查，更要进行实质审查，尤其对"没有再犯罪的危险"。

四、不得假释的范围

【案例】

荣某某假释不当案

罪犯荣某某，男，初中文化，1968 年某月某日出生，山西省某市人。2002 年 11 月因故意伤害被某市中级人民法院判处有期徒刑 15 年，送押山西省某监狱服刑。2007 年 11 月刑罚执行机关对其提请假释建议，派驻检察人员审查后认为不符合刑法第 81 条第 2 款"暴力型犯罪被判处十年以上，不得假释"的规定，向监狱提出纠正意见，监狱采纳了检察建议不予呈报。

【案例评析】

1997 年刑法第 81 条第 2 款规定："对累犯以及因杀人、爆炸、抢劫、强奸、绑架等暴力性犯罪被判处十年以上有期徒刑、无期徒刑的犯罪分子，不得假释。"由于有个"等"字，一般都认为这里的"暴力性犯罪"包括故意伤害。当然，实践中，对此的理解也有不同观点。荣某某一案中，监管人员就认为不包括故意伤害，而检察机关则持不同意见。实际上，从 1997 年刑法规定不得假释的立法精神来看，故意伤害罪自然包括在"暴力性犯罪"之中。因为当时的立法强调的是对假释的限制。所以，监所检察部门不同意将判处故意伤害罪 10 年以上的荣某某假释是正确的。《刑法修正案（八）》对第 81 条进行了修改，修改为："对累犯以及因故意杀人、强奸、抢劫、绑架、放火、爆炸、投放危险物质或者有组织的暴力性犯罪被判处十年以上有期徒刑、无期徒刑的犯罪分子，不得假释。"即取消了"等"字，但增加了放火、投放危险物质和有组织的暴力型犯罪，实际上是放宽了假释的范围，即将不得假释的情况限制在明确规定的这几类犯罪。对于其他犯罪，虽然是暴力犯罪，如果不是有组织犯罪，也可以假释。这样，故意伤害罪不包括在其中，只要不是有组织的暴力犯罪，即使判处 10 年以上，也可以假释。

【工作策略】

《刑法修正案（八）》对假释修改的精神在于放宽假释的条件，鼓励对于符合假释条件的罪犯进行假释。监所检察人员在假释检察中，尤其对于不得假释的范围要严格审查，尤其对于按照旧法不得假释而按照新法可以假释的以往的罪犯，如果符合假释条件，要监督监管机构提前假释。

第八节　暂予监外执行检察

一、法院直接决定暂予监外执行

【案例】

范某某暂予监外执行案

　　罪犯范某某，女，大学文化，1959 年某月某日出生，原山西省某国有公司董事、工会主席。2006 年 5 月 19 日因涉嫌受贿被某市人民检察院逮捕，同年 11 月被某市中级人民法院以受贿罪判处有期徒刑 12 年。后范某某上诉至山西省高级人民法院。上诉羁押期间，范某某向看守所民警反映胸部不适、肝区疼痛，且伴有阵发性打嗝、身体颤抖症状。看守所民警带该犯到山西省政府某指定医院作了化验检查，经检查确认该犯患有"慢性乙型肝炎"，医院建议"住院治疗，因具有传染性，注意隔离"。2007 年 1 月 9 日，看守所经驻所检察室同意，向山西省高级人民法院、某市中级人民法院提交《关于在押被告人范某某疾病情况的报告》。2007 年 5 月 28 日，山西省高级人民法院维持原判，并对范某某作出暂予监外执行决定。

　　【案例评析】

　　所谓暂予监外执行，是指对依照法律规定不适宜在监狱或者其他执行机关执行刑罚的罪犯，暂时采用不予关押的方式执行原判刑罚的变通方法。

　　根据 1996 年刑事诉讼法第 214 条的规定，暂予监外执行只能适用于有期徒刑或者拘役的罪犯；该罪犯应当是有严重疾病需要保外就医的或者是怀孕或者正在哺乳自己婴儿的妇女或者是生活不能自理的；该罪犯在监外执行应当没有社会危险性；不能是自伤自残的。2012 年刑事诉讼法修改了该条，对于怀孕或者正在哺乳自己婴儿的无期徒刑犯，也可以暂予监外执行。

本案中，范某某因患有慢性乙肝，且处于传染期，不适合关押。人民法院据此径直作出暂予监外执行的决定，符合法律规定。

通过本案可以看出，罪犯被暂予监外执行一般都要经过四个步骤：发现—检查—决定—监督，即先发现罪犯有病理特征，再对其病情进行检查确诊，然后由决定机关决定是否暂予监外执行，最后依法法律监督。因此，检察人员工作的重点就是监督好这四个环节。

1. 发现。当检察人员接到看守所报告或发现罪犯有病理特征时，就要掌握好第一手资料，及时询问本人及同监号人员有关情况，查阅罪犯档案，了解有无既往病史、发病初步原因。

2. 检查。当确认罪犯确有病情时，驻所检察人员要配合看守所对罪犯依法进行检查，并及时了解检查过程、医院资质、鉴定结论、有无违法违规私情私利行为，确保鉴定结论科学公正。

3. 决定。病情确诊后，重点检察看守所是否将相关情况按程序上报有关部门，必要时可以提出书面检察建议，以便决定机关能全面了解罪犯病情情况。

4. 监督。收到《暂予监外执行决定书》的检察机关要及时审查决定书，并将结果通报驻所检察室，听取驻所人员意见。如果驻所检察人员没有同步监督，则重点审查医院鉴定结论，若发现疑点可及时提出意见，必要时可重复检查，发现职务犯罪线索要及时排查。

【工作策略】

暂予监外执行活动在实践中存在以下问题：一是不严格执法，将不符合法定条件的罪犯暂予监外执行。从实践看，各地普遍存在将患乙肝、一般性肺结核病、腰椎间盘突出、严重贫血等疾病的罪犯决定或者批准暂予监外执行，但这些疾病不属于需要保外就医的疾病。二是程序不完善。目前，有权批准暂予监外执行的机关是地市级以上公安机关和省级以上监狱管理局。但人民法院没有具体的适用程序，实践中所有基层人民法院都可以决定暂予监外执行。三是有的人民法院决定暂予监外执行后，不将决定书副本抄送人民检察院，导致检察机关不知情而无法监督；或者不将暂予监外执行决定书等法律文书送达作为执行机关的公安机关，导致罪犯脱管、漏管。四是有些司法工作人员存在索贿受贿、徇私舞弊违法犯罪问题。

针对上述问题，关键还是要加大监督力度。各地在监督方式上有一些创新，如"全程同步监督"模式，要求执行机关提出暂予监外执行的书面意见的，应当将书面意见的副本抄送人民检察院，充分发挥驻所检察人员作用，在"发现"及"检查"环节加大监督力度；"庭审公开"程序，人民法院决定暂予监外执行的，被害人可以作为当事人参与审理，并可以进行调查和辩论，人民检察院可以当庭提出监督意见，也可进行监督等，都是有益尝试。

二、因患有疾病监狱拒收，法院决定暂予监外执行

【案例】

王某某暂予监外执行案

罪犯王某某，男，汉族，大学文化，1963 年某月出生，山西省某市人，捕前系山西某县县委副书记、县长。2002 年 11 月 11 日因涉嫌犯受贿被太原市公安局依法逮捕。一审以受贿罪被判刑后，王某某上诉至山西省高级人民法院。2003 年 12 月 31 日，山西省高级人民法院裁定罪犯王某某犯受贿罪，判处有期徒刑 15 年，并处没收财产 3 万元。2005 年 8 月 15 日，某市某看守所送押罪犯王某某到监狱服刑时，经入监体检，该犯被诊断为患有脑垂体瘤术后，垂体前叶功能减退，肢端肥大症等，监狱出具《罪犯暂不收监通知书》予以拒收。根据《罪犯暂不收监通知书》，某市某看守所建议对罪犯王某某暂予监外执行，上报某市中级人民法院，人民法院经审查决定对罪犯王某某暂予监外执行。

【案例评析】

本案属于保外就医型监外执行，不同于其他保外就医型监外执

行的显著特点是监狱因病拒收由公安机关（看守所）提请而被人民法院决定的暂予监外执行。根据 1998 年公安部关于《公安机关办理刑事案件程序规定》第 276 条的规定，将罪犯交付执行，监狱不予收监的，公安机关应当提请交付执行的人民法院作出是否收监执行的决定。对于决定收监的，应当将罪犯交付监狱执行；对于决定暂予监外执行的，由看守所将罪犯交付罪犯居住地公安机关执行（该条已被 2012 年修订的《公安机关办理刑事案件程序规定》删除）。

人民检察院接到批准或者决定对罪犯暂予监外执行的通知后，应当进行审查。审查的内容包括：（1）是否属于被判处有期徒刑或者拘役的罪犯；（2）是否属于有严重疾病需要保外就医的罪犯；（3）是否属于正在怀孕或者正在哺乳自己婴儿的妇女；（4）是否属于自伤自残的罪犯；（5）是否属于生活不能自理，适用暂予监外执行不致危害社会的罪犯；（6）办理暂予监外执行是否符合法定程序。

检察人员可以向罪犯所在单位和有关人员调查，可以向有关机关调阅有关材料。

经审查认为暂予监外执行不当，应当向批准或者决定暂予监外执行的机关提出纠正意见的，由检察长决定。

人民检察院认为暂予监外执行不当的，应当自接到通知之日起 1 个月内提出书面纠正意见，呈报批准或者决定暂予监外执行机关的同级人民检察院送交批准或者决定暂予监外执行的机关。

人民检察院向批准或者决定暂予监外执行的机关送交不同意暂予监外执行的书面意见后，应当监督其立即对批准或者决定暂予监外执行的结果进行重新核查，并监督重新核查的结果是否符合法律规定。对核查不符合法律规定的，应当依法提出纠正意见。

检察机关对保外就医工作的监督，要"变事后监督为同步监督，从程序上确保保外就医工作的全过程置于法律监督之下"的要求，各级检察机关监所检察部门及派驻监狱、看守所检察机构，要更新观念、采取措施，加强对保外就医活动各环节的监督工作。

派驻监狱、看守所检察机构要主动商监狱、看守所在向保外就医批准（决定）机关报请批准保外就医的同时，将报请保外就医罪犯的有关材料，包括病残鉴定等，抄送派驻检察机构，派驻检察机构要做到逐案进行检察并及时提出意见。要重点检察保外就医病残鉴定，包括医疗鉴定机构和鉴定人是否具有鉴定资格、证明文件是否符合要求、鉴定结论是否准确等。对鉴定程序和鉴定结论有异议的，要及时向报请机关提出，并督促报请机关对罪犯的病残情况进行重新鉴定。重新鉴定时，检察机关应派员参加。

检察机关在收到批准机关抄送的罪犯保外就医决定书和人民法院抄送的暂予监外执行决定书后，要及时进行审查。重点审查检察机关在报请保外就医前提出的意见是否被采纳，保外就医是否符合法定条件和程序。经审查认为批准（决定）罪犯暂予监外执行及保外就医不当的，人民检察院应当在收到批准（决定）机关的法律文书后1个月内提出书面纠正意见。

罪犯被批准（决定）保外就医后，驻监狱、看守所检察机构要重点检察：监狱、看守所是否办理了出狱、出所手续；监狱、看守所是否将保外就医罪犯押解至居住地的县级公安机关，使执行机关见人见档；是否将有关法律文书送达居住地的县级公安机关，并抄送罪犯居住地的人民检察院。驻监狱、看守所检察机构要及时将保外就医罪犯的有关情况书面通知居住地的人民检察院，以便居住地的检察机关能及时了解情况。

保外就医罪犯居住地的人民检察院要加强保外就医罪犯执行情况的检察监督，定期深入到保外就医罪犯居住地，了解执行情况。发现执行机关未对罪犯依法进行监督管理的，或未及时指定公安派出所具体负责监管考察的，或监管制度不健全、监管措施不落实，保外就医罪犯脱管、漏管的，罪犯保外就医情形消失或发现有逃避监管行为应收监而未收监执行等情况，要及时提出纠正意见或检察建议。

【工作策略】

对符合法定条件的罪犯依法适用保外就医，是人道主义精神在我国刑罚执行中的具体体现，是一项政策性很强的工作，直接关系到党的刑事政策的正确贯彻实施和社会稳定。加强对保外就医的法律监督，是强化刑罚执行监督的重要内容，对于实践"强化法律监督，维护公平正义"的检察工作主题、促进司法公正具有重要意义。各级检察机关监所检察部门及派驻监狱、看守所检察机构及其干警，要从构建社会主义和谐社会和维护社会稳定的高度，充分认识做好保外就医法律监督工作的重要性，增强工作责任感，牢固树立法治意识和监督意识，按照中央政法委要求，切实履行好对保外就医的监督职责，确保罪犯保外就医工作依法有序进行，确保法律得到正确实施。

人民法院直接决定暂予监外执行一般由执行人民法院即一审人民法院决定暂予监外执行。实践中也可能出现在二审期间发现罪犯符合暂予监外执行条件的，这时二审人民法院也可以直接决定暂予监外执行。

三、因患有疾病监狱管理局决定暂予监外执行

【案例】

杨某某暂予监外执行案

罪犯杨某某，男，汉族，初中文化，1981年10月出生，山西某市人。2009年3月因犯盗窃罪被某市某区人民法院判处有期徒刑5年，刑期自2008年11月3日起至2013年11月2日止，2010年3月被押送山西省某监狱服刑。服刑期间该罪犯间断乏力2年，2011年5月经山西省某医院鉴定患有艾滋病。2011年5月该犯服刑监狱暂予监外执行委员会建议对其犯暂予监外执行1年，2011年5月27日经山西省监狱管理局暂予监外执行审核委员会合议同意暂予监外执行1年。2011年5月30日山西省监狱管理局同意暂予监外执行1年。

【案例评析】

此类案例是传统意义上的暂予监外执行，即在服刑过程中发现

罪犯患有严重疾病，由监管部门内部决定罪犯暂予监外执行——保外就医型。此类型案件约占全部暂予监外执行案件的80％，也是最容易出现问题的一类，因此也是法律监督的重点。人民检察院对监狱办理罪犯保外就医活动的监督，主要是检察被保外就医罪犯是否符合法定条件、保外就医的证明是否真实、办理保外就医的程序是否合法。对监狱办理罪犯保外就医活动的监督，可以通过向有关人员调查、调阅监狱有关资料、列席监狱有关会议等方式了解情况。对监狱将不符合法定条件的罪犯呈报保外就医的，要及时提出纠正意见；对于已经监狱管理机关批准不符合法定条件的罪犯保外就医的，应自接到通知之日起1个月内将书面纠正意见送交批准保外就医的机关（意见副本送监狱）。对利用办理保外就医的职权，收受贿赂或徇私舞弊的要追究有关人员的法律责任。

1. 呈报程序

根据刑事诉讼法、监狱法和司法部、最高人民检察院、公安部印发的《罪犯保外就医执行办法》等规定，对于正在监狱服刑的有期徒刑犯，发现其身体患有严重疾病需要保外就医（或者生活不能自理）需要暂予监外执行的，其处理程序是：

（1）由罪犯所在监狱监区或分监区的区务会上讨论通过，然后报狱政科、刑罚执行科讨论并邀请驻监狱的检察院人员列席参加，初审同意后，进行病残鉴定。

（2）由省级人民政府指定的医院开具证明文件。证明文件应由医院业务院长签字，加盖公章，并附化验单、照片等有关病历档案。

（3）对于符合暂予监外执行情形的，监狱应当填写《罪犯保外就医征求意见书》，征求罪犯家属所在地公安机关意见，并与罪犯家属联系，办理取保手续。取保人和被保人应当在《罪犯保外就医取保书》上签名或者盖章。

（4）对需要保外就医的罪犯，由监狱填写《罪犯保外就医审批表》，连同《罪犯保外就医征求意见书》、有关病残鉴定和当地公安机关意见，报省、自治区、直辖市监狱局审批。同时，将上述副本送达担负检察任务的派出机构。监狱局批准同意保外就医的，应将《罪犯保外就医审批表》副本 3 份送交报请审批单位。

（5）对批准保外就医的罪犯，监狱应当办理出监手续，发给《罪犯保外就医证明书》，并对罪犯进行遵纪守法和接受公安机关监督的教育，同时，应将《罪犯保外就医审批表》、《保外就医罪犯出监所鉴定表》、人民法院判决书复印件或者抄件，及时送达罪犯家属所在地的县级公安机关和人民检察院。

（6）保外就医罪犯由取保人领回到当地公安机关报到。保外就医罪犯在规定时间内不报到的，公安机关及时通知其所在的监狱，由监狱负责寻找。

2. 对监狱呈报暂予监外执行活动检察的内容

人民检察院接到决定或者批准机关抄送的暂予监外执行决定书后，应当进行审查。审查的内容包括：

（1）是否属于被判处有期徒刑或者拘役的罪犯；

（2）是否属于有严重疾病需要保外就医的罪犯；

（3）是否属于怀孕或者正在哺乳自己婴儿的妇女；

（4）是否属于生活不能自理，适用暂予监外执行不致危害社会的罪犯；

（5）是否属于适用保外就医可能有社会危险性的罪犯，或者自伤自残的罪犯；

（6）决定或者批准机关是否符合刑事诉讼法第 254 条第 5 款的规定；

（7）办理暂予监外执行是否符合法定程序。

3. 对监狱呈报暂予监外执行活动检察的方法

（1）审查被呈报暂予监外执行罪犯的病残鉴定和病历资料；

（2）列席监狱审核拟呈报罪犯暂予监外执行的会议；

（3）向罪犯所在单位和有关人员调查、向有关机关调阅有关材料。

4. 提出纠正意见的情形

根据《人民检察院刑事诉讼规则（试行）》第 643 条的规定，

人民检察院发现监狱暂予监外执行的执法活动有下列情形之一的，应当依法提出纠正意见：

（1）将不符合法定条件的罪犯提请暂予监外执行的；

（2）提请暂予监外执行的程序违反法律规定或者没有完备的合法手续，或者对于需要保外就医的罪犯没有省级人民政府指定医院的诊断证明和开具的证明文件的；

（3）监狱提出暂予监外执行书面意见，没有同时将书面意见副本抄送人民检察院的；

（4）罪犯被决定或者批准暂予监外执行后，未依法交付罪犯居住地社区矫正机构实行社区矫正的；

（5）对符合暂予监外执行条件的罪犯没有依法提请暂予监外执行的；

（6）发现罪犯不符合暂予监外执行条件，或者在暂予监外执行期间严重违反暂予监外执行监督管理规定，或者暂予监外执行的条件消失且刑期未满，应当收监执行而未及时收监执行或者未提出收监执行建议的；

（7）人民法院决定将暂予监外执行的罪犯收监执行，并将有关法律文书送达公安机关、监狱后，监狱未及时收监执行的；

（8）对不符合暂予监外执行条件的罪犯通过贿赂等非法手段被暂予监外执行以及在暂予监外执行期间脱逃的罪犯，监狱未建议人民法院将其监外执行期间、脱逃期间不计入执行刑期或者对罪犯执行刑期计算的建议违法、不当的；

（9）暂予监外执行的罪犯刑期届满，未及时办理释放手续的；

（10）其他违法情形。

5. 检察工作流程

派驻检察机构收到监狱抄送的呈报罪犯暂予监外执行的材料后，应当及时审查并签署意见。

经审查认为暂予监外执行不当的，应当自接到通知之日起1个月以内，报经检察长批准，向决定或者批准暂予监外执行的机关提出书面纠正意见。下级人民检察院认为暂予监外执行不当的，应当立即层报决定或者批准暂予监外执行的机关的同级人民检察院，由其决定是否向决定或者批准暂予监外执行的机关提出书面纠正意见。

人民检察院向决定或者批准暂予监外执行的机关提出不同意暂予监外执行的书面意见后，应当监督其对决定或者批准暂予监外执行的结果进行重新核查，并监督重新核查的结果是否符合法律规定。对核查不符合法律规定的，应当依法提出纠正意见，并向上一级人民检察院报告。

对于暂予监外执行的罪犯，人民检察院发现罪犯不符合暂予监外执行条件、严重违反有关暂予监外执行的监督管理规定或者暂予监外执行的情形消失而罪犯刑期未满的，应当通知执行机关收监执行，或者建议决定或者批准暂予监外执行的机关作出收监执行决定。

【工作策略】

实践中有两个问题需要进一步探索：

一是延长保外就医期限的手续问题。根据《罪犯保外就医执行办法》规定，对于实行保外就医的罪犯，"根据罪犯病情，可以一次批准决定保外就医时间半年至一年。期满前，监狱应当派干警实地考察或者发函调查。保外就医罪犯病情经县级以上医院证明尚未好转的，由监狱提出意见，报省、自治区、直辖市监狱管理局批准，办理延长保外就医期限手续，每次可以延长半年至一年"。按照这个规定，当保外就医期满前监狱以发函的方式调查保外就医犯的病情变化时，罪犯若想延长保外就医期限，只需到县级以上医院开一个病情尚未好转的证明寄回监狱，从而得到省、自治区、直辖市的监狱局办理延长保外就医时间的手续。此规定中的漏洞是明显的，因为开一个这样的证明是非常容易的。由于这一制度的不完善，检察机关就要加大监督力度，防止个别人员借此漏洞逃避法律制裁，损害暂予监外执行制度的严肃性。

二是对于罪犯在保外就医期满前擅自外出不归，发现其下落时已临近甚至已超过释放日期的情形如何处理，目前尚无明确规定。

如某地有一个案例，罪犯亢某某保外就医期间擅自外出，至保外就医期、释放日期满仍没回归，后该犯因新罪被抓，当地司法机关将该行为视为脱逃行为，将其尚未执行的刑罚和脱逃罪、新罪所判处的刑罚实行数罪并罚。我们认为这种做法是欠妥的。因为脱逃罪的主体是依法被关押的罪犯，罪犯在保外就医期间未被关押，其擅自外出不归的行为自然也不构成脱逃罪。正确的做法应当是首先将罪犯抓获押回，查明该罪犯在外出期间是否有新的犯罪行为，然后再区分两种情况处理：一种情况是如果罪犯在保外就医期间没有新的犯罪行为，可参照罪犯骗取保外就医期间不计入执行刑期的程序，将其自保外就医期满至被抓获前（如果抓获时已过释放日期，则至释放日）的期间，从其刑期中扣除，然后将释放截止时间向后顺延。另一种情况是像本案亢某某的情况，则应由负责审判新罪的法院按照刑法第 71 条所规定的数罪并罚处理。

四、因精神病需送强制医疗暂予监外执行

【案例】

高某某暂予监外执行案

罪犯高某某，男，汉族，1989 年 7 月 22 日出生，山西省某县人，因抢劫罪被某县人民法院判处有期徒刑 7 年，刑期 2007 年 7 月 15 日起至 2014 年 7 月 14 日止。

2007 年 7 月初，罪犯高某某伙同他人拦截过路大车实施抢劫，并于 2007 年 7 月 14 日为抢劫准备了自制枪一支、钢管三根，从 7 月 15 日 3 时至 4 时作案两起。

该犯自 2010 年 10 月以来，几乎不与人沟通，精神异常、孤僻、自语、睡眠差，吃屎喝尿，行为怪异，撞墙、抠耳朵自伤，认为自己心肺没有了、肾也坏了，而且耳边常闻耳语，总听到有人要求其死上一回，监狱派人一天 24 小时专门监护，生活不能自理。

2011 年 1 月 30 日，山西省精神疾病司法鉴定中心鉴定其"精

神分裂症（疾病期），目前不具备服刑能力"。

2011年2月14日分监区经合议，建议对高某某暂予监外执行1年。2011年2月16日刑罚执行科经合议，同意对高某某暂予监外执行1年。2011年2月21日监狱暂予监外执行委员会经合议，同意对高某某暂予监外执行1年。2011年2月22日监狱同意对高某某暂予监外执行1年。2011年3月10日山西省监狱管理局暂予监外执行委员会经合议同意暂予监外执行1年。2011年3月10日山西省监狱管理局同意暂予监外执行1年。

【案例评析】

被判处有期徒刑的罪犯在刑罚的执行过程中，暂予监外执行的情形有三种：（1）有严重疾病需要保外就医的；（2）怀孕或者正在哺乳自己婴儿的妇女；（3）生活不能自理，适用暂予监外执行不致危害社会的。但第一种情形比较普遍。在本案当中，高某某服刑期间患精神分裂症，不具备服刑能力符合《罪犯保外就医疾病伤残范围》第1条的规定，且经过了省级人民政府指定的鉴定机构的鉴定。监狱办理程序合法，且高某某的刑期已执行3年7个月有余，符合《罪犯保外就医执行办法》第2条第2项的规定。

【工作策略】

暂予监外执行对构建以人为本的和谐社会无疑是具有积极的意义，也体现了现代法律的文明进步和人道。目前，我国关于暂予监外执行的有关程序和实体要件的规定已比较完备，各个环节的监督也逐步完善，所以假释和保外就医的做法也应该尤为提倡。同时检察机关也应该加强这方面的监督力度，特别是要对保外就医的罪犯定期考察，保外就医的条件一旦消失，就一定要建议监狱收监改造；坚决杜绝一保不收的现象，维护法律的公正性、权威性和严肃性。

五、因怀孕暂予监外执行

【案例】

张某某因暂予监外执行情形消失收监案

　　罪犯张某某，女，苗族，小学文化，1978 年出生，湖南省某县人。2003 年 12 月因涉嫌故意杀人（怀疑丈夫有外遇将 7 岁女儿掐死）被某市某区公安机关刑事拘留，2004 年 2 月被该市中级人民法院以故意杀人罪判处无期徒刑。2004 年 3 月 1 日被交付某女子监狱执行时，监狱以其正在怀孕为由，出具《罪犯暂不收监通知书》予以拒收。2004 年 3 月 5 日市中级人民法院出具收监执行判决书，4 月 7 日某女子监狱将张某某收监。2004 年 4 月 9 日经山西省监狱管理局批准张某某被暂予监外执行，2004 年 6 月 3 日张某某生下一男婴。2004 年 10 月下旬，张某某未经公安局批准，私自带着所生男孩离开执行地下落不明。2005 年 4 月 5 日，该省监狱管理局批准中止张某某暂予监外执行。

　　【案例评析】

　　对因怀孕或正在哺乳自己婴儿被暂予监外执行在实践中如何监督，结合本案作一具体分析。

　　1. 关于怀孕时间的问题

　　怀孕是一个特殊的生理现象，时间特定，对"怀孕"本身的认定一般毋庸置疑，问题的关键是怀孕时间是否"法定"。本案中张某某 2003 年 12 月被刑事拘留，2004 年 6 月生下一男婴，说明张某某系入监前（监外）怀孕，该情节合法应予以法律保护。如果是监内怀孕，则值得我们探讨。监内怀孕无非两种情况：一是羁押期间或监狱内服刑时怀孕，二是非法出监（所）后怀孕。上述不论哪种情况都是法律所不允许的，因此也是检察机关法律监督的重点。如果出现上述情况，就要查明罪犯是和谁发生性关系后怀孕的，是家属违规会见还是公职人员职务犯罪。如果发现存在公职人员职务犯罪的，要依法立案查处，查明原因后，要根据实际情况提出是否对罪犯准予暂外执行的意见，如果符合暂予监外执行法定条件，可以监外执行，如果是为规避法律制裁故意怀孕，有观点认为应不予暂予监外执行。我们认为，这种情形应给予暂予监外执行。因为对怀孕的妇女给予暂予监外执行，是从保护胎儿的角度出发，所以，怀孕的原因并不在考虑范围。

2. 中级人民法院的收监执行决定是否合法

本案张某某被人民法院判决后，监狱以怀孕为由暂不收监，而中级人民法院审查后决定收监执行。两个决定哪一个正确，法律依据何在？笔者认为人民法院的决定是正确的。如果仅从法律依据角度考虑，两个决定均没有错。监狱拒收理由是依据原监狱法第17条的规定，而人民法院收监理由是原刑事诉讼法第214条的规定，监狱法规定被判处无期徒刑的罪犯可以暂不收监，刑事诉讼法规定只有被判处有期徒刑或拘役的罪犯才可以暂予监外执行。正是法律规范的冲突导致了不同的决定。当然，我们不能同时执行两个不同的决定，根据法律冲突规范适用原理，人民法院的决定是正确的。2012年监狱法、刑事诉讼法修改，对暂予监外执行作了统一规定。

3. 监狱部门作出的暂予监外执行决定是否合法

2004年4月，张某某经监狱管理部门批准暂予监外执行，而且作出决定时张某某的身份仍是"无期徒刑"罪犯。该决定是否合法？我们认为，从刑事政策上讲是符合政策的。首先，从法律适用角度讲，刑事诉讼法是基本法，位阶绝对高于部门法的监狱法，两者在法律规范上发生冲突时一定是适用刑事诉讼法的，这一点毋庸置疑。因此，监狱法虽然将暂予监外执行的范围扩大到无期徒刑罪犯，但适用时应理解为判决时的无期徒刑，暂予监外执行必须先减刑为有期徒刑才能适用，否则，根据刑事诉讼法规定，不得对无期徒刑罪犯暂予监外执行。其次，从案件性质上看，张某某必定是对家庭成员的伤害，与其他故意杀人罪犯相比社会危险性相对较小，考虑监狱医疗条件限制，结合我国宽严相济刑事政策，对张某某暂予监外执行也未尝不可。

4. 张某某脱管的结果相关部门人员是否有责任

很明显，张某某私自带孩子离开执行地下落不明已造成脱管的事实，相关人员是否有责任，有何责任？从本案来看，按照当时相关法律规定，张某某由其居住地公安派出所执行，公安机关主要是考察职责，没有监控职责，张某某未经批准离开执行地属于个人违规行为，而且没有发生其他严重违法行为，因此，相关职能部门人员没有责任。需要说明的是，2012 年刑事诉讼法将暂予监外执行罪犯纳入社区矫正对象，由司法行政部门对其具体实施矫正工作。

【工作策略】

对怀孕或哺乳自己婴儿的妇女暂予监外执行，体现了我国惩罚罪犯与改造罪犯相结合、对妇女儿童特殊保护的人道主义刑事政策，有利于对罪犯的教育、感化、挽救。此类案件在实践中相对较少，问题也相应较少。需强调的是，对怀孕及哺乳期的认定不需要到省级人民政府指定的医院开具证明文件，只需有资质或当地权威医院出具证明即可认定。

六、因生活不能自理暂予监外执行

【案例】

徐某某暂予监外执行案

罪犯徐某某，男，1989 年出生，汉族，因犯抢劫罪被某市某区人民法院判处有期徒刑 3 年，刑期自 2009 年 3 月 13 日起至 2012 年 3 月 12 日止。

2009 年 2 月 17 日晚，该犯在某大学附近持刀抢劫被害人皮包一个，内有现金、手机等物品，价值 1520 元，并将被害人砍成重伤。

该犯在改造期间，因身体原因，一直在监狱医务所住院，住院期间有 3 次发作，表现为尖叫一声后意识丧失、口吐白沫、四肢僵直，随后四肢抽动。2010 年 9 月曾于某医院诊断为"原发性癫痫，强直阵挛发作"。2011 年 5 月 31 日山西省某医院头颅 CT 结果为脑室结果为脑沟、脑裂及脑池扩大。2011 年 6 月 2 日山西省人民医院脑电图结果为重度异常脑电图。2011 年 6 月 2 日某市精神病医院专家会诊意见为癫痫大发作，癫痫所致精神障碍。

2011 年 6 月 7 日山西省某医院对该犯疾病进行鉴定，意见为：（1）原发性癫痫（大发作）；（2）癫痫所致精神障碍；（3）脑萎缩。

2011 年 6 月 8 日该犯服刑监区，经监区会议研究，建议给予该犯暂予监外执行。2011 年 6 月 8 日该犯服刑监狱狱政科，同意对该犯保外就医 9 个月。2011 年 6 月 14 日该犯服刑监狱暂予监外执行委员会，同意对该犯保外就医 9 个月；2011 年 6 月 15 日该犯服刑监狱，经监狱长办公会议研究，同意保外就医 9 个月。2011 年 6 月 20 日山西省监狱管理局暂予监外执行委员会，经合议同意监外执行至刑满。2011 年 6 月 20 日山西省监狱管理局同意监外执行至刑满。

【案例评析】

按照《人民检察院监狱检察办法》的规定，本案应从以下方面进行检察：

1. 暂予监外执行罪犯是否符合法律规定的条件。本案罪犯徐某因犯抢劫罪被判有期徒刑 3 年，在入监后多次发病，2011 年 6 月 7 日某省 109 医院对该犯疾病鉴定为：（1）原发性癫痫（大发作）；（2）癫痫所致精神障碍；（3）脑萎缩。徐某某从原判刑期及其病情均符合法定条件，即符合 1996 年刑事诉讼法第 214 条、《罪犯保外就医疾病伤残范围》第 9 条之情形。

2. 暂予监外执行的程序是否符合法律和有关规定。本案例在呈报中，从监区建议—狱政科研究同意—监狱暂予监外执行委员会研究同意—监狱监狱长办公会议研究同意—省监狱管理局暂予监外执行审核委员会研究同意—省监狱管理局批准，逐级研究呈报，符合《罪犯保外就医执行办法》的有关规定。在这里要强调的是驻监狱检察机构一定要严格按照《人民检察院监狱检察办法》第22条第2款之规定，列席监狱审核拟呈报罪犯暂予监外执行的会议，对研究内容进行检察。

3. 按照对病例资料的审查，不但要审查病例资料，同时还要向有关人员了解被呈报暂予监外执行罪犯的患病及表现等情况，要审查作出病残鉴定的机构是否属于省级人民政府指定的医院。

4. 派驻检察机构在收到监狱抄送的呈报罪犯暂予监外执行的材料后，应当及时审查并签署意见。如发现监狱在呈报暂予监外执行活动中有《人民检察院监狱检察办法》第23条规定情形之一的，应当及时提出纠正意见。审查情况要填入《监狱呈报暂予监外执行情况登记表》，层报省级人民检察院监所检察部门。

【工作策略】

暂予监外执行是一项严肃的执法活动，正确实施这项活动不但能使保外就医人员的疾病得到及时治疗，更能充分体现社会主义的人道性，因此，作为监所检察干警，一定要严格履行职责，充分发挥法律监督的作用，确保刑罚执行在监管场所的正确实施。严防"以保代放"及个别干警徇私舞弊、贪赃枉法等有损执法严肃性情形的发生。

七、特定重点罪犯暂予监外执行

【案例】

姚某红暂予监外执行案

罪犯姚某红，男，1958年出生，汉族，因犯贪污、非法拘禁、报复陷害罪被山西省高级人民法院判处无期徒刑，附加剥夺政治权利终身。

罪犯姚某红的刑期情况：2000年2月18日判处无期徒刑，2002年9月20日减为有期徒刑19年，2008年1月23日减刑2

年，2010 年 11 月 10 日减刑 1 年 9 个月。

罪犯姚某红疾病情况：

1. 2011 年 3 月 7 日某医院 CT 诊断书印象：（1）右侧基底节区陈旧性腔隙性脑梗塞。（2）蝶鞍占位，考虑垂体瘤可能性大，蝶鞍部脑膜不除外。

2. 2011 年 3 月 16 日某医院影像科磁共振诊断报告影像学诊断结论为：（1）垂体大腺瘤；（2）右侧基底节区梗塞。

2011 年 5 月 10 日某医院医生就姚某红的病情作了情况介绍：根据诊断情况，姚某红患脑垂体瘤，血压和血糖比较平稳。考虑到脑垂体瘤引起出血危及生命的可能性大，该医院不能做手术，姚某红身体状况目前较好，语言表达清楚，思维敏捷，有一条腿没劲需要搀扶。

2011 年 5 月 18 日经监区合议，建议给予姚某红暂予监外执行 3 个月。2011 年 5 月 20 日经刑罚执行科审查，建议对罪犯姚某红暂予监外执行 3 个月。2011 年 5 月 23 日监狱暂予监外执行委员会建议对罪犯姚某红暂予监外执行 3 个月。2011 年 5 月 23 日监狱建议对罪犯姚某红暂予监外执行 3 个月。2011 年 5 月 27 日山西省暂予监外执行审核委员会经合议，同意对罪犯姚某红暂予监外执行 3 个月。2011 年 5 月 30 日山西省监狱管理局决定对罪犯姚某江准予暂予监外执行 3 个月（自 2011 年 5 月 30 日起至 2011 年 8 月 29 日止）。

【案例评析】

依据《人民检察院监狱检察办法》第 21 条的规定，对监狱呈报暂予监外执行活动检察的内容包括：（1）呈报暂予监外执行罪犯是否符合法律规定的条件；（2）呈报暂予监外执行的程序是否符合法律和有关规定。

本案从暂予监外执行的对象看，符合《罪犯保外就医执行办法》第 2 条第 1 款、第 2 款之规定；从所患病情况看符合《罪犯保外就医疾病伤残范围》第 12 条之规定——内分泌腺疾病，难以治愈者，达到丧失劳动能力者，如脑垂体瘤、肢端肥大症、尿崩症、柯兴氏综合征、原发性醛固酮增多症、嗜铬细胞瘤、甲状腺机能亢进、甲状腺机能减退、甲状旁腺机能亢进、甲状旁腺机能减退症。在呈报的程序上，从监区—刑罚执行科—监狱暂予监外执行委员会—监狱—省监狱管理局暂予监外执行审核委员会—省监狱管理局批准，逐级研究呈报，符合法律和有关规定。

但依据 1996 年刑事诉讼法第 214 条的规定，对于罪犯确有严重疾病，必须保外就医的，由省级人民政府指定的医院开具证明文件，依照法律规定的程序审批（2012 年刑事诉讼法第 254 条将此修改为：对罪犯确有严重疾病，必须保外就医的，由省级人民政府指定的医院诊断并开具证明文件）。本案中姚某红的疾病只有某医院诊断书印象、某医院影像科磁共振诊断报告影像学诊断及某医院对其病情的介绍，缺少科学的鉴定报告。因此，驻监检察干警应及时提出纠正意见，建议监狱按照相关法律要求，由相应资质的医院出具相应证明，完备手续后，再依照法律规定的程序进行审批。

【工作策略】

暂予监外执行制度作为一种行刑方式的变更制度，它是一项严肃的执法活动，目的就是让罪犯能够在较好的条件下得到医疗或生活照顾。本案中对特定重点罪犯姚某红暂予监外执行 3 个月，笔者认为值得借鉴。当然，监所检察部门在暂予监外执行检察中，既要进行形式审查，也要进行实质审查，重点是监督提请、决定或批准机关是否存在违法行为。

第三章　看守所检察

第一节　收押检察和出所检察

一、不当收押不负刑事责任犯罪嫌疑人（年龄问题）

【案例】

刘某不当羁押案

　　犯罪嫌疑人刘某，男，1996 年 8 月 12 日出生。山西省某县人。2011 年 7 月 20 日晚 20 时在学校门口，乘同校女生王某正在打手机时，将王某一部三星智能手机抢走逃窜，逃窜时将书包扔向了王某。此后王某在父母的陪同下上下学。7 月 21 日，刘某被某市某区人民公安局刑事拘留。同日羁押于某区看守所。市某区人民检察院驻所检察室检察官在对在押人员履行日常谈话中发现刘某实施犯罪活动时不满 15 周岁，未达到刑事责任年龄，属不负刑事责任人员，不构成犯罪。

　　于是，驻所检察官将此情况向检察长进行了汇报，经检察长批准向市某区公安局提出了检察建议，建议公安机关立即释放刘某，并责令刘某的家长对其加以管教。7 月 23 日，刘某接受教育后返校。

　　【案例评析】

　　对于刘某的行为，有人认为构成抢劫罪。抢劫罪是指以非法占有为目的，对财物的所有人、保管人当场使用暴力、威胁或其他方法，强行将财物抢走的行为。主体为一般主体，即已满 14 周岁且有行为能力的人。客体是复杂客体，既侵犯公私财产权利，又侵犯人身权利。在主观方面表现为直接故意，并且具有非法占有他人财物的目的。在客观方面表现为行为人对公私财物的所有人、保管人、看护人或者持有人当场使用暴力、威胁或其他方法，强行将财物抢走的行为。

我们认为刘某的行为属于抢夺行为，不属于抢劫行为，由于刘某不符合抢夺罪的主体条件，所以不构成犯罪。抢夺罪的犯罪构成要件与抢劫罪的客体、客观方面、犯罪方法是有所区别的。（1）客体方面：抢劫罪侵犯的客体是复杂客体，既侵犯公私财产权利，又侵犯人身权利。而抢夺罪的客体侵犯的是公私财产权利。（2）客观方面：抢劫罪是行为人通过对受害人的人身侵犯从而达到抢走财物，非法占有的目的；抢夺罪是直接夺取财物的行为即直接对财物实施暴力且是公然当着权利人的面夺取财物。（3）犯罪方法：抢劫罪中的使用的方法是行为人使用暴力、胁迫或其方法，使权利人不敢、不能反抗或者反抗不能的情况下实施的；抢夺罪中的方法是行为人出其不意地直接夺取权利人的财物而不直接对人身行使暴力。（4）犯罪主体：一般情况下只要构成抢夺罪，那么其犯罪主体也符合抢劫罪的主体要件。但还是有所区别的，特别是未成年人犯罪，犯故意杀人、故意伤害致人重伤或者死亡、强奸、抢劫、贩卖毒品、放火、爆炸、投毒罪、投放危险物质罪的主体为已满 14 周岁的人。而抢夺罪的主体为已满 16 周岁的人。

最高人民法院《关于审理未成年人刑事案件具体应用法律若干问题的解释》第 7 条规定："已满十四周岁不满十六周岁的人使用轻微暴力或者威胁，强行索要其他未成年人随身携带的生活、学习用品或者钱财数量不大，且未造成被害人轻微伤以上或者不敢正常到学校学习、生活等危害后果的，不认为是犯罪。"

本案中刘某虽向王某扔了书包，但并未伤及王某，更谈不上轻微伤。王某的手机价值是否是该司法解释中的钱财数额较大的范畴，结合本案案情没有进行物价鉴定，根据 2011 年的手机市场价，三星智能手机的价款大致在 1500 元左右。最高人民法院《关于审理未成年人刑事案件具体应用法律若干问题的解释》第 7 条的立法精神来看应是犯罪地人们普遍可接受的标准。该时期本市本区在职职工的工资每月均已超过 2300 元，人们大多数对大额财产的认识应为 5000 元以上。因此，刘某所抢走的手机不能认定为数额较大。王某在父母的陪同下到校上学，是否能够认定为最高人民法院《关于审理未成年人刑事案件具体应用法律若干问题的解释》中规定的不敢正常到校学习的危害后果，根据全国中小学生的作息习惯，绝大多数小学生、初中生都是由父母接送上学，因此王某由父母陪同上学，不能认定为"不敢正常到校学习的危害后果"。综合本案情况分析，刘某不构成犯罪。

【工作策略】

本案是由于未成年人违法引起不应当羁押而羁押的案件，若不是驻所检察官深入细致地同刘某谈话，分析未成年人的特征，就可能侵犯未成年人的合法权益，在社会上造成不良影响。因此我们应引以为戒：一是对待在押人员的犯罪，尤其是未成年人犯罪，我们的司法部门一定要慎之又慎，在认真分析各种犯罪的构成要件，此罪与彼罪区别的基础，认真分析未成年人的心理特征，本着感化与教育的原则妥善处理未成年人犯罪。二是我们的监管干警要学会察言观色，不能一味地为监管而监管，一定要本着"不放过一个坏人，但也不冤枉一个好人"的原则，深入细致地分析每个在押人员的各种情况，尤其是对待在押的未成年人的问题上，主动与办案部门建立必要的联系，将所了解的各种情况及时反馈给办案部门，以便办案部门作出正确的判断。三是监所检察部门不能仅仅将检察监督职责局限刑罚执行监督，要将自己的职责贯穿于对在押人员的诉讼全过程，全面履行监督职责，确保刑事诉讼的顺利进行。

二、不当收押怀孕或正在哺乳自己婴儿的妇女

【案例】

陈某丽不当羁押案

犯罪嫌疑人陈某丽，女，1978 年出生，山西省某县人，因涉嫌诈骗罪于 2007 年 8 月 28 日被某市公安局取保候审。取保期间陈某丽为逃避刑事处罚而外逃，取保期限届满后被批准逮捕并上网追逃，2011 年 4 月 10 日被抓获，2011 年 4 月 11 日入所时未发现其已怀孕。2011 年 4 月 20 日驻所检察干警在与陈某丽谈话时了解到陈有怀孕迹象，随即建议某市看守所对陈某丽进行孕检并进行重点观察。该看守所采纳了建议，将陈某丽带至某市人民医院检查。经尿妊娠试验为阳性，确诊为怀孕，不宜继续关押。因陈某丽一案已进入一审阶段，该驻所检察室及时与本院公诉科、某市人民法院刑事审判庭联系通报相关情况，并将陈某丽的医院诊断资料提交该人民法院，建议人民法院对陈某丽及时变更强制措施。该人民法院及时采纳了该驻所检察室的建议，于 2011 年 5 月 6 日变更逮捕强制措施为监视居住。

【案例评析】

本案涉及的焦点有两个：一是某市看守所收押陈某丽是否存在违规违法的问题；二是该驻所检察室的检察监督行为是否正确。

1. 我们认为，某市看守所收押陈某丽存在违规违法问题。理由如下：

第一，看守所收押陈某丽存在违规行为。某市看守所收押陈某丽时既没有询问其是否怀孕等情况，又没有对其进行妊娠检查，违反了山西省公安厅《全省公安监所收押伤病人员暂行规定》和公安部《看守所执法细则》中的有关规定。山西省公安厅 2010 年 4 月 15 日印发的《全省公安监所收押伤病人员暂行规定》（晋公通字〔2010〕18 号）第 2 条规定"……对女性人员还需询问有无怀

孕等情况……（三）特殊检查：对女性被送押人员应进行妊娠检查，其体表检查由女民警或女性工作人员进行"。公安部《看守所执法细则》第二章在"收押"之"进行健康和体表检查"中明确规定"对女性人员还需询问有无怀孕等情况，并进行妊娠检查"。

第二，看守所收押陈某丽系违法行为。经检查，陈某丽系怀孕的妇女，某市看守所收押陈某丽违反了刑事诉讼法和《看守所条例》等有关规定。原刑事诉讼法第 60 条第 2 款规定："对应当逮捕的犯罪嫌疑人、被告人，如果患有严重疾病，或者是正在怀孕、哺乳自己婴儿的妇女，可以采用取保候审或者监视居住的办法。"（该内容被 2012 年刑事诉讼法第 72 条修改为：人民法院、人民检察院和公安机关对符合逮捕条件，有下列情形之一的犯罪嫌疑人、被告人，可以监视居住：（1）患有严重疾病、生活不能自理的；（2）怀孕或者正在哺乳自己婴儿的妇女；（3）系生活不能自理的人的唯一扶养人；（4）因为案件的特殊情况或者办理案件的需要，采取监视居住措施更为适宜的；（5）羁押期限届满，案件尚未办结，需要采取监视居住措施的）《看守所条例》第 10 条规定："看守所收押人犯，应当进行健康检查，有下列情形之一的，不予收押：……（三）怀孕或者哺乳自己不满一周岁的婴儿的妇女。"

2. 我们认为，该驻所检察室的检察监督行为存在不正确的地方。理由如下：

第一，某市看守所收押陈某丽时既没有询问其是否怀孕等情况，又没有对其进行妊娠检查，违反了山西省公安厅《全省公安监所收押伤病人员暂行规定》和公安部《看守所执法细则》中的有关规定。依据《看守所活动中轻微违法和严重违法标准（试行）》，某市看守所的行为属于轻微违法行为，根据《人民检察院看守所检察办法》第 42 条的规定，驻所检察人员应向看守所提出口头纠正意见，纠正其违规行为，而不应是建议。

第二，当发现陈某丽经某市人民医院确诊怀孕后，该驻所检察室应当明白，某市看守所的行为已经违反了原刑事诉讼法第 60 条第 2 款和《看守所条例》第 10 条的有关规定，依据《看守所活动中轻微违法和严重违法标准（试行）》，某市看守所的行为已属于严重违法行为，根据《人民检察院看守所检察办法》第42条的规定，该驻所检察室应当报经本院检察长批准，及时向某市看守所发出纠正违法通知书，监督看守所提请办案机关尽快变更强制措施。而不应是本案例所说的"该驻所检察室及时与本院公诉科、某市人民法院刑事审判庭联系通报相关情况，并将陈某丽的医院诊断资料提交该人民法院，建议人民法院对陈某丽及时变更强制措施"，该驻所检察室的这种行为实际上是"越俎代庖"，代替看守所做了工作。

【工作策略】

1. 加强入所检查，防止怀孕妇女被违法收押入所。由于我国法律对怀孕妇女违法在刑事诉讼中的特别保护，所以，对女性人员入所时必须严格进行妊娠检查，防止因粗心大意或检查走形式使不应羁押的妇女遭到羁押。

2. 加强入所检查，分清责任。近几年来由于个别看守所管理不善，时常曝出有女犯在看守所内怀孕的事件。如前些年在某市看守所、某县看守所发生的女在押人员怀孕事件，都是在进看守所后发生的。因此，为了分清责任，必须严格女犯入所时的妊娠检查。

3. 加强对女性在押人员的管理，保障刑事诉讼活动顺利进行。在我国刑事诉讼活动中，由于怀孕妇女生理上的特殊性，司法政策给予了特殊保护，如对怀孕妇女不宜羁押、不适用死刑等，但一些妇女利用法律的"宽容"，在实施违法犯罪后以此为"保护伞"，逃避打击。甚至在看守所中，有一些女性在押人员，为逃避处罚，想方设法去"怀孕"，以此达到出所甚至免去死刑的目的。因此，严格看守所管理制度，加强看守所管理，杜绝男性在押人员与女性在押人员接触等，防止女性在押人员在看守所发生怀孕现象，以保障刑事诉讼活动顺利进行。

三、急性传染病或其他严重疾病患者不当羁押

【案例】

王某英不当羁押案

犯罪嫌疑人王某英，男，山西省某市人，1979 年出生，因涉嫌盗窃罪于 2011 年 10 月 2 日被某区公安局刑事拘留。王某英在被羁押时向驻所检察人员反映其最近一直心口痛、胃痛、咳嗽、不想吃东西。虽然其入所后曾有过抵触情绪及行为，但驻所检察人员对其反映的问题依然非常重视，经过调查了解后，驻所检察室立即建议看守所对其进行身体检查。

2011 年 10 月 11 日，经山西省某市中医院检查鉴定，王某英患有两上肺慢性纤维性空洞型肺结核，处于传染期。根据检查结果，犯罪嫌疑人王某英已不能继续关押，应当为其变更强制措施，该院立即提出纠正不当羁押的书面建议，当日王某英被取保候审。

【案例评析】

本案的问题之一是：能否依据山西省某市中医院的检查诊断结果将王某英取保候审出所？问题之二是：在王某英被确诊患有传染病以后，某人民检察院向看守所提出书面检察建议是否正确？

对于第一个问题，根据山西省人民政府《关于指定看守所罪犯保外就医鉴定医院的批复》（晋政函［2000］22 号）规定，山西省某市中医院不是所列保外就医指定的医院。但取保候审的条件与保外就医的条件不一样。根据法律规定，需要保外就医的罪犯由省政府指定的医院出具的诊断证明才有法律效力。而处在侦查阶段的犯罪嫌疑人，不需要到省政府指定的医院，依据公安部《关于规范和加强看守所管理确保在押人员身体健康的通知》中"看守所收押犯罪嫌疑人、被告人，必须由医生进行健康检查，看守所不具备健康检查条件的，由公安机关送当地县级以上医院进行健康检查"的规定，只要送当地县级以上医院进行健康检查，由当地县

级以上医院出具诊断书就有效力。办案机关依据此诊断书，根据原刑事诉讼法第 51 条的规定，就能对犯罪嫌疑人、被告人取保候审。本案中，山西省某市中医院虽然不是省政府指定的保外就医医院，但系当地看守所县级以上医院，符合《关于规范和加强看守所管理确保在押人员身体健康的通知》的有关规定。因此，办案机关能依据山西省某市中医院的检查诊断结果将王某英取保候审出所。

对于第二个问题，我们认为，检察机关发现王某英经某市中医院确诊患有两上肺慢性纤维性空洞型肺结核，处于传染期后，王某英被羁押已属于违法羁押，某市看守所的行为已经违反了原刑事诉讼法第 60 条第 2 款和《看守所条例》第 10 条的有关规定，依据《看守所活动中轻微违法和严重违法标准（试行）》，某市看守所的行为属于严重违法行为，根据《人民检察院看守所检察办法》第 42 条的规定，该检察院应当报经本院检察长批准，及时向某市看守所发出纠正违法通知书，并依据《看守所执法细则》的有关规定监督看守所提请办案机关尽快变更强制措施，而不是向看守所发书面建议书。

在这里要指出，检察建议书与纠正违法通知书的区别为：检察建议书是指人民检察院在办案过程中，对有关单位在管理上存在的问题和漏洞，为建章立制，加强管理，以及认为应当追究有关当事人的党纪、政纪责任，向有关单位正式提出建议或向人民法院提出再审民事、行政案件建议时适用的非诉讼法律文书。纠正违法通知书则是指人民检察院在办理检察业务过程中，发现侦查、审判、执行等活动存在违法行为，依法向有关机关提出纠正违法意见时制作的非诉讼法律文书。

【工作策略】

1. 因病取保候审出所容易产生徇私枉法。基于目前的入所前健康设计程序，体检由办案人员带领完成，看守所与办案单位之间没有必然的监督关系，也没有第三方对检查过程进行监督，致使能够证明被检查人员是否确实患有不适宜羁押的疾病、程度如何的诊断证明的产生过程游离在监督之外，加之入所前健康检查制度对医院、医生的职责未作特别规定，诊断证明的产生以及随之而来的是否能够羁押都给徇私情留下了余地，容易造成应当羁押并可以羁押的犯罪嫌疑人在虚假的诊断证明的掩护下逃避羁押。

2. 应为特殊在押人员建立特殊监室。《看守所条例》规定：看守所收押人犯，应当进行健康检查，"患有精神病或者急性传染病的人"不予收押。在看守所入所健康检查过程中，规定有 30 余项重病不予收押。对身患传染病的犯罪人之所以"不予收押"，主要是考虑到病人应该首先治病，而且还不能影响其他关押犯人的健康。这条原本是从病人和社会他人利益着想的极具人性化的法律条文，没成想却成了对有恶习的传染病人犯罪的一种纵容。建议为特殊在押人员建立特殊监室，既保证其就医，也防止传染病的扩散。

3. 检察机关作为法律监督机关，应正确使用检察法律文书。对该用检察建议书的不用纠正违法通知书，对适用纠正违法通知书的，不用检察建议书。

四、应当收押而不收押

【案例】

许某林羁押案

罪犯许某林，男，1955 年 8 月 9 日出生，2010 年 10 月 10 日因涉嫌非法采矿罪被某区公安局刑事拘留，2010 年 10 月 17 日因被某市人民医院诊断患有高血压 3 级病（系省政府指定的看守所罪犯保外就医鉴定医院）被依法取保候审。经治疗，许某林于 2010 年 11 月 29 日再次到某市人民医院检查，经诊断仍患有高血压病，但未达到高血压 3 级病。2010 年 12 月 20 日，许某林因犯非法采矿罪被某市某区人民法院判处有期徒刑 3 年，并于当日被决定逮捕。在将该罪犯送交某市看守所收押执行时，该看守所以许某林曾患有高血压 3 级病不符合收押条件为由，不予收押。为此，监所检察部门认真了解了该罪犯治疗情况，后许某林以其曾患有高血压

3 级病为由，申请暂予监外执行。某市人民法院经审查，确认其所患疾病未达到《罪犯保外就医疾病伤残范围》规定的疾病程度，不符合保外就医的具体规定，看守所不予收押违反了有关收押的规定。对此，驻所检察室就看守所不予收押罪犯许某林的行为，报经检察长批准书面向看守所提出纠正意见，并建议某市人民法院依法对罪犯许某林作出收监执行的决定。2011 年 5 月 4 日，某市看守所将罪犯许某林收押。2011 年 5 月 5 日，罪犯许某林被投送至监狱执行刑罚。山西省某市人民检察院监所检察部门认真履行检察职责，督促纠正了一起应当收押执行刑罚而拒不收押的行为，保障了刑罚的顺利地执行。

【案例评析】

本案涉及的问题是某市看守所拒绝收押罪犯许某林是否违法。

某市看守所认为，罪犯许某林分别于 2010 年 10 月 17 日、2010 年 11 月 29 日两次到某市人民医院检查，经诊断前次患高血压 3 期病，后一次虽未达到高血压 3 期病，但两次看病间隔时间很短，且高血压病易反复，应以最严重的一次为准。依据公安部《关于规范和加强看守所管理确保在押人员人身健康的通知》关于"看守所发现具有以下情形的，可以不予收押：患有精神病或者急性传染病的；怀孕或者哺乳自己不满一周岁的婴儿的妇女；具有《保外就医疾病伤残范围》所列疾病或者有严重外伤，在羁押中可能发生生命危险或者生活不能自理的，以及 70 岁以上的老年人的规定"，并根据山西省《全省公安监所收押伤病人员暂行规定》第 8 条"对患有其他严重疾病，羁押中可能发生生命危险的，不予收押；对可能患有其他严重疾病的，暂不收押，由办案机关送医院检查诊断。确认无生命危险的，监管场所凭诊断证明办理收押"的规定，认为拒绝收押罪犯许某林适当。

某市人民检察监所检察部门则认为，依据《看守所条例》第 10 条第 2 款第 2 项的规定，看守所对"患有其他严重疾病，在羁押中可能发生生命危险的罪犯"才不予收押。本案中，罪犯许某林虽在 2010 年 10 月 17 日经某市人民医院诊断患有高血压 3 期病，有生命危险，但经过一段时间治疗后，许某林的病情已发生根本性变化。2010 年 11 月 29 日再次到某市人民医院检查，经诊断未达到高血压 3 期病，这就是治疗的结果。看守所收押罪犯应以收押前后一段时间的检查为准，而不能将前几个月或前几年的检查诊断结果作为不收押的依据和理由，因为事情都是在变化的，病情也会不断发生变化。

笔者同意检察机关的意见。

【工作策略】

1. 对看守所收押罪犯，公、检、法三家应经常召开联席会议，协商解决收押中出现的一些问题。

2. 本案中驻所检察人员能坚持原则，依法对看守所提出纠正意见，符合《人民检察院看守所检察办法》第 5 条第 1 款、第 7 条第 1 款第 3 项之规定。

3. 发现对看守所因拒收押可能导致法院在交付刑罚执行活动中存在执法不公等苗头性、倾向性问题的，报经本院检察长批准，应向有关单位提出检察建议。

4. 人民检察院监所部门要加强监督，保证符合收押条件的罪犯能依法被收押，保证不符合收押条件的罪犯依法被决定暂予监外执行，确保刑罚正确顺利地执行。

5. 看守所收押罪犯应以收押前后一段时间的诊断检查为准，而不能将前几个月或前几年的检查诊断结果作为不收押的依据和理由。

五、没有出所凭证或凭证不全而出所

【案例】

张某昊被违法释放案

张某昊，男，21 岁，山西省某县人，住县龙港镇某小区。因犯盗窃罪于 2008 年 12 月 1 日被县人民法院判处拘役 3 个月，刑期执行起止时间从 2008 年 10 月 21 日起至 2009 年 1 月 20 日止。

丁某某，男，44 岁，县看守所民警；柳某某，男，40 岁，县看守所民警。

2009 年 1 月 18 日，驻所检察人员与在押人员谈话时发现，拘役犯张某昊于当日释放出所，提前释放 2 天。通过查看张某昊的档案，发现档案中有该张某昊写的请假条一张，没有县公安局分管领导的签字意见。

2009 年 1 月 18 日下午，驻所检察人员与一留所服刑罪犯杨某某谈话时，杨某某反映其同案犯张某昊于当日释放出所，提前释放 2 天，张某昊应于 2009 年 1 月 20 日刑满释放出所。根据杨某某的反映，县看守所 2009 年 1 月 18 日的值班民警丁某某、柳某某将罪犯张某昊提前释放的行为，可能涉嫌私放在押人员罪或者玩忽职守罪。接到反映后，驻所检察人员立即将这一情况报告检察长。检察长遂指示监所检察科对罪犯张某昊提前释放一事进行调查，以查明提前释放的原因。监所检察科通过以下几个方面对此事进行了检察：一是询问张某昊同监室的在押人员闫某强等人，详细了解张某昊在看守所的表现及提前释放出所情况；二是向张某昊了解其提前释放的情况及原因；三是调取张某昊在看守所的执行档案，查看张某昊的判决书、执行通知书等，查清看守所民警是否有私放在押人员或存在玩忽职守提前释放罪犯的情况；四是经检察长同意向值班民警调查了解张某昊的释放出所情况。根据调查取证情况，监所检察科向院领导进行了汇报，并和县看守所领导进行了工作沟通，对涉案人员进行了批评教育等处理。

经查，2009 年 1 月 18 日，因犯寻衅滋事罪被县人民法院判处拘役 3 个月的张某昊根据刑法第 43 条的规定，写了一张请假两天的请假条，交给了当日值班的看守所民警丁某某。随后，值班民警丁某某和柳某某便于当日将张某昊提前两天释放出所，但刑满释放证明书上落款时间是 2009 年 1 月 20 日。

根据刑法和《公安部关于对被判处拘役的罪犯在执行期间回家问题的批复》规定，在执行期间，被判处拘役的犯罪分子，每月可以回家一天至二天，但必须是负责执行的拘役所、看守所提出建议，报其所属的县级以上公安机关决定。本案中，看守所值班民警丁某某及值班工作人员柳某某，在罪犯张某昊写出请假条后，违反程序，在没有征得县公安局有关领导批准的情况下，将张某昊提前释放，属于私放在押人员行为。

驻所检察人员对以下证据进行了收集：（1）调查张某昊及同监室其他在押人员的调查笔录等；（2）复制张某昊在看守所档案中的判决书、执行通知书及请假条等；（3）调查值班民警丁某某和柳某某的调查笔录。

县人民检察院依据有关规定，作出以下处理：（1）经调查，丁某某、柳某某，身为看守所工作人员，在没有按程序批准的情况下，将罪犯张某昊提前两天释放的行为，符合刑法第400条之规定，构成私放在押人员罪。但犯罪事实显著轻微，危害不大，不需要追究刑事责任；（2）向看守所发出纠正违法通知书，督促看守所完善张某昊的请假手续；（3）对看守所值班民警丁某某、柳某某进行批评教育。

【案例评析】

出所检察是对看守所释放、交付执行、临时出所或者转押在押人员的管理活动是否合法进行的检察，由于看守所的出所活动不单指对刑满罪犯的释放，还包括了对判决、裁定、决定生效后的交付执行以及提押、提解和转押出所等内容，因此，用出所检察来表述更为准确和恰当。

出所检察，应当在日常工作中予以充分的重视。一经发现违法出所现象，应立即开展相应的检察工作，对存在的违法问题应及时制止和纠正，防止因监督工作滞后导致违法问题产生严重后果，陷入被动局面，出现影响社会稳定的不利因素。

在押人员释放，即看守所释放在押人员的环节。作为看守所干警，应保持高度警惕，明白自己所担负的特殊使命，工作中不应有半点马虎。但是，有的监管干警平时不注意自身学习，放松了警惕，忘记了自己所履行的是特殊的职责，不认真核对判决书上的时间。本案就是因没有折抵请假时间，导致提前两天释放。

这方面的信息主要通过看守所自查、公安部门通报、多部门联合检查、人民检察院检察发现、知情人员反映等渠道获得。

发现问题后，驻所检察室要依法进行调查，调查环节主要分书面检察和走访调查，重点是防止和纠正在押人员出所无相关凭证或相关凭证不全的违法问题。对于发现违法问题的应当及时收集、调阅、复制、制作相应的证据材料，为提出纠正违法意见、检察建议、检察意见等工作做好充分的准备。本案中，罪犯张某昊提前释放一事，看守所值班民警丁某某、柳某某等人可能涉嫌私放在押人员罪或玩忽职守罪。经检察长批准，对此事进行了初查，通过及时收集、调阅、复制、制作相关证据材料，向看守所提出了纠正意见。

在调查过程中，检察人员应当做到：（1）查明罪犯出所是否持有释放证明书等相关凭证；（2）查清出所相关凭证是否合法。

在查清事实的基础上，要及时作出适当处理。在已经查明事情经过、发现违法问题和取得相应证据的情况下，应当按照问题性质分别明确责任部门和责任人，提出相应的检察意见或检察建议，对书面纠正违法和提出检察建议的应当报本院检察长审批后制发。在制发后，应当注意跟踪被监督方的整改落实工作情况，保持工作沟通，帮助和督促被监督方做好整改工作。

一是纠正违法。本案中，丁某某、柳某某身为看守所工作人员，在没有按程序批准的情况下，将罪犯张某昊提前两天释放的行为，符合刑法第400条之规定，构成私放在押人员罪。但犯罪事实显著轻微，危害不大，不需要追究刑事责任，故不予立案。县看守所值班民警违法释放张某昊的行为，违反了关于《公安部关于对被判处拘役的罪犯在执行期间回家问题的批复》"是否准许被判处拘役的罪犯回家……由负责执行的拘役所、看守所提出建议，报其所属的县级以上公安机关决定"的规定，依据《看守所条例》第8条的规定，经检察长批准，向县看守所发出纠正违法通知书，督促县看守所认真依法履行职责，对工作中暴露出来的问题进行整改。

二是监所检察部门自查。在处理此次违法事件的过程中，监所检察部门在工作中也存在若干问题，应当进行自查自纠，主要是对在押人员出所监督不够。本案中张某昊出所后才发现违法，未能在张某昊出所时及时发现、及时纠正；对看守所民警进行职务犯罪预防教育不够，有盲区。

【工作策略】

对在押人员出所的，要严格按照《人民检察院看守所检察办法》规定的程序，逐人查看相关凭证，严格把关。监所检察人员发现违法犯罪情形的，不仅要纠正违法、立案查处职务犯罪，还要分析看守所存在的问题，发出检察建议。

第二节　羁押期限检察

一、超期羁押

【案例】

要某付超期羁押死亡案

要某付，男，1947 年生，山西人，2010 年 7 月 1 日，因涉嫌诈骗罪被某县公安局刑事拘留，同年 8 月 6 日被依法逮捕，羁押于某县看守所。2011 年 4 月 7 日，在押人员要某付因病医治无效死亡，家属要求赔偿。某市人民检察院在介入调查时发现：要某付案在诉讼程序上处于某县人民法院审理判决阶段，该案已经超出法定审理期限 65 天，属严重超期羁押。2011 年 6 月 7 日，某市人民检察院以涉嫌玩忽职守罪对某县人民法院承办本案的主审法官王某久立案侦查，同年 8 月 9 日依法提起公诉。

【案例评析】

在刑事诉讼过程中超期羁押主要表现为两种情况：一种是法律在规定了办案期限的同时规定了释放条件，如 2012 年刑事诉讼法

第 84 条规定的拘留后的讯问和第 90 条规定的不批捕的异议等条款，此类超期羁押案件应属非法拘禁案件；另一种是法律只规定了办案期限未规定释放条件，如 2012 年刑事诉讼法第 169 条规定的审查起诉的期限和第 202 条规定的第一审审限等条款，此类超期羁押案件应属滥用职权或玩忽职守案件。

本案在调查中发现，对某县人民法院刑庭审理要某付案中的超期羁押违法行为，该县人民检察院监所检察科曾经多次口头纠正无效后，已经于 2011 年 3 月 1 日向县人民法院依法发出书面纠正违法通知书。监所检察科与县看守所向县人民法院及时通报了被告要某付的病情，建议取保取审或及时审结后决定暂予执行，但未得到该人民法院同意。上述事实说明该县人民法院在审理该案中存在严重的玩忽职守行为，经讨论研究后认为该案主审法官涉嫌玩忽职守罪。

监所检察部门在对国家机关工作人员因渎职失职超期羁押侵犯在押人员合法权益案件中，多以发出纠正违法通知书结案。有些办案单位对超期羁押不以为然，对检察机关发出的纠正违法通知置若罔闻。最高人民检察院《关于渎职侵权犯罪案件立案标准的规定》中规定，因玩忽职守案造成死亡 1 人以上的应予立案。2011 年 5 月 6 日，山西省高级人民法院、省人民检察院、省公安厅、省司法厅联合下发的《关于在刑罚执行和监管活动中加强协调配合与监督制约的规定》第 15 条规定："对办案部门超期羁押的，人民检察院应当及时向办案部门提出书面纠正意见。对一个月内无正当理由未纠正的，人民检察院可以建议办案部门或上级主管机关对于直接责任人给予行政或者纪律处分。在超期羁押期间，造成犯罪嫌疑人、被告人伤残、死亡或者其他严重后果的，人民检察院应当对直接责任人以玩忽职守罪或者滥用职权罪追究刑事责任。"该条规定是本案立案追究责任人刑事责任的直接标准。

在侦办本案的过程中，办案人员抓住要某付案主审法官主观上对违法行为的放任和对造成被告人死亡严重后果的过于自信这一主观要件以及客观上的不作为作为突破口，查找固定证据。经侦查取证，证实：2011 年 1 月 7 日，县人民法院刑事审判庭依法组成合议庭，对被告人要某付一案进行了公开审理，合议庭形成提请审委会讨论的意见。作为主审法官的王某久，在明知被告人要某付可能因病死亡的情况下，未依法交院长提请审委会讨论，在该案审理过程中将要超期时，院长安排其提请延长审理期限后，也未向高级人民法院及时提请。案件超期审理后，县人民检察院多次口头纠正无果，并依法发出书面纠正违法通知书，仍未及时作出宣判。主审法官的上述行为导致要某付在超期羁押 65 天后，在 2011 年 4 月 7 日死于该县人民医院。从证据来看，犯罪构成要件完整，证据确实、充分，足以认定。本案侦办历时 21 天，已依法移送起诉。

【工作策略】

纠正刑事诉讼过程中的超期羁押行为，一直是监所检察部门纠正违法行为维护在押人员合法权益的重要职责。根据 2012 年《人民检察院刑事诉讼规则（试行）》第 615 条的规定，对公安机关、人民法院办理案件的羁押期限和办案期限的监督，犯罪嫌疑人、被告人被羁押的，由人民检察院监所检察部门负责；犯罪嫌疑人、被告人未被羁押的，由人民检察院侦查监督部门或者公诉部门负责。对人民检察院办理案件的羁押期限和办案期限的监督，由本院案件管理部门负责。由此，监所检察部门仅对公安机关、人民法院办理案件的羁押期限进行监督。另外，根据刑事诉讼法和《人民检察院刑事诉讼规则（试行）》的规定，监所检察部门在监所检察工作中发现不需要继续羁押的，可以提出释放犯罪嫌疑人、被告人或者变更强制措施的建议。

在羁押期限、办案期限检察中，监所检察人员应做到以下几点：一是与在押人员建立信息沟通机制，及时了解违法信息；二是发现羁押、办案超期，要及时提出纠正意见；三是对造成严重后果构成犯罪的，要及时立案侦查。

二、久押不决

【案例 1】

栾某成久押不决案

栾某成，男，1973 年 4 月 16 日出生，汉族，高中文化。1998 年 6 月 2 日因涉嫌故意杀人罪被刑事拘留，1998 年 6 月 18 日被逮捕。羁押于某市第二看守所，诉讼关押长达 12 年之久，2010 年 9 月 17 日对栾某成变更强制措施，送本市第六人民医院强制治疗。栾某成在该市第六人民医院强制治疗期间于 2011 年 9 月跳楼自杀。

某市人民检察院于 1998 年 11 月 27 日提起公诉，市中级人民法院于 1998 年 12 月 21 日审理，在审理期间提出精神病鉴定，市中级人民法院于 1999 年 2 月 2 日委托北大六院对栾某成进行精神疾病司法鉴定，认为栾某成"目前存在明确的精神病症状，处疾病阶段，无受审能力的结论"。2002 年 4 月 29 日，市中院又委托首都医科大学附属北京安定医院精神疾病司法鉴定中心，对栾某成作案当时的精神状态及是否具有刑事责任能力进行鉴定，结论认为："栾某成临床诊断无精神病。1998 年 5 月 28 日早晨，因故杀死两人，动机现实，没有精神病症状导致的辨认及控制障碍，应评定为完全刑事责任能力。"2002 年 8 月 14 日、9 月 6 日市中级人民法院进行了审理，一审判处栾某成死刑。省高级人民法院于 2002 年 12 月 18 日作出刑事裁定以事实尚有不清为由撤销原判，发回重审。2003 年 8 月 7 日市中级人民法院又要求安定医院精神疾病司法鉴定中心对鉴定内容的有关问题进行说明，该中心认为栾某成作案时有刑事责任能力。市中级人民法院于 2003 年 9 月 30 日立案审理，11 月 6 日作出死刑判决。省高级人民法院于 2004 年 12 月 1 日作出刑事裁定以审理过程有违反法律规定的诉讼程序为由撤销原判，发回重审。市中级人民法于院 2005 年 5 月 12 日立案审理，2005 年 6 月 16 日作出死刑判决，栾某成不服上诉。在二审期间，省高级人民法院曾于 2008 年 3 月 24 日委托北京安定医院精神疾病司法鉴定中心对栾某成进行鉴定，鉴定事项是栾某成的目前精神状态，有无受审能力。最后结论为"待分类的精神性障碍，目前无受审能力"。据此省高级人民法院于 2008 年 12 月 2 日作出刑事裁定以事实不清，证据不足为由撤销原判，发回重审。2009 年 6 月 2 日市中级人民法院作出刑事裁定，认为栾某成患精神疾病，无法继续审理，该案中止审理。之后市中级人民法院两次请示省高级人民法院，省高级人民法院在 2009 年 5 月 25 日、2010 年 1 月 8 日分别进行了答复，主要内容是同意该市中级人民法院对该案中止审理，同时建议对被告人栾某成进行强制医疗，具体医疗方式报请市委政法委，由市委政法委协调各部门解决。

【案例评析】

这一久押不决案件，在最高人民检察院开展的清理久押不决案件活动中，经过多方的努力才得以解决。从 2009 年 4 月开展这项工作以来，省、市两院做了大量的工作，切实发挥了检察监督职能作用，有效地推进了久押不决案件的解决。一是在思想上高度重视。在省政法委的牵头下成立了以公、检、法组成全省清理久押不决案件专项活动领导机构，多次召开会议进行沟通与协商。二是采取措施，加大力度。在活动期间省人民检察院两次与省人民法院协调，两次与市人民政法委、公、检、法沟通，市人民检察院先后三次向市中级人民法院下达了案件办理督办函，督促办案单位尽快拿出解决办法，并且请示市委政法委召开联席会议 4 次，在 2010 年 9 月 14 日的会议中达成了解决意见，在 9 月 17 日办理了相关手续，对栾某成变更了强制措施，送大同市第六人民医院强制治疗。

【工作策略】

清理久押不决案件关键是领导重视，多方积极沟通协调，不推诿，勇于担当。对于久押不决严重的，检察机关可以请求政法委牵头，人民法院、人民检察院、公安机关参加，开展对久押不决案件的集中清理专项活动。对有的久押不决的死刑二审案件，省级人民检察院要加强与高级人民法院的沟通协调，积极争取当地党委、人大、政法委的领导和支持；对重大、复杂、久拖不决的案件，可以专题报告党委、人大、政法委请求协调解决。

【案例 2】

连某强久押不决案

连某强，因故意杀人罪于 1999 年 5 月 30 日刑事拘留，现羁押于某县看守所，已达 12 年之久。

现查明，1999 年 5 月 27 日 13 时许，连某强趁本村邱某芳家中无人之际翻墙入院，撬门进入邱某芳家中西窑，盗窃现金 800 元（其中有约 300 余元新币）、存单 2 张、金戒指一枚等物品，作案中恰遇邱某芳之女连某瑛回家喂狗，连某强恐罪行败露，遂对其扼颈，并持铁锤等物反复打击其头部将连某瑛杀死，抛尸于该院东房水井内，携赃款赃物逃跑。

2000 年 11 月 21 日市中级人民法院一审以故意杀人罪判处被告人连某强死刑，剥夺政治权利终身，被告人连某强不服，以其根本没有杀人为由向省高级人民法院提出上诉。2001 年 12 月 21 日省高级人民法院作出裁定，以事实不清、证据不足为由，发回市中级人民法院重审。市中级人民法院另组合议庭审理后，要求市检察院补侦。2002 年 12 月 19 日市检察院以本案事实不清、证据有变化为由撤回起诉，于 2003 年 5 月 6 日重新起诉至市中级人民法院，2003 年 8 月 1 日市中级人民法院一审改判连某强死缓。连某强不服上诉，2005 年 6 月 20 日省高级法院再次以事实不清、证据不足为由，发回市中级法院重审。2005 年 12 月 13 日中级人民法院再次开庭审理，一直未下判。

由于该案证据存在问题，被害人家属又一直上访，因此该案一直在请示协调中。经请示省、市政法委，2010 年 3 月 9 日，市政法委协调会议研究决定，由于市公安局成立专案组，邀请刑事专家对该案进行进一步侦查。2011 年 3 月 21 日，市中级人民法院判处连某强死缓，双方都要求上诉，市人民检察院提出抗诉，后又撤回抗诉。

【案例评析】

本案的焦点是证据存在以下问题：一是连某强归案后始终否认其实施犯罪，现场未提取到连某强的任何痕迹，被害人系开放性损伤死亡，现场有大片血迹，但在怀疑是连某强作案时所穿的衣物上未检出人血，导致认定案件事实的客观性证据缺失，间接证据尚无法达到唯一确定的程度；二是本案有力证据是连某强的住处搜出18 张 1 元新币，连某强关于新币的来源供述虚假，但 18 张新币中有 3 张与另外的 15 张不属于一把，被害人之母邱某芳关于是否放过其他 1 元新币前后说法不一，此疑点无法排除，尚不能完全认定从嫌疑人家中搜出的新币就是被害人家中的新币，间接证据存在瑕疵。

从该案诉讼过程可以看出由于侦查人员的业务水平局限和责任心问题，在侦查阶段应当收集到的证据没有收集到，该提取的证据当时没及时提取，对收集到的证据未认真管理，不及时归档或造成证据丢失。在 12 年之后，才从办案人员的抽屉中发现当初现场勘验时提取的至关重要的犯罪嫌疑人现场遗留的脚印胶片，而此时该办案人员都已去世多年。到了起诉、审判阶段退回补充侦查时，早已时过境迁，许多物证、书证难以寻觅，再加上被害人家属又一直上访，导致该案久拖不决。

1. 案件久押不决的原因分析

造成案件久押不决的原因有多种，除办案人员短缺、重新鉴定、卷宗邮递等原因外，还存在以下主要原因：

（1）因事实不清、证据不足，上级人民法院多次发回重审。刑事诉讼法对发回重审的次数没有明确规定，尽管 2003 年最高人民法院、最高人民检察院、公安部联合发下发的《关于严格执行刑事诉讼法，切实纠防超期羁押的通知》规定：第二审人民法院经过审理，对于事实不清或者证据不足的案件，只能一次裁定撤销原判、发回原审人民法院重新审判。人民法院对证据不足，不能认定被告人有罪的，应当作出证据不足、指控的犯罪不能成立的无罪判决。刑事诉讼法也明确规定，对于补充侦查的案件，人民检察院仍然认为证据不足，不符合起诉条件的，可以作出不起诉的决定。但是，在司法实践中，对于这些事实不清、证据不足的案件，公安机关仍会移送起诉，不愿撤销案件；司法机关宁肯多次退回补充侦查，也不愿作不起诉处理或判决无罪；上级人民法院则多次发回重审或无限期延长复核时限，也不愿意改判或作出无罪判决。甚至法律规定应当变更强制措施的也难以执行。究其原因，一是办案人员头脑中有罪推定思想在作祟，总认为该在押人员有罪，不愿放人；二是害怕放了人，难以向社会、向公众交待；三是公、检、法均不愿承担责任，相互推诿，不愿在自己的环节作出处理决定；四是害怕被追究错案责任，认为放了人就意味着办错了案，从而一次次退回补充侦查、一次次发回重审，越是时间久，就越不能放人，导致案件长期久拖不决。2012 年刑事诉讼法则针对这种情况，作出明确规定，因证据不足的，只能发回重审一次。其第 225 条规定："第二审人民法院对不服第一审判决的上诉、抗诉案件，经过审理后，应当按照下列情形分别处理：（一）原判决认定事实和适用法律正确、量刑适当的，应当裁定驳回上诉或者抗诉，维持原判；（二）原判决认定事实没有错误，但适用法律有错误，或者量刑不当的，应当改判；（三）原判决事实不清楚或者证据不足的，可以在查清事实后改判；也可以裁定撤销原判，发回原审人民法院重新审判。原审人民法院对于依照前款第三项规定发回重新审判的案件作出判决后，被告人提出上诉或者人民检察院提出抗诉的，第二审人民法院应当依法作出判决或者裁定，不得再发回原审人民法院重新审判。"

（2）案件复杂，时过境迁，无法再获取有效证据是造成久押不决问题的客观原因。有些刑事案件由于侦查人员的业务水平局限和责任心问题，在侦查阶段应当收集到的证据没有收集到，该提取的证据当时没及时提取；到了起诉、审判阶段退回补充侦查时，早已时过境迁，许多物证、书证难以寻觅，发案现场已发生变化，证人证言也因时间久远而变得模糊，或因串通而不可信，甚至有些证据也已丢失很难再次获取。造成有证据但不充分、判又判不了、放又放不了、进退维谷、无法了结的被动局面，只能无奈地陷入退回补充侦查、发回重审的恶性循环之中。

（3）多次请示、协调、案件被长时间搁置，是久押不决案件的又一成因。有的案件由于案情复杂，公安机关、司法机关认识不一致，或政法委多次协调，或多次向上级请示，致使案件久拖不决。犯罪本身就是一个复杂的社会现象，有的犯罪案件是多人实施、有的是跨区域作案、有的犯罪嫌疑人为逃避打击而逃匿、毁灭、伪造证据或者串供，而使案件变得扑朔迷离，复杂异常，或者造成法律适用方面的困惑。遇到此类案件，意见发生了分歧，难以达成共识，就要请示上级机关，又没有相关时限的规定，从而导致案件久拖不决。还有的是由于团伙案中主犯在逃，从犯难以处理，定又定不了、放又不敢放，公安机关只能将案件搁置，待抓到主犯后再起诉，造成案件久拖不决。

（4）法律规定不尽完善是造成久押不决问题的法律原因。一是法律没有赋予检察机关强有力的法律监督权力。刑事诉讼法虽然规定了严格的办案时限，但对如何保证办案时限的执行则缺乏明确规定，造成检察机关对久押不决的监督乏力。检察机关作为法律监督机关，依法对刑事羁押期限实行法律监督，但现行法律赋予检察机关对超期羁押和久押不决的监督权力仅仅是发出纠正违法通知书，缺乏应有的强制力。在司法实践中，检察机关往往是只能采取督办、协商、口头或书面提出纠正等方式进行监督。办案单位接到纠正违法通知书后，依然我行我素，或采取各种办法相互推诿，迟迟不予纠正，使检察机关的监督多流于形式，起不到应有的监督作用，致使超期羁押和久押不决现象像割韭菜一样割了一茬又长一茬，前纠后超、边纠边超、长期押而不决的问题十分突出。此外，检察机关内部各职能部门没有形成监督的合力也是一项重要原因。二是刑事诉讼法对死刑复核没有规定审理时限，因为没有时间上的约束，办案单位或办案人员无形中就放松了案件的审理，案件的审理在时间安排上出现很大的随意性。三是一些被告人在二审审理期间为减轻罪责又检举揭发他人犯罪事实，一些一审被判死刑的犯罪嫌疑人出于求生的渴望，在二审环节多次交代余罪，而调查核实这些问题又需要较长的时间，法律在这些方面也没有相应的具体明确的规定，造成案件久拖不决。

（5）权力机关不恰当的干预，影响诉讼效率。司法独立是保障裁判公正的正当程序，是保护公民权利不受侵犯的重要方面。然而，对于一些社会影响较大的案件，地方党委、政法委等权力部门出于各方面的考虑，以维护稳定、避免矛盾激化为由，要求人民法院暂缓审理、暂缓宣判，导致许多案件压而不审、审而不定、定而不判、判而不宣，以至于久拖不决，造成被告人长期被关押。

（6）社会救济欠缺，导致案件难以下判。有些久押不决案件因证据存在瑕疵，最高人民法院不核准死刑，对此类案件只能降格处理。被告人无力赔偿或经济能力有限，被害方经济困难，负担过重，经济赔偿要求强烈，甚至有过激举动，被告方根本无法满足其要求，形成僵持局面。这就需要通过社会或政府部门实施司法救助，但这部分救助不能到位，导致案件迟迟不能下判，造成案件久拖不决。

（7）因办案人员责任心不强，办案效率低，导致被告人被长期羁押。有的办案人员在办案中存在重实体、轻保护的不正确司法理念，办案工作不规范、责任心不强，调查取证工作不深入、不及时、不细致，导致应当收集的证据没能及时、有效地收集而形成所谓的疑案、悬案；有些对收集到的证据不认真管理，不及时归档或造成证据丢失。有的办案人员片面地倚重口供，为获取口供甚至采用刑讯逼供等方式，而不注重其他证据的收集，一旦犯罪嫌疑人、被告人翻供，案件主要证据发生了变化，其他证据又难以形成完整的证据锁链，现有证据难以定案，诉不出去，又放不了人，案件变成了"夹生饭"。

2. 解决久押不决问题的对策

造成案件久押不决问题的原因既有法律层面的问题，也有工作制度层面的问题，还有办案人员素质和认识层面的问题。要切实解决这些问题，任务还相当艰巨。针对目前存在的久押不决案件，应主要采取以下对策：

（1）完善法律规范和有关羁押期限的规定。为了维护在押人员的合法权益，防止久押不决案件的发生，建议刑事诉讼法就延长羁押期限的条件、程序以及抗诉案件检察院的阅卷时间等作出明确的规定和限制，对侦查、审查起诉、一审、二审、再审和死刑复核等期限以及诉讼程序中的延期审理、发回重审、管辖争议、路途时间、请示案件、精神病鉴定等时间、次数和程序作出明确具体的规定，从办案时限上杜绝超期羁押和久押不决的产生。

（2）对严重暴力犯罪案件，特别是故意杀人案件的侦查，应当建立健全检察机关提前介入引导取证制度。从我省久押不决案件来看，绝大部分重大刑事案件都是在侦查阶段取证上出了问题。为此，从现场勘验起始，检察机关就应当介入，引导公安机关办案人员取证，审查核实证据，力求全面、客观、充分地收集证据，为批准逮捕、移送起诉、提起公诉和人民法院审判打下良好基础，从根本上解决久押不决问题。

（3）对证据不全，无法定案的，要坚决改变强制措施。有的案件从犯被抓、主犯在逃，有的证据发生变化，有的证据存在重大缺陷，经过退回补充侦查、发回重审仍无法定案的，应当变更强制措施，再研究案件的处理。

（4）提高公安、司法人员的政治素质和业务水平。公安、司法人员应当具有较高的政治素质和业务素质，应当以对人民高度负责的态度来办理案件。只有依法公正、及时地处理案件，使犯罪分子受到应有的惩处，才能更好地维护司法公正和社会稳定。如果案件久拖不决，人民群众就会怀疑公安、司法机关的办案能力和办案的公正性。首先，严把进出口关。这是保证公安、司法机关队伍素质的必要途径。目前，全国实行统一的公务员考试和司法考试制度。逢进必考，这是解决进人不严问题、保障公安司法人员素质的重要途径，这一制度一定要坚持贯彻执行。其次，加大培训力度。对于现有的公安、司法人员应当分层次、多渠道进行培训。如多办一些短期业务培训班、轮训班等，只有把公安、司法人员的业务素质提高了，精通法律，熟悉业务，才能提高办案的效率，防止案件久拖不决。

（5）加强部门之间的协作制度。为缩短办案时间，公安、司法机关之间应当建立必要的协作制度。首先、应当建立案件移送制度。对于需要不同部门办理的案件，应当明确不同部门承办案件的时间界限，在明确责任的基础上加强协作。如检察系统上下级以及各内设部门之间、人民法院系统上下级以及各内设部门之间应当在明确移送案件时间界限的基础上加强协调配合。其次，建立征求意见制度。在案件需要征求有关部门意见时，有关部门应当抓紧时间及时研究并提出意见，不可推诿、拖拉耽误时间。最后，建立情况通报制度。公安、司法机关应当按照刑事诉讼规则的要求在案件作出相应的决定后应当将该情况书面通知检察院监所检察部门，监所检察部门可根据不同情况，及时进行协调、沟通、监督。

（6）强化检察机关的法律监督。对超期羁押和久押不决案件，法律应赋予检察机关刚性监督权限、手段及违反的处罚性规定，真正使法律监督能落实到实处，而不流于形式。

（7）建立责任追究制。为改变和杜绝办案人员认为只要有罪多关押一段时间无所谓的错误思想，必须建立久押不决责任追究制。将在办案过程中致使案件久拖不决与否直接与办案人的考评晋升挂起钩来，比照中央政法委《关于严格依法办案坚决纠正超期羁押问题的通知》（〔1999〕22 号）的规定严格执行，根据不同的情况，分清责任，分别给予警示、行政处分直至追究刑事责任。

（8）采取灵活多样的方法清理积案。为有效地纠正久押不决案件，司法实践中，各级监所检察部门创造了许多好的经验和做法，如发纠正违法通知书、召开公、检、法联席会议、开展清理久押不决专项活动、向权力机关、政法委报告制度等。这些做法对纠正久押不决问题起到了积极的作用，应当继续坚持这些行之有效的做法。除此之外，还应当加强以下几个方面的工作：

第一，建立和完善预防久押不决案件长效机制。要将清理久押不决案件工作作为一项经常化、长期性的工作来抓。建立由政法委牵头，省公、检、法、司、信访办等部门参加的联席会议协调制度，设立工作机构（即清理久押不决案件工作协调组），每季度就清理久押不决案件工作召开一次联席会议，集中研究和解决疑难、复杂的久押不决案件，确保诉讼程序顺利进行。

第二，实行定期汇报和通报制度。负有清理久押不决案件任务的部门应当每个月向清理久押不决案件工作协调组汇报清理纠正进展情况，协调组根据清理纠正情况每季度通报一次。

第三，提高人民法院在清理久押不决案件中的作用，充分调动法官清理久押不决案件的主观能动性和积极性，各政法部门应给予充分的支持配合，解除他们的顾虑，促使久押不决案件能尽快得到公正审理。

第四，调整监督的方法。对于久押不决案件，可参照《人民检察院看守所检察办法》依法实行监督，对于久押不决案件的疑难案，应当监督案件承办单位依法作出终止诉讼、解除羁押的决定。对于患有精神疾病的犯罪嫌疑人、被告人需要进行强制医疗的案件，应当监督案件承办单位作出强制医疗的决定，防止长期在看守所羁押。在省人民法院环节的久押不决案件由省清理纠正久押不决案件协调组进行督办；在市中级人民法院环节的久押不决案件由各市清理纠正久押不决案件协调组进行督办；在督办过程中遇到难以解决的，可提交清理久押不决案件协调组联席会议进行研究纠正。

【工作策略】

造成刑事案件久押不决的一个重要原因就是证明犯罪的核心证据有瑕疵或证据不足，究其原因无外乎侦查人员工作责任心和工作能力问题。2012年刑事诉讼法第53条对"证据确实、充分"进行了细化，规定：（1）定罪量刑的事实都有证据证明；（2）据以定案的证据均经法定程序查证属实；（3）综合全案证据，对所认定事实已排除合理怀疑。显然，"证据不足"不能再成为案件久押不决的原因。刑事诉讼法第195条针对一审规定，证据不足，不能认定被告人有罪的，应当作出证据不足、指控的犯罪不能成立的无罪判决。第 225 条针对二审规定，原判决事实不清楚或者证据不足的，可以在查清事实后改判；也可以裁定撤销原判，发回原审人民法院重新审判。但原审人民法院作出判决后，被告人提出上诉或者人民检察院提出抗诉的，第二审人民法院应当依法作出判决或者裁定，不得再发回原审人民法院重新审判，即刑事案件因证据不足只能发回重审一次。

就监所检察来说，负责对公安机关、人民法院办理案件的羁押期限和办案期限的监督。因此，对于人民法院审理阶段久押不决的，要及时提出违法纠正意见。

第三节 监管活动检察

一、事故检察

（一）在押人员脱逃

【案例】

郭某脱逃案

郭某，男，1986 年 8 月 27 日出生，某市郊区河底镇人，2011年 9 月 13 日因涉嫌故意伤害被市公安局城区分局刑事拘留，并于9 月 14 日 0 时 20 分送押至市看守所，羁押于一监区七号监室。

2011 年 9 月 13 日郭某伙同段某斌、樊某涛在本市城区后街酒吧与他人打架，致对方一死六伤。以上三人被同时刑事拘留并关押于本市看守所。

2011 年 9 月 26 日 18 时 55 分，郭某在一监区七监室床铺上喝完水后，在将塑料饭盒放回到床铺旁边的饭盒架上时踩空，从床铺和卫生区的隔离墙上摔下，仰面躺在地上，同监室人员及时按响对讲呼救。18 时 59 分带班指导员韩某红带领两名值班民警过去处理。郭某躺在地上称腰疼不能动弹，韩某红让其他在押人员将其移到床铺上，然后拨打 120 急救电话。19 时 35 分，120 急救人员进入监室，简单问诊后，决定带郭某回市三院救治。韩某红便指派民警任某青、王某带郭某到市三院看病。临行前，民警王某问韩某红："这个人是什么罪？有事没事？"韩某红说："伤害罪，问题不大。"韩某红既没有履行任何审批手续，也没有商请武警实行武装押解，更没有给郭某加戴任何械具、穿识别衣服，就让干警押解郭某上了 120 急救车。在医院做完各项检查后，医生告诉被告人任某青和王某："病人没有异样情况，问题不大。"20 时 40 分许，应郭某的要求民警推着躺在担架车上的郭某到市三院一楼急诊大厅卫生间小便，郭某被扶着小便完后，民警任某青进入厕所小便。王某在扶郭某往担架上躺时，郭某突然挣脱，从担架车上跳下，由急诊大厅大门向外逃窜。王某立即与任某青追赶，郭某跑出医院大门后向南山公园后门方向逃跑，王某与任某青在追至南山公园后门时，目标消失。20 时 45 分王某将郭某脱逃情况电话报告韩某红。韩立即报告所长王某生，王某生随即组织警力抓捕。2011 年 10 月 7 日将郭某抓捕归案。

2011 年 10 月 8 日，市人民检察院以涉嫌失职致使在押人员脱逃罪对韩某红、任某青、王某立案侦查。2011 年 12 月 14 日，某市郊区人民法院以失职致使在押人员脱逃罪判处被告人韩某红有期徒刑 1 年，缓刑 1 年，判处被告人王某和任某青犯失职致使在押人员脱逃罪，免予刑事处罚。

【案例评析】

失职致使在押人员脱逃罪，是指由于负有监押在押人员的司法工作人员未尽职守或者未严格履行义务或者工作严重不负责任，导致在押人员脱逃造成严重后果的行为。本案三人构成失职致使在押人员脱逃罪，理由如下：

1. 符合失职致使在押人员脱逃罪的主体

失职致使在押人员脱逃罪的犯罪主体只能是负有监押在押人员

的监狱、看守所、劳教所、少教所的司法工作人员，其他人不构成失职致使在押人员脱逃罪。本案中三名被告人为某市看守所教导员和民警，符合犯罪主体构成要件。

2. 符合失职致使在押人员脱逃罪的客观要件

失职致使在押人员脱逃罪在犯罪客观方面表现为负有监押在押人员的司法工作人员失职导致在押人员脱逃，具体表现有：未尽职守；未严格按规章制度行使职权；未履行或者未完全履行职务义务；履行职务义务严重不负责任等。

所谓严重不负责任，是指在羁押场所、押解途中未按规定采取有关看守、监管措施；擅离看守、监管岗位；发现犯罪嫌疑人、被告人或者罪犯有脱逃迹象，不及时采取有效的防范措施；在犯罪嫌疑人、被告人或者罪犯脱逃时，不及时组织、进行追捕等。

本案三名被告人的行为是否属于"严重不负责任"的行为？1991年《看守所条例实施办法（试行）》中规定，看守所出所就医的在押人员必须实行武警押解。山西省公安厅监所管理总队《看守所执法手册》规定了看守所在押人员出所就医必须书面请示所领导，应加戴械具、穿识别衣服、商请武警押解的实施细则及工作流程。本案中，看守所民警证实，郭某出所就医前未加戴任何械具，未穿识别衣服的情况下，被被告人韩某红安排送往医院就诊。所长也证实，郭某出所就医的事被告人韩某红没有事先电话请示所长，也没有书面请示，在郭某脱逃后才给所长打电话。郭某出所就医前，韩某红未履行出所就医审判手续。韩某红身为市看守所教导员，在值班期间未认真履行职责，既没有履行任何审批手续，也没有商请武警实行武装押解，更没有给在押人员郭某加戴械具、穿识别衣服就安排其出所就医，违反看守所有关规定，导致在押人员郭某脱逃。

王某、任某青身为市看守所管教民警，在押解郭某出所就医的过程中，未认真履行在押人员出所就医的有关规定，明知郭某未加戴戒具、未穿识别衣服，对可能出现的后果估计不足，特别是在从医生处明确得知郭某身体没有异常的情况下，仍然麻痹大意，防范措施不当（一人上厕所，留单人看守郭某），导致在押人员郭某脱逃。

韩、王、任三名被告人分别以工作惯例如此、监管经验不足、未受相关培训等理由，辩解自己在本次郭某脱逃事件中不属于"严重不负责任"，是不能成立的。三人的行为符合失职致使在押人员脱逃罪客观方面的构成要件。

3. 符合失职致使在押人员脱逃罪的主观要件

失职致使在押人员脱逃罪的犯罪主观方面表现为过失，即行为人应当预见因疏忽大意没有预见或已经预见而因过于自信造成在押人员脱逃。此罪属于玩忽职守罪的特别规定，凡司法工作人员玩忽职守，致使在押人员脱逃，构成犯罪的，都应以特别法条即失职致使在押人员脱逃罪定罪量刑。失职致使在押人员脱逃罪在主观上必须出于过失，如果明知某在押人员企图逃跑，但却放任不管，属于故意，此时应以私放在押人员罪定罪，如果不知道其想逃跑，或者知道其想脱逃但根据环境条件、在押人员的自身能力因素轻易相信其逃跑不了，结果致使在押人员逃跑，构成犯罪的，则应以失职致使在押人员脱逃罪定罪。本案中三名被告人的主观方面表现为过失是显而易见的。

4. 符合失职致使在押人员脱逃罪的结果要件

失职致使在押人员脱逃罪属于结果犯，只有造成严重后果时才构成犯罪，所谓造成严重后果，一般是指致使重要的犯罪嫌疑人、被告人或者罪犯脱逃；致使多名犯罪嫌疑人、被告人或者罪犯脱逃；由于犯罪嫌疑人、被告人的脱逃致使案件的侦查、起诉、审判受到严重影响；犯罪嫌疑人、被告人或者罪犯脱逃后打击报复控告人、举报人、证人和司法工作人员，继续犯罪，危害社会等。

本案郭某脱逃后没有造成严重后果，指控韩某红等构成失职致使在押人员脱逃罪的结果是否存在？韩某红等的辩解理由是：郭某脱逃后，10天后被抓回，未造成严重后果。我们认为，对于"造成严重后果"的理解不应仅仅局限于脱逃后实行了杀人放火等再次作案行为，才属于造成严重后果，而应作全面理解：致使重要的犯罪嫌疑人、被告人或者罪犯脱逃即属于"造成严重后果"。

本案中郭某涉嫌故意伤害罪，致使一死六伤，根据某市公安局物证鉴定所出具的尸体检验鉴定书，证实郭某涉嫌故意伤害致死的死者原因系他人用单刃锐器刺伤胸部，造成肺破裂，致失血性休克死亡，说明郭某可能受到的刑罚处罚的程度和应承担的法律责任的情况。再者，根据某市公安局城区分局出具的犯罪嫌疑人郭某涉嫌故意伤害（致人死亡）一案的情况说明，证实郭某涉嫌故意伤害罪的后果，属于看守所重点管理人员。可见，郭某作案行为恶劣，可能受到较重的刑罚，是监管重点，属于重要的犯罪嫌疑人。郭某脱逃事件本身即构成"造成严重后果"的结果要件。

总之，本案中韩某红等三人在履行职责过程中，违反有关规定，严重不负责任，致使涉嫌一死六伤的故意伤害致人死亡的郭某脱逃长达 10 天，对社会治安和稳定带来巨大的隐患，造成了严重后果。某市郊区人民法院对三人的定罪是恰当的。

【工作策略】

在押人员脱逃是严重事故。监所检察部门除追究监管干警的刑事责任外，还应仔细分析事故的原因，就看守所存在的监管制度漏洞提出检察建议。

（二）在押人员破坏监管秩序

【案例】

郭某、武某寻衅滋事案

犯罪嫌疑人郭某 2010 年 3 月 7 日因绑架罪、故意伤害罪、毁坏财物罪被判处有期徒刑 12 年，并处罚金 3 万元羁押于某市看守所，武某于 2008 年 12 月 23 日因涉嫌故意伤害罪被某市公安局刑事拘留，2009 年 1 月 23 日被逮捕，羁押于某市看守所。

郭某和武某于 2010 年在某市看守所羁押期间，恃强凌弱、欺压他犯，多次体罚、殴打同监室在押人员杨某，逼迫杨某大量喝冷水，甚至喝尿，直至 2010 年 4 月 21 日凌晨 1 时许，杨某在监室值班时体力不支，晕倒在地，被送医院抢救（住院 46 天）。经法医鉴定，杨某伤情已构成轻伤。郭某和武某的行为严重违反了监管场所的正常秩序，侵害了其他在押人员的合法权益和身心健康，驻所检察机关通知公安机关进行立案侦查，2010 年 9 月 21 日，某市人民检察院以寻衅滋事罪对郭某、武某提起公诉。2010 年 12 月 28 日某市人民法院对郭某、武某涉嫌寻衅滋事罪公开进行审理，并当庭宣判，判决郭某的行为构成寻衅滋事罪，判处有期徒刑 2 年 6 个月，武某犯寻衅滋事罪，判处有期徒刑 2 年。

【案例评析】

寻衅滋事，是指肆意挑衅，随意殴打、骚扰他人或任意损毁、占用公私财物，或者在公共场所起哄闹事，严重破坏社会秩序的行为。寻衅滋事罪的主体为一般主体，即年满 16 周岁且具备刑事责任能力的自然人。寻衅滋事罪的主观方面是直接故意，即明知自己的行为会发生破坏社会秩序的危害结果，并且希望这种结果发生。本罪侵犯的客体是公共秩序。所谓公共秩序包括公共场所秩序和生活中人们应当遵守的共同准则。寻衅滋事犯罪多发生在公共场所（也有一些发生在偏僻隐蔽的地方），常常给公民的人身、人格或公私财产造成损害，但是寻衅滋事罪一般侵犯的并不是特定的人身、人格或公私财产，而主要是指向公共秩序，向整个社会挑战，蔑视社会主义道德和法制。

寻衅滋事罪的客观行为方式具体规定为：

1. 随意殴打他人，情节恶劣的

随意殴打他人，是指出于耍威风、取乐等不健康动机，无故、无理殴打相识或者素不相识的人。这里的"情节恶劣的"，是指随意殴打他人手段残忍的；多次随意殴打他人的；造成被殴打人自杀等严重后果的，等等。（1）只要是针对人的身体行使有形力，即使没有接触人的身体的，也属于殴打。例如，向他人身体挥舞棍棒但没有接触到他人身体的，成立殴打。（2）在我国，殴打行为不是伤害罪的未遂犯，所以，殴打不以具有造成伤害结果的危险性为前提。换言之，倘若某种行为只能造成他人身体痛苦，但不可能造成伤害，也属于殴打。（3）如果行为人针对物行使有形力，因而对人的身体以强烈的物理影响的，由于不是针对人的身体行使有形力，不宜认定为殴打。（4）使用有形的方法不等于行使有形力。例如，使他人饮食不卫生食品后胃痛的，虽然是有形的方法，但不应评价为殴打。（5）由于寻衅滋事罪具有补充性质，所以，殴打不以造成伤害（轻伤以上）为前提。但是，一方面，造成了伤害结果的伤害行为，无疑符合殴打行为的要件；另一方面，如前所述，寻衅滋事罪的法定刑重于故意轻伤的法定刑。所以，殴打行为造成轻伤害结果的，也可能被认定为随意殴打类型的寻衅滋事罪。（6）基于同样的理由，殴打不以聚众为前提，更不以符合聚众斗殴罪的构成要件为前提。但是，随意聚众斗殴的行为，通常符合寻衅滋事罪的构成要件。

2. 追逐、拦截、辱骂他人，情节恶劣的

追逐、拦截、辱骂他人，是指出于取乐、寻求精神刺激等不健康动机，无故无理追赶、拦挡、侮辱、谩骂他人，此多表现为追逐、拦截、辱骂妇女。这里的"情节恶劣的"，主要是指经常性追逐、拦截、辱骂他人的；造成恶劣影响或者激起民愤的；造成其他后果的等。需要指出的是，如果行为人使用暴力、胁迫或者其他方法强制猥亵或者侮辱妇女的，则构成强制猥亵、侮辱妇女罪。

3. 强拿硬要或者任意损毁、占用公私财物，情节严重的

强拿硬要或者任意损毁、占有公私财物，是指以蛮不讲理的流氓手段，强行索要市场、商店的商品以及他人的财物，或者随心所欲损坏、毁灭、占用公私财物。这里的情节严重的，是指强拿硬要或者任意损毁、占用的公私财物数量大的；造成恶劣影响的；多次强拿硬要或者任意损毁、占用公私财物的；造成公私财物受到严重损失的，等等。

4. 在公共场所起哄闹事，造成公共场所秩序严重混乱的

在公共场所起哄闹事，是指出于取乐、寻求精神刺激等不健康动机，在公共场所无事生非，制造事端，扰乱公共场所秩序造成公共场所秩序严重混乱的，是指公共场所正常的秩序受到破坏，引起

群众惊慌、逃离等严重混乱局面的。

在这起案件中，在押犯罪嫌疑人郭某和武某的行为构成寻衅滋事罪，从犯罪的主体上看，郭某和武某虽然被羁押于看守所，但其身份是犯罪嫌疑人，不是罪犯，不符合破坏监管秩序罪的主体要求，属于一般主体要求。从犯罪的主观方面看，郭某和武某是直接故意，即明知自己的行为会发生破坏监管秩序的危害结果，并且希望这种结果发生。从犯罪客体看，郭某和武某恃强凌弱、欺压他犯，多次体罚、殴打同监室在押人员杨某，其行为严重扰乱了正常的监管秩序。从犯罪的客观方面看，郭某和武某在羁押期间不能够正常遵守看守所的公共管理秩序，无故殴打他人，严重扰乱了看守所正常的公共管理秩序，完全符合寻衅滋事罪的客观要件。

办理留所执行刑罚罪犯的又犯罪案件，是看守所检察的职责之一，《人民检察院看守所检察办法》第23条规定，人民检察院监所检察部门负责公安机关侦查的留所服刑罪犯又犯罪案件的审查逮捕、审查起诉和出庭支持公诉，以及立案监督、侦查监督和审判监督等工作。从目前情况看，人民检察院监所检察部门办理看守所内罪犯又犯罪案件，各地做法不同。看守所本身与监狱的情况不同，监狱对狱内发生的罪犯又犯罪案件具有侦查权，人民检察院监所检察部门相应地负责对监狱侦查的罪犯又犯罪案件的审查逮捕、审查起诉和出庭支持公诉，以及立案监督、侦查监督和审判监督等工作，是可以的。最高人民检察院《关于加强和改进监所检察工作的决定》、《人民检察院看守所检察办法》明确将罪犯又犯罪案件的办理作为监所检察的职责之一加以规定。

【工作策略】

郭某、武某多次体罚、殴打同监室在押人员杨某，说明监管干警有责任，表明看守所制度存在漏洞，也表明我们的监所检察工作存在不足，即没有建立有效的与在押人员的信息沟通机制。发生在押人员体罚、殴打在押人员事件，监所检察人员应一方面了解是否构成犯罪，对于构成犯罪的，积极进行立案监督、侦查监督工作；另一方面要分析原因，积极向看守所提出检察建议：一是建议看守所追究相关干警的责任，二是建议看守所完善相关制度。

（三）在押人员非正常死亡

【案例】

孙某某自缢身亡案

2011 年 2 月 7 日下午 12 时 31 分，某市某县看守所在押人员孙某某从衣服包中取出事先准备好的床单，藏入披在身上的军大衣内，12 时 46 分走出监室，12 时 47 分把床单绑在放风场窗户的钢筋上，12 时 48 分孙某某把头套入床单活口自缢。13 时 30 分，看守所值班干警通过监控屏发现险情，立即对孙某某采取抢救措施，并打 120 急救电话。15 时，孙某某在某县人民医院经抢救无效死亡。事发后，看守所第一时间向驻所检察室通报情况，13 时 50 分驻所检察人员到事发现场，并将情况电话向本院检察长、市院监所检察处报告。

驻所检察人员到现场后，听取了看守所负责人对孙某某死亡情况的简单汇报，入监查看了事故现场，组织人员对现场进行保护，协调院技术人员对现场进行拍照、录像，查看了当天的原始监控录像并进行了固定。根据初步调查情况，确定当班值班干警涉嫌玩忽职守，对 3 名值班干警进行了控制。

16 时 20 分，市院分管领导带领监所处、技术处人员到达现场。在听取驻所检察室及看守所的情况汇报后，立即成立了事故调查工作组，由市院分管领导任组长。工作组根据调查情况，召开了第一次事故处理分析会，会议围绕重点工作成立了三个小组，第一组由市院技术处负责人带队，查验尸表，鉴定死亡原因；第二组由市院监所处负责人带队，依法侦查值班干警玩忽职守行为；第三组由县院分管领导带队，负责外围调查取证、巩固证据工作，主要调取孙某某死亡前 15 日原始监控录像，收集值班民警值班记录、抢救记录、相关物证、询问相关证人等工作，并将《被监管人死亡情况登记表》逐级填写上报。

2月8日11时，工作组召开各小组碰头会议，各项工作取得实质性进展。第一组从技术角度确认孙某某系自缢身亡；第二组成功突破关键证据，3名值班人员涉嫌玩忽职守犯罪基本事实清楚，主要证据确凿，当天即办理了立案手续，对3名嫌疑人刑拘；第三组按照最高人民检察院《关于监管场所被监管人死亡检察程序的规定（试行）》以及工作需要从外围调取了相关证据。至此，工作组审查和调查工作基本结束。根据调查情况，工作组对下一步工作作出明确安排：

1. 由市人民检察院监所处出具调查报告，上报、通报相关领导、部门；

2. 县人民检察院根据调查中看守所存在的问题，向公安局提出纠正意见及整改措施检察建议；

3. 市人民检察院监所处将该起事故通报全市监所部门，针对暴露出的问题开展为期一个月的专项检察活动；

4. 涉嫌犯罪的3名干警由县人民检察院立案侦查；

5. 县人民检察院监所检察科按照规定建立死亡人员档案、上报相关文书以及其他后续工作。

【案例评析】

该起事故是2010年2月6日最高人民检察院印发《关于监管场所被监管人死亡检察程序的规定（试行）》后，某市首起被监管人非正常死亡事件。由于市、县两级人民检察院领导重视，措施得力，检察人员严格按照规定的要求妥善处理了这起安全事故，取得了较好的法律效果和社会效果。

结合这次事故以及规定要求，市人民检察院制作了被监管人死亡检察程序工作流程图。监所检察部门在看守所等监管场所被监管人死亡的检察处理中，应当依据最高人民检察院《关于监管场所被监管人死亡检察程序的规定（试行）》开展检察工作。监所检察部门在被监管人死亡检察工作中，应当坚持依法独立行使检察权，主动及时，客观公正，注重与有关部门协调配合，在查明死亡事实和原因后，应当分清责任，依法处理。

监管场所被监管人死亡检察程序工作流程图

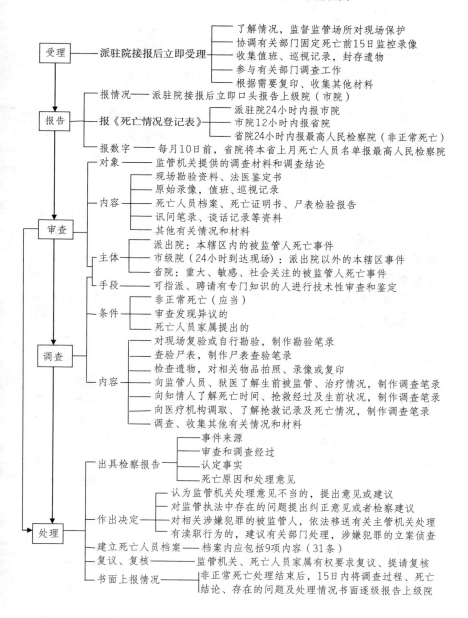

1. 被监管人死亡的受理和报告

人民检察院接到监管场所被监管人死亡报告后，应当立即受理，并开展调查和相关处理工作。县级人民检察院担负检察任务的监管场所发生被监管人死亡的，由地市级检察院负责调查和相关处理工作，或者组织、指导县级人民检察院开展调查和相关处理工作。地市级以上人民检察院担负检察任务的监管场所发生被监管人死亡的，由本院负责调查和相关处理工作。监所检察派出检察院对本辖区监管场所发生被监管人死亡的，负责调查和相关处理工作。对重大、敏感、社会关注的被监管人死亡事件，应当由省级人民检察院负责调查处理或者组织办理。

担负检察任务的人民检察院对监管场所发生被监管人死亡的，应当立即口头报告上一级检察院，并在报告后的 24 小时内填报被监管人死亡情况登记表。上一级人民检察院接到被监管人死亡情况登记表后，应当在 12 小时内进行审查并填写审查意见呈报省级人民检察院。对非正常死亡的，省级人民检察院应当在接到下级人民检察院报告后的 24 小时内，在被监管人死亡情况登记表上填写审查意见后呈报最高人民检察院。遇有法定节假日，应当在 24 小时内口头报告，再书面补充报告。对正常死亡的，省级人民检察院应当在每月 10 日前将上月本辖区监管场所发生的死亡人员名单列表呈报最高人民检察院。对死亡原因一时难以确定的，应当按照非正常死亡报告程序报告，死因查明后再补充报告。从现实情况看，死亡原因一时难以确定的案件具有较大的不确定性（突出的如猝死），也容易出现将非正常死亡作为正常死亡处理的情形，因此应当慎重对待，对于死亡原因一时难以确定的，按照非正常死亡的程序报告是必要的，有利于对这类死亡情况的深入调查，作出客观公正的结论，待死亡原因查明后，可以在正式补充报告。

2. 被监管人死亡的调查

担负检察任务的人民检察院接到监管场所发生被监管人死亡报告后，应当立即派员赶赴现场，进行下列工作：（1）了解被监管人死亡的有关情况；（2）监督监管场所对现场进行妥善保护并拍照、录像，或者根据需要自行对现场进行拍照、录像；（3）协同有关部门调取或者固定被监管人死亡前 15 日内原始监控录像，封存死亡人员遗物；（4）收集值班民警值班记录或者值班巡视记录；（5）调取死亡的被监管人档案；（6）参与有关部门组织的调查工作，了解调查情况；（7）根据需要对有关材料进行复印、复制；（8）收集其他有关材料。

地市级人民检察院在接到县级人民检察院负责检察的监管场所发生被监管人死亡的报告后，应当派员在 24 小时内到达现场，开展工作；交通十分不便的，应当派员在 48 小时内到达现场。对被监管人死亡的，在监管机关调查的同时，担负调查任务的检察人员应当进行下列工作：（1）审查现场勘验资料，必要时，可以要求监管机关对现场进行复验、复查，或者根据情况对现场自行进行勘验，并制作勘验笔录；（2）查验尸表，对尸体拍照或者录像，制作尸表查验笔录；（3）审查原始监控录像、死亡人员档案、值班民警值班记录或者值班巡视记录，收集和补充有关证据，检查已封存的死亡人员遗物，对有关物品和文件进行拍照、录像或者复印；（4）向监管民警和狱医调查了解死亡人员生前被监管及治疗情况，制作调查笔录；（5）向同监室被监管人及其他知情人调查了解死亡人员的死亡时间、抢救经过及死亡人员生前的情况，制作调查笔录；（6）对住院时间较长并在住院期间死亡的，向医院调取医疗档案和死亡证明书，向主治医生了解救治情况，制作调查笔录；（7）对因突发情况经医院抢救无效死亡的，向医院调取抢救记录及死亡证明书，向参加抢救的医生调查了解材料；（8）其他需要提供的材料。对于技术性审查意见和鉴定意见，担负调查任务的检察人员应当进行审查，必要的时候，可以提出补充鉴定或者重新鉴定的意见，报检察长批准后进行补充鉴定或者重新鉴定。检察长也可以直接决定进行补充鉴定或者重新鉴定。

在调查中，担负调查任务的检察院应当根据调查和了解的情况，对监管机关作出的调查结论进行审查，经审查对调查结论无异议的，可以终结调查；有异议的，应当继续调查，并将调查结果通知监管机关。

死亡人员家属对监管机关提供的死亡原因有疑义，向人民检察院提出的，人民检察院应当受理。经审查认为需要进一步调查的，应当继续调查，并将调查结果通知监管机关，同时告知死亡人员家属。

调查终结后，担负调查任务的检察人员应当写出被监管人死亡检察报告。报告内容应当包括：事件来源、调查经过、认定事实、死亡原因和处理意见等。

3. 调查终结后的处理

被监管人死亡案件调查终结后，人民检察院应当根据调查结果，分别下列情况，作出处理：（1）认为监管机关处理意见不当的，提出意见或者建议，必要时提出检察建议；（2）对监管机关监管执法中存在的问题，提出纠正意见或者检察建议，督促整改；（3）对涉嫌犯罪的被监管人，依法移送有关主管机关处理；（4）对负有渎职侵权责任的人员，建议有关部门给予纪律处分或者组织处理，涉嫌犯罪的，依法立案侦查。

监管机关或者死亡人员家属对人民检察院的调查结论和处理决定有异议要求复议的，人民检察院应当复议；监管机关或者死亡人员家属对复议结论仍然有异议提请复核的，上一级人民检察院应当复核。

人民检察院在对被监管人死亡的调查处理过程中，发现检察监督工作存在问题的，应当及时整改，对负有责任的检察人员，应当依法依纪作出处理。在对被监管人死亡的善后处理工作中，人民检察院应当立足检察职能，同监管机关相互配合。

对被监管人非正常死亡的，担负调查任务的人民检察院应当在调查处理工作结束后的 15 日内，将调查过程、死亡结论、监管工作和检察监督工作中存在的问题及处理情况，形成书面材料向上一级检察院报告，并附死亡证明书、法医鉴定书、相关证人证言等主要证据材料和有关资料复印件。省级人民检察院在接到下级人民检察院非正常死亡调查处理情况的报告后，应当进行审查。经审查认为需要补充有关材料的，可以要求下级人民检察院补充调查，也可以自行补充调查。经审查或者补充调查认为可以终结的，应当将死亡人员基本情况、调查过程、相关事实、有关责任人员处理情况及本院的审查处理意见等形成调查处理情况综合报告呈报最高人民检察院，并附死亡证明书、法医鉴定书、相关证人证言、下级人民检察院报告等主要证据材料和有关资料复印件。

调查终结或者处理工作结束后，担负检察任务和调查任务的人民检察院应当建立死亡人员档案。死亡人员档案的主要内容包括：（1）被监管人死亡情况登记表；（2）调查笔录、勘验笔录、监控录像材料；（3）死亡证明书、文证审查意见、尸表检验报告或者法医鉴定书等相关资料的复印件；（4）被监管人死亡情况调查报告；（5）相关责任人员处理情况及被追究刑事责任人员立案决定书、起诉书、判决书等相关文书的复印件；（6）纠正违法通知书、检察建议书及监管场所相关回复材料；（7）复议、复核情况材料；（8）调查处理情况综合报告；（9）其他需要归档的材料。

【工作策略】

在在押人员非正常死亡检察中，监所检察部门要进一步强化监督意识、责任意识和保障人权意识，真正落实看守所检察制度。要善于总结监督经验，加强和改进监督工作，正确妥善处理积极监督与真诚配合的关系，建立健全监督工作机制，让各项监督工作落到实处、取得实效。对于检查出的违规违法问题，要及时提出纠正意见，督促落实，导致出现事故的要严格依法处理。对于看守所受利益驱动违规收费、违规组织劳动，放纵牢头狱霸，特别是刑讯逼供这一严重侵犯在押人员人权、极易造成在押人员死亡的突出问题，更要高度重视，要盯紧盯牢，在督促落实看守所监管措施的同时，又要依法保护人权，维护在押人员的合法权益。

二、教育管理活动检察

【案例】

张某兵帮助犯罪分子逃避处罚案

张某兵，男，1967 年 5 月 7 日出生，某县交口子乡人，初中文化，原任某县看守所管教。2008 年 6 月 20 日，因涉嫌帮助犯罪分子逃避处罚罪，经县人民检察院决定取保候审。

经查，2008 年 4 月至 5 月，张某兵利用职务之便，多次给在押人员杜某宏提供烟、牛肉、牛奶等物品。同年 5 月 31 日 20 时左右，杜某宏的妻子王某将用于伪造证据的笔记本和纸条交与张某兵，称纸条上所写为杜某宏在外欠别人的款项，要求张某兵将其带入监所交给杜某宏让其抄写在笔记本上。张某兵随即返回看守所将笔记本和纸条传递给在押人员杜某宏，杜某宏将纸条上伪造欠款的记载抄在笔记本上。当日 21 时许，张某兵将该笔记本带出，交给杜某宏的妻子王某。2008 年 6 月 2 日上午。杜某宏之弟杜某兵将该笔记本交到本院刑事审判庭，企图帮助杜某宏逃避处罚。上述事实，有证人王某、刘某祥等证言与被告人张某兵的供述亦相互印证，证实张某兵帮助王某将伪造证据的笔记本和纸条传递给在押人员杜某宏的事实；物证笔记本证实，笔记本内记载的欠款明细非杜某宏在关押以前所记，而是在监所内通过被告人张某兵的帮助而伪造的。

【案例评析】

帮助犯罪分子逃避处罚罪，是指有查禁犯罪活动职责的国家机关工作人员，向犯罪分子通风报信，提供便利，帮助犯罪分子逃避处罚的行为。帮助犯罪分子逃避处罚罪侵犯的客体是国家机关的威信和正常活动。帮助犯罪分子逃避处罚罪的犯罪对象必须是犯罪分子，既包括犯罪之后潜逃在外尚未抓获的犯罪分子，也包括尚未被司法机关发觉的犯罪分子。

帮助犯罪分子逃避处罚罪在客观方面表现为有查禁犯罪活动职

责的国家机关工作人员，向犯罪分子通风报信、提供便利、帮助犯罪分子逃避处罚的行为。

通风报信、提供便利的行为可能发生在犯罪分子被发现后，也可能发生在犯罪分子被发现前。所谓通风报信，是指向犯罪分子泄露、提供有关查禁犯罪活动的情况、信息，如查禁的时间、地点、人员、方案、计划、部署等。其既可以当面口述，也可以通过电话、电报、传真、书信等方式告知，还可以通过第三人转告。所谓提供便利条件，是指向犯罪分子提供住处等隐藏处所；提供钱、物、交通工具、证件资助其逃跑；或者指点迷津，协助其串供、隐匿、毁灭、伪造、篡改证据，等等。无论其提供便利的方式如何，其目的只有一个，即帮助犯罪分子逃避制裁，免受刑事追究或者其他处罚如行政处罚。

行为人实施上述行为必须是利用其查禁犯罪活动的职责便利，不论行为的结果如何，只要行为人利用其查禁犯罪活动的职责便利条件，实施了向犯罪分子通风报信、提供便利、帮助犯罪分子逃避处罚的行为，即构成犯罪。情节是否严重，只是量刑轻重的问题。

帮助犯罪分子逃避处罚罪的主体为特殊主体，只能是负有查禁犯罪活动职能的国家机关工作人员，非上述人员不能构成帮助犯罪分子逃避处罚罪的主体。有查禁犯罪活动职责的国家机关工作人员，主要指司法机关（包括公安机关、国家安全机关、人民检察院、人民法院）的工作人员，此外，各级党委、政府机关中主管查禁犯罪活动的人员也包括在内。

帮助犯罪分子逃避处罚罪在主观方面表现为故意，即要求行为人必须出于故意才能构成。行为人明知其为犯罪分子处于查禁之列，仍然向其通风报信、提供便利，目的在于使犯罪分子逃避处罚。至于行为人主观上出于何种动机，是出于恻隐之心还是基于亲朋关系等，在所不问。如果不知是犯罪分子，无意透露消息提供便利的，不构成帮助犯罪分子逃避处罚罪。但是，一旦发现是犯罪分子仍然为其通风报信、提供便利，帮助其逃避处罚的，则应以帮助犯罪分子逃避处罚罪论处。

本案中被告人张某兵作为看守所管教人员，负有对在押人员教育管理，并对来往书件进行审查的职责，但其违反职责，对明知可能影响在押人员诉讼活动的书件不予审查，而是利用职务之便予以传递，帮助犯罪分子伪造证据的行为，符合帮助犯罪分子逃避处罚罪的主客观构成要件，已触犯刑法第417条之规定，构成帮助犯罪分子逃避处罚罪。

【工作策略】

教育管理活动检察是经常性工作，是日常检察的主要内容。监所检察部门首先要了解教育管理活动中的违法情形，了解的最有效途径就是通过在押人员了解。《人民检察院看守所检察办法》也规定，驻所检察人员应当每周至少选择一名在押人员进行个别谈话，并及时与要求约见的在押人员谈话，听取情况反映，提供法律咨询，接收递交的材料等最重要的是要让在押人员敢说、能说、愿说。

其次是发现违法情形，要及时提出纠正意见。《人民检察院看守所检察办法》规定，发现看守所在教育管理活动中有下列情形的，应当及时提出纠正意见：（1）监管民警体罚、虐待或者变相体罚、虐待在押人员的；（2）监管民警为在押人员通风报信、私自传递信件物品、伪造立功材料的；（3）没有按照规定对在押人员进行分别羁押的；（4）监管民警违法使用警械具或者使用非法定械具的；（5）违反规定对在押人员适用禁闭措施的；（6）没有按照规定安排办案人员提讯的；（7）没有按照规定安排律师及在押人员家属与在押人员会见的；（8）没有及时治疗伤病在押人员的；（9）没有执行在押人员生活标准规定的；（10）没有按照规定安排在押人员劳动，存在在押人员超时间、超体力劳动情况的；（11）其他违反教育管理规定的。

最后是对构成渎职犯罪的监管人员立案查处，追究刑事责任。对于监管干警构成渎职犯罪的，要坚决、及时查处，但不能一查了事，还要分析原因，就看守所存在制度漏洞等问题发出检察建议。

第四节　执行刑罚活动检察

【案例1】

刘某伍徇私舞弊减刑案

犯罪嫌疑人刘某伍，男，1974年6月6日出生，汉族，大专文化程度，某县公安局看守所副所长。

2009年1月14日犯罪嫌疑人雷某家因非法买卖爆炸物罪，被县人民法院判处有期徒刑2年，刑期自2008年6月19日至2010年6月18日止。在雷某家服刑期间，犯罪嫌疑人刘某伍在某市公安局、市中级人民法院调查雷某家减刑一事时，对雷某家所在已决监号服刑人员曹某、金某、李某等人讲："市里来人调查雷某家表现情况，要说其好的。"另外，刘某伍于2009年2月21日、3月7日、4月7日、6月9日先后共4次提供雷某家虚假奖励情况。2009年8月25日市中级人民法院裁定对雷某家减去余刑。雷某家减刑释放后，刘某伍接受了雷某家的吃请感谢。

【案例2】

田某茂等徇私舞弊减刑案

犯罪嫌疑人田某茂，男，汉族，1964年7月7日出生。某县公安局监所管理大队大队长（副科级）。2011年4月20日因涉嫌徇私舞弊减刑罪被依法取保候审。

犯罪嫌疑人张某俐，女，汉族，中共党员，1963年8月11日出生。某县公安局监所管理大队指导员。2011年4月20日因涉嫌徇私舞弊减刑罪被依法取保候审。

经查，2008年10月份，田某茂接受某市公安局监所管理支队副支队长薛某琴的请托，为关押在县看守所的服刑人员孔某壮办理减刑事宜。其间，田某茂除了指使王某霞捏造事实、收集虚假材料外，还亲自为孔某壮伪造了奖励审批表，并伙同张某俐、王某霞等人伪造了看守所会议记录，伪造参会人员签名，用于证明看守所全部干警同意孔某壮减刑。另外，其还伙同王某霞、薛某琴共同伪造包号民警成某强的证明材料。2009 年 1 月 4 日，市中级人民法院依据县看守所提供的上述材料裁定为孔某壮减刑 3 个月。

2007 年 5、6 月份，犯罪嫌疑人张某俐接受赵某、高某海等人请托，为关押在县看守所的服刑人员高某刚办理减刑事宜。其间，张某俐除了指使王某霞、李某忠捏造事实、收集虚假材料外，还利用职务之便为高某刚伪造了奖励审批表。2007 年 9 月 30 日，市中级人民法院依据县监所管理大队提供的上述材料材料裁定为高某刚减刑 4 个月。

【案例 3】

肖某被违法暂予监外执行案

驻某地看守所检察院在驻所检察工作中发现，某地看守所经提请公安某地分局批准，于 2008 年 8 月 5 日将留所服刑犯肖某提请、承保暂予监外执行活动中，某看守所既没有通知驻某地看守所检察室派员列席该所审核提请、呈报罪犯肖某暂予监外执行的会议，也没有将相关案卷材料送交驻某看守所检察室进行审查。检察室认为，某看守所在既未征求我驻某看守所检察室意见，也未将有关材料送交驻某看守所检察室的情况下，单方面提请公安某地分局批准将留所服刑罪犯肖某暂予监外执行，其行为违反了看守所条例第 41 条和《人民检察院看守所检察办法》第 30 条之规定，属于违法行为。驻某地看守所检察室向某看守所送达了纠正违法通知书，对此行为进行了纠正。

【案例评析】

徇私舞弊减刑、假释、暂予监外执行罪，是指负有依法对罪犯的改造表现进行监督考核的监狱司法人员、人民法院的审判人员，对不符合减刑、假释、暂予监外执行的罪犯予以减刑、假释、暂予监外执行的行为。

1. 徇私舞弊减刑、假释、暂予监外执行罪的构成

（1）本罪的客体。徇私舞弊减刑、假释、暂予监外执行罪侵犯的客体，是国家司法机关的正常活动。徇私舞弊行为使国家法律、法令的顺利实施受到严重干扰，损害了国家司法机关的威信；尤其是司法工作人员徇私舞弊行为必然会严重损害国家和人民利益或者侵犯公民人身权利、民主权利和其他合法权益，在群众中造成恶劣影响，影响国家机关的正常活动。

（2）本罪的客观方面。徇私舞弊减刑、假释、暂予监外执行罪在客观方面表现为徇私舞弊，对不符合减刑、假释、暂予监外执行条件的罪犯，予以减刑、假释或暂予监外执行的行为。

司法工作人员徇私舞弊行为首先必须是利用职务之便进行的。所谓利用职务之便，是指利用职权或者与职务有关的便利条件。职权是指本人职务范围内的权利；与职务有关的便利条件是指虽然不是直接利用职权，但是利用了本人的职权或地位形成的便利条件。

减刑，是指对被判处管制、拘役、有期徒刑、无期徒刑、死刑缓期二年执行的犯罪分子，在执行刑罚的过程中，如果认真遵守监规，接受教育改造，确有悔改或立功表现等法定事由，而由人民法院依法适当减轻原判刑罚的一种刑罚制度。

假释，是指对被判处有期徒刑或者无期徒刑的犯罪分子，经过法定期限后，如果认真遵守监规，接受教育改造，确有悔改表现，没有再犯罪危险，由人民法院依法裁定有条件地提前释放的刑罚制度。

暂予监外执行，是指对被判处有期徒刑或者拘役的罪犯，由于出现具有严重疾病需要保外就医等法律规定的某种特殊情况，不适宜在监狱执行刑罚所暂时采取的一种不予关押而在监狱外执行的变通方法。

如果罪犯不符合上述规定的条件，行为人徇私舞弊，为其减

刑、假释或决定暂予监外执行，即可构成徇私舞弊减刑、假释、暂予监外执行罪。

根据徇私舞弊减刑、假释、暂予监外执行罪主体性质的不同，其行为方式具体可分为两种情况：一是监狱、未成年犯管教所等执行机关的工作人员明知罪犯不符合减刑、假释或者暂予监外执行的条件，捏造事实，伪造证据，如伪造悔改或立功表现、病历诊断证明、实际执行的刑期等，制作、报请内容虚假的有关减刑、假释、暂予监外执行的材料；二是有权决定减刑、假释、暂予监外执行的司法工作人员明知罪犯不符合减刑、假释或者暂予监外执行的条件，而非法作出减刑、假释裁定或者暂予监外执行的决定。

（3）本罪的主体。徇私舞弊减刑、假释、暂予监外执行罪的主体是特殊主体，即必须具有司法职权的国家司法工作人员，实际能构成其罪的，则为那些具有报请或者决定减刑、假释、暂予监外执行职权的司法工作人员，非上述人员包括非司法工作人员以及虽为司法工作人员但没有报请或决定减刑、假释、暂予监外执行的职权，都不能单独构成徇私舞弊减刑、假释、暂予监外执行罪。与司法工作人员伙同进行徇私舞弊减刑、假释、暂予监外执行罪行为的，以共犯追究刑事责任。

（4）本罪的主观方面。徇私舞弊减刑、假释、暂予监外执行罪在主观方面必须是出于故意，即行为人明知自己的徇私舞弊行为是违反有关法律规定的，明知自己行为可能产生的后果，而对这种后果的发生持希望或者放任的态度。过失不构成徇私舞弊减刑、假释、暂予监外执行罪。至于行为人的犯罪动机可能是多种多样的，有的是为了贪图钱财等不法利益，有的是因碍于亲朋好友情面而徇私舞弊，有的是出于报复或嫉妒心理而徇私舞弊等，动机如何对徇私舞弊减刑、假释、暂予监外执行罪的构成没有影响，可以在量刑时作为因素之一予以考虑。

2. 徇私舞弊减刑、假释、暂予监外执行罪的认定

（1）一罪与数罪的界分。行为人贪赃枉法，在收受贿赂后非法为罪犯减刑、假释或暂予监外执行的，属牵连犯，应择一重罪从

重论处。

（2）区分徇私舞弊减刑、假释、暂予监外执行罪罪与非罪的界限。这里主要应注意区分徇私舞弊减刑、假释、暂予监外执行罪与国家工作人员工作失误的界限。如果行为人主观上不是明知，而是由于其业务知识、经验不足，或者是调查研究不够充分、工作作风不够深入、思想方法简单片面造成认识偏颇而发生的错误行为，即使实施将不符合条件的罪犯予以减刑、假释、暂予监外执行的行为，一般也不构成犯罪；如果情节严重或者造成重大后果而构成其他犯罪的，应以其他相应的犯罪论处。

（3）区分徇私舞弊减刑、假释、暂予监外执行罪与徇私枉法罪的界限。两罪在客体、主体、主观方面都具有相同之处，主要区别有二：第一，犯罪对象不同。徇私舞弊减刑、假释、暂予监外执行罪的对象是已决罪犯；徇私枉法罪的对象可以是任何人。第二，客观行为不同。徇私舞弊减刑、假释、暂予监外执行罪是对不符合减刑、假释、暂予监外执行条件的罪犯予以减刑、假释或者暂予监外执行的行为；徇私枉法罪则表现为对明知是无罪的人而使其受追诉，对明知是有罪的人而故意包庇不使其受追诉，或者在刑事审判活动中故意违背事实和法律作枉法裁判的行为。

3. 徇私舞弊减刑、假释、暂予监外执行罪的立案标准

根据 2006 年最高人民检察院《关于渎职侵权犯罪案件立案标准的规定》的规定，徇私舞弊减刑、假释、暂予监外执行罪是指司法工作人员徇私舞弊，对不符合减刑、假释、暂予监外执行条件的罪犯予以减刑、假释、暂予监外执行的行为。涉嫌下列情形之一的，应予立案：

（1）刑罚执行机关的工作人员对不符合减刑、假释、暂予监外执行条件的罪犯，捏造事实，伪造材料，违法报请减刑、假释、暂予监外执行的；

（2）审判人员对不符合减刑、假释、暂予监外执行条件的罪犯，徇私舞弊，违法裁定减刑、假释或者违法决定暂予监外执行的；

（3）监狱管理机关、公安机关的工作人员对不符合暂予监外执行条件的罪犯，徇私舞弊，违法批准暂予监外执行的；

（4）不具有报请、裁定、决定或者批准减刑、假释、暂予监外执行权的司法工作人员利用职务上的便利，伪造有关材料，导致不符合减刑、假释、暂予监外执行条件的罪犯被减刑、假释、暂予监外执行的；

（5）其他徇私舞弊减刑、假释、暂予监外执行应予追究刑事责任的情形。

看守所作为法律规定的代为执行部分刑罚的场所，主要是考虑到执行的便捷和经济，扩大了看守所行使职权的范围，但也为少数看守所工作人员徇私舞弊、滥用职权提供了便利的"土壤"。这几起案件就是驻所检察室人员、人民法院审查看守所提请呈报减刑、假释、暂予监外执行人员材料时发现的，还可通过查阅看守所在押人员减刑、假释、暂予监外执行的档案以及询问监管民警、同监室人员谈话、受理举报等方法来发现问题。在办理减、假、保的环节上，由于在押的犯罪嫌疑人不断增加，留所服刑人员也在增多，对符合法律规定应当予以减刑、假释以及保外就医的材料，全部必须由监管大队呈报。于是，有的符合条件的罪犯为了"双保险"，便向监管大队行贿，有的直接向分管监室的干警行贿，使其汇报好的材料，达到减、假、保的目的。有的罪犯本来不符合减、假、保的条件，为了达到其目的，便向监管干警行贿，个别干警收受贿赂后，为其呈报违背事实、法律的虚假材料，为其非法减刑、假释和保外就医。然而，这些问题的出现，是罪犯为了达到早日获得自由的目的，不惜采取各种手段争取的机会，少数看守所干警徇私舞弊为在押人员办理而收取钱财，虽然为数不多，但是影响十分恶劣。

派驻检察人员要对看守所办理进行全过程同步监督，即从看守所启动工作开始，人民检察院的监督同步进行，随时发现发现问题，随时提出纠正意见。这样既可以保证刑罚变更执行活动的顺利进行，也可以尽量减少人民检察院通过事后监督，纠正不当的减刑、假释、暂予监外执行裁定或决定后把已经放出去的罪犯重新收监的情况，最大限度地节约诉讼成本，也可以预防减少看守所职务犯罪的发生。

【工作策略】

减刑、假释、暂予监外执行环节是看守所代为执行刑罚活动中最易出问题的环节，也最易滋生腐败，自然应是监所检察部门监督的重点。对于提请或者呈报减刑、假释、暂予监外执行的罪犯，不符合法律规定的条件，提请或者呈报减刑、假释、暂予监外执行的程序不符合法律和有关规定，监所检察人员要及时提出纠正意见；对于违法违纪的监管人员，要向看守所发出检察建议，追究相关责任；对于构成渎职犯罪的，要立案查处。另外，也要把保障在押人员的合法权益放在首位，对依法应当减刑、假释、暂予监外执行的罪犯，看守所没有提请或者呈报减刑、假释、暂予监外执行的，也要及时提出纠正意见。

第五节 在押人员又犯罪

【案例】

杨某故意伤害案

罪犯杨某因犯盗窃罪于 2010 年 1 月 22 日被某县法院判处拘役 3 个月，并处罚金 1000 元，又因犯盗窃罪于 2010 年 4 月 26 日被某县法院判处有期徒刑 10 个月，并处罚金 4000 元，在某县看守所关押。2010 年 8 月 15 日上午 8 时许，罪犯杨某叫同监室罪犯陶某擦床铺，在遭到拒绝后，杨某挥拳击打陶某面部，致陶某鼻梁骨折。经法医鉴定，陶某伤情为轻伤。驻所检察室发现这一情况后，建议县公安局对罪犯杨某的行为立案侦查。2010 年 9 月 17 日，某县人民法院开庭审理看守所留所服刑罪犯杨某故意伤害一案，某县人民检察院监所检察科科长出庭支持公诉。法庭经公开审理，采纳了公诉人对罪犯杨某的起诉意见和量刑建议，并当庭宣判，判决罪犯杨某犯故意伤害罪，判处有期徒刑 10 个月，与原"犯盗窃罪，判处有期徒刑 10 个月，并处罚金 4000 元"中尚未执行完毕的刑期 3 个月 26 天，并处罚金 4000 元并罚，决定执行有期徒刑 1 年，并处罚金 4000 元。

【案例评析】

首先分析一下故意伤害罪的犯罪构成要件。

1. 本罪侵犯的客体是他人的身体权。所谓身体权，是指自然人以保持其肢体、器官和其他组织的完整性为内容的人格权。应注意的是，本罪侵害的是他人的身体权，因此，故意伤害自己的身体，一般不认为是犯罪。只有当自伤行为是为了损害社会利益而触犯有关刑法规范时，才构成犯罪。例如，军人战时自伤，以逃避履行军事义务的，应按刑法第 434 条追究刑事责任。

2. 本罪在客观方面表现为实施了非法损害他人身体的行为。

（1）要有损害他人身体的行为。损害他人身体的行为的方式，既可以表现为积极的作为，也可以表现为消极的不作为。前者如拳打脚踢、刀砍枪击、棒打石砸、火烧水烫等；后者则如负有保护幼儿责任的保姆不负责任，见幼儿拿刀往身上乱戳仍然不管，结果幼儿将自己的眼睛刺瞎，就可构成本罪。既可以由自己实施，又可以利用他人如未成年人、精神病人实施，还可以利用驯养的动物如毒蛇、狼犬等实施。既可以针对人身的外表，造成外部组织的残缺或容貌的毁坏，又可以针对人体的内部，造成内部组织、器官的破坏，妨碍其正常的功能活动。总之，无论是直接由本人实施还是间接实施，亦无论是针对何种部位，采取什么样的方式，只要出于故意，能造成他人的人身健康伤害，即可构成本罪。

（2）损害他人身体的行为必须是非法进行的。如果某种致伤行为为法律所允许，就不能构成故意伤害罪。如正当防卫造成伤害而未过当的，医生对病人截肢治病等。经被害人同意的伤害，是否合法，要作具体分析。如果被害人的同意是为了达到危害社会的目的，这种同意不能排除伤害行为的非法性；如果这种同意是有益于社会的目的则可以排除他人伤害行为的非法性。对于具有激烈对抗性体育运动项目中发生的伤害行为是否具有合法性，也应作具体分析。如果这种致伤动作本身为该项运动项目的规则所允许，这种伤害一般不能认为具有刑法上的非法性。如果在足球比赛时，依据"合理冲撞规则"而引起伤害的动作，一般不认为是伤害罪；但如果比赛中动作粗鲁，明显违反规则要求，具有伤害他人身体故意的，也应按故意伤害罪论处。

（3）损害他人身体的行为必须已造成了他人人身一定程度的损害，才能构成本罪。只是一般性的拳打脚踢、推拉撕扯，不会造成伤害结果的，则不能以本罪论处。伤害结果的表现可多种多样，有的是破坏了他人组织的完整性，如咬去鼻子、砍断手脚；有的是损害了他人器官的正常功能，如听觉、视觉、味觉丧失，精神失常等。但就结果的严重程度而言，则有3种形态，即轻伤、重伤或死亡。如果没有造成轻伤以上的伤害，如没有达到伤害等级或虽达到等级却属轻微伤，则不能以本罪论处。所谓轻伤，是指由于物理、化学及生物等各种外界因素作用于人体，造成组织、器官结构的一定程度的损害或部分功能障碍，尚未构成重伤又不属于轻微伤害的损伤。鉴定应当以外界因素对人体直接造成的原发性损害及后果包括损伤当时的伤情、损伤后引起的并发症和后遗症等全面分析、综合评定。所谓重伤，是指使人肢体残废或者毁人容貌，丧失听、视觉或者其他器官功能以及其他对于人身健康有重大损害的伤害。

3. 本罪的主体为一般主体。凡达到刑事责任年龄并具备刑事责任能力的自然人均能构成本罪，其中，已满14周岁未满16周岁的自然人有故意伤害致人重伤或死亡行为的，应当负刑事责任。

4. 本罪在主观方面表现为故意。即行为人明知自己的行为会造成损害他人身体健康的结果，而希望或放任这种结果的发生。在一般的情况下，行为人事先对于自己的伤害行为能给被害人造成何种程度的伤害，不一定有明确的认识和追求。无论造成何种程度的结果都在其主观犯意之内，所以，一般可按实际伤害结果来确定是故意轻伤还是故意重伤。故意轻伤的犯罪还存在犯罪未遂问题。但对重伤意图非常明显，如企图严重毁容，并已着手实施的行为，由于意志以外的原因而未得逞的，即使未造成任何实际伤害，也应按故意重伤罪（未遂）定罪量刑。在故意伤害致死的情况下，行为人主观上存在混合罪过形式，即同时具有伤害故意和致人死亡的过失，这是区别故意伤害致死同故意杀人、故意伤害致死同过失致人死亡的主要故意伤害罪的量刑。犯故意伤害罪的，处3年以下有期徒刑、拘役或者管制；致人重伤的，处3年以上10年以下有期徒刑；致人死亡或者以特别残忍手段致人重伤造成严重残疾的，处10年以上有期徒刑、无期徒刑或者死刑。

本案中，区分故意伤害罪与一般殴打行为的界限是关键。故意伤害，是指伤害他人身体健康的行为。表现为两种情况：一种是对人体组织完整性的破坏，一种是对人体器官机能的损害。而一般的殴打行为，通常只造成人体暂时性的疼痛或神经轻微刺激，并不伤及人体的健康。当然，殴打行为不伤及人体的健康并非绝对，而只能是相对而言的。例如，朝人鼻子打一拳，有可能造成鼻青脸肿的后果；用手拉扯一下，也可能造成表皮损伤。但这种行为都不属于犯罪，不能以故意伤害罪论处，而只能依照治安管理处罚条例予以行政处罚。需要指出，有时殴打行为与伤害行为在外表形式及后果方面没有什么区别。拳打脚踢，有时只造成轻微疼痛或一点表皮损伤、皮下出血，有时则可能造成伤害甚至死亡。在这种情况下，如何甄别行为人的行为的性质，不能仅以后果为标准，不能简单地认为，造成伤害他人身体甚至死亡结果的就是故意伤害罪，而没有造成伤害的就是一般殴打行为。而应结合全案情况，考察主客观各方面的因素，看行为人是否具有伤害他人的故意。本案中罪犯杨某叫同监室罪犯陶某擦床铺，在遭到拒绝后，杨某挥拳击打陶某的面部，致陶某鼻梁骨折。杨某的行为为有意伤害他人，完全可以认定为故意伤害罪。

【工作策略】

检察机关监所检察部门作为法律监督部门，这种独特的法律地位使其能够深入到罪犯监管工作的各个环节，维护监管秩序，维护在押人员的合法权益是法律赋予的职责。监所检察的基本定位是对刑罚执行和监管活动进行法律监督，依法享有批捕、起诉、立案监督、侦查监督、审判监督和查办职务犯罪案件等多项职能。根据最高人民检察院《关于加强和改进监所检察工作的决定》和《人民检察院看守所检察办法》，明确将罪犯又犯罪案件的办理作为监所检察职责之一加以规定。

　　监所检察部门在办理在押人员又犯罪案件时，务必树立监督意识和人权保障意识。立案监督、侦查监督、公诉都是对相关部门办理案件的监督。树立监督意识，就是监所检察人员在办理在押人员又犯罪案件时，通过对案件的办理，发现、纠正相关办案部门的违法行为。另外，还必须要有人权保障意识，即保障又犯罪的在押人员的合法权益。监督相关部门办案，目的就在于保证相关部门不侵犯又犯罪的在押人员的合法权益。

第六节　受理控告和举报

一、受理控告

【案例】

孔某志控告案

　　控告人孔某志，男，26 岁，山西省某县人。因涉嫌抢劫罪，2008 年 7 月 29 日被县公安局刑事拘留，羁押于县看守所 102 号监室。

　　被控告人车某战，男，57 岁，山西省某县人，县看守所管教民警。

　　2008 年 10 月 6 日下午，县人民检察院驻看守所检察人员在与绝食的在押人员孔某志谈话中，孔某志向驻所检察人员控告管教民警车某战非法对其虐待、关禁闭。接到控告后，检察长遂指示院监所检察科对孔某志控告车某战一事进行调查。

　　县人民检察院通过以下几个方面对此事进行了调查：一是询问孔某志及县看守所102监室全体在押人员，详细了解孔某志被关禁闭的原因及在监室的表现情况；二是查看监控录象资料，掌握孔某志是否有违反监规的情况；三是经检察长准许，向车某战等看守所民警询问对孔某志关禁闭的情况及是否存在虐待在押人员等情况。

　　经查，因夜里不想轮流值班，但又怕被值班干警看见，县看守所102监室在押人员孔某志便思谋把监控镜头弄模糊些。2008年10月6日下午5点左右，孔某志便让同监室在押人员魏某钰、王某二人扶住102监室监控镜头下面的门，自己上到102监室的门上，同监室在押人员宋某峰把一个香皂递给孔某志，孔某志用香皂往监控镜头上涂抹时，恰巧被县看守所监控值班干警车某战、王某芳（看守所指导员）等人发现，车、王二人立即通过监控室话筒向102监室喊话："怎么啦？"孔某志听到喊叫后立即从门上跳下。之后，车某战、王某芳到102监室查问是谁堵的监控，无人承认。车某战便又去到监控室观看监控录像，并询问了个别102监室在押人员，确认涂抹监控器镜头的系孔某志，孔某志仍不承认。王某芳、车某战经请示所长同意后给予了孔某志关禁闭2天的处罚。

　　经调查，孔某志的控告纯属诬告。最后，在押人员孔某志因诬陷他人受到关禁闭3天的处分，并受到严厉训诫，责令向被诬陷民警车某战道歉。

【案例评析】

　　监管活动检察是看守所检察工作的重点监督环节，应当在日常监督工作中予以充分的重视。一经发现案件线索或违法现象，应立即开展调查核实，对存在的违法问题应及时提出纠正和发检察建议，防止因监督工作滞后导致违法问题产生严重后果，陷入被动局面，给看守所带来隐患。

　　这方面的信息主要通过驻所检察途径获取。在监管场所，要采取与在押人员谈心谈话、上法制课等形式，不断加大法制宣传和正面教育力度，使他们敢说话、敢于控告揭发一些违法犯罪行为。但对出现的个别在押人员诬告行为也要严厉打击，以维护正常的监管秩序，还被诬陷者以清白。

本案中，检察干警对在押人员孔某志控告管教民警车某战涉嫌虐待一事非常重视。经检察长批准，对此事进行了初查，在调查过程中，检察人员应当做到：（1）查明在押人员被关禁闭是否合法，查明在押人员是否有违犯监规等违法行为。（2）询问控告人及其他在押人员，调查被控告民警是否存在虐待在押人员行为。通过询问相关人员，收集、调阅、复制、制作相关证据材料，查清了事实，及时对被冤枉者进行澄清事实，洗雪了冤情，还管教干警以清白，及时建议对诬陷者进行处罚等。

【工作策略】

在看守所监管活动中，要善于通过检察信箱、与在押人员谈话、约见在押人员及其家属等方法，畅通服举报、申诉渠道，及时受理举报、控告和申诉，按照《人民检察院看守所检察办法》规定的程序进行反馈、查证，及时作出相应的处理，维护在押人员的合法权益，确保刑事诉讼的顺利进行。

二、受理举报

【案例】

吴某泉举报干警帮助犯罪分子逃避处罚案

在押人员姚某军，男，1967年10月18日出生，汉族，高中文化，案发前系某区公安分局看守所管教民警。2008年1月9日因涉嫌帮助犯罪分子逃避处罚罪被区检察院刑事拘留，同年1月18日被取保候审。

柴某生，男，1956年1月1日出生，汉族，初中文化，工人。2008年1月11日因涉嫌帮助犯罪分子逃避处罚罪被区检察院监视居住，同年1月16日被取保候审。

2007年8月，检举人吴某泉与柴某貌同在区看守所11号监室关押。吴某泉向承办其案的省人民检察院工作人员检举称：包号干警姚某军多次将柴某貌一案的案件进展情况采用传纸条、捎口信的方式传递给柴某貌，帮助其逃避刑事处罚。该线索被批转到区检察院监所检察科。

2008 年 1 月 7 日，区人民检察院监所检察科根据举报线索，对姚某军、柴某生二人以帮助犯罪分子逃避处罚罪立案侦查。

经查，2007 年年初，被告人柴某貌因故意杀人罪被司法机关羁押在区看守所 11 号监室，由干警姚某军对其监管。同年 5 月，柴某貌的父亲柴某生为帮助柴某貌逃避处罚，经人介绍与姚某军相识。至柴某貌故意杀人案一审开庭前，姚某军在柴某生的唆使下利用监管之便，多次将柴某貌一案的案情进展情况采用传纸条、捎口信的方式在柴某生、柴某貌父子二人之间串通，帮助柴某貌逃避刑事处罚。其间，柴某生共分三次送给姚某军 1500 元钱及几条紫云香烟。1 月 30 日，该案移送区人民检察院公诉科审查起诉。4 月 18 日，区人民检察院经检委会研究，决定对姚某军、柴某生二人作相对不起诉处理。

【案例评析】

帮助犯罪分子逃避处罚罪，是指有查禁犯罪活动职责的国家机关工作人员，向犯罪分子通风报信、提供便利，帮助犯罪分子逃避处罚的行为。帮助犯罪分子逃避处罚的犯罪是行为犯，如果负有查禁犯罪活动职责的国家机关工作人员故意实施了向犯罪分子和犯罪嫌疑人通风报信等帮助逃避处罚的行为，就构成了犯罪。

首先，看守所民警属于国家机关工作人员范畴。依照我国法律、法规的有关规定，国家机关包括司法机关在内，看守所民警属于刑法所包括的司法工作人员之一。按有关解释，监管干警是指在监狱、少管所、拘役所、看守所、劳教所从事警察业务的人员。看守所系公安机关所属机构，其民警是公安民警的重要组成部分，是理所当然的国家机关工作人员。其次，看守所民警具有查禁犯罪活动的职责。所谓查禁犯罪活动的职责，是指担负有查处、禁止犯罪的职责。人民警察法第 6 条规定人民警察应依法履行预防、制止和侦查违法犯罪活动、维护监管场所安全、稳定等多项职责。因此，在客观上本案中的姚某军作为负有查禁犯罪活动职责的国家机关工作人员，为了贪图钱财，在履行监管活动中，利用职务之便故意实施了向犯罪嫌疑人传递口信和字条，帮助在押人员逃避处罚的行为，其行为已构成帮助犯罪分子逃避处罚罪。

【工作策略】

举报，是公民或者单位向司法机关或者其他有关国家机关和组织检举、控告、违纪、违法、犯罪，依法行使其民主权利的行为，也是反腐倡廉的必要手段。监所检察人员要重视在押人员的举报，它是了解监管干警违法信息的重要、有效的途径。本案就暴露出看守所的监管管理工作存在混乱、松懈等突出问题。干警在工作中没有认真履行教育、管理、监督的职责，对工作缺乏应有的事业心和责任感。另外，监所检察人员还要及时处理在押人员的举报。对于吴某泉举报案，监所检察部门不仅对干警姚某军帮助逃避处罚行为进行了立案侦查，还向看守所发出检察建议，建议看守所进一步加强对干警的教育、培训和管理。

第四章 监外执行检察

第一节 交付执行检察

一、法院交付执行

【案例】

田某等 459 名罪犯未交付执行案

2004 年 7 月 1 日起至 2007 年 6 月 30 日 3 年间，某市人民法院刑事审判庭未将所裁决的田某等 459 名监外执行罪犯的法律文书依法送达执行机关，造成这些罪犯漏管失控、无人监督。截至 2007 年 6 月 30 日全国开展核查纠正监外执行罪犯脱管漏管专项活动，仍有 217 名刑期未满的监外执行罪犯处于漏管状态，其中田某、梁某某、武某某、王某某、梁某俊在缓刑、管制期间重新犯罪，造成了十分恶劣的社会影响。

被告人李某泰在担任某市人民法院刑事审判庭庭长期间，工作严重不负责任，对监外执行罪犯法律文书送达工作极不重视，未交付执行机关执行，致使 459 名监外执行罪犯漏管失控，使得人民法院的判决得不到有效执行，造成恶劣社会影响，其行为构成玩忽职守罪。人民法院依据刑法第 397 条之规定，判决被告人李某泰犯玩忽职守罪，判处有期徒刑 1 年。

【案例评析】

本案是一起典型的人民法院判决、裁定监外执行罪犯不交付执行案例，身为某市人民法院纪检组长、审判庭庭长的李某泰在 3 年间，违反法律失职渎职，竟有 459 名裁决的监外执行罪犯的法律文书未送达执行机关，致使这些监外执行罪犯漏管，并有多名罪犯在监外执行期间重新犯罪，造成恶劣的社会影响，李某泰也得到了应有的惩罚，以玩忽职守罪被处以 1 年有期徒刑。

交付执行，是指人民法院、监狱、看守所对管制、剥夺政治权利、缓刑、假释和暂予监外执行的判决、裁定和决定的法律文书送达有关执行机关以及罪犯交付有关执行机关执行的活动。从人民法院交付监外执行方面来说，就是人民法院判决、裁定管制、剥夺政治权利、缓刑、假释和决定暂予监外执行文书的送达。1996 年刑事诉讼法第 213 条规定，罪犯被交付执行刑罚的时候，应当由交付执行的人民法院将有关的法律文书送达监狱和或者其他执行机关。2009 年中央社会治安综合治理委员会办公室、最高人民法院、最高人民检察院、公安部、司法部联合制定的《关于加强和规范监外执行工作的意见》第 1 条规定，人民法院对罪犯判处管制、单处剥夺政治权利、宣告缓刑的应当在判决、裁定生效后 5 个工作日内，核实罪犯居住地后将判决书、裁定书、执行通知书送达罪犯居住地县级公安机关主管部门，并抄送罪犯居住地县级人民检察院监所检察部门。第 4 条规定："人民法院决定暂予监外执行的罪犯，判决、裁定生效前已被羁押的，由公安机关依照有关规定办理移交。……五个工作日内，将暂予监外执行决定书和判决书、裁定书、执行通知书送达罪犯居住地县级公安机关主管部门……"对于人民法院裁定假释的法律文书的送达，该《意见》第 5 条也有详尽的规定；第 6 条还对五种监外执行罪犯的报到及时间作了明确规定。但就本案中负有交付职责的李某泰来说，对本庭应负责送达的监外执行法律文书，不布置、不督促、不检查、不汇报，将 459 名监外执行罪犯的法律文书束之高阁，使神圣的法律判决未得到有效执行。

1. 本案中暴露出的交付执行检察问题

检察机关监所检察部门负有对交付执行法律监督的职责，刑事诉讼法第 8 条规定，人民检察院依法对刑事诉讼活动实行法律监督。人民法院和监狱、看守所的交付执行活动是刑事诉讼活动的范畴，因此，对人民法院和监狱、看守所交付执行活动的监督是人民检察院监外执行检察的范畴。《关于加强和规范监外执行工作的意见》第20条规定，人民检察院对人民法院交付监外执行活动实行监督，发现违法违规行为的，应当及时提出纠正意见；第24条明确规定人民法院没有依法送达监外执行法律文书是应纠正的情形之一。《人民检察院监外执行检察办法》第3条第（1）项规定，人民检察院对人民法院交付执行活动是否合法实行监督，第（4）项规定：对监外执行活动中发生的职务犯罪案件进行侦查，开展职务预防工作。本案中检察机关在长达3年的时间里没有发现一点蛛丝马迹，可见法律监督工作的欠缺。

2. 监外执行罪犯交付不到位的危害

监外执行罪犯脱、管漏管问题的发生，无论是对于法制的权威还是对于社会的安全都是一种不容忽视的损害和威胁。其危害至少表现在以下几个方面：一是法律的执行者对执行工作的懈怠以及权力滥用等造成漏管，会使法律执行的严肃性受到扭曲，不良的法律观念将会在社会上蔓延。当前，一些地方流传"缓刑等于不服刑"、"假释等于提前释放"、"保外就医等于玩猫腻放人"、"暂予监外执行等于自由"，就是对这种脱管后果的反映。二是执行工作不到位，犯罪得不到应有的惩罚，会使犯罪人缺乏负罪感，导致犯罪人想尽一切办法寻求监外执行，刑罚的惩罚性、教育性、警戒性目的和功能不能得到实现和发挥，相反，会进一步增强犯罪者以及社会民众对法律的漠视。三是犯罪人的脱管、漏管，加剧了监外执行罪犯又犯罪现象的发生，给社会带来不稳定因素。

【工作策略】

2012年最高人民法院《关于适用〈中华人民共和国刑事诉讼法〉的解释》第436条规定："对被判处管制、宣告缓刑的罪犯，人民法院应当核实其居住地。宣判时，应当书面告知罪犯到居住地县级司法行政机关报到的期限和不按期报到的后果。判决、裁定生效后十日内，应当将判决书、裁定书、执行通知书等法律文书送达罪犯居住地的县级司法行政机关，同时抄送罪犯居住地的县级人民检察院。"

对于人民法院监外执行法律文书的送达，监所检察部门应当检察以下内容：

1. 是否按时送达

现有的法律法规对判决生效后的法律文书的送达没有具体的时间规定，只规定"及时"送达看守所或公安机关。由于法律规定的缺失，导致人民法院法律文书送达不及时的情形比较普遍。为加强和规范监外执行工作，2009 年中央社会治安综合治理委员会办公室、最高人民法院、最高人民检察院、公安部、司法部制定的《关于加强和规范监外执行工作的意见》规定，人民法院对罪犯判处管制、单处剥夺政治权利、宣告缓刑、决定暂予监外执行、裁定假释的，应当在判决、裁定、决定生效后 5 个工作日内，将有关法律文书送达并抄送有关部门。人民检察院发现人民法院没有按照该意见规定的时间送达法律文书的，应当提出纠正意见。

2. 是否齐全送达

法律文书是否齐全送达，是指法律规定应当送达的法律文书是否全部送达。人民法院对被判处管制、宣告缓刑、独立适用剥夺政治权利和决定暂予监外执行，应当送达的法律文书有判决（裁定）书、暂予监外执行决定书、起诉书副本、执行通知书、结案登记表。按照监狱管理机关和公安机关的有关规定，监狱、看守所对被裁定假释的罪犯，送达的法律文书有假释裁定书、执行通知书、假释证明书。对罪犯暂予监外执行的，送达的法律文书有暂予监外执行审批表、暂予监外执行决定书。对主刑执行完毕附加执行剥夺政治权利的，送达的法律文书有附加剥夺政治权利执行通知书、释放证明书。人民检察院发现人民法院、监狱、看守所法律文书送达不齐全，并影响监外执行工作正常进行的，应当向有关机关提出纠正意见。

3. 是否抄送人民检察院

对人民法院、监狱、看守所是否将判决、裁定和决定相关法律文书抄送人民检察院，也是交付执行检察的重要内容。当然，抄送人民检察院的法律文书相对简单，比如，监狱法第 32 条规定，罪犯裁定假释的，假释裁定副本应当抄送人民检察院。监狱法第 26 条规定，监狱管理机关批准罪犯暂予监外执行，批准机关应当将暂予监外执行的批准决定抄送人民检察院。

二、监狱交付执行

【案例】

夏某峰等三人未交付执行案

罪犯夏某峰，男，1976 年 5 月 14 日出生，汉族，高中文化，某省某市人。2004 年因犯盗窃罪被某市人民法院判处有期徒刑八年，2009 年 4 月 30 日假释出监，矫正期 2009 年 4 月 30 日至 2010 年 8 月 22 日。

罪犯陆某根，男，1948 年 6 月 3 日出生，汉族，初中文化，某省某市人。2005 年因犯强奸罪被某市人民法院判处有期徒刑七年，2009 年 4 月 30 日假释。矫正期 2009 年 4 月 30 日至 2010 年 11 月 26 日。

罪犯王某良，1964 年 6 月 15 日出生，汉族，高中文化。某省某市人。2007 年 6 月因犯妨害作证罪被某市人民法院判处有期徒刑四年，2009 年 4 月 16 日假释。矫正期 2009 年 4 月 16 日至 2010 年 12 月 12 日。

2009 年 6 月上旬，某市人民检察院监所检察科在对社区矫正对象核查比对中发现，夏某峰、陆某根、王某良 3 名出狱的假释对象未纳入社区矫正管理。

经进一步检察发现，这 3 名假释罪犯均不知晓社矫管理制度，出狱时未被告知去社矫机构报到，出狱后只知道到所在地派出所登记户口，不知道要到基层司法所报到办理入矫手续。另外，监狱与基层司法部门在交接罪犯档案资料上的滞后，个别罪犯出狱 1 个月后司法部门才收到假释材料，客观上导致衔接不到位，入矫不及时。

某市人民检察院监所检察科想方设法与3名罪犯取得了联系，并逐一见面，督促他们到所在辖区的司法矫正部门办理了入矫手续，同时展开教育谈心，要求他们摆正位置、端正态度，化被动为自觉，以积极的心态参加社矫，以实际行动回报社会。3名假释罪犯一致表示要珍惜社矫机会，遵纪守法，远离违法犯罪。与此同时，该人民检察院还与监狱方面取得联系，提出了及时交接出狱档案、与社区矫正无缝衔接的口头检察建议，得到采纳。

【案例评析】

本案涉及监狱交付社区矫正的问题。人民法院、监狱、看守所是刑罚执行中交付执行三大机关，监狱在交付执行中出现纰漏造成漏管，会给社会稳定带来不安全因素。

1. 监狱应当向社区矫正机构交付执行

社区矫正就是与监禁矫正相对的行刑方式，是对符合社区矫正条件的罪犯有针对性地实施社会化矫正的非监禁刑罚执行活动。2003年最高人民检察院、最高人民法院、公安部、司法部《关于开展社区矫正试点工作的通知》规定，司法行政机关要牵头组织有关单位和社区组织开展社区矫正工作，监狱管理机关要依法积极协助社区矫正组织的工作。该通知中还明确了社区矫正的适用范围主要是5种罪犯：（1）被判处管制的；（2）被宣告缓刑的；（3）被暂予监外执行的；（4）被裁定假释的；（5）被剥夺政治权利的。本案中3名假释犯在出狱时未被告知到社矫机构报到，明显不符合法律规定。2009年《刑法修正案（八）》第2、13、17条已明确规定，对被判处管制、宣告缓刑和裁定假释实施社区矫正。2012年刑事诉讼法第258条规定：对被判处管制、宣告缓刑、假释或者暂予监外执行的罪犯，依法实行社区矫正，由社区矫正机构负责执行。2012年最高人民法院、最高人民检察院、公安部、司法部颁布《社区矫正实施办法》（以下简称《办法》），其第2条规定：司法行政机关负责指导管理、组织实施社区矫正工作。人民法院对符合社区矫正适用条件的被告人、罪犯依法作出判决、裁定或者决定。人民检察院对社区矫正各执法环节依法实行法律监督。2012年监狱法第33条规定："人民法院裁定假释的，监狱应当按期假释并发给假释证明书。对被假释的罪犯，依法实行社区矫正，由社区矫正机构负责执行。"

2. 监狱应当依法将监外执行罪犯向公安机关、司法矫正机关交付执行

2009年中央社会治安综合治理委员会办公室、最高人民法院、最高人民检察院、公安部、司法部《关于加强和规范监外执行工作的意见》（以下简称《意见》）第28条规定，社区矫正试点地区的社区服刑人员的交付执行、监督管理工作，参照该意见和依照社区矫正有关规定执行。这表明监外执行管理方面的条款同样可以比照执行。该《意见》第5条规定，对于裁定假释的，人民法院应当将假释裁定书送达提请假释的执行机关和承担监所检察任务的人民检察院。监狱、看守所应当核实罪犯居住地，并在5个工作日内将假释证明书副本、判决书、裁定书等法律文书送达居住地县级公安机关主管部门，抄送罪犯居住地县级人民检察院监所检察部门。第6条还规定了包括监狱在内的交付执行机关应当书面告知到执行机关报到，以及不按时报到应承担的法律责任。本案涉及的是假释类型，但监狱交付执行的还有暂予监外执行和主刑执行完毕附加执行剥夺政治权利的罪犯。《意见》第2条规定，监狱管理机关、公安机关决定暂予监外执行的，交付执行的监狱、看守所应当将罪犯押送至罪犯居住地，与罪犯居住地县级公安机关办理移交手续，并将暂予监外执行决定书等法律文书抄送罪犯居住地县级公安机关主管部门、县级人民检察院监所检察部门。《意见》第3条对罪犯服刑地与居住地不在同一省、自治区、直辖市的交付执行作了明文规定。交付执行不合法，势必导致漏管现象的发生，本案中3名罪犯本应当列入社区服刑，但在社区矫正交付执行中没有按照法律进行。社区矫正服刑人员脱管或违反社区矫正管理规定，情节严重，同样适用收监执行。《办法》第25条规定："缓刑、假释的社区矫

正人员有下列情形之一的，由居住地同级司法行政机关向原裁判人民法院提出撤销缓刑、假释建议书并附相关证明材料，人民法院应当自收到之日起一个月内依法作出裁定：（一）违反人民法院禁止令，情节严重的；（二）未按规定时间报到或者接受社区矫正期间脱离监管，超过一个月的；（三）因违反监督管理规定受到治安管理处罚，仍不改正的；（四）受到司法行政机关三次警告仍不改正的；（五）其他违反有关法律、行政法规和监督管理规定，情节严重的。"《办法》第 26 条对暂予监外执行的社区矫正人员违法违规收监情形作出了规定。据资料显示，我国每年在监外执行、社区服刑的罪犯约占罪犯总数的近 1/3，随着宽严相济刑事司法政策的进一步贯彻，参加社区矫正的服刑人员会有新的提高，越来越显示出社区矫正工作的必要。如果在实施社区矫正中出现脱管、漏管现象，将失去监外执行、社区矫正这种服刑方式的意义。因此，对社区矫正中出现的脱管、漏管现象要加大管理力度。

3. 本案中检察机关发挥了应有的监督职能

《办法》第 2 条规定，人民检察院对社区矫正各执法环节依法实行法律监督。2012 年《人民检察院刑事诉讼规则（试行）》第 633 条规定，对刑事判决、裁定执行活动的监督由人民检察院监所检察部门负责。第 659 条规定，人民检察院依法对社区矫正执法活动进行监督。社区矫正监督由人民检察院监所检察部门负责。本案中某市人民检察院监所检察部门通过对社区矫正工作法律监督，依法对社区矫正工作中存在的交付执行不到位进行纠正，使 3 名监外执行罪犯接受社区服刑矫正，发挥了监督职责。当然，其不足之处是，该监所检察部门对监狱的违法行为应采取违法纠正意见的形式，而不是检察建议。

【工作策略】

本案对 3 名漏管假释人员成功监督的经验值得借鉴：一是建立社区检察监督站，将社区矫正定期监督变为日常监督。二是监督工作扎实有效，在本案例中检察人员与监狱联系，提出及时交接出狱档案，与社区矫正无缝对接的建议，监督职责到位。三是在社区矫正还不太规范的情况下，某市人民检察院监所检察部门把社区矫正工作开展得有声有色，他们积极探索开拓创新的精神值得肯定。但是还应提出一点：在开展社区矫正工作中，在社区矫正机构不完善、经验不丰富的情况下，社区矫正机构要与当地人民法院、公安机关加强联系，建立联席会议制度和信息通报制度，加强对监外执行（社区矫正）罪犯脱管、漏管问题的防范。

第二节　监管活动检察

【案例1】

马某脱管案

罪犯马某，男，1986年8月16日出生，汉族，农民，初中文化，山西省某县人。2008年7月31日被某县人民法院判处有期徒刑1年6个月，缓刑2年。

2010年6月20日，某县人民检察院监所检察科检察人员在对监外执行工作进行检察时发现，缓刑罪犯马某已经超过3个月没有与派出所干警进行谈话。经向派出所干警了解，罪犯马某自从建档后就一直没有与派出所联系，处于脱管状态。监所检察科检察人员发现此情况后，即对罪犯马某的档案进行了细致审核并对管理该罪犯的民警进行了询问。该民警称已向某县人民法院送达了对马某的收监建议书，但人民法院一直没有答复。检察人员又从人民法院了解到执行机关确实送达了收监建议书，但一直没有下达对马某的裁定。

县人民检察院根据刑法第77条第2款"被宣告缓刑的犯罪分子，在缓刑考验期限内，违反法律、行政法规或者国务院有关部门关于缓刑的监督管理规定……情节严重的，应当撤销缓刑，执行原判刑罚"和中央社会治安综合治理委员会办公室、最高人民法院、最高人民检察院、公安部、司法部《关于加强和规范监外执行工作的意见》第 24 条的规定，分别对人民法院、派出所发出纠正违法通知书。某县人民法院下达了对马某撤销缓刑执行原判刑罚的裁定及对马某的批准逮捕决定书，某县公安局对马某上网追逃。

【案例评析】

本案中为监外执行罪犯不遵守法律法规的有关规定，公安机关不认真履行监管职责，人民法院不作为，对执行机关送达的收监执行建议书没有依法进行审查、裁定而导致缓刑罪犯马某长期脱管且不能收监执行。

所谓脱管，是指监外执行罪犯脱离公安机关或社区矫正机构的监督管理。脱管主要有以下几种表现形式：一是未经执行地公安机关或社区矫正机构批准，擅自离开所居住的区域或去向不明的；二是未向公安机关或社区矫正机构报告自己的活动情况的；三是公安机关或社区矫正机构没有采取任何监管措施的，监外执行罪犯处于实际的脱管状态的；四是公安机关或社区矫正机构已收到法律文书，但罪犯未在规定时间内报到的。本案中马某是交付机关法律文书送达后就没报到，还是建档报到后脱管，从案情介绍看有点模糊，但不管哪一种都是处于脱管状态。刑法第 77 条第 1 款规定：被宣告缓刑的犯罪分子，在缓刑考验期内犯新罪或者发现判决宣告以前还有其他罪没有判决的，应当撤销缓刑。第 2 款规定：被宣告缓刑的犯罪分子，在缓刑考验期限内，违反法律、行政法规或者国务院有关部门关于缓刑的监督管理规定，或者违反人民法院判决中的禁止令，情节严重的，应当撤销缓刑，执行原判刑罚。"情节严重"是指有意或无意地摆脱监管机关的监督管理，或违反法律、行政法规或者国务院有关部门关于缓刑的监督管理规定，尚未构成新的犯罪。有些虽然脱管，但是是无意脱管，实际上没造成法律后果，也没有收监的必要，加强教育即可。收监执行有严格的程序规定，最高人民法院《关于执行〈中华人民共和国刑事诉讼法〉若干问题的解释》第 357 条规定："被宣告缓刑、假释的罪分子，在缓刑、假释考验期内违反法律、行政法规或者国务院公安部门有关缓刑、假释的监督管理规定，应当依法撤销缓刑、假释的，原作出缓刑、假释裁判的人民法院应当自收到同级公安机关提出的撤销缓刑、假释建议书之日起一个月内依法作出裁定。"原《公安机关办理刑事案件程序规定》第 300 条规定：被宣告缓刑的罪犯在缓刑期间，违反法律、行政法规或者公安部制定的有关规定，尚未构成新的犯罪的，公安机关应当向人民法院提出撤销缓刑、假释的建议。人民法院裁定撤销缓刑、假释的，公安机关应当及时将罪犯送交原关押的监狱、看守所、拘役所收监执行，这些表明收监执行首先是要执行机关即公安机关向人民法院提出收监执行建议书，人民法院在 1 个月之内要依法作出裁定。从本案情况来看，缓刑罪犯马某已经超过 3 个月没有向派出所汇报思想情况处于脱管状态，执行机关公安机关下辖派出所也已向某县人民法院送达了对马某的收监建议书，某县人民法院也下达了对马某撤销缓刑执行原判刑罚的裁定及对马某的批准逮捕决定书，某县公安局对马某进行了上网追逃。

根据刑法第 75 条、第 77 条第 2 款和原刑事诉讼法第 217 条第 1 款及中央社会治安综合治理委员会办公室、最高人民法院、最高人民检察院、公安部、司法部《关于加强和规范监外执行工作的意见》第 15 条的有关规定，某县公安机关向人民法院提出对缓刑罪犯马某的收监执行建议是符合有关规定要求的。但是，公安机关在日常监管工作中还存在两个主要问题：一是公安机关对监外执行罪犯只是进行了登记，没有按照法律规定建立相应的帮教组织；二是公安机关不认真履行监管职责，没有按照法律规定落实具体的监管措施，导致监外执行罪犯长期脱管。

根据《社区矫正实施办法》第 2 条第 4 款、第 27 条等规定，公安机关在社区矫正工作中，对违反治安管理规定或者人民法院禁止令，依法应予治安管理处罚或者对重新犯罪的社区矫正人员应当及时依法处理；对人民法院裁定撤销缓刑决定收监执行的罪犯，应当积极协助居住地县级司法行政机关及时将罪犯送交监狱或者看守所；被撤销缓刑并决定收监执行的罪犯下落不明的，公安机关可以按照有关程序上网追逃。

根据刑法第 77 条第 2 款、《社区矫正实施办法》第 2 条第 2 款之规定，人民法院对执行机关送达的收监执行建议书应当依法进行审查、裁定，但人民法院相关工作人员不作为，对执行机关送达的收监执行建议书没有依法进行审查、裁定，从而导致缓刑罪犯马某长期脱管且不能将其收监执行。在社区矫正工作中，人民法院对缓刑罪犯在缓刑考验期限内，违反法律、行政法规或者国务院公安部门有关缓刑的监督管理规定，情节严重的，应当撤销缓刑，执行原判刑罚。对符合社区矫正适用条件的被告人、罪犯应当依法作出判决、裁定或者决定。需要指出的是，在实际工作中应当注意把握情节严重的适用。所谓情节严重，要看是否多次违反规定，或者违反规定是否屡教不改。

本案中，检察机关在履行法律监督职责方面还存在不到位的现象，没有及时发现和纠正执行机关在监管工作中存在的问题。根据刑法第77条第2款、《关于加强和规范监外执行工作的意见》第24条、《人民检察院监外执行检察办法》第15条等有关规定，检察机关在社区矫正工作中，应当对社区矫正各执法环节依法实行法律监督。可以采用定期检察与不定期检察、全面检察与重点检察、会同有关部门联合检查等方式进行。县级人民检察院每半年至少应当进行一次全面检察。在监管帮教环节检察中，对于缓刑罪犯，主要检察执行机关监督考察措施是否落实；是否根据人民法院的判决、裁定，向罪犯原所在单位或者居住地群众宣布其犯罪事实、监督考察期限以及罪犯在监督期限内应当遵守的规定；是否依法监督罪犯在监督考验期内应当遵守有关规定；对缓刑罪犯违反监督管理规定的，公安机关是否依法给予治安管理处罚；公安机关、司法行政机关工作人员是否侵害罪犯合法权益；是否发生脱管现象；执行机关对监督管理情况是否按照规定及时向县级人民检察院通报。在变更执行环节检察中，对于缓刑罪犯，主要检察执行机关撤销缓刑的建议是否符合法律法规的有关规定；人民法院收到执行机关提出的撤销缓刑的建议书后有没有依法作出裁定；人民法院撤销缓刑的裁定是否符合有关法律规定。对于检察中发现的问题，应当及时向有关机关提出纠正意见，并跟踪监督落实情况。

需要重点强调的是，司法行政机关应当根据《社区矫正实施办法》的有关规定，认真做好对社区矫正人员的监管帮教工作，同时，对于缓刑的社区矫正人员有下列情形之一的，由居住地同级司法行政机关向原裁判人民法院提出撤销缓刑建议书并附相关证明材料：（1）违反人民法院禁止令，情节严重的；（2）未按规定时间报到或者接受社区矫正期间脱离监管，超过1个月的；（3）因违反监督管理规定受到治安管理处罚，仍不改正的；（4）受到司法行政机关3次警告仍不改正的；（5）其他违反有关法律、行政法规和监督管理规定，情节严重的，撤销缓刑的建议书应当同时抄送社区矫正人员居住地同级人民检察院和公安机关。

从检察监督方面来看，刑事诉讼法第265条规定："人民检察院对执行机关执行刑罚的活动是否合法实行监督。如果发现有违法的情况，应当通知执行机关纠正。"《公安机关对被管制、剥夺政治权利、缓刑、假释、保外就医罪犯的监督管理规定》第7条规定："公安机关对被管制、剥夺政治权利、缓刑、假释、保外就医罪犯的监督管理工作，接受人民检察院的监督。"明确了检察机关对五种类型的监外执行罪犯的执行刑罚情况有监督职能，最高人民检察院出台的《人民检察院监外执行检察办法》就是对监外执行的细化。《关于加强和规范监外执行工作的意见》第24条规定："人民检察院发现有下列情形的，应当提出纠正意见……（2）人民法院收到有关机关对监外执行罪犯的撤销缓刑、假释、暂予监外执行的建议后，没有依法进行审查、裁定、决定的；（3）公安机关没有及时接收监外执行罪犯，对监外执行罪犯没有落实监管责任、监管措施的……（11）监外执行罪犯出现脱管、漏管情况的……"就本案来说，某县人民检察院监检科在对监外执行罪犯检察中，发现马某超过3个月没有到派出所汇报自身思想情况，即依法提出纠正，某县人民法院也采纳了建议，依法作出了撤销缓刑的裁判，检察监督比较到位。

【工作策略】

根据《刑法修正案（八）》和修订后的刑事诉讼法以及《社区矫正实施办法》的规定，对缓刑犯实行社区矫正，由司法行政机构负责。根据《社区矫正实施办法》的规定，缓刑社区矫正人员，未按规定时间报到或者接受社区矫正期间脱离监管，超过 1 个月的，由居住地同级司法行政机关向原裁判人民法院提出撤销缓刑建议书并附相关证明材料，人民法院应当自收到之日起 1 个月内依法作出裁定。司法行政机关撤销缓刑、假释的建议书和人民法院的裁定书同时抄送社区矫正人员居住地同级人民检察院和公安机关。就缓刑犯的社区矫正监督而言，监所检察部门应把监督重点放在社区矫正机构对缓刑社区矫正人员的管理是否违法、提出撤销缓刑建议活动是否违法以及人民法院对缓刑撤销的裁定活动是否违法。

【案例 2】

范某程漏管案

罪犯范某程，男，1971 年 6 月 22 日生，户籍地为某市某区咸阳北路，因复制贩卖淫秽物品牟利罪于 2002 年 2 月 5 日经某市某区人民法院判处有期徒刑 13 年，附加剥夺政治权利 2 年（剥夺政治权利期限为 2010 年 4 月 22 日至 2012 年 4 月 21 日）。2010 年 4 月 16 日经某市第一中级人民法院裁定决定对罪犯范某程减去余刑，予以释放。同年 4 月 22 日某市某监狱执行减刑裁定释放罪犯范某程。

社区民警在下片入户发现辖区内居民范某程系监外执行罪犯，2010 年 6 月 12 日以出国打工为名向某市公安局申请办理出国护照，有随时出国的可能。经查询，截止到同年 6 月 12 日，某市公安局出入境管理处已经依法办结范某程的护照，但尚未领取。

2010 年 6 月 21 日，某市某区人民检察院依法向某监狱发出纠正违法通知书。同时向某市公安局出入境管理处通报备案监外执行罪犯范某程为法定不批准出境人员，冻结范某程已办结的出国护照，防止其外逃出国。

【案例评析】

根据刑法、刑事诉讼法的有关规定，主刑执行完毕仍须执行剥夺政治权利的罪犯也属于监外执行的对象，尽管恢复了人身自由，但是，行为和活动要受到一定的限制和管束，在一定的范围内限制其自由，离开所居住的市县或者迁居要报经执行机关批准。本案是一个检察纠正剥夺政治权利的监外执行罪犯违法出境案件。

1. 公安机关在监外执行罪犯报到时应该告知其应遵守的各项规定

交付执行环节对监外执行罪犯以后的监督管理和社区服刑教育是基础，也是前提，只有依法规范交付执行，才能启动对监外执行罪犯进行监督的功能。2009 年中央社会治安综合治理委员会办公室、最高人民法院、最高人民检察院、公安部、司法部《关于加强和规范监外执行工作的意见》第 5 条规定，对主刑执行完毕后附加执行剥夺政治权利的罪犯，监狱、看守所应当核实罪犯居住地，并在释放罪犯前 1 个月将刑满释放通知书、执行剥夺政治权利附加刑所依据的判决书、裁定书等法律文书送达罪犯居住地县级公安机关主管部门，抄送罪犯居住地县级人民检察院监所检察部门。同时，《关于加强和规范监外执行工作的意见》第 6 条规定，被判处主刑执行完毕后附加执行剥夺政治权利的罪犯出监时，监狱应当书面告知其必须按时到居住地公安派出所报到，以及不按时报到应承担的法律责任。在报到后作为执行机关公安机关派出所及社区矫正机构司法所应当就应遵守的规定进行告知，并签字。《关于加强和规范监外执行工作的意见》第 24 条第 4 项、《人民检察院监外执行检察办法》第 11 条第 2 项规定，对执行机关不告知的检察机关要提出纠正，下发纠正违法通知书。本案例中范某程是在社区民警入户时发现是一名监外执行罪犯，所以监狱对范某程的交付执行是否到位，案例中表述含糊。因此，范某程对应遵守的相关规定了解与否是本案的一个疑点。如果交付执行出现脱节，该罪犯就出现了漏管，对这个罪犯的监外执行、社区矫正就无从谈起，就不可能产生应有的执行效果，有损法律的尊严和权威。

2. 公安机关要依法进行监督管理

监督管理活动，是执行机关对监外执行罪犯依法实行教育、监督、管理的具体执行活动。监督管理活动是否依法进行，关系到刑罚执行的公信力，也关系到预防犯罪刑罚的目的能否实现。针对该案例来说，公安机关收到监狱对主刑执行完毕仍需附加执行剥夺政治权利的法律文书后，某市分局就要指定居住地派出所具体负责监督考察，相应地成立考察小组，建立档案，制定和落实监督管理的具体措施。作为本案例是剥夺政治权利的监外执行罪犯，那么公安机关就要落实应当剥夺的政治权利。应当剥夺的政治权利有7项：（1）不得享有选举权和被选举权；（2）不得组织或者参加集会、游行、示威、结社活动；（3）不得出版、制作、发行书籍、音像制品；（4）不得接受采访，发表演说；（5）不得在境内外发表有损国家荣誉、利益或者其他具有社会危害性的言论；（6）不得担任国家机关职务；（7）不得担任国有公司、企业、事业单位和人民团体的领导职务。同时，还要遵守当地的法规，如本案中的范某程，就未遵守天津市《〈关于实行对法定不批准出境人员通报备案的规定〉实施办法》第9条第2款"主刑已执行完毕仍须执行剥夺政治权利的由司法行政机关作出限制出境决定并通报备案"的规定，属于法定不批准出境人员而被冻结已办结的出国护照的人员。

3. 剥夺政治权利的监外执行罪犯如不遵守监管规定或违法，依然要受到处罚及追究

剥夺政治权利是资格刑，与生命刑、自由刑、财产刑不同，法律只规定剥夺其政治权利，没有限制其人身自由的规定，但是，行为和活动要受到一定的限制和管束，在一定范围内限制其自由，离开居住地的市县或迁居要报经执行机关批准，根据当地考察机关规定时间，就自己遵守法律对剥夺政治权利的规定情况定期进行报告。《关于加强和规范监外执行工作的意见》第14条、《公安机关对被管制、剥夺政治权利、缓刑、假释、保外就医罪犯的监督管理规定》第13条都规定，监外执行罪犯在考验期内不遵守违反法律行政法规或国务院公安部有关规定的，由公安机关依照治安管理处罚法第60条给予治安管理处罚；构成犯罪的，依法追究刑事责任。本案中，

范某程违反规定，拟擅自出境，也应当考虑给予其治安管理处罚。

【工作策略】

在本案例中，检察机关依法纠正并成功防止了一起监外执行罪犯违规出境案件，职能作用得以发挥，但从案例评析角度，还是有一些值得商榷的地方：一是本案例中范某系经过减刑主刑执行完毕仍须执行剥夺政治权利的情况，适用原刑事诉讼法第214条之规定不妥，该规定是关于暂予监外执行的条款。二是案例中范某是交付执行不到位，还是监管工作有疏漏，不清楚，如果是监管中出现的问题，那么就应该向公安机关发出纠正违法通知书，而不应向监狱发出。三是范某2010年4月16日予以释放，同年6月12日就违反监管规定，那么他减刑主要是因为"悔改表现或立功表现"，他服刑前后的思想变化有点反常，我们不得不考虑减刑背后是否存在"猫腻"，驻监狱检察应该查查是否存在渎职问题。

【案例3】

陈某刚脱管案

陈某刚，男，1970年1月13日出生，汉族，山西省某市某县凤城镇人，高中文化，农民。2008年4月28日因涉嫌诈骗罪被山西省某县人民法院判处有期徒刑3年缓刑4年，并处罚金3万元。2008年5月27日某县人民法院交付县公安局执行缓刑，考验期间为2008年5月27日至2012年5月26日。

2010年2月28日，某县人民检察院监所检察科对该县监外执行工作进行监督检查，并委托当地派出所向2005年以来公安机关列管的五种监外执行罪犯发放检察监督告知卡，由罪犯本人在告知卡登记表上签收。2010年3月2日，县人民检察院监所检察科检察人员在检查监外执行检察监督告知卡签收表时，发现罪犯陈某刚未签名，同时公安机关附内容为"监管对象陈某刚，经多方打探无法联系到本人，建议检察院对陈永刚进行收监"的书面说明一份。检察人员立即将此情况向分管领导进行了汇报，并于2010年

3月8日向县公安局发出县人民检察院（2010）第4号纠正违法通知书，要求该局尽快组织人力核查罪犯陈某刚的下落。县公安局接到纠正违法通知书后，于2010年3月9日即行整改，到罪犯陈某刚家进行核查。该罪犯当即书写了书面检查并详细说明了2009年第4季度未到当地派出所汇报的原因，随后，该监所检察科检察人员与陈某刚进行了谈话。

陈某刚自2008年5月27日某县人民法院决定将其交付某县公安局执行缓刑起至2009年9月30日均能按照法律规定遵守法律、法规，服从监管，按照公安机关的规定报告自己的活动情况，遵守考察机关关于会客规定等。2009年10月由于家庭琐事纠纷，罪犯陈某刚的妻子携带孩子回娘家居住并提出与其离婚，导致陈某刚情绪低落，心情不好。陈某刚为逃避现实和应承担的家庭责任，整天蜗居在家中。手机欠费停机后也不管，每天吃住于房间，断绝会客，长时间与外界中断联系，直到2010年3月9日。长达5个月时间未向公安机关汇报思想、报告有关活动情况等，脱离公安机关监管，致使县人民检察院监外执行检察监督告知卡未能发放到陈某刚手中。

县人民检察院根据刑法第77条第2款"被宣告缓刑的犯罪分子，在缓刑考验期限内，违反法律、行政法规或者国务院公安部门有关缓刑的监督管理规定，情节严重的，应当撤销缓刑，执行原判刑罚"、五部门《关于加强和规范监外执行工作的意见》第24条之规定，于2010年3月8日向县公安局发出纠正违法通知书，要求该公安局尽快进行整改，将罪犯陈某刚列入监管，并建议公安机关对有关责任人员进行批评教育。该公安局接到纠正违法通知书后，于2010年3月9日即行整改，找到罪犯陈某刚家进行核查，并将罪犯陈某刚重新列入监管，同时，县公安局对派出所监管干警进行了批评教育。

【案例评析】

就本案涉及的法律规定结合本案实际及其他方面作一评析。

1. 脱管的含义

脱管，是指监外执行罪犯脱离公安机关的监督管理。脱管，主要有以下几种表现形式：一是未经执行地公安机关批准，擅自离开所居住的区域或去向不明 30 天以上的；二是 3 个月以上未向公安机关报告自己活动情况的；三是公安机关没有采取任何监管措施的，监外执行罪犯处于实际的脱管状态的；四是县级公安机关收到法律文书后，没有及时向公安派出所移送法律文书，造成该罪犯脱离公安机关监督管理的；五是公安机关已收到法律文书，但罪犯未在规定时间内报到的。

2. 监外执行罪犯被宣告缓刑的犯罪分子应遵守的规定

刑法第 76 条规定，被宣告缓刑的犯罪分子，在缓刑考验期内，由公安机关考察，所在单位或者基层组织予以配合；原《公安机关办理刑事案件程序规定》第 280 条规定，被宣告缓刑的，由罪犯居住地派出所考察，基层组织予以配合，明确了对宣告缓刑的犯罪分子监管机关是公安机关，具体实施是下辖派出所，配合是基层组织，作为农村来说就是村组织中的治保组织。同时，相关法律对宣告缓刑的犯罪分子也有严格的约束规定，刑法第 75 条规定，被宣告缓刑的犯罪分子，应当遵守下列规定：（1）遵守法律、行政法规，服从监管；（2）按照考核机关的规定报告自己的活动情况；（3）遵守考核机关关于会客的规定；（4）离开所居住的市、县或迁居，应当报考察机关批准。

3. 脱管收监的程序和相关法律规定

本案中陈某刚长达 5 个月未向公安机关汇报自己的活动情况，单从时间角度，属于脱管收监情形之一。执行机关发现脱管问题后，符合收监执行条件的要向原判法院提出撤销缓刑建议，原判法院在收到建议后一个月内作出收监裁定。原《公安机关办理刑事案件程序规定》第 300 条规定：被宣告缓刑的，公安机关应当向人民法院提出撤销缓刑、假释的建议。人民法院裁定撤销缓刑、假释的，公安机关应当及时将罪犯送交原关押的监狱、看守所、拘役所收监执行。最高人民法院《关于执行〈中华人民共和国刑事诉讼法〉若干问题的解释》第 357 条规定："被宣告缓刑、假释的犯罪分子，在缓刑、假释考验期内，违反法律、行政法规或者国务院公安部门有关缓刑、假释的监督管理规定，应当依法撤销缓刑、假释的，原作出缓刑、假释裁判的人民法院应当自收到同级公安机关提出的撤销缓刑、假释建议书之日起一个月内依法作出裁定。"

4. 本案存在的一些问题

某县人民检察院于 2010 年 3 月 8 日向县公安局发出某县人民检察院（2010）第 4 号纠正违法通知书，要求该局尽快进行整改，将罪犯陈某刚列入监管，并建议公安机关对有关责任人员进行批评教育。该纠正违法通知书适用法律法规符合法律法规的规定，对执行机关的要求是合理合法的、恰当的。在监外执行检察工作中，不能将脱管罪犯一律要求收监执行，应当区别对待，这样做既符合实事求是的精神，又有利于罪犯的改造，使其早日回归社会。本案总体达到了应有的法律效果和社会效果，但还有一些问题是我们需要提高认识的：一是监管单位和社区矫正机构工作存在漏洞。在基层监管工作中，对监外执行罪犯要求到派出所或司法所签到短则 7 天，长则 15 天，那么在长达 5 个月的时间里，陈某刚没签到显然已经不是一次，但监管干警及社区矫正人员既没向村基层组织了解过，也没深入居住地调查过；而作为检察机关的监所检察部门也只是在集中检察中发现了问题，《人民检察院监外执行检察办法》第 26 条明确规定了检察机关可以采取定期不定期、全面检察与重点检察、会同有关部门联合检查等方式，并不局限于半年一次检察。这说明执行机关及检察机关都存在一些工作不到位的问题，需要在工作中加以改进。二是陈某刚在长达 5 个月的时间内没到派出所签到，监管干警不问不闻，持放任态度，工作不负责任，根据 2007 年最高人民检察院《关于加强对监外执行罪犯脱管漏管检察监督的意见》第 5 条的规定，人民法院、公安机关由于渎职行为造成监外执行罪犯脱管，对直接责任人作出批评教育、纪律处分。三是应发挥社区矫正机构的作用，通过各种形式，加强对社区服刑人员的思想教育、法制教育、社会公德教育，矫正其不良心理和行为，使他们悔过自新，弃恶从善，成为守法公民。司法行政机关要牵头组织有关单位和社区基层组织开展社区矫正试点工作，会同公安机关搞好对社区服刑人员的监督考察，组织协调对社区服刑人员的教育改造和帮助工作。街道、乡镇司法所要具体承担社区矫正的日常管理工作让罪犯尽快回归社会。在此次脱管事件的产生和处理过程中，也暴露出该人民检察院对监外执行检察监督不够经常、不够深入、发现问题不够及时等问题。对于陈某刚的脱管现象未能及早掌握，在日常的检察监督中没有获取相关信息，导致陈某刚脱管。

【工作策略】

本案中，公安机关在针对书面回复人民检察院"建议检察院对陈某进行收监"是职责的混淆。执行机关发现问题应该主动向检察机关汇报，有收监必要的要向原判法院提出收执行的建议。《人民检察院监外执行检察办法》第 10 条第 6 项规定应纠正的情形之一就是"公安机关没有及时人民检察院通报对监外执行罪犯的监督管理情况的"，要求执行机关和社区矫正机构在监管和矫正工作中遇到什么异常情况要随时向检察机关通报，检察机关没有收监执行的职能。

通过这起事件，检察机关自身需要引起重视和加强整改。为此，该人民检察院针对监督检察不力、不规范的问题专门制定了两项制度，即《监外执行巡回检察制度》和《监外执行罪犯年度考评鉴定制度》。《监外执行巡回检察制度》要求检察人员每半年对执行机关监管活动进行一次全面的巡回检察，对司法所、派出所、帮教组织、监外执行罪犯进行全方位接触，以实地核查监外执行情况，纠正违法情形等；《监外执行罪犯年度考评鉴定制度》系由该人民检察院起草，由县综治委转发在全县政法系统中实施的一项制度，其核心是公、检、法、司四部门共同参与，对监外服刑罪犯的表现情况每年进行一次全面的考评鉴定，以此督促执行机关和帮教组织依法认真履行职责、督促被监管对象依法服刑，使监外执行工作真正落到实处。

【案例4】

冯某某脱管案

罪犯冯某某，男，26岁，初中文化。2009年7月15日因涉嫌故意伤害罪被某区人民法院判处有期徒刑3年缓刑3年，缓刑至2012年7月5日止。

2010年7月5日上午，某县人民检察监所检察科检察人员对新荣派出所监外执行工作进行检察时，发现该所在2009年7月20日接收的监外执行罪犯冯某某，在收到相关法律文书资料后，只是将其归档，1年来未采取任何监管措施，立即向分管检察长进行了汇报。在院领导的大力支持下，监所检察科科长张某某立即带领干警开展调查工作，查阅了该所档案记录，对该所所长和相关责任人进行了调查并制作了调查笔录，同时联系了罪犯冯某某及其家人，并做了调查笔录。根据调查取证情况，监所检察科向院领导汇报后，向某区公安分局进行了通报：某区新荣派出所在2009年7月20日接收监外执行罪犯冯某某后，至2010年7月5日未采取任何监管措施。

检察机关根据法律法规的有关规定，向某区公安分局送达了纠正违法通知书，责令限期整改。新荣派出所所长马某、民警李某受到批评教育，分别给记行政警告处分一次。

【案例评析】

该案的性质为缓刑罪犯冯某某法律意识淡薄，不遵守法律法规的有关规定，公安机关不履行监管职责，不落实具体的监管措施，导致缓刑罪犯冯某某长期脱管的案件。

刑法第77条规定，被宣告缓刑的罪分子，在缓刑考验期内，违反法律、行政法规或者国务院公安部门有关缓刑的监督管理规定，情节严重的，应当撤销缓刑，执行原判刑罚。这里的"情节严重"除了法律法规明确规定的条件外，还应当考虑罪犯在主观上是有意还是无意摆脱执行机关的监督管理这个因素。有些罪犯虽然脱管了，但是属于无意脱管，实际上也没造成什么法律后果，也就没有收监的必要，重新列管加强监管教育即可。

本案中冯某某属于应当撤销缓刑、执行原判刑罚还是重新列管呢？应当从两个方面进行讨论。首先，如果属于五部门《关于加强和规范监外执行工作的意见》第15条规定的人民法院已书面告知罪犯应当按时到执行地公安机关报到，执行机关已经收到法律文书，但罪犯未在规定的时间内报到，脱离监管3个月以上的情况，不管执行机关是否履行了监管职责，责任有多大，都应当收监执行，这是没有问题的。从本案案情来看，表述比较模糊，如果缓刑罪犯冯某某已经到执行机关报到，只是后来才脱离监管，且在考验期间既没有离开居住地也未迁居，虽然造成在监外执行期间脱管的后果有其个人的原因，但主要原因和责任在于执行机关，在执行机关不采取任何监管措施、放任不管的情况下，让罪犯自己主动跑到执行机关要求对其进行严格监管，在现阶段的可能性不大。这种情况下冯某某的行为不符合五部门《关于加强和规范监外执行工作的意见》第15条的规定，对冯某某重新列管即可，不必收监执行。值得强调的是，《社区矫正实施办法》第25条规定：缓刑、假释的社区矫正人员有下列情形之一的，由居住地同级司法行政机关向原裁判人民法院提出撤销缓刑、假释建议书并附相关证明材料，人民法院应当自收到之日起1个月内依法作出裁定：（1）违反人民法院禁止令，情节严重的；（2）未按规定时间报到或者接受社区矫正期间脱离监管，超过一个月的；（3）因违反监督管理规定受到治安管理处罚，仍不改正的；（4）受到司法行政机关三次警告仍不改正的；（5）其他违反有关法律、行政法规和监督管理规定，情节严重的。对于今后在司法实践中遇到的类似案件，司法行政机关应当向人民法院提出撤销缓刑收监执行的建议。

对于本案，公安机关在监外执行工作中存在两个主要问题：一是公安机关对监外执行罪犯的法律文书只是进行了归档，没有按照法律法规的规定建立监外执行罪犯档案，没有指定具体负责监管的干警，没有建立相应的监管帮教组织；二是公安机关不履行监管职责，没有按照法律法规的规定落实具体的监管措施，导致监外执行罪犯长期脱管。

根据《社区矫正实施办法》第2条第4款、第27条，《关于加强和规范监外执行工作的意见》第10条的规定，公安机关在社区矫正工作中，对违反治安管理规定或者人民法院禁止令，依法应予治安管理处罚或者对重新犯罪的社区矫正人员应当及时依法处理；对人民法院裁定撤销缓刑决定收监执行的罪犯，应当积极协助居住地县级司法行政机关及时将罪犯送交监狱或者看守所；被撤销缓刑并决定收监执行的罪犯下落不明的，公安机关可以按照有关程序上网追逃。

本案中，检察机关在履行法律监督职责方面还存在不到位的现象，主要是未能及时对公安机关监外执行工作进行检察，没有及时发现和纠正执行机关在监管工作中存在的问题，使监外执行罪犯冯某某脱管状态持续近一年。根据刑法第77条第2款、《关于加强和规范监外执行工作的意见》第24条、《人民检察院监外执行检察办法》第15条等有关规定，检察机关在社区矫正工作中，应当对社区矫正各执法环节依法实行法律监督；可以采用定期检察与不定期检察、全面检察与重点检察、会同有关部门联合检查等方式进行。县级检察院每半年至少应当进行一次全面检察。在监管帮教环节检察中，对于缓刑罪犯，主要检察执行机关对社区矫正人员是否建立监管档案、成立监管帮教小组；检察执行机关是否根据人民法院的判决、裁定，向罪犯原所在单位或者居住地群众宣布其犯罪事实、监督考察期限以及罪犯在监督期限内应当遵守的规定；检察执行机关监督考察措施是否落实；检察公安机关对社区矫正人员违反监督管理规定，是否依法给予治安管理处罚；检察公安机关、司法行政机关工作人员是否存在侵害社区矫正人员合法权益的现象；检察社区矫正人员是否发生脱管现象；检察执行机关对监督管理情况是否按照规定及时向县级人民检察院通报。在变更执行环节检察中，对于缓刑罪犯，主要检察执行机关撤销缓刑的建议是否符合法律法规的有关规定；人民法院收到执行机关提出的撤销缓刑的建议书后有没有依法作出裁定；人民法院撤销缓刑的裁定是否符合有关法律规定。对于检察中发现的问题，应当及时向有关机关提出纠正意见，并跟踪监督落实情况。

对监外执行罪犯监管帮教活动的检察，其工作实质是监督执行机关依法办事，落实各项规章制度，提高执行机关对监外执行罪犯的监管帮教能力和水平，督促执行机关加强对监外执行罪犯的教育、帮助和感化，关心和帮助解决其生活困难，引导其感恩社会、服务社会、早日回归社会。所以，社区矫正检察工作要强调以人为本，注重服务于社会管理创新，服务于社会和谐稳定。

【工作策略】

本案的借鉴意义有三个：一是冯某某应该不应该收监执行的问题。前面已经作过比较详细的分析，这里不再阐述。二是执行机关相关责任人员不作为、不履行监管职责，应当受到纪律处分。本案中执行机关的相关责任人已经受到处分，这是正确的，应当做到赏罚分明。对于认真履行监管职责的要给予表扬，对于不履行和不认真履行监管职责的应当给予批评教育，情节严重的应当给予处分，为监外执行和社区矫正工作创造良好的氛围和环境。三是《社区矫正实施办法》实施以后遇到类似案件应当如何处理的问题。根据《社区矫正实施办法》第25条的规定，接受社区矫正期间脱离监管，超过1个月的，由居住地同级司法行政机关向原裁判人民法院提出撤销缓刑建议书并附相关证明材料，人民法院应当自收到之日起1个月内依法作出裁定。

第三节 收监执行检察

一、撤销缓刑收监执行

【案例】

秦某被依法收监案

秦某，男，1986 年 7 月 25 日出生，汉族，农民，初中文化，某省某县人。2008 年 7 月 31 日被某县人民法院判处有期徒刑 1 年 6 个月，缓刑 2 年。

某县人民检察院监所检察科在对缓刑人员进行检察时发现，缓刑人员秦某于 2008 年 10 月 4 日 22 时伙同赵某宇、毛某飞对罗某、史某青进行骚扰意欲不轨，并将与罗、史二人同行的田某强殴打后，强行将三人带到了某乡黄土坡口的某饭店二楼旅馆，欲对罗、史二人行奸，经旅馆老板申某峰帮忙，将秦某一行三人赶走。公安机关仅对秦某行政拘留 15 天。

某县人民检察院监所检察科认为秦某在缓刑考验期间又有故意犯罪行为（未遂），依法应作收监处理，遂向某县公安局发出检察建议书。某县公安局向某县人民法院送达了对秦某的收监建议书，某县人民法院依法对秦某作出撤销缓刑执行原判刑罚的裁定。

【案例评析】

刑法和最高人民法院《关于执行〈中华人民共和国刑事诉讼法〉若干问题的解释》对缓刑犯重新犯罪和尚未构成犯罪但违反法律、行政法规或者国务院相关监督管理规定作出了明确规定。刑法第 77 条第 1 款规定，被宣告缓刑的犯罪分子，在缓刑考验期内犯新罪或者发现判决宣告以前还有其他罪没有判决的，应当撤销缓刑，对新犯的罪或者新发现的罪作出判决，把前罪和后罪所判处的刑罚，依照刑法第 69 条的规定，决定执行的刑罚；第 2 款规定，被宣告缓刑的犯罪分子，在缓刑考验期限内，违反法律、行政法规或者国务院有关部门关于缓刑的监督管理规定，情节严重的，应当撤销缓刑，执行原判刑罚。依据以上规定，撤销缓刑的原因有三种情况：一是重新犯罪；二是发现漏罪；三是具有尚构不成新罪的犯罪行为。《人民检察院监外执行检察办法》所指的撤销缓刑是第三种情况，即违反法律、行政法规或者国务院相关部门有关缓刑的监督管理规定，尚未构成新罪。根据原《公安机关办理刑事案件程序规定》第 307 条的规定，监外执行的罪犯，在监外执行期间又犯新罪，需要收监执行的，由当地公安机关直接通知原所在监狱、看守所、拘役所解回收监；应当追究刑事责任的，由公安机关立案侦查，并将处理结果及时通知原执行机关。公安机关不予立案的，检察机关要按立案监督程序进行。也就是说，如果构成犯罪，就要由有关职能部门依照管辖的规定处理，而不是监外执行一般违法意义上的收监。

本案明显是以违反法律、行政法规或者国务院相关部门有关缓刑的监督管理规定，尚未构成新罪来收监执行的情形。但是，对于本案来说，其焦点是如何认定秦某所实施的行为是否涉嫌构成新的犯罪。案件事实部分介绍得比较模糊。如果罪犯是在某饭店二楼旅馆房间内开始动手"欲对罗、史二人行奸"，则应当认定罪犯已经着手实施新的犯罪，只是"经旅馆老板申某峰帮忙，才将秦某一行三人赶走"。根据刑法第 23 条的规定，笔者认为，秦某的行为已经涉嫌构成强奸罪（未遂）。其理由是，秦某在主观上具备了强奸的故意，客观上已经着手实施犯罪，只是由于犯罪分子意志以外的原因未能得逞（不是自动放弃）。该案中秦某的主体要件和客体要件均具备了犯罪构成理论的要求，故秦某应由犯罪地公安机关立案侦查，由人民法院依照数罪并罚的规定进行定罪量刑处罚。

检察机关应当根据刑事诉讼法的规定，对公安机关立案侦查活动进行监督，在保证执行机关对监外执行罪犯依法进行监管的同时，还应当保证罪犯在监外执行期间所犯新罪得到依法惩处。

【工作策略】

从本案说经验教训有以下几点：一是检察机关应当对本案深入了解，秦某是否构成犯罪。从本案中看，某县人民法院作出了执行原判刑罚的裁定，所以是以一般违法作了处理。但是本案秦某如果构成新罪，要依据刑法第 69 条的规定实行数罪并罚，作一般违法处理明显不妥。二是检察机关在本案中对公安机关送发的应是纠正违法通知书，而不应是检察建议书，而且送发的对象应为公安局，而不应是其下辖的派出所。三是监外执行罪犯同样也是社区矫正的对象，在本案中还应该对当地司法机关提出纠正。四是如果秦某构成犯罪，依据《人民检察院监外执行检察办法》第 15 条第 1 项规定，公安机关没有及时向人民法院提出撤销缓刑建议的，检察机关应及时提出纠正意见。

当然，按照《刑法修正案（八）》、刑事诉讼法和《社区矫正实施办法》的规定，对缓刑犯实行社区矫正，由司法行政机构负责。缓刑的社区矫正人员有撤销缓刑情形的，由居住地同级司法行政机关向原裁判人民法院提出撤销缓刑建议书并附相关证明材料，人民法院应当自收到之日起 1 个月内依法作出裁定。监所检察部门应监督司法行政机构实行社区矫正活动是否合法以及法院对缓刑撤销的裁定活动是否合法。

二、撤销暂予监外执行收监执行

【案例】

邹某剑被收监案

罪犯邹某剑，又名邹某见，男，生于 1976 年 3 月 8 日，重庆市某县徐家镇高某乡南社村人，汉族，小学文化，农民。因犯抢劫罪，2002 年 7 月 1 日被某市中级人民法院判处有期徒刑 15 年，刑期自 2002 年 7 月 1 日至 2017 年 6 月 30 日止，2004 年 4 月 7 日因病被某市中级人民法院决定暂予监外执行。

　　2009 年 7 月，某县人民检察院在监外执行专项检查中，通过与重庆市某县公安局联系，核查 2004 年 4 月 7 日某市中级人民法院（2004）某市法刑执行字第 1 号暂予监外执行决定书的执行情况。2009 年 8 月 14 日，某县人民检察院收到重庆市某县公安局回复关于邹某剑的监管情况，反映监外执行罪犯邹某剑于 2007 年 8 月 31 日到白鹿派出所报到后，长期不遵守相关规定按时到派出所报到，2007 年 8 月至 2009 年 8 月，仅到派出所报到过 3 次。2008 年，邹某剑在未向执行机关汇报请假的情况下，自行到广州打工；2009 年又擅自迁居，长期住于某县城厢镇。邹某剑在保外就医期间表现较差，无视有关法律规定，难以管理，从表面观察身体较好、行动敏捷，建议将罪犯邹某剑收监，执行剩余刑期。

　　执行机关某县公安局白鹿派出所提出了对罪犯邹某剑收监执行剩余刑期的建议，某市中级人民法院于 2009 年 9 月 17 日根据原刑事诉讼法第 214 条第 3 款、第 216 条第 1 款和《关于加强和规范监外执行工作的意见》第 9 条第 1 款、第 12 条第 1 款之规定，决定将罪犯邹某剑收监，执行剩余刑期。

【案例评析】

　　本案为一起暂予监外执行罪犯不遵守法律法规和公安部的监管规定，擅自外出打工和迁居，而执行机关不认真履行监管职责，不认真落实相关规定和监管措施，导致暂予监外执行罪犯长期脱管的案件。

　　《关于加强和规范监外执行工作的意见》第 12 条第 1 款规定，暂予监外执行罪犯未经批准擅自离开所居住的市、县，经警告拒不改正的，或者拒不报告行踪、下落不明的，或者采取自伤、自残、欺骗、贿赂等手段骗取、拖延暂予监外执行的，或者两次以上无正当理由不按时提交医疗、诊断病历材料的，批准、决定机关应当根据执行地公安机关建议，及时作出对其收监执行的决定。《公安机关对被管制、剥夺政治权利、缓刑、假释、保外就医罪犯的监督管理规定》第 24 条规定，公安机关应当向保外就医的罪犯宣布，在保外就医期间必须遵守下列规定：（1）遵守国家法律、法规和公安部制定的有关规定；（2）在指定的医院接受治疗；（3）确因治疗护理的特殊要求，需要转院或者离开所居住区域的，必须经公安机关批准；（4）进行治疗以外的社会活动必须经公安机关批准；（5）遵守公安机关制定的具体监督管理措施。第 25 条规定了及时收监的五种情况。

本案中，邹某剑是暂予监外执行罪犯，在 2009 年核查脱管、漏管情况中发现有脱管情况。最高人民检察院《人民检察院刑事诉讼规则（试行）》第 422 条规定，对于被暂予监外执行的罪犯，人民检察院应当监督有关单位对罪犯的监督管理和考察措施是否落实；第 436 条规定，对其他机关执行刑事判决、裁定的活动中的违法行为的监督，可以参照本规则有关人民检察院对公安机关侦查活动中违法行为监督的规定办理。《公安机关对被管制、剥夺政治权利、缓刑、假释、保外就医罪犯的监督管理规定》第 7 条规定，公安机关对被保外就医的监督管理工作，接受检察院的监督。《人民检察院监外执行检察办法》第 13 条第 1 项和第 15 条第 5、6 项，都规定了检察机关对暂予监外执行的监督职能。本案中某县人民检察院依照法律规定，在向异地公安派出所核查情况后发现邹某剑严重违反监督管理规定，依法监督当地公安机关向原判人民法院提出撤销原判，执行剩余刑期的建议，原判人民法院采纳建议，决定对邹某剑收监，执行剩余刑期，使不服管教、长期脱管的邹某剑得到应有的惩罚，维护了刑罚执行的严肃性。

【工作策略】

邹某剑虽然得到了收监执行，但本案还是有一些需要商榷的地方：一是交付执行存在漏洞。邹某剑于 2002 年 7 月 1 日被某市中级人民法院判处有期徒刑 15 年，而 2004 年 4 月 7 日某市中级人民法院才对邹某剑决定暂予监外执行，这说明邹某剑没有在监狱服刑，因为对监狱服刑的罪犯的暂予监外执行权在监狱管理局。但法律规定判决生效 1 个月内看守所就应该交付服刑监狱，那么中间 1 年多的时间邹某剑是在看守所还是存在其他什么情况不得而知。再者，2002 年 7 月 1 日判处有期徒刑 15 年，2007 年 8 月 31 日才到派出所报到，根据《人民检察院监外执行检察办法》第7条的规定应将邹某剑押送至居住地，那么邹某剑长达5年的时间在哪里？二是检察机关监督不到位。驻所检察室监督不深入、发现问题不及时。对罪犯邹某剑未能按照有关规定定期进行回访，直接导致发现问题不及时。本案中暂予监外执行罪犯邹某剑虽属于异地监外执行，但原羁押地检察机关仍应当认真履行好自己的法律监督职责。如上所述，在长达5年多的时间里，邹某剑没有被交付监狱服刑，是邹某剑不服判决上诉造成案件拖延不决，还是监狱不予收监存在扯皮造成违法留所服刑，原因不详，总之在诸多方面没有体现出驻所检察的监督作用。

当然，根据修订后的刑事诉讼法和《社区矫正实施办法》的规定，对于暂予监外执行的罪犯实行社区矫正，由司法行政机构负责。监所检察部门应该重点监督司法行政机构的社区矫正活动是否合法，保障暂予监外执行的社区矫正人员的合法权益。

三、监外执行犯又犯罪

【案例1】

樊某师又犯罪案

樊某师，又名樊某天，男，汉族，1969年1月11日出生，山西省某县韩家楼乡韩家楼村人，小学文化，农民。2000年9月28日被某县人民法院以贩卖毒品罪判处有期徒刑13年，同年10月13日被决定暂予监外执行。

樊某师因犯贩卖毒品罪于2000年9月28日被某县人民法院判处有期徒刑13年，因患有严重疾病，同年10月13日被某县人民法院决定暂予监外执行。2009年5月24日下午，樊某师在韩家楼自己家中向吸毒人员王某某出售了4小包毒品（土制海洛因），获得两条芙蓉王烟和一条软云烟，折价400元。2009年8月22日中午，樊某师在韩家楼自己家中向吸毒人员杜某某出售了两包毒品

（土制海洛因），获款 500 元。案发后樊某师对其犯罪事实供认不讳。2009 年 11 月 17 日樊某师又以贩卖毒品罪被某县人民法院判处有期徒刑 4 年 6 个月。经查，因其患有脊髓损伤、截瘫、双股骨头坏死等严重疾病，大小便不能控制，功能难以恢复，丧失了生活自理能力，不宜收监执行。

某县人民检察院根据原刑事诉讼法第 221 条第 1 款、第 224 条及《关于加强和规范监外执行工作的意见》第 24 条之规定，及时向县公安局提出了检察建议，针对樊某师在暂予监外执行期间又犯罪，因其身患重病，不宜收监执行的情况，要求执行机关加大监管力度，采取有针对性的、有效的监管方式方法，确实落实各项监管制度和措施，防止又犯罪现象的再次发生。

【案例评析】

本案是关于暂予监外执行罪犯在监外执行期间又犯罪的案件。案件事实部分没有反映出樊某师不服从监管的情况，樊某师监外执行期间又犯罪后本应依法收监执行，但其身体状况又不适合收监执行，从遵守法律法规的规定和保护人权的角度出发，可以再次决定对其暂予监外执行。所谓暂予监外执行，是指对依照法律规定不适宜在监狱或者其他执行机关执行刑罚的罪犯，暂时采用不予关押的方式执行原判刑罚的变通方法。暂予监外执行罪犯在监外执行期间，应该认真遵守国家法律、法规和公安部制定的有关规定，遵守公安机关制定的具体监督管理措施。

暂予监外执行罪犯的刑罚执行机关是县级公安机关和司法行政机关，具体监管帮教工作由罪犯居住地公安派出所、司法所执行。一方面，由于基层派出所警力有限，业务繁杂，常常是"重办案，轻监管"；另一方面，根据《社区矫正实施办法》第 2 条、第 3 条的规定，司法行政机关负责指导管理、组织实施社区矫正工作，司法所承担社区矫正日常工作。而司法所工作人员少，工作种类多，常常是顾此失彼，从而使部分监外执行罪犯逍遥法外，处于执行的真空状态。结合本案，樊某师又犯罪后本应收监执行刑罚，但因其身体原因又不宜收监执行，这就要求执行机关加大监管帮教力度，制定有针对性的监管帮教措施，将其列入重点监管帮教对象，防止再次出现违法犯罪的现象。检察机关在开展监外执行和社区矫正检察工作中，也应将执行机关对樊某某的监管帮教工作作为检察的重点。

检察机关根据《人民检察院监外执行检察办法》第 23 条、第 26 条的规定，在开展监外执行检察工作中，可以采取定期检察与不定期检察、全面检察与重点检察、会同有关部门联合检查等方式进行。县（市、区）人民检察院在监外执行检察工作中，每半年至少开展一次全面检察，针对检察中发现的问题，及时提出纠正意见或检察建议。

1. 具体检察方法

（1）查阅司法所、派出所监外执行罪犯监管档案，详细了解其监管执行措施，查明派出所、司法所是否有监管不到位或失职渎职情况。

（2）查看其病历、医疗诊断书、日常就医吃药处方、复检手续等，核实其身体状况是否可以收监执行。

（3）深入到村（居）委会了解监外执行罪犯的工作、生活及政治思想表现，同时与其本人、家属及邻居进行走访座谈，了解他们的思想动向并听取意见。

2. 具体处理

监所检察部门进行调查取证后，对派出所、司法所在监管帮教工作中存在的问题及时提出纠正违法或者检察建议（意见），对于暂予监外执行罪犯涉嫌构成又犯罪的，按照法律规定的程序办理。

（1）纠正违法。根据《人民检察院监外执行检察办法》的有关规定，发现公安机关在监管活动中有下列情形的，应当及时提出纠正意见：没有建立监外执行罪犯监管档案和组织，没有落实监管责任和监管措施；没有及时向人民检察院监所检察部门通报对监外执行罪犯的监督管理情况。

（2）监所检察部门自查。监所检察部门在监外执行检察中应当进行自查自纠，主要是：每半年开展一次监外执行检察次数较少，不利于发现问题，还应不定期地开展抽查工作，便于及时发现问题；不能仅仅满足于发出检察建议或纠正违法意见书就算了事，应当跟踪监督落实和改正的情况；监外执行检察职能没有得到充分发挥，监所检察部门人员编制少，通常把监督重点放在了看守所内，忽视了对监外执行工作的检察监督。

（3）对暂予监外执行罪犯的监管帮教要对症下药、标本兼治，综合治理。打击、预防、减少暂予监外执行罪犯又犯罪是一项综合治理的工程，需要政法机关和全社会的共同努力，任何环节出现漏洞都可能给社会稳定带来安全隐患。

应当建立起检察机关、公安机关和司法行政机关、乡镇派出所、司法所、社区或村（居）民委员会三级监督监管机制。监所检察部门与当地派出所、司法所、犯罪人员所在社区或村（居）民委员会成立联合监督监管帮教小组，定期不定期地对暂予监外执行罪犯进行动态考察，并由司法所社区矫正工作人员和社区、村（居）民委员会每月汇总暂予监外执行罪犯的现实表现及家庭生活状况，有针对性地及时调整监管帮教措施。

应当强化综合治理工作对暂予监外执行罪犯改造的社会效果。综合治理就是要通过社会功能的整体作用，对暂予监外执行期间的罪犯从各方面实施教育、感化、帮助活动，不能仅仅停留在监督管理的层面。其重点在于帮教，帮助罪犯就医治病，教育罪犯遵纪守法、改邪归正，使暂予监外执行罪犯早日融入社会、有益于社会。

【工作策略】

1. 暂予监外执行罪犯樊某师在监外执行期间又犯的新罪得到了法律的惩罚。根据刑事诉讼法的规定，罪犯在服刑期间又犯罪的由执行机关移送人民检察院处理的规定，某县人民检察院对该案依法进行了处理。

2. 检察机关认真履行法律监督职责。某县人民检察院针对樊某师在暂予监外执行期间又犯罪应当收监执行，但因其身患重病，又不宜收监执行的情况，及时向县公安局提出检察建议，要求执行机关对其加大监管帮教力度，采取有针对性、有效的监管帮教方式方法，确实落实各项监管制度和措施，防止又犯罪现象的再次发生。

【案例2】

李某又犯罪案

李某，男，1981年10月20日出生，汉族，小学文化，农民，因涉嫌故意伤害罪2006年7月28日被某市公安局刑事拘留，同年8月11日批准逮捕。2006年12月14日被某市城区人民法院判处有期徒刑3年，缓刑3年。2007年1月20日列入监管。

2008年1月，李某与赵某甲、李某某、赵某乙等在礼义沙河口张某强经营的某洗浴中心认识，赵某甲邀李某参与组织赌博活动。2008年1月6日至8日晚上，监外执行罪犯李某伙同赵某甲、李某某、赵某乙先后三次在本县礼义镇杨幸河村王某某家、礼义镇沙河村华尖自然村郝某某家、某市陈区镇铁炉村一户家中开设赌场，组织张某强、郝某某、王某某等人采用"推锅"方式进行赌博，由赵某甲、赵某乙负责看场并以赌资的10%抽头渔利，还向输家提供借款。张某强参加该三次赌博欠下赵某甲等人12万元赌债。赵某甲、赵某乙向张某强索要赌资未果，便于2008年1月19日晚18时许，纠集李某某、李某等人驾驶桑塔纳轿车将张某强叫上车，拉张某强至某高速公路上，赵某甲威逼张某强与家人联系后因不能及时筹得款项，赵某甲责令张某强脱掉衣服，并三次逼迫张某强裸身到车外受冻。李某与李某某负责看管张某强防止逃跑。至次日凌晨1时许，得知张某强家人向公安机关报警后，才放张某强回家。

2008年1月19日20时18分，某县礼义镇某洗浴中心的郎某某向某县公安局报案称"丈夫张某强因赌博欠债12万元，被人非法拘禁3天"。某县公安局经过审查，于2008年1月20日决定立案侦查。2008年2月1日某县公安局在调查过程中，发现某县礼义镇沙河村监外执行罪犯李某等人多次组织张某强、郝某某等人聚众赌博，并从中抽头渔利数额在 1 万元以上，其行为已涉嫌赌博罪、非法拘禁罪。案发后，监外执行罪犯李某为了逃避法律的追究，负案外逃。

2009 年 8 月 25 日，某县人民检察院在监外执行专项检察中发现罪犯李某脱管已 105 天，随即向院领导进行了汇报，并根据刑法第 77 条第 2 款、《关于加强和规范监外执行工作的意见》第 24 条的规定，于 2009 年 8 月 25 日向某县公安局发出纠正违法通知书，要求公安机关立即将罪犯李某收押并进行调查。公安机关迅速对此案进行立案侦查，在强大的攻势下，罪犯李某于 2009 年 8 月 28 日投案自首，2009 年 8 月 28 日被某县公安局刑事拘留，2009 年 8 月 30 日被某县人民检察院批准逮捕。

某县人民法院通过审理裁定：（1）撤销山西省某市城区人民法院刑事判决书缓刑 3 年的缓刑宣告。（2）监外执行罪犯李某犯赌博罪，判处有期徒刑 6 个月，并处罚金 5000 元，犯非法拘禁罪，判处有期徒刑 6 个月；与山西省某市城区人民法院（2007）城刑初字第 8 号刑事判决书判处的监外执行罪犯李某犯故意伤害罪有期徒刑 3 年，数罪并罚，决定执行有期徒刑 3 年 6 个月，并处罚金 5000 元。2009 年 1 月 5 日李某被交付监狱执行。

【案例评析】

缓刑的对象是对于被判处拘役、3 年以下有期徒刑的犯罪分子，适用条件是犯罪情节较轻，有悔罪表现，没有再犯罪的危险，宣告缓刑对所居住社区没有重大不良影响。被宣告缓刑的犯罪分子，在缓刑考验期限内犯新罪或者发现判决宣告以前还有其他罪没有判决的，应当撤销缓刑，对新犯的罪或者新发现的罪作出判决，把前罪和后罪所判处的刑罚，依照刑法第 69 条的规定，决定执行的刑罚。被宣告缓刑的犯罪分子，在缓刑考验期限内，违反法律、行政法规或者国务院有关部门关于缓刑的监督管理规定，或者违反人民法院判决中的禁止令，情节严重的，应当撤销缓刑，执行原判刑罚。本案对李某适用缓刑是否符合法律规定的条件应当引起有关部门的重视。本案中李某在监外执行期间又犯赌博罪，判处有期徒刑6个月，并处罚金5000元，犯非法拘禁罪，判处有期徒刑6个月，社会危险性极大，不符合适用缓刑的条件，检察机关应当予以监督纠正。

根据我国法律法规的有关规定，缓刑、管制、假释以及暂予监外执行的罪犯实行社区矫正，由司法行政机关负责；剥夺政治权利刑的执行由公安机关负责；财产刑的执行由人民法院负责。检察机关作为监外执行工作的法律监督机关，不能仅仅局限于对监外执行罪犯执行情况的检察，而应贯穿于监外执行的呈报、审批、执行、帮教的全过程，主动做到"三个到位"：第一，事前监督到位。根据社区矫正实施办法的规定，检察机关对可能适用缓刑的罪犯可以委托司法行政机关做好审前调查评估。第二，事中监督到位。对执行机关的监管帮教活动及时进行监督。第三，事后监督到位。检察机关发现又犯罪的，应当监督公安机关进行立案侦查。

监外执行罪犯从人民法院的交付执行，到执行机关的日常监管，各项规章制度和监管措施是否落实到位，是否存在脱管、漏管现象，考验期内有无重新违法犯罪等情况，是检察监督的重点环节，应当在日常工作中予以充分重视。

1. 发现问题

案件信息的发现主要是通过定期、不定期地对监外执行工作的巡回检察、对监外执行罪犯帮教组织的调查了解、对监外执行罪犯发放监外执行检察监督告知卡、与监外执行罪犯诫勉谈话、案外人的控告和知情人员的情况反映等渠道获得。另外，加强对监外执行工作的考核，检察机关与执行机关和社区建立网络资源共享机制，使检察监督工作实行动态化管理，可以更为及时、准确地掌握监外执行罪犯是否存在脱管、漏管和发生又犯罪等现象。对执行机关存在的监督管理不到位的现象，监外执行罪犯可能有脱管、漏管的现象或者在考验期内有可能流窜到外地重新违法犯罪的迹象，一经发现，应当立即开展相应的检察工作，及时督促执行机关改正或者纠正，防止因执行机关监管帮教工作不到位而发生严重后果。

2. 调查问题

从人民法院交付执行到执行机关对监外执行罪犯的监管帮教，在每个环节中，检察机关应当建立监外执行罪犯检察台账并建档立卷，真正使检察监督工作及时、有效、到位。

通过定期不定期地对监外执行罪犯进行抽查、对监管帮教人员和其邻居的访问、对监外执行罪犯发放检察监督告知卡、案外人的控告和知情人员的反映以及与执行机关和社区建立监外执行罪犯网络资源共享，对检察监督工作实行动态化管理，可以更为及时、准确地掌握监外执行罪犯是否存在脱管、漏管和发生又犯罪现象等。

在书面检察中，主要体现在工作要"细"，检察机关除了对司法所、派出所监管的监外执行罪犯的底数进行核对之外，应当还要检查每个监外执行罪犯的档案及相关材料。

在现场检察中，应当到监外执行罪犯居住地，与罪犯本人见面，让其汇报近期的工作、生活和学习等情况；与罪犯家属见面，让其报告罪犯在平时的遵纪守法情况；与罪犯所在地的居委会、村委会干部见面，了解罪犯在监管帮教期间思想表现等情况；与罪犯居住地的司法所工作人员、派出所监管干警见面，了解该罪犯遵纪守法等情况。

3. 处理问题

处理问题环节是监外执行检察工作的收尾阶段，在已经查明案件事实和取得相关证据的情况下，根据有关法律法规的规定和存在问题的性质，明确责任部门和责任人，对执行机关监管职责履行不到位，停留在表面上，考察活动流于形式，导致监外执行罪犯脱管的；执行机关思想认识不到位，"重办案、轻监管"，对监外执行罪犯监管工作重视不够，抓得不实，导致脱管现象发生的；监外执行罪犯法律意识淡薄，随心所欲，不经执行机关批准隐瞒住处，而执行机关又不积极查找造成脱管的等问题，及时向有关部门提出相应的检察建议或者纠正意见。同时，对于被监督单位的整改落实情况应当进行跟踪监督检察，督促其做好整改工作。

【工作策略】

本案的经验教训主要有两点：一是罪犯李某犯故意伤害罪而适用缓刑，本身具有一定潜在的社会危害性，执行机关并没有将其列入重点监管对象的范围；二是执行机关不认真履行监管职责，不落实规章制度和监管措施，使监管流于形式，从而造成了李某脱管现象的发生。

检察机关监所检察部门要善于运用法律赋予的各种监督手段对监外执行罪犯的监管帮教活动进行有效的监督，定期或不定期地到罪犯生活的地方进行走访，不定期地对罪犯所在地的社区矫正机构进行抽查，查看罪犯的每月思想、工作、学习情况汇报及派出所、司法所对罪犯教育、改造方面的材料，发现问题的，及时予以纠正，并责令限期整改，对于在限期内不能整改或没有整改社区矫正机构，应当发出检察建议书予以督促，以此来加强其责任心，确保其履行监管帮教之职能，切实防止缓刑罪犯在监外执行期间又犯罪情况的发生。

第五章　劳教检察

第一节　入所检察

【案例】

白某花被违法劳教案

　　白某花，女，汉族，1946 年 10 月 17 日出生，因扰乱公共场所秩序被劳教一年，教期从 2011 年 5 月 28 日至 2012 年 5 月 27 日，在某省女子劳教所执行劳教。2011 年 6 月 10 日，驻所检察官在与其谈话时，发现该已 65 岁，且身体残疾（右上肢骨折），立即引起了检察官的注意，经进一步深入调查得知，其有中国残疾人联合会颁发的残疾证书，属三级残疾。驻所检察官立即督促劳教所与该劳教人员家属联系，将残疾证送到了所里，从而确定其确有残疾，确实不符合劳动教养收容条件，经请示院领导于 2011 年 6 月 24 日向劳教所发出了纠正违法通知书，要求其依法纠正，并将纠正情况及时反馈。2011 年 7 月 10 日，收到劳教所的纠正违法报告后，与作出劳教决定的某县公安局联系，向其介绍了白某花的情况。劳教所与某县公安局请示了各自上级主管单位，对白某花一事进行了协商。白某花于 2011 年 7 月 28 日下午退回某县公安局。2011 年 8 月 1 日，驻所检察室收到了劳教所关于白某花已退回的书面回函。

【案例评析】

1. 实体问题

　　有关法律法规明确规定，对精神病人、呆傻人、盲、聋、哑人、严重病患者、丧失劳动能力者等人员不予收容。本案中白某花已65岁并且有中国残疾人联合会发的残疾证书，应属于不予收容的范围。

2. 程序问题

对劳教所违法问题的纠正，实行递进式纠正程序，对轻微违法可以当场提出口头纠正意见，在提出口头纠正意见后被监督单位7日内未予纠正且不说明理由的，应当报经本院检察长批准，及时发出纠正违法通知书，人民检察院发出纠正违法通知书后15日内，被监督单位仍未纠正或者回复意见的，应当及时向上一级人民检察院报告。对严重违法情况，应当报经本院检察长批准，及时发出纠正违法通知书，人民检察院发出纠正违法通知书后15日内，被监督单位仍未纠正或者回复意见的，应当及时向上一级人民检察院报告。

3. 工作中应注意的问题

这是一个纠正违法收容的典型案例。这个案例比较好地体现了纠正过程，为我们纠正类似问题提供了经验。

（1）发现要及时。保障劳教人员合法权益是监所检察工作的一项重要内容，要做好保障工作，及时发现问题是解决问题的第一步，特别是将不符合劳动教养条件的人员劳教问题，更需要驻所检察人员及时发现，及时纠正，一般发现的渠道有：一是入所时逐人检察，查看新收容人员的入所凭证等有关文书，询问其年龄、身体等个人情况，及时发现问题；二是在入所后及时与新入所人员谈话，了解其情况、发现问题；三是建立约见检察官制度，及时受理约见申请人员；四是通过定期进入新收人员大队进行巡视，查看问题，听取意见。该案发现白某花的高龄、残疾等问题，就是在谈话中发现的。

（2）规定要搞准。对发现的违法收容等问题要认真查阅有关规定，确定是否为不应收容的人员。因为劳教管理的有关规定比较零散，因此需要驻所检察人员做认真细致的工作，把握好有关规定的适用。

（3）查证要迅速。对发现错误收容的问题，驻所检察人员必须高度重视，马上展开深入调查，看情况是否属实，调查的方法一般为：一是到派出所及其居住地、出生地，了解其年龄情况，看其是否确实为高龄；二是到走访其居住地，看其是否是残疾人，特别要到残疾人联合会，看其是否确为残疾人员。

（4）纠正要有效。不符合劳教条件而被劳教是严重侵犯人身权益的问题，要及时有效纠正，为增强纠正的效果，驻所检察人员应当向劳教所发出纠正违法通知书，并督促劳教所纠正。同时，因为该案的特殊性，根据《人民检察院劳教检察办法》的要求，在发现后 3 日内，报经本院检察长批准，迅速将有关材料转交审批地人民检察院监所检察部门办理，并积极进行督促，尽快予以纠正，以保障劳教人员的合法权益。

（5）记录要清楚。发现轻微违法情况，应填写《检察纠正违法情况登记表》；对于此严重违法情况，应填写《严重违法情况登记表》，向上一级人民检察院监所检察部门报送，并续报情况。

【工作策略】

本案中，该驻所检察室在工作中能及时发现问题，立刻查清问题，有效纠正了问题，是非常值得肯定的。但是，其在工作中仍存在一些问题：一是该驻所检察室在入所检察中，工作不够细致，白某花有残疾、年龄偏大，在入所时应是很容易发现的问题，但由于入所检察不细，致使白某花被错误收容近 2 个月。二是在发现违法收容问题后，没有按照《人民检察院劳教检察办法》的规定，在 3 日内将有关材料转交劳教审批地人民检察院监所检察部门办理。转办不及时，延误了时间。

第二节 所外执行检察

【案例】

王某花所外执行案

某市劳动教养委员会 2008 年 9 月 21 日以劳委审字 2008 第 557 号劳动教养决定书对王某花因出租淫秽物品行为劳动教养 1 年，2008 年 9 月 21 日送省女子劳教所执行。省劳动教养管理委员会于 2008 年 11 月 15 日以省劳复字 2008 第 12 号复查决定书对劳教人员王某花以母亲年迈且儿子身患残疾、生活不能自理，经本人申请，决定变更某市劳教委员会对王某花的劳动教养 1 年的决定为劳动教养 1 年所外执行。

【案例评析】

本案件属于典型的劳教人员交付执行后由公安机关作出所外执行决定的案件。

1. 实体问题

按照有关规定，因家庭有特殊困难或者原工作单位特别需要的，可以批准所外执行。同时，还有禁止性规定，有下列情形之一的，不得批准所外执行：（1）执行劳动教养期间表现不好的；（2）有重新违法犯罪危险的；（3）患有性病未经治愈的；（4）因吸毒被劳动教养未戒除毒瘾的；（5）多次流窜作案，被劳动教养的。本案王某花就属于家庭有特殊困难的情况。

2. 程序问题

所外执行需由被劳动教养人所在单位或街道（乡、镇）向劳动教养管理所提出申请并出具有关证明材料，且附有当地公安机关的意见。被劳动教养人所在中队根据有关规定填写呈批表，提出意见逐级上报，由劳动教养管理委员会审核批准。劳动教养管理所根据批准意见，办理所外执行手续，填写《所外执行劳动教养证明》，并与申请单位、街道（乡、镇）和当地公安机关共同签订联合帮教协议。但本案是劳教人员直接向决定部门提出的，应适用行政复议法的有关规定进行。

3. 工作中应注意的问题

所外执行，是劳教变更执行方式的一个类型。劳教变更执行检察是劳教检察工作的重点，既包括对劳教所呈报活动的同步监督，也包括对劳教管理机关和劳教所决定活动的事后监督。本案较为特殊，是公安机关直接作出所外执行决定的案件，无劳教所的呈报意见，因此，该案的监督应做到以下六点：

（1）严把所外执行条件关。要检察劳教所外执行人员是否具有公安部、司法部规定的特殊情况、特殊困难和原单位的特殊需要等情形。适用所外执行的条件过于原则，容易造成执法随意性大。监督过程中，既要监督是否符合规定条件，同时重点监督是否属于不得批准所外执行的五类人，关键要防止所外执行权被滥用。

（2）严把所外执行的程序关。本案的特殊情况，不是劳教所呈报的，就应在接到所外执行决定后，呈请作出所外执行决定的机关同一级的检察机关监所检察部门进行监督，驻所检察室应将王某花在所内的表现一起呈报，并提出是否所外执行的意见。

（3）严格审查所外执行有关材料的真实性。实践中，主要一些所外执行相关证明材料系劳教人员家属或单位提供，审批机关只是书面审查，因此要把这些材料作为审查的重点。在该案件中，驻所检察人员就要对王某花的母亲年迈和儿子身患残疾、生活不能自理等情况进行实地等多方了解，掌握第一手资料，正确作出决定。

（4）维护所外执行的公正性。既要监督对不符合规定条件的劳教人员办理变更执行，也要监督应当呈报和决定变更执行而没有呈报和决定所外执行的问题。

（5）要做好出所检察。检察王某花是否具备所外执行劳教呈批表、所外执行劳教证明，对存在的问题要及时提出纠正意见。

（6）应填写《劳教所办理所外执行、所外就医情况登记表》。派驻检察机构应当将审查情况填入该表，报送受理本案的劳教管理机关的同级人民检察院监所检察部门。

【工作策略】

在本案中，驻所检察人员对王某花的所外执行案件依法进行了监督，重点进行了条件和法律法规方面的审查，但对王某花的实际情况未进行实地了解，同时，对公安机关直接决定所外执行的情况，无具体的法律规定，也造成了监督难以到位。应及时报请上级检察机关监所检察部门进行监督，以保证监督到位。

第三节 脱逃事故检察

【案例】

任某飞脱逃案

2007 年 6 月 24 日，某省未成年劳动教养人员管理所发生一起劳教人员逃跑事件。当天 12 时 10 分左右，三大队干警郭某峰带领 8 名学员到餐厅打扫卫生。约 12 时 40 分，郭某峰带回 8 名学员至 3 楼，安排 7 名学员归队休息，留下学员任某飞在大队铁门外打扫民警卫生间门口。其间，郭某峰在未与同班干警杜某等打招呼交接的情况下，便去了卫生间，使任某飞处于脱管失控状态。大约 12 时 50 分，任某飞趁机溜出学员宿舍楼，从管教大院东墙角攀登上当天工人粉刷围墙无人看守的脚手架，翻墙逃跑。13 时 20 分，三大队组织学员出工点名时发现少了一名学员，经核实是学员任某飞，杜某等民警各处寻找未果，才向值班所领导汇报。所里马上向省劳教局作了汇报，并向驻所检察室检察官报告了情况，同时立即启动追逃预案，组织全所干警展开追逃行动。大约当天 18 时 30 分，在省城西客站将逃跑学员任某飞抓获，前后过程共约 5 个多小时。

接到事故报告后，驻所检察室检察官刘某，第一时间与分管领导副检察长芦某赶赴事发现场了解情况，并同时向院检察长进行了汇报。芦某和刘某首先积极配合省劳教局研究制定抓捕方案，在全市范围关键点位布控警力，迅速展开追逃工作。

任某飞被抓获后，检察人员第一时间对任某飞进行了询问调查，并制作笔录。对当班干警郭某峰、杜某等一一进行询问，并制作笔录。检察人员在任某飞的身上发现 16000 余元现金，随即将任某飞关押至禁闭室接受进一步调查。经检察人员多天多次谈话教育，最终突破其心理防线，任某飞向检察人员交代了其在外逃经过某村时，盗窃 16000 余元的事实。随后将任某飞押至现场指认，至此，在检察机关的监督下，破获了任某飞入室盗窃案，因任某飞当时不满 16 岁，不追究刑事责任，经劳教局批准对任某飞进行了延长教期处理。

经检察机关调查，最终认定，省未教所发生的逃跑事件，是一起严重不负责任、未严格遵守规章制度，多个环节脱管失控造成的监管脱逃事件。事后，检察机关下达了多份检察建议书，要求整改，建章立制，从多方面查漏补缺。省劳教局、省未教所对十余名所领导和干警进行了行政处分。

【案例评析】

1. 实体问题

此案件涉及失职致使在押人员脱逃罪，刑法第 400 条第 2 款规定：司法工作人员由于严重不负责任，致使在押的犯罪嫌疑人、被告人或者罪犯脱逃，造成严重后果的，处 3 年以下有期徒刑或者拘役；造成特别严重后果的，处 3 年以上 10 年以下有期徒刑。根据本款规定，构成本罪的主观方面主要是过失，即司法工作人员因为疏忽大意而没有预见，或者已经预见而轻信能够避免，以致发生了这种危害的后果。另外，构成本罪的主观方面有时也存在间接故意，即司法工作人员明知自己严重不负责任的行为会发生被监管或押解人脱逃的危害社会的结果，并且有意识地放任这种结果的发生，行为人虽然不希望结果的发生，但又不设法防止，采取听之任之、漠不关心的态度，以致发生了这种结果。构成本罪的客观方面必须是司法工作人员严重不负责任，致使犯罪嫌疑人、被告人或者罪犯脱逃，造成了严重后果。

关于立案标准，根据 2006 年最高人民检察院《关于渎职侵权犯罪案件立案标准的规定》的规定，涉嫌下列情形之一的，应予立案：（1）致使依法可能判处或者已经判处 10 年以上有期徒刑、无期徒刑、死刑的犯罪嫌疑人、被告人、罪犯脱逃的；（2）致使犯罪嫌疑人、被告人、罪犯脱逃 3 人次以上的；（3）犯罪嫌疑人、被告人、罪犯脱逃以后，打击报复报案人、控告人、举报人、被害人、证人和司法工作人员等，或者继续犯罪的；（4）其他致使在押的犯罪嫌疑人、被告人、罪犯脱逃，造成严重后果的情形。从上述标准看，本案不构成失职致使被监管人员脱逃罪。

2. 程序问题

本案中，驻所检察人员在接到事故报告后，采取的措施程序都是符合法律规定和检察机关的工作要求的。他们立即派员赴现场了解情况，并及时报告了本院检察长；在认为可能存在违法犯罪问题的，他们及时深入事故现场，向有关人员进行了调查取证；构成犯罪的要依法追究相关人员的刑事责任，不构成犯罪的要建议劳教所或上级机关给予行政处分；事故处理结束后，他们与劳教所共同剖析了事故原因，研究对策，同时向劳教所发出了检察建议书，督促劳教所完善监管措施，杜绝类似事故的发生。

3. 工作中需要注意的问题

这是一个劳教所事故检察的典型案例。劳教人员逃跑是比较突出的劳教事故，在劳教所发生事故后，驻所检察部门应如何应对呢？应注意以下六点：

（1）立即派员赶赴事故现场。脱逃事故发生后，驻所检察室应立即派员赶赴现场，初步了解情况，同时向本院检察长进行报告，协助劳教所追逃，并对易丢失的关键证据进行固定，如监控录像、值班记录、同班人员了解情况等。

（2）认真调查取证，查清事实。在抓获任某飞后，第一时间进行询问调查，制作笔录，了解其脱逃的前后经过、脱逃的动因、民警的值班情况，对当班民警分别进行询问调查，了解值班情况，对与任某飞一起住宿、劳动的劳教人员进行询问，了解任某飞脱逃前后的情况，从而详细了解掌握整个事件的经过。

（3）准确把握法律，分清责任。查清事实后，要根据有关法律规定，按照事故的性质、大小，分别作出处理，构成重大责任事故的，要查清本事故责任人，依法报请本院检察长，提请立案，追究相应的刑事责任；不构成重大事故的，也要查清责任，及时报请劳教所上级主管部门，建议给予行政处分。本案件任某飞仅逃跑5小时即被抓回，不构成重大事故，应相应地给予有关民警行政处理。

（4）剖析事故原因，完善监管措施。驻所检察室在查清事故经过后，应及时与劳教所以联席会议等形式，共同剖析事故原因，认真研究对策，进一步完善监管措施；也可以以检察建议书等形式，分析事故原因，提出改进措施，建章立制，落实责任，杜绝类似事故的再次发生。

（5）切实强化监督，追究逃跑人员责任。要监督劳教所切实查明该劳教人员逃跑期间的情况，发现其构成犯罪需追究刑事责任的，应依法移送公安机关或检察机关立案侦查；不需追究刑事责任的，应监督劳教所给予相应的处罚。

（6）构成重大责任事故的，应填写《重大事故登记表》，并报送上一级人民检察院，续报有关情况。

【工作策略】

本案中，总体上看，该驻所检察室的处理非常得当，是一起很成功的事故处理案件，但也有需要注意的地方：要准确把握事故检察职责，派驻人员为查清事实、明确责任，需要参与事故调查，但不能主导或者替代劳教所调查事故。本案中，驻所检察室的调查过于主动、主导，应发挥监督作用。

第四节　死亡事故检察

【案例】

魏某喜死亡案

魏某喜，男，48岁，2010年9月29日因盗窃电线电缆被劳教1年6个月，在某市劳教所执行劳教。因要安排魏某喜参加省劳教局文艺汇演，2011年5月5日，魏某喜被临时送到某省戒毒劳教所二大队进行排练，其间一直表现很好，身体无异常。2011年6月20日吃完早饭后，其感觉身体不适，以为是中暑，同组学员给其手指放血，感觉好点，然后报告值班人员，对其进行体温测量，体温35.8度，随后给医务所值班大夫打电话。约8点50分值班大夫到二大队对其进行了检查，告诉大队带上魏某喜到医务所进行进一步检查治疗。9点15分到医务所检查后，给其喝一支藿香正气水，进行吸氧治疗；9点55分，其感觉好点；9点58分归队回到宿舍。10点01分突然病情发作，同组学员及时进行抢救，同时报告大队值班民警，医务人员10点06分赶到进行抢救，10点20分120急救车赶到进行抢救，10点47分120急救车离开，劳教所随后将其送省人民医院抢救，11点45分抢救无效，宣告其死亡。

接到死亡报告后，检察室立即派员到场，并口头报本院监所检察处，同时报告本院案件管理中心，按照规定在24小时内填报了《被监管人员死亡情况登记表》，到达现场后及时进行了现场勘验，制作了现场勘验笔录，进行了现场录像、拍照，固定了相关证据。第二天，在驻所检察人员的组织下，家属代表、劳教所有关人员在场，检察院技术处对魏某喜的尸体进行了尸表检查，未见异常，同时针对家属的疑问作了现场回答；驻所检察人员对死者15日内的原始监控录像进行了固定，并进行了审查，未见异常，对死者遗物进行了检查对有关物品进行了拍照、录像，并要求劳教所进行妥善保管；组成调查组，向劳教所二大队相关民警和医务人员调查了解死者生前被监管和治疗情况，制作调查笔录，向劳教所二大队同组学员和参与抢救人员调查了解死者死亡时间、抢救经过和死者生前身体情况，制作调查笔录；要求劳教所医务所向 120 急救中心、省人民医院调取抢救记录和死亡证明材料。通过上述调查取证，未发现民警、学员违纪情况。驻所检察人员积极配合劳教所进行善后处理，双方于 2011 年 7 月 7 日签订魏某喜死亡善后处理协议，家属对死亡结论无异议，对其死亡原因不再要求鉴定。根据调查情况，发现劳教所在管理中存在一些问题，如民警直接管理不到位、医务人员工作责任心不强等，驻所检察室提出了书面建议，督促整改。

【案例评析】

这是一起典型的劳教人员正常死亡案。针对近年来社会对监管场所被监管人员死亡事件不断关注的实际情况，最高人民检察院制定下发了《关于监管场所被监管人员死亡检察程序的规定》，对人民检察院办理监管场所死亡检察程序作了详细规定，在实际工作中，驻所检察室应注意以下问题：

1. 立即赶赴现场，固定重要证据。死亡事件发生后，驻所检察室应立即派员赶赴现场，保护现场，初步了解情况，同时口头向本院检察长及上级院监所检察部门报告，立即进行勘验，制作现场勘验笔录，对现场进行录像、拍照，对易丢失的关键证据进行固定，对死者 15 天内的原始监控录像、值班记录、医院治疗病例、死者遗体、遗物、劳教所医疗所病例等进行封存。

2. 认真调查取证，查清死亡实情。第一时间展开调查，一是与家属代表、劳教所、检察院技术部门一起对死者进行尸表查验，重点看是否有钝器、锐器等伤痕，到死者死亡医院调取抢救记录、死亡证明等，听取医院医生对死者死亡的看法，初步了解死者死亡原因；二是询问相关人员，并制作笔录，向相关民警调查了解死者生前生活情况、劳教情况、身体情况、值班情况等；三是向劳教所医务人员了解死者生前的身体情况、病情及治疗情况、死亡时间、表现、抢救经过等；四是对与魏某喜一起住宿、劳动的劳教人员进行询问，了解魏某喜死亡前后的情况；五是查看死者死亡前后15天的监控录像，了解死者死亡前后的表现；六是对死者的遗物进行检查，进行拍照、录像，并进行分析；从而全面掌握整个死亡事件的情况，查明死者的死因，是属于非正常死亡（即自杀、逃跑击毙、工伤死亡、自然灾害死亡、医疗事故死亡、虐待折磨致死、患浮肿、干瘦病致死、强制过度劳动致死等），还是属于正常死亡（因病死亡）。

3. 细致进行鉴定，查明死亡原因。死者家属对医疗鉴定结论有异议并向人们检察院提出，或者罪犯非正常死亡的人民检察院应在接到劳教所通知后24小时内进行检验，对死亡原因作出鉴定，确定死亡原因。

4. 准确把握法律，分清民警责任。查清事实后，特别是查实死者死因后，根据有关法律规定，分别作出处理，非正常死亡，构成事故的，要查清事实真相，实事求是地归责剖析，查清非正常死亡与执法过错有无关联，确定本事故责任人，依法报请本院检察长，提请立案，追究有关民警的刑事责任，对其他劳教人员虐待致死的，要追究加害劳教人员的刑事责任；不构成重大事故的，也要查清责任，及时报请劳教所上级主管部门，给予行政处分。本案件经鉴定为魏某喜突发疾病猝死系正常死亡，应不构成重大事故。

5. 剖析事故原因，完善监管措施。驻所检察室在查清事故经过后，应及时与劳教所以联席会议等形式，共同剖析事故原因，认真研究对策，进一步完善监管措施；也可以以检察建议书等形式，分析事故原因，提出改进措施，建章立制，落实责任，杜绝类似事故的再次发生。即使如本案，不属于非正常死亡，未构成监管事故，但也应该及时查找其中暴露出的问题，如本案中查出的民警直接管理不到位、医务人员工作责任心不强等问题，及时提出检察建议，督促纠正整改。

6. 构成重大责任事故的，应填写《重大事故登记表》，并报送上一级人民检察院，续报有关情况。

【工作策略】

本案中，总体上看，该驻所检察室的处理非常得当，是一个很成功的死亡事故处理案件，但也有需要完善的地方：一是要准确把握事故检察职责。派驻人员为查清事实，明确责任，需要参与事故调查，但不能主导或者替代劳教所调查事故。二是在死亡事件的处理中，检察机关应作为一个监督者、调查者出现，不应对整个案件大包大揽，如与死亡人员家属的接触，应以劳教所工作人员为主。三是要特别注意，死亡事件往往造成死者家属上访及媒体的关注，检察院办案人员工作中要严格要求，秉公执法，高度重视自己的言行举止，及时分析舆情，恰当作出应对，避免影响检察机关的声誉。

第五节　申诉检察

【案例】

王某娟不服劳教决定申诉案

2008 年 10 月底，某检察院驻省女子劳教所检察室接到劳教人员王某娟的申诉，称其犯案时使用他人身份，实际年龄不满 16 岁，不属于劳动教养对象。检察室经初步了解，情况属实，遂经本院及时向审批地检察院监所检察部门报告并移送材料。市劳动教养委员会 2008 年 11 月 27 日以复查决定书撤销了对王某娟的劳动教养。

【案例评析】

1. 实体问题

根据有关规定，不满 16 岁的青少年不属于收容对象，在本案中，王某娟本人确实不满 16 岁，只是犯案时使用他人身份，造成错误劳教。因此，应马上进行纠正。

2. 程序问题

被决定劳教的人员对劳教决定不服的申诉，驻所检察人员应及时受理，进行审查，并填写《控告、举报和申诉登记表》，经审查，如认为原决定正确、申诉理由不成立的，应当将审查结果答复申诉人并做好息诉工作；认为原决定有错误可能，需要复查的，应当移送原劳教审批地的人民检察院监所检察部门办理。本案中，驻所检察室受理王某娟的申诉后，审查发现王某娟不满 16 岁，不属于劳动教养对象，之后，经本院检察长批准及时向审批地检察院监所检察部门进行了报告，并移送材料，程序是完全符合要求的。

3. 工作中需注意的问题

该案件为劳教人员不服劳教决定申诉案件。对这一点，《人民检察院劳教检察办法》规定得比较明确，实际工作中操作很方便。具体工作中应注意以下六点：

（1）应建立帮教劳教人员制度，加强对劳教人员的法制宣传和教育。对劳教人员的集体教育，至少半年一次。让劳教人员知道劳教方面的有关规定，了解被侵权后申诉的渠道和方法，让劳教人员了解检察机关的性质，明白监所检察的内容和意义。

（2）要畅通劳教人员申诉渠道。建立《检察官谈话和约见制度》，派驻检察人员应当每周至少选择一名劳教人员进行个别谈话，并及时与要求约见的劳教人员谈话，听取情况反映，提供法律咨询，接收递交材料。在劳教所的劳教区和劳教所的办公区设立检务公开宣传栏，在劳教所内设立检察官信箱，接收劳教人员控告、举报和申诉材料。信箱应当每周开启。派驻检察人员应当每月定期接待劳教人员近亲属、监护人来访，受理控告、举报和申诉，提供法律咨询。

（3）应对劳教人员的申诉材料进行初步审查。在本案中，应重点对王某娟的年龄、犯案的情况进行全面的了解，特别是其年龄情况应到公安派出所、出生地等进行调查，案件情况要向公安办案人员实地了解，查明王某娟是否确是使用他人身份进行犯案，将所有材料装卷，一并移送原审批地的人民检察院监所检察部门。

（4）应及时移送审批地的人民检察院监所检察部门。因原错误的决定极大地损害了劳教人员的合法权益，行动要迅速，纠正要及时，也节省了司法资源，有利于化解矛盾，稳定劳动教养场所秩序。

（5）应积极关注纠正情况。在将有关材料移送审批地检察院监所检察部门后，驻所人员不能坐等问题解决，要积极进行关注，向上级检察院反映情况，让上级机关进行督促，促进问题的早日解决。

（6）应根据情况填写《控告、举报和申诉登记表》。全面填写收件（接谈）时间、控告举报申诉人情况、控告举报申诉内容和处理情况。

【工作策略】

本案处理得非常好。劳教检察尤其要树立人权保障观念。工作中切实把保障被监管人员合法权益放在重要位置。要对劳教检察工作中保障劳教人员合法权益的途径和方法积极进行探索。

第六章　职务犯罪的侦查

第一节　贪污贿赂案件

一、贪污案件

【案例】

　　程某全贪污案

　　犯罪嫌疑人程某全，男，汉族，1960 年 11 月 25 日生。大专文化，山西省某县人，捕前系某市看守所所长。

　　2003 年 5 月，犯罪嫌疑人程某全担任某市看守所所长后，找到了与其相识的某县某镇原高场煤矿会计魏某林，让魏某林给某市看守所送些煤。魏某林为此连续几年为看守所送煤，用于供暖及伙房使用。从 2003 年至 2008 年，被告程某全陆续向魏某林索取了 10 张盖了章的山西省某县煤炭工业统一发票，然后让他人虚填购煤的吨数和金额，自己在发票上签"准支"，先后交给某市看守所历任司务长杨某星、秦某国在看守所司务账入账报销。其间，被告人程某全还虚开山西省某县煤炭工业统一发票一张、自收凭条一张、某市城区煤运煤场发货单一张，共三张。分别在票据上签字"准支"后，也交给杨某星、秦某国，由该二人入账报销。某市看守所司务长杨某星、秦某国将程某全虚开的 13 张购煤票入账后，均按票面金额将现金交给了程某全，共计 138373.45 元，犯罪嫌疑人程某全将虚开的 138373.45 元购煤款占为己有。案发后，犯罪嫌疑人程某全于 2008 年 11 月 27 日将 47976.95 元赃款缴到某市人民检察院。

某市人民检察院监所检察处于 2008 年 11 月 25 日以程某全涉嫌贪污罪对其立案侦查;2009 年 3 月 25 日,经某市人民检察院决定建议某市公安局于 2009 年 3 月 25 日依法对其执行逮捕。2009 年 5 月 20 日侦查终结并移送起诉。

2009 年 7 月 3 日,某市人民检察院对程某全以贪污罪向某市人民法院提起公诉。

某市人民法院审理认为,被告人程某全在任某市看守所所长期间,利用职务便利,以非法占有为目的,以给看守所供暖为理由,采取虚开冒领的手段,虚开购煤款发票 13 张,在看守所司务账目中报销从中贪污的 138373.45 元,其行为构成了贪污罪,应当负刑事责任。对被告人程某全犯罪所得的赃款依法应当追缴。被告人程某全的行为触犯了刑法第 383 条之规定,构成贪污罪。

2009 年 9 月 11 日,某市人民法院以程某全犯贪污罪,判处有期徒刑 10 年。

2009 年 12 月 2 日,某市人民法院以原判事实清楚,证据确实、充分,适用法律正确,审判程序合法,依照原刑事诉讼法第 189 条第 1 项之规定,驳回上诉,维持原判。该裁定为最终裁定。

【案例评析】

1. 贪污罪的构成要件

贪污罪,是指国家工作人员和受国家机关、国有公司、企业、事业单位、人民团体委托管理、经营国有财产的人员,利用职务上的便利,侵吞、窃取、骗取或者以其他手段非法占有公共财物的行为。

(1)本罪侵犯的客体是复杂客体。既侵犯了公共财物的所有权,又侵犯了国家机关、国有企业事业单位的正常活动以及职务的廉洁性,但主要是侵犯了职务的廉洁性。本罪的犯罪对象是公共财物或非国有单位的财物,其中,当然的国家工作人员而为的贪污罪的对象,是公共财物;拟定的国家工作人员中的受国家机关、国有公司、企业、事业单位、人民团体委托管理、经营国有财产的人员而为的贪污罪的对象，是公共（国有）财物；在国有单位从事公务的人员而为的贪污罪的对象是国有财产；受国有单位委派到非国有单位从事公务的人员而为的贪污罪的对象，是国有或非国有单位财物；勾结、伙同国家工作人员或受国家机关、国有公司、企业、事业单位和人民团体委托管理、经营国有财产的人员而为的贪污罪的对象，既可以是公共财物，也可以是国有财产。

（2）本罪的客观方面表现为利用职务之便，侵吞、窃取、骗取或者以其他手段非法占有公共财物的行为。这是贪污罪区别于盗窃、诈骗、抢夺等侵犯财产罪的重要特征。

利用职务上的便利，是指行为人利用其职责范围内主管、经手、管理公共财产的职权所形成的便利条件，假借执行职务的形式非法占有公共财物，而不是因工作关系或主体身份所带来的某些方便条件，如因工作关系而熟悉作案环境，凭借工作人员身份进出某些机关、单位的方便等。所谓主管，是指具有调拨、转移、使用或者以其他方式支配公共财产的职权。所谓经手，是指具有领取、支出等经办公共财物流转事务的权限。所谓管理，是指具有监守或保管公共财物的职权，如会计员、出纳员、保管员等具有监守和保管公共财物的职权。行为人如果利用职务上主管、经手、管理公共财物的便利，而攫取公共财物的，就可构成贪污罪。贪污手段多种多样，但归纳起来不外乎是采取侵吞、窃取、骗取或者其他手段非法占有公共财物。

（3）贪污罪的主体是国家工作人员或者受委托管理、经营国有财产的人员。

（4）本罪在主观方面必须出于直接故意，并具有非法占有公共财物的目的。过失不构成本罪。其故意的具体内容表现为行为人明知自己利用职务之便所实施的行为会发生非法占有公共（国有）财物或非国有单位财物的结果，并且希望这种结果的发生。

综上，被告人程某全的行为符合贪污罪的构成条件。其在案发前系某市看守所所长，属于国家工作人员。其将虚开购煤款发票的报销款138373.45元占为己有，可见主观故意，符合本罪的主观构成要件。

被告人程某全以非法占有为目的，以给看守所供暖为理由，采取虚开冒领的手段，虚开购煤款发票13张，利用自己职务的权力在发票上签"准支"后，将看守所司务账目中报销的138373.45元占为己有，该行为符合本罪的客观构成要件。根据刑法第383条的规定，个人贪污数额在10万元以上的，处10年以上有期徒刑或者无期徒刑，可以并处没收财产；情节严重的，处死刑，并处没收财产。被告人程某全被判处有期徒刑10年，量刑正确，符合罪刑相适应原则。

2. 贪污案件的证据特点

（1）证据的隐蔽性和复杂性。贪污是犯罪分子利用经营、管理财物的职权，以合法的身份，在"合法"的方式下，使用财务方面的专门技术所进行的犯罪，犯罪手段比较隐蔽、狡猾，一般不易被察觉。同时，贪污是一种故意犯罪，犯罪分子总是利用多种方法来掩盖罪行，销毁痕迹，制造假象，这就使贪污案件的证据变得非常隐蔽和难以收集。另一方面，很多贪污犯罪分子都是上下勾结，互相包庇，上有"保护伞"，下有"关系网"，盘根错节，一个被捕，八方说情，给调查取证工作带来很大的阻力，也使案情变得更加复杂。

（2）与财务的关联性。贪污是一种利用管钱管物的权力，将公共财物占为己有或挪用的犯罪。贪污行为包括占有财产和推卸或逃避财产经管责任两个方面。由于占有财产的行为具有秘密性，而且是行为人利用职务之便完成的，因此除了"财产已不存在"这个事实以外，在财务上不会留下其他痕迹。与此相反，推卸或者逃避财产经管责任的行为则会在财务上留下明显的痕迹。贪污行为人推卸财产经管责任的方法一般有四种：一是通过虚假的财务会计资料和财务信息直接从财务上消除公共财产的会计指标；二是通过嫁祸他人，使财务所追究的责任人错误；三是利用多人经管的机会非法占有公共财产，致使财务追究的具体责任人不清；四是挪用公款不归还，即行为人公开拒绝承担或已无力承担公共财产的经管责任，迫使所有人最终将相应的财产指标消除。由于挪用公款行为的当事人只是为了在一定时期内非法取得相应公款的使用权，因此当事人不会实施推卸或逃避经管责任的行为，从财务上看，具有明确清楚的财务责任主体，而且通过一般的财务核对方法就能确认和追究具体的经管责任人和行为人，大多数案件能及时追回被挪用的公款或调整原先不准确的财务责任主体。所以，以账实不符的虚假形式反映公共财产原样存在，并有具体真实的财务责任人始终承担经管责任，或案发时行为人能主动说明其挪用而造成账实不符的原因，并自觉承担被其所挪用公款的经管责任，且最终不会造成被挪用公款之损失，是挪用公款行为的一般财务特征。① 无论贪污分子怎样制造假象，怎样掩盖，都必然要在贪污分子所经管的财物、账册、票据上反映出来，这就为我们收集贪污案件证据提供了线索和依据。

（3）书证、物证和司法会计鉴定意见是常见的基本证据。因为贪污犯罪的特点是，特定的主体以特定的职务上的方便侵害特定的对象，所以反映这些特定关系的证据都是书面证据。贪污活动无论怎样复杂多样，千变万化，其基本方式无非两种：一种是直接把实物据为己有或挪用；另一种是通过各种书面形式把公共财物的所有权转为己有或使挪用行为合法化。因此，贪污案件的证据必然会通过这两种形式反映出来。此外，由于贪污是犯罪分子利用专门手段所进行的犯罪活动，有些犯罪手段隐蔽复杂，必须要用专门的技术进行鉴定，这就决定司法会计鉴定意见是认定贪污的一种十分重要的证据。

【工作策略】

贪污案件相对较易查处。对贪污案件的查处，要根据贪污案件的特点制定初查、侦查方案。可以借助审计部门，通过审计部门对监管机构的审计发现贪污线索。

---

① 金建文：《论贪污、挪用公款犯罪行为的财务特征》，载《人民司法》1998 年第 5 期。

二、挪用公款案件

【案例】

刘某飞挪用公款案

犯罪嫌疑人刘某飞，男，汉族，1977年2月18日出生，中专文化，山西省某市北某村人，原系某市某劳教所管理科民警。

犯罪嫌疑人刘某飞从1998年至2006年2月在某劳教所砖厂工作，负责砖场销售和收回销货款工作。其中：（1）2003年7月至12月从某县某陶瓷有限责任公司结算回砖款18650元。（2）2002年12月从山西某琉璃瓷有限公司结算回砖款18948元。（3）2004年六七月从某亮处结算回砖款6000元。（4）2004年秋从某伟（纪三）处结算回砖款1000元。（5）2005年3月从曹某军处结算回砖款1000元。（6）2000年至2004年之间从李某处结算回砖款15000元。（7）从其他零星买砖户处结算回砖款12370.39元。

上述七项，犯罪嫌疑人共结算回砖款72968.39元，除交给一大队大队长宋某26500元外，剩余46468.39元用于个人消费。

某市人民检察院监所检察处于2006年3月24日以刘某飞涉嫌贪污罪对其立案侦查，2006年3月24日将其刑事拘留。2006年3月31日刘某飞被取保候审。2006年4月14日，侦查终结并移送起诉。

2006年5月24日，某市某县人民检察院对刘某飞以挪用公款罪向某县人民法院提起公诉。

某县人民法院审理认为，被告人刘某飞在某劳教所砖厂负责销售砖及收回销货款期间，利用职务便利，将收回的41068.39元人民币砖款用于个人消费，且3个月未还。案发后，被告人刘某飞已主动退缴赃款。被告人刘某飞的行为触犯了刑法第384条之规定，其行为已构成了挪用公款罪。

2006年6月23日，某县人民法院以刘某飞挪用公款罪，判处免予刑事处罚。

【案例评析】

1. 挪用公款罪的构成要件

挪用公款罪，是指国家机关工作人员利用职务上的便利，挪用公款归个人使用，进行非法活动的，或者挪用公款数额较大、进行营利活动的，或者挪用公款数额较大、超过 3 个月未还的行为。其构成要件如下：

（1）本罪的客体。挪用公款罪侵犯的直接客体是公款的使用权。本罪侵犯的对象主要是公款。这既包括国家、集体所有的货币资金，也包括由国家管理、使用、运输、汇兑与储存过程中的私人所有的货币。

（2）本罪的客观方面表现为行为人实施了利用职务上的便利，挪用公款归个人使用，进行非法活动，或者挪用数额较大的公款进行营利活动，或者挪用数额较大的公款超过 3 个月未还的行为。其中包含三个要件：第一，行为人实施了挪用公款的行为，即行为人未经合法批准而擅自将公款移作他用。第二，行为人挪用公款的行为是利用其主管、管理、经手公款的职务上的便利实施的。第三，行为人挪用的公款是归个人使用的，所谓归个人使用，既包括由挪用者本人使用，也包括由挪用者交给、借给他人使用。挪用公款给他人使用，不知道使用人用公款进行营利活动或者用于非法活动，数额较大、超过 3 个月未还的，构成挪用公款罪，明知使用人用于营利活动或者非法活动的，应当认定为挪用人挪用公款进行营利活动或者非法活动。

（3）本罪的主体是特殊主体，即国家工作人员。构成挪用公款罪的国家工作人员包括：在国家机关中从事公务的国家工作人员。在国有公司、企事业单位和人民团体中从事公务的人员；受国有单位委派到非国有单位中从事公务的人员；其他依照法律从事公务的人员。

（4）本罪在主观方面是直接故意，行为人明知是公款而故意挪作他用，其犯罪目的是非法取得公款的使用权。但其主观特征只是暂时非法取得公款的使用权，打算以后予以归还。至于行为人挪用公款的动机则可能是多种多样的，有的是为了营利，有的出于一时的家庭困难，有的为了赞助他人，有的为了从事违法犯罪活动。动机如何不影响本罪成立。

2. 挪用公款罪与贪污罪的界限

（1）两罪所侵犯的客体不尽相同。两罪都侵犯了公共财物的所有权，但挪用公款罪侵犯的是公款的占有权、使用权、收益权，不包括处分权；而贪污罪侵犯的是公共财产所有权的全部权能。

（2）犯罪对象有所不同。挪用公款罪的犯罪对象是公款；而贪污罪的犯罪对象是一切公共财产，其范围较之挪用公款罪要大得多。

（3）犯罪的手段不完全相同。挪用公款罪从性质上说，是暂时地非法使用公款，行为人通常采取私下或者公开不经批准或认可，改变公款既有用途的挪用手段，往往留有"挪用痕迹"，甚至出具借条。而贪污罪的行为人往往采取可以达到永久占有公共财产的直接侵吞、秘密窃取或者造假账骗取等手段。

（4）行为构成犯罪在时间上的要求不同。除挪用公款进行营利活动或者非法活动以外，一般的挪用公款归个人使用，必须是超过 3 个月未还的，才能构成挪用公款罪。而贪污罪的构成没有时间上的要求。

（5）两罪构成犯罪的数额或情节要求不同。根据最高人民检察院 1999 年《关于人民检察院直接受理立案侦查案件立案标准的规定（试行）》的规定，挪用公款罪的起刑点为：挪用公款归个人使用，进行非法活动的，数额在 5000 元至 1 万元以上；挪用公款归个人使用，进行营利活动的，数额在 1 万元至 3 万元以上；挪用公款归个人使用，超过 3 个月未还的，数额在 1 万元至 3 万元以上。贪污罪则要求个人贪污数额在 5000 元以上，或者个人贪污数额不满 5000 元，但具有贪污救灾、抢险、防汛、防疫、优抚、扶贫、移民、救济款物及募捐款物、赃款赃物、罚没款物、暂扣款物，以及贪污手段恶劣、毁灭证据、转移赃物等情节。

（6）两罪的犯罪主体不同。挪用公款罪与贪污罪的主体尽管都是国家工作人员，但含义不同。依据刑法及相关司法解释的规定，贪污罪的主体包括受国家机关、国有公司、企业、事业单位、人民团体委托管理、经营国有财产的人员，但他们不能成为挪用公款罪的主体。

（7）两罪在主观方面的目的不同。挪用公款罪的行为人在主观上只有挪用的故意，一般是为了获得某种收益或者满足特定的需要而暂时地占有公款，准备将来归还。而贪污罪的行为人在主观上具有非法占有公共财物的目的，即将公共财物永久地占为己有，而不准备归还。

3. 本案的定性

本案的焦点在于，被告人刘某飞的行为构成贪污罪还是挪用公款罪。

笔者认为被告人刘某飞的行为应当构成贪污罪。贪污罪的客观行为表现为利用职务上的便利，侵吞、窃取、骗取或者以其他非法手段非法占有公共财物。而挪用公款罪的客观行为表现为利用职务上的便利，挪用公款归个人使用，超过3个月未还，由此定义可见挪用公款罪并不以非法占有为最终目的，行为人在挪用公款时具有归还的意思表示。因此，笔者认为挪用公款行为与贪污行为不是对立关系，而是包容关系。挪用公款罪的责任形式为故意，如果行为人具有非法占有的目的（不归还公款的意思），则以贪污罪论处。本案中被告人刘某飞从2000年开始收回销售货款并从中占有部分款项直至2005年。可见其归还公款的意思日益缩小，而非法占有的目的日益凸显，2006年3月立案之时，早已远远超过了3个月的归还期限，所以笔者认为，被告人刘某飞明显具有非法占有的目的，采取侵吞的手段非法占有公共财物，其行为应构成贪污罪。

【工作策略】

挪用公款案件与贪污案件在证据上有诸多的共性，在查处上也与贪污案件一样，主要是对监管机构财务账目的审查。实践中，关键还是弄清案件的性质，是挪用还是贪污。这里，不能轻信犯罪嫌疑人的口供，应多收集客观证据来证明行为人的主观目的。

三、受贿案件

【案例】

沈某受贿案

犯罪嫌疑人沈某，男，1966 年 2 月 28 日生，汉族。大专文化，中共党员。辽宁省某市人，捕前系某市某县看守所所长。

2008 年 4 月，某县看守所服刑人员赵某明为了感谢沈某在为其申请减刑期间给予的帮助，在看守所厨房将 5000 元人民币送给沈某。

2008 年 2 月至 5 月间，某县看守所在押人员廖某华为感谢沈某在生活上给予的关照、管理上给予的方便，在看守所餐厅分两次给沈某 20000 元港币，沈某悉数收下。后安排其朋友王某庆分两次在某县中国银行进行兑换，共兑换 17485 元人民币，其中 10000 元人民币放在其办公室内，其余部分沈某用于个人消费。

2008 年 3 月，某县看守所服刑人员赵某明的连襟王某军为催办赵某明减刑事宜，在沈某办公室送给沈某 2000 元人民币。2008 年 5 月，赵某明的连襟王某军在沈某办公室又送给沈某 2000 元人民币，沈某全部收下用于个人消费。

2008 年 7 月 16 日，某市人民检察院监所处对沈某以涉嫌犯受贿罪立案侦查，2008 年 7 月 22 日因涉嫌犯受贿罪被某市人民检察院决定逮捕，羁押于某市看守所。2008 年 8 月 28 日侦查终结并移送起诉。

某市某县人民检察院于 2008 年 11 月 6 日向某县人民法院提起公诉。

某县人民法院审理认为，被告人沈某为国家工作人员即某县看守所所长，利用职务之便，收受在押人员及其亲友贿赂共计 26485

元人民币，并为在押人员谋取利益，被告人沈某的行为触犯了刑法第 385 条之规定，其行为已构成受贿罪。被告人沈某在立案前主动交代其犯罪事实，系自首情节，可以从轻处罚。

2008 年 12 月 19 日，某县人民法院判处沈某犯受贿罪，免予刑事处罚。

【案例评析】

1. 受贿罪的构成要件

受贿罪，是指国家工作人员利用职务上的便利，索取他人财物，或者非法收受他人财物并为他人谋取利益的行为。其构成要件如下：

（1）本罪侵犯的客体，是复杂客体。其中，次要客体是国家工作人员职务行为的廉洁性；主要客体是国家机关、国有公司、企事业单位、人民团体的正常管理活动。本罪的犯罪对象是财物。但不应狭隘地理解为现金、具体物品，而应看其是否含有财产或其他利益成分。这种利益既可以当即实现，也可以在将来实现。因此，作为受贿罪犯罪对象的财物，必须是具有物质性利益的，并以客观形态存在的一切财物。

（2）本罪在客观方面表现为行为人具有利用职务上的便利，向他人索取财物，或者收受他人财物并为他人谋取利益的行为。

利用职务之便是受贿罪客观方面的一个重要构成要件，利用职务之便可以分为以下两种情况：第一，利用职务上的便利。具体是指利用本人职务范围内的权力，也即利用本人在职务上直接处理某项事务的权利。第二，利用与职务有关的便利条件。利用与职务有关的便利，即不是直接利用职权，而是利用本人的职权或地位形成的便利条件，而本人从中向请托人索取或存非法收受财物的行为。

（3）本罪的主体是特殊主体，即国家工作人员，另据刑法第 93 条规定，国家工作人员包括当然的国家工作人员，即在国家机关中从事公务的人员；拟定的国家工作人员，即国有公司、企事业单位、人民团体中从事公务的人员和国家机关、国有公司、企事业单位委派到非国有公司、企事业单位、社会团体从事公务的人员，以及其他依照法律从事公务的人员。

（4）本罪在主观方面是故意。只有行为人是出于故意所实施的受贿犯罪行为才构成受贿罪，过失行为不构成本罪。

本案中被告人沈某在案发前系某市某县看守所所长，属于国家工作人员，并且曾接受在押人员赠送的港币并自行兑换，可见主观故意，符合本罪的主观构成要件。本案属于收受型受贿案件，被告人沈某在某县看守所任所长期间，多次接受在押人员及其亲属的贿赂，为在押人员提供生活上的关照和管理上的方便，以及在申请减刑期间给予帮助。该行为符合受贿罪的客观构成要件。

由此，被告人沈某的行为符合受贿罪的主客观构成要件，构成受贿罪。沈某在立案前主动交代犯罪事实，系自首情节，根据2007年7月8日最高人民法院、最高人民检察院《关于办理受贿刑事案件适用法律若干问题的意见》，在从严惩处受贿犯罪的同时，对于具有自首、立功等情节的，依法从轻、减轻或免除处罚。因此，某县人民法院判处被告人沈某犯受贿罪，判处免予刑事处罚是正确合理的，也符合宽严相济的刑事政策。

2. 监管场所受贿案件的特点

（1）请托事项局限，单笔数额较小。罪犯假释、监外执行条件较为严格相对较少，而减刑、调换工种较为多见，且容易操作。但根据有关规定，罪犯减刑有减刑幅度和减刑间隔期的限制。作为理性人，罪犯要考量自己所得利益与付出是否成比例。请托事项的局限，使得请托人不可能下太大赌注。实务中请求减刑、调换工种的犯人送给管教干警少者1000元多者1万元。单笔数额较小，使得犯罪行为具有很强的"欺骗性"，很难让人将其和刑事犯罪相联系。相反正因为数额小，很容易让人将其忽视为"鸡毛蒜皮"的民事行为，殊不知这种小数额像滚雪球一样累计起来后，数目也大得惊人。

（2）犯罪主体特定，反侦查能力较强。监管场所受贿的主体多是一线管教干警，这些人员大多受过高等教育，个人综合素质较强，加之长年累月的执法经验使得这些人员在实施受贿犯罪时，规避法律制裁的意识较强，犯罪手段较为隐蔽。实务中突出的表现为，行为人在接受财物时多与对方签订书面协议，或者约定为借款。在为罪犯谋取利益时，以管教干警的身份作掩护，以正常履行职务为借口，为对方大开方便之门。一旦事情败露，即以有协议、没有违反程序为对方谋利对抗查处，为自己留下退路。

（3）既得利益一致，易订立攻守同盟。监管场所受贿案件中，行、受贿双方都是利益获得者。对犯人而言其获得减刑，而一旦发现减刑是通过不正当手段获取的，其减刑可能被撤销且对自己下次减刑产生严重影响。而对监管民警而言，一旦事情败露则意味其可能从警察沦为犯人。共同的利害关系驱使双方相互勾结，结成利益共同体。同时，监管场所执法环境相对封闭，人员流动性小，监管民警长期与被监管人员接触，一旦有风吹草动，双方即有警觉。而受贿案件的侦查往往从突破犯人家属口供入手，易被察觉，行、受贿双方易订立攻守同盟，共同对抗查处。即使通过查证监管民警收了钱，双方也一口咬定钱是借的，是代为保管的，以此维护其既得利益。①

【工作策略】

在刑罚执行过程中，罪犯减刑、假释、监外执行、调换工种等环节充斥着形形色色的行贿受贿等执法不公、司法腐败现象，一直是人民群众反映强烈和高度关注的问题。监所检察部门大力查处监管场所贿赂案件，是维护正常监管秩序的需要。查处贿赂案件，一是要善于经营线索，尤其要鼓励在押人员积极举报；二是要抓住监管场所易滋生腐败的关键环节；三是要把查处贿赂案件与监管场所渎职案件结合起来。

---

① 赵界富：《监管场所受贿案件刑民交界探析》，载 http://www.hbjc.gov.cn/shiwuyanjiu/zhenchashiwu/200903/t20090322_196833.html。

第二节　渎职案件

一、失职致使在押人员脱逃案件

【案例】

徐某印失职致使在押人员脱逃案

被告人徐某印，男，1946 年 3 月 20 日出生，汉族，小学文化，原在某县公安局工作，2004 年 12 月 7 日因涉嫌失职致使在押人员脱逃罪经某县人民检察院决定由某县公安局刑事拘留，当月 16 日经某县人民检察院决定，由某县公安局逮捕。2005 年 3 月 3 日被某县人民法院取保候审。

2004 年 12 月 7 日凌晨 5 时 40 分许，某县看守所外勤值班干警犯罪嫌疑人徐某印到监区提帮厨人员时，先将监区通道的南北两道门打开，随后将 6 号、9 号监室的内外两道门分别打开，在均未上锁的情况下，返回外值班室等待帮厨人员出来。此时，9 号监室的在押犯罪嫌疑人王某趁机溜出，并将监室门反插，穿过监区通道，走出因施工未上锁的看守所大门。当犯罪嫌疑人徐某印看到有一人出监区后没有进厨房而是向大门方向走，随即追赶但未追上，才返回通知其余值班人员及武警，致使王某脱逃。2004 年 12 月 13 日犯罪嫌疑人王某被抓获归案。

人民法院经审理认为，被告人徐某印工作中严重不负责任，致使在押犯罪嫌疑人脱逃，其行为构成失职致使在押人员脱逃罪。某县人民检察院指控被告人犯致使在押人员脱逃罪事实清楚，证据充分，罪名成立，被告人徐某印认罪态度好，具有悔罪表现，适用缓刑不至于发生社会危害性。故依据刑法第 400 条第 2 款、第 72 条之规定，判处被告人徐某印犯失职致使在押人员脱逃罪，处有期徒刑 1 年，缓刑 1 年。

【案例评析】

失职致使在押人员脱逃罪，是指司法工作人员由于严重不负责任，致使在押的犯罪嫌疑人、被告人或者罪犯脱逃，造成严重后果的行为。

本罪属于过失犯罪，要求结果的发生，如果结果未发生，过失就不构成犯罪。笔者认为，这里的"造成严重后果"应指本罪的危害结果。如果没有造成严重后果，被告人的行为就不应当构成犯罪，而属违法行为，处以其他法律处分。根据司法解释，涉嫌下列情形之一的，应予立案：（1）致使依法可能判处或者已经判处 10 年以上有期徒刑、无期徒刑、死刑的犯罪嫌疑人、被告人、罪犯脱逃的；（2）致使犯罪嫌疑人、被告人、罪犯脱逃 3 人次以上的；（3）犯罪嫌疑人、被告人、罪犯脱逃以后，打击报复报案人、控告人、举报人、被害人、证人和司法工作人员等，或者继续犯罪的；（4）其他致使在押的犯罪嫌疑人、被告人、罪犯脱逃，造成严重后果的情形。

本案中被告人徐某印系某县看守所外勤值班干警，属于司法工作人员。其在打开监区通道和监室门之后，在未将门上锁的情况下返回外值班室，是严重不负责任的行为，并且致使一名嫌疑人脱逃，符合本罪的构成要件。

【工作策略】

查处失职致使在押人员脱逃罪的关键点是监管人员是否存在"严重不负责任"的情形。所谓责任，即分内应做的事。最高人民检察院《关于正确认定和处理玩忽职守罪的若干意见（试行）》中针对司法工作规定"责任"为"属于自身职责应管的事"。责任的范围不仅随着身份职务的变化而变化，同时还受时间、空间及其他外界条件的限制而变化。"不负责任"，从字面上讲，就是在工作上没有尽到应尽的责任，或者说是没有做到分内应做的事。在司法工作实践中，主要有以下表现：一类是不履行职责，是不作为的行为，主要表现为擅离职守、脱岗离位，或在岗不尽责，如该管不管，该为不为，听之任之。另一类是不正确履行职责，是作为的行为，表现为拖延履行职责或错误履行职责，如草率马虎、敷衍塞责、阳奉阴违、弄虚作假等。"不负责任"表现的共性是违反了工作纪律和有关规定制度。在侦查这类案件时，重点有二：一是收集监管人员在在押人员脱逃前中后的行为状态，二是调取相关工作纪律规定制度。

二、虐待被监管人案件

【案例】

莫某等虐待被监管人案

犯罪嫌疑人莫某，男，46岁，原某监狱某监区某分监区分监区长（正科级），一级警督警衔。

犯罪嫌疑人马某，男，39岁，原某监狱某监区某分监区指导员，二级警督警衔。

犯罪嫌疑人赵某某，男，31岁，原某监狱某监区某分监区副指导员（科员），二级警司警衔。

2011年2月14日16时左右，被监管人赵某倒完垃圾后，不及时回生产车间，脱离监狱互监组。犯罪嫌疑人莫某把被监管人赵某叫到车间仓储间，向其询问晚回车间的原因及事情经过。同去的还有被监管人闫某、张某、周某。进去后，犯罪嫌疑人莫某在东面窗户旁的凳子上面朝西坐着，桌子上放着两根电警棍，被监管人赵某站在北墙的铁皮柜旁，面向犯罪嫌疑人莫某，有三四米远，被监管人赵某右前方30公分左右站着被监管人张某，被监管人张某右面站着被监管人周某，被监管人闫某站在西面墙靠门处。在问话过程中，犯罪嫌疑人莫某拿起桌上的电警棍，走向被监管人赵某，被监管人赵某因于惧怕，自己直接撞向墙壁，倒在地上。犯罪嫌疑人赵某某得知被监管人赵某撞墙后，打电话叫来了犯罪嫌疑人马某，马某进到仓储间，让被监管人赵某站起来，说站起来就没事了，但被监管人赵某站不起来。犯罪嫌疑人马某让被监管人周某、张某出去，让被监管人闫某脱掉赵某的鞋和袜子，对被监管人赵某的脚底和脚踝，实施电击，发现被监管人赵某的脚有抽动反应，犯罪嫌疑人马某即认为，被监管人赵某是假装受伤，就边骂边用电警棍电击被监管人赵某的腹部、腿部和脚部。犯罪嫌疑人莫某看到后，用另外一根电警棍，电击被监管人赵某的双腿和腿部内侧，犯罪嫌疑人赵某某从马某手里接过电警棍，对被监管人赵某的脚部和腿部进行电击，三人持续电击被监管人赵某四五分钟，造成被监管人赵某腿部大面积的电击伤。

2011 年 2 月 24 日，检察机关以涉嫌虐待被监管人罪对犯罪嫌疑人莫某、马某、赵某某立案侦查，同日取保候审。2011 年 7 月 5 日决定对 3 名犯罪嫌疑人刑事拘留，2011 年 7 月 12 日，对犯罪嫌疑人马某、赵某某取保候审。2011 年 7 月 13 日检察机关批准对犯罪嫌疑人莫某决定逮捕。

【案例评析】

1. 虐待被监管人罪的构成要件

虐待被监管人罪是指监狱、拘留所、看守所、拘役所、劳教所等监管机构的监管人员对被监管人进行殴打或者体罚虐待，情节严重的行为。虐待被监管人员罪的构成要件如下：

（1）本罪侵犯的客体是复杂客体，即被监管人的人身权利和监管机关的正常活动。对被监管的人进行体罚虐待，往往施用肉刑，捆绑打骂，侮辱人格，进行精神折磨，侵犯公民的人身权利。

（2）本罪在客观方面表现为违反监管法规，对被监管人进行殴打或者体罚虐待，情节严重的行为。所谓被监管人，是指依法被限制人身自由的人，包括已决的罪犯和未决的在押犯罪嫌疑人，及其他依法拘留、监管的人。这些人包括在监狱、劳动改造管教队、少年犯管教所中服刑的已决犯，在看守所、拘留所关押的被监管人，以及因违反治安管理处罚法等被拘留或者其他依法被监管的人。殴打，是指造成被监管人肉体上的暂时痛苦的行为。体罚虐待是指殴打以外的，能够对被监管人肉体或精神进行摧残或折磨的一切方法，如罚趴、罚跑、罚晒、罚冻、罚饿、辱骂、强迫超体力劳动、不让睡觉、不给水喝等手段。需要指出的是，本罪中的殴打、体罚虐待，不要求具有一贯性，一次性殴打、体罚虐待情节严重的，就足以构成犯罪。至于行为人是直接实施殴打、体罚虐待行为，还是借被监管人之手实施殴打、体罚虐待其他被监管人的行为，只是方式上的差异，不影响本罪的成立。行为人默许被监管人殴打、体罚虐待其他被监管人的，亦应视为"指使被监管人殴打或者体罚虐待其他被监管人"的行为。

殴打、体罚虐待被监管人的行为只有在情节严重时才构成犯罪。根据司法解释，涉嫌下列情形之一的，应予立案：第一，以殴打、捆绑、违法使用械具等恶劣手段虐待被监管人的；第二，以较长时间冻、饿、晒、烤等手段虐待被监管人，严重损害其身体健康的；第三，虐待造成被监管人轻伤、重伤、死亡的；第四，虐待被监管人，情节严重，导致被监管人自杀、自残造成重伤、死亡，或者精神失常的；第五，殴打或者体罚虐待3人次以上的；第六，指使被监管人殴打、体罚虐待其他被监管人，具有上述情形之一的；第七，其他情节严重的情形。监管人员实施殴打、体罚虐待的行为，致使被监管人伤残、死亡的，依刑法第234条关于故意伤害罪、第232条关于故意杀人罪的规定定罪从重处罚。

（3）本罪的主体是特殊主体，即监狱、拘留所、看守所等监管机构的监管人员。所谓监狱，是指刑法的执行机关。所谓拘留所，即关押被处以司法拘留、行政拘留的人的场所。所谓看守所，即羁押依法被逮捕、刑事拘留的犯罪嫌疑人的场所。

对本罪主体的认定，在司法实践中，并不以直接对被监管人实施体罚虐待者为限，有的司法工作人员未直接动手实施体罚虐待，而是在执行管教过程中，违反监管法规，指使、授意、纵容或者暗示某个或某些被监管人对其他被监管人实施体罚虐待，情节严重的，亦可构成本罪的主体。在这种情况下，实施体罚虐待的被监管人并非监管人员，固然不能单独构成本罪的主体，但他们是体罚虐待行为的直接实施者，仍可构成本罪的共犯，由于被监管人有可能是在胁迫或诱骗之下参与的，所以应视其所起的作用和地位，按照共同犯罪的有关规定，在量刑上予以酌情考虑。

（4）本罪在主观方面表现为故意，过失不能构成本罪，即监管人员对其实施的体罚虐待及违反监管法规的行为是故意。犯罪目的一般是为了压服被监管人。犯罪动机各种各样，有的是为泄愤报复，有的是为逞威逞能等。不管出于何种动机，都不影响犯罪的成立。但是，犯罪动机是否恶劣，可作为量刑轻重的情节考虑。

2. 虐待被监管人案件的侦查策略

（1）低调初查，外松内紧。监狱干警长期从事监管工作，对于法律程序、规定较为了解，反侦查能力强。办案人员可以在初查阶段将计就计，外松内紧。对涉案人员只作叙述笔录，表面看起来好像只作一般调查，暂不施压，让涉案人员放松警惕。

（2）果断立案，强制措施得当。虐待被监管人案件一个重要的特点就是，在现场实施虐待的人、证人人数少，且关系密切。果断立案，对犯罪嫌疑人采取拘留、逮捕强制措施，对在场的被监管人员给予调队、调监的措施，可以减少和杜绝在场虐待人员串供的机会，即使建立了攻守同盟，在限制人身自由的强制措施面前，也比较容易分别瓦解。

（3）调取监控资料，固定直接证据。监狱作为监管场所，监控覆盖率极高，作为直接证据，在案件发生后，及时固定、调取监控资料，有着重要的意义。在以往的侦查阶段，我们的侦查人员往往把精力放在了笔录的收集上，没有重视监控资料的调取，导致案发时段的监控被新的监控覆盖掉，造成直接证据的灭失。针对监管场所监控覆盖率高、保存时间短、被监管人员发型和服装一致等特点，侦查人员在调取监控时应该注意：第一，要求监管单位封存案发时间、地点的监控资料，防止证据灭失。第二，对案发地点周围的监控探头进行踩点登记，逐一采集。第三，了解记录案发经过，尤其是时间、地点、人员等事项。第四，由于被监管人员服装发型统一，从监控中辨认相关人员难度较大，所以要找到熟悉相关涉案人员的人协助查看监控。第五，锁定案发监控上的时间地点，进行相关编辑。如采集到了 2011 年 5 月 31 日上午 9 点 35 分 40 秒，在某监区某车间仓储间发生了虐待被监管人的监控资料，相对的文件名就是"20110531093540某监区某车间仓储间"。第六，注意监控音频的收集。在实际侦查中，监狱的某些重要场所是有音频采集的，但由于拾音器和说话距离的限制，声音质量可能受到影响，这可通过专业人员进行声音鉴定处理。

通过以上的侦查手段，即使虐待行为是在没有监控的场所发生，根据案发地周围的监控，也可以采集被虐待人受虐待前后的第一手视频，掌握案发的时间、地点、人员和受伤情况（行走姿态、异常举动、就医行为）等间接证据，为案件的侦破提供强有力的保证。

（4）全面分析，加大审讯力度，逐个瓦解。此案被虐待现场有干警莫某、马某、赵某某以及被监管人员闫某和赵某（被虐待人）。由于3名干警同为一个分监区，关系较好，而且两个被监管人员迫于监管压力，可能已经串供。针对以上情况，侦查部门造大声势，以采取拘留强制措施、调监调队、调取监控等方式施加压力。同时，分析犯罪嫌疑人的性格特点，以心理素质较差的犯罪嫌疑人和在场的被监管人员为突破口，加大审讯力度，将涉案犯罪嫌疑人、证人一一瓦解。

（5）顺藤摸瓜，完善证据链。由于监所工作的特殊性，其有一套特有的工作流程，只要抓住其特点，也就为案件的侦破提供了便利。如调取监内医院被虐待监管人员事前事后的病历本、体检表、X光片，监狱总调度、监区、分监区、监内医院的值班记录、就诊本、接诊本等书证；同监舍监管人员、工友、监内医生、护士的证人证言；施暴作案工具、被虐待监管人所穿衣物等物证；监控录像等视听资料；伤情鉴定等鉴定结论，形成有力的证据链。在强大的证据面前，犯罪嫌疑人是很难抵赖的。

被监管人虽然处于被监管的地位，但其未被法律剥夺的权利依然受到法律的保护；作为监狱干警，应当切实遵守法律的各项规定。作为监狱，要加强对干警的思想、法制教育；作为监所检察人员，要对干警日常工作中的违法问题及时提出纠正，对于构成犯罪的，要依法追究监管干警的法律责任，切实维护被监管人的权利。

【工作策略】

被监管人是社会上一个特殊的群体，对被监管人依法实施监管是我国司法制度的一项重要内容。国家法律保护被监管人的人格不受侮辱，其人身安全、合法财产和辩护、申诉、控告、检举及其他未被依法剥夺或者限制的权利不受侵犯。任何对被监管人进行殴打或者体罚虐待行为，都是对被监督人的人身权利和国家监管机关的正常活动的侵犯，是为法律所禁止的。依法惩治殴打或者体罚虐待被监管人的行为，对于维护正常的监管秩序，保护被监管人的合法权益，促进监管工作法制化、人性化、文明化具有重要的意义。

附：监所检察工作法律依据

社区矫正实施办法

（2012 年 1 月 10 日）

第一条 为依法规范实施社区矫正，将社区矫正人员改造成为守法公民，根据《中华人民共和国刑法》、《中华人民共和国刑事诉讼法》等有关法律规定，结合社区矫正工作实际，制定本办法。

第二条 司法行政机关负责指导管理、组织实施社区矫正工作。

人民法院对符合社区矫正适用条件的被告人、罪犯依法作出判决、裁定或者决定。

人民检察院对社区矫正各执法环节依法实行法律监督。

公安机关对违反治安管理规定和重新犯罪的社区矫正人员及时依法处理。

第三条 县级司法行政机关社区矫正机构对社区矫正人员进行监督管理和教育帮助。司法所承担社区矫正日常工作。

社会工作者和志愿者在社区矫正机构的组织指导下参与社区矫正工作。

有关部门、村（居）民委员会、社区矫正人员所在单位、就读学校、家庭成员或者监护人、保证人等协助社区矫正机构进行社区矫正。

第四条 人民法院、人民检察院、公安机关、监狱对拟适用社区矫正的被告人、罪犯，需要调查其对所居住社区影响的，可以委托县级司法行政机关进行调查评估。

受委托的司法行政机关应当根据委托机关的要求，对被告人或者罪犯的居所情况、家庭和社会关系、一贯表现、犯罪行为的后果和影响、居住地村（居）民委员会和被害人意见、拟禁止的事项等进行调查了解，形成评估意见，及时提交委托机关。

第五条　对于适用社区矫正的罪犯，人民法院、公安机关、监狱应当核实其居住地，在向其宣判时或者在其离开监所之前，书面告知其到居住地县级司法行政机关报到的时间期限以及逾期报到的后果，并通知居住地县级司法行政机关；在判决、裁定生效起三个工作日内，送达判决书、裁定书、决定书、执行通知书、假释证明书副本等法律文书，同时抄送其居住地县级人民检察院和公安机关。县级司法行政机关收到法律文书后，应当在三个工作日内送达回执。

第六条　社区矫正人员应当自人民法院判决、裁定生效之日或者离开监所之日起十日内到居住地县级司法行政机关报到。县级司法行政机关应当及时为其办理登记接收手续，并告知其三日内到指定的司法所接受社区矫正。发现社区矫正人员未按规定时间报到的，县级司法行政机关应当及时组织查找，并通报决定机关。

暂予监外执行的社区矫正人员，由交付执行的监狱、看守所将其押送至居住地，与县级司法行政机关办理交接手续。罪犯服刑地与居住地不在同一省、自治区、直辖市，需要回居住地暂予监外执行的，服刑地的省级监狱管理机关、公安机关监所管理部门应当书面通知罪犯居住地的同级监狱管理机关、公安机关监所管理部门，指定一所监狱、看守所接收罪犯档案，负责办理罪犯收监、释放等手续。人民法院决定暂予监外执行的，应当通知其居住地县级司法行政机关派员到庭办理交接手续。

第七条　司法所接收社区矫正人员后，应当及时向社区矫正人员宣告判决书、裁定书、决定书、执行通知书等有关法律文书的主要内容；社区矫正期限；社区矫正人员应当遵守的规定、被禁止的事项以及违反规定的法律后果；社区矫正人员依法享有的权利和被限制行使的权利；矫正小组人员组成及职责等有关事项。

宣告由司法所工作人员主持，矫正小组成员及其他相关人员到场，按照规定程序进行。

第八条 司法所应当为社区矫正人员确定专门的矫正小组。矫正小组由司法所工作人员担任组长，由本办法第三条第二、第三款所列相关人员组成。社区矫正人员为女性的，矫正小组应当有女性成员。

司法所应当与矫正小组签订矫正责任书，根据小组成员所在单位和身份，明确各自的责任和义务，确保各项矫正措施落实。

第九条 司法所应当为社区矫正人员制定矫正方案，在对社区矫正人员被判处的刑罚种类、犯罪情况、悔罪表现、个性特征和生活环境等情况进行综合评估的基础上，制定有针对性的监管、教育和帮助措施。根据矫正方案的实施效果，适时予以调整。

第十条 县级司法行政机关应当为社区矫正人员建立社区矫正执行档案，包括适用社区矫正的法律文书，以及接收、监管审批、处罚、收监执行、解除矫正等有关社区矫正执行活动的法律文书。

司法所应当建立社区矫正工作档案，包括司法所和矫正小组进行社区矫正的工作记录，社区矫正人员接受社区矫正的相关材料等。同时留存社区矫正执行档案副本。

第十一条 社区矫正人员应当定期向司法所报告遵纪守法、接受监督管理、参加教育学习、社区服务和社会活动的情况。发生居所变化、工作变动、家庭重大变故以及接触对其矫正产生不利影响人员的，社区矫正人员应当及时报告。

保外就医的社区矫正人员还应当每个月向司法所报告本人身体情况，每三个月向司法所提交病情复查情况。

第十二条 对于人民法院禁止令确定需经批准才能进入的特定区域或者场所，社区矫正人员确需进入的，应当经县级司法行政机关批准，并告知人民检察院。

第十三条 社区矫正人员未经批准不得离开所居住的市、县（旗）。

社区矫正人员因就医、家庭重大变故等原因，确需离开所居住的市、县（旗），在七日以内的，应当报经司法所批准；超过七日的，应当由司法所签署意见后报经县级司法行政机关批准。返回居住地时，应当立即向司法所报告。社区矫正人员离开所居住市、县（旗）不得超过一个月。

第十四条 社区矫正人员未经批准不得变更居住的县（市、区、旗）。

社区矫正人员因居所变化确需变更居住地的，应当提前一个月提出书面申请，由司法所签署意见后报经县级司法行政机关审批。县级司法行政机关在征求社区矫正人员新居住地县级司法行政机关的意见后作出决定。

经批准变更居住地的，县级司法行政机关应当自作出决定之日起三个工作日内，将有关法律文书和矫正档案移交新居住地县级司法行政机关。有关法律文书应当抄送现居住地及新居住地县级人民检察院和公安机关。社区矫正人员应当自收到决定之日起七日内到新居住地县级司法行政机关报到。

第十五条 社区矫正人员应当参加公共道德、法律常识、时事政策等教育学习活动，增强法制观念、道德素质和悔罪自新意识。社区矫正人员每月参加教育学习时间不少于八小时。

第十六条 有劳动能力的社区矫正人员应当参加社区服务，修复社会关系，培养社会责任感、集体观念和纪律意识。社区矫正人员每月参加社区服务时间不少于八小时。

第十七条 根据社区矫正人员的心理状态、行为特点等具体情况，应当采取有针对性的措施进行个别教育和心理辅导，矫正其违法犯罪心理，提高其适应社会能力。

第十八条 司法行政机关应当根据社区矫正人员的需要，协调有关部门和单位开展职业培训和就业指导，帮助落实社会保障措施。

第十九条 司法所应当根据社区矫正人员个人生活、工作及所处社区的实际情况，有针对性地采取实地检查、通讯联络、信息化核查等措施及时掌握社区矫正人员的活动情况。重点时段、重大活动期间或者遇有特殊情况，司法所应当及时了解掌握社区矫正人员的有关情况，可以根据需要要求社区矫正人员到办公场所报告、说明情况。

社区矫正人员脱离监管的，司法所应当及时报告县级司法行政机关组织追查。

第二十条 司法所应当定期到社区矫正人员的家庭、所在单位、就读学校和居住的社区了解、核实社区矫正人员的思想动态和现实表现等情况。

对保外就医的社区矫正人员，司法所应当定期与其治疗医院沟通联系，及时掌握其身体状况及疾病治疗、复查结果等情况，并根据需要向批准、决定机关或者有关监狱、看守所反馈情况。

第二十一条 司法所应当及时记录社区矫正人员接受监督管理、参加教育学习和社区服务等情况，定期对其接受矫正的表现进行考核，并根据考核结果，对社区矫正人员实施分类管理。

第二十二条 发现社区矫正人员有违反监督管理规定或者人民法院禁止令情形的，司法行政机关应当及时派员调查核实情况，收集有关证明材料，提出处理意见。

第二十三条 社区矫正人员有下列情形之一的，县级司法行政机关应当给予警告，并出具书面决定：

（一）未按规定时间报到的；

（二）违反关于报告、会客、外出、居住地变更规定的；

（三）不按规定参加教育学习、社区服务等活动，经教育仍不改正的；

（四）保外就医的社区矫正人员无正当理由不按时提交病情复查情况，或者未经批准进行就医以外的社会活动且经教育仍不改正的；

（五）违反人民法院禁止令，情节轻微的；

（六）其他违反监督管理规定的。

第二十四条 社区矫正人员违反监督管理规定或者人民法院禁

止令，依法应予治安管理处罚的，县级司法行政机关应当及时提请同级公安机关依法给予处罚。公安机关应当将处理结果通知县级司法行政机关。

第二十五条 缓刑、假释的社区矫正人员有下列情形之一的，由居住地同级司法行政机关向原裁判人民法院提出撤销缓刑、假释建议书并附相关证明材料，人民法院应当自收到之日起一个月内依法作出裁定：

（一）违反人民法院禁止令，情节严重的；

（二）未按规定时间报到或者接受社区矫正期间脱离监管，超过一个月的；

（三）因违反监督管理规定受到治安管理处罚，仍不改正的；

（四）受到司法行政机关三次警告仍不改正的；

（五）其他违反有关法律、行政法规和监督管理规定，情节严重的。

司法行政机关撤销缓刑、假释的建议书和人民法院的裁定书同时抄送社区矫正人员居住地同级人民检察院和公安机关。

第二十六条 暂予监外执行的社区矫正人员有下列情形之一的，由居住地县级司法行政机关向批准、决定机关提出收监执行的建议书并附相关证明材料，批准、决定机关应当自收到之日起十五日内依法作出决定：

（一）发现不符合暂予监外执行条件的；

（二）未经司法行政机关批准擅自离开居住的市、县（旗），经警告拒不改正，或者拒不报告行踪，脱离监管的；

（三）因违反监督管理规定受到治安管理处罚，仍不改正的；

（四）受到司法行政机关两次警告，仍不改正的；

（五）保外就医期间不按规定提交病情复查情况，经警告拒不改正的；

（六）暂予监外执行的情形消失后，刑期未满的；

（七）保证人丧失保证条件或者因不履行义务被取消保证人资格，又不能在规定期限内提出新的保证人的；

（八）其他违反有关法律、行政法规和监督管理规定，情节严重的。

司法行政机关的收监执行建议书和决定机关的决定书，应当同时抄送社区矫正人员居住地同级人民检察院和公安机关。

第二十七条 人民法院裁定撤销缓刑、假释或者对暂予监外执行罪犯决定收监执行的，居住地县级司法行政机关应当及时将罪犯送交监狱或者看守所，公安机关予以协助。

监狱管理机关对暂予监外执行罪犯决定收监执行的，监狱应当立即赴羁押地将罪犯收监执行。

公安机关对暂予监外执行罪犯决定收监执行的，由罪犯居住地看守所将罪犯收监执行。

第二十八条 社区矫正人员符合法定减刑条件的，由居住地县级司法行政机关提出减刑建议书并附相关证明材料，经地（市）级司法行政机关审核同意后提请社区矫正人员居住地的中级人民法院裁定。人民法院应当自收到之日起一个月内依法裁定；暂予监外执行罪犯的减刑，案情复杂或者情况特殊的，可以延长一个月。司法行政机关减刑建议书和人民法院减刑裁定书副本，应当同时抄送社区矫正人员居住地同级人民检察院和公安机关。

第二十九条 社区矫正期满前，社区矫正人员应当作出个人总结，司法所应当根据其在接受社区矫正期间的表现、考核结果、社区意见等情况作出书面鉴定，并对其安置帮教提出建议。

第三十条 社区矫正人员矫正期满，司法所应当组织解除社区矫正宣告。宣告由司法所工作人员主持，按照规定程序公开进行。

司法所应当针对社区矫正人员不同情况，通知有关部门、村（居）民委员会、群众代表、社区矫正人员所在单位、社区矫正人员的家庭成员或者监护人、保证人参加宣告。

宣告事项应当包括：宣读对社区矫正人员的鉴定意见；宣布社区矫正期限届满，依法解除社区矫正；对判处管制的，宣布执行期满，解除管制；对宣告缓刑的，宣布缓刑考验期满，原判刑罚不再执行；对裁定假释的，宣布考验期满，原判刑罚执行完毕。

县级司法行政机关应当向社区矫正人员发放解除社区矫正证明书，并书面通知决定机关，同时抄送县级人民检察院和公安机关。

暂予监外执行的社区矫正人员刑期届满的，由监狱、看守所依法为其办理刑满释放手续。

第三十一条　社区矫正人员死亡、被决定收监执行或者被判处监禁刑罚的，社区矫正终止。

社区矫正人员在社区矫正期间死亡的，县级司法行政机关应当及时书面通知批准、决定机关，并通报县级人民检察院。

第三十二条　对于被判处剥夺政治权利在社会上服刑的罪犯，司法行政机关配合公安机关，监督其遵守刑法第五十四条的规定，并及时掌握有关信息。被剥夺政治权利的罪犯可以自愿参加司法行政机关组织的心理辅导、职业培训和就业指导活动。

第三十三条　对未成年人实施社区矫正，应当遵循教育、感化、挽救的方针，按照下列规定执行：

（一）对未成年人的社区矫正应当与成年人分开进行；

（二）对未成年社区矫正人员给予身份保护，其矫正宣告不公开进行，其矫正档案应当保密；

（三）未成年社区矫正人员的矫正小组应当有熟悉青少年成长特点的人员参加；

（四）针对未成年人的年龄、心理特点和身心发育需要等特殊情况，采取有益于其身心健康发展的监督管理措施；

（五）采用易为未成年人接受的方式，开展思想、法制、道德教育和心理辅导；

（六）协调有关部门为未成年社区矫正人员就学、就业等提供帮助；

（七）督促未成年社区矫正人员的监护人履行监护职责，承担抚养、管教等义务；

（八）采取其他有利于未成年社区矫正人员改过自新、融入正常社会生活的必要措施。

犯罪的时候不满十八周岁被判处五年有期徒刑以下刑罚的社区

矫正人员，适用前款规定。

第三十四条 社区矫正人员社区矫正期满的，司法所应当告知其安置帮教有关规定，与安置帮教工作部门妥善做好交接，并转交有关材料。

第三十五条 司法行政机关应当建立例会、通报、业务培训、信息报送、统计、档案管理以及执法考评、执法公开、监督检查等制度，保障社区矫正工作规范运行。

司法行政机关应当建立突发事件处置机制，发现社区矫正人员非正常死亡、实施犯罪、参与群体性事件的，应当立即与公安机关等有关部门协调联动、妥善处置，并将有关情况及时报告上级司法行政机关和有关部门。

司法行政机关和公安机关、人民检察院、人民法院建立社区矫正人员的信息交换平台，实现社区矫正工作动态数据共享。

第三十六条 社区矫正人员的人身安全、合法财产和辩护、申诉、控告、检举以及其他未被依法剥夺或者限制的权利不受侵犯。社区矫正人员在就学、就业和享受社会保障等方面，不受歧视。

司法工作人员应当认真听取和妥善处理社区矫正人员反映的问题，依法维护其合法权益。

第三十七条 人民检察院发现社区矫正执法活动违反法律和本办法规定的，可以区别情况提出口头纠正意见、制发纠正违法通知书或者检察建议书。交付执行机关和执行机关应当及时纠正、整改，并将有关情况告知人民检察院。

第三十八条 在实施社区矫正过程中，司法工作人员有玩忽职守、徇私舞弊、滥用职权等违法违纪行为的，依法给予相应处分；构成犯罪的，依法追究刑事责任。

第三十九条 各级人民法院、人民检察院、公安机关、司法行政机关应当切实加强对社区矫正工作的组织领导，健全工作机制，明确工作机构，配备工作人员，落实工作经费，保障社区矫正工作的顺利开展。

第四十条 本办法自 2012 年 3 月 1 日起施行。最高人民法院、最高人民检察院、公安部、司法部之前发布的有关社区矫正的规定与本办法不一致的，以本办法为准。

看守所在押人员死亡处理规定

（公通字〔2011〕56号）

第一章　总　　则

第一条　为了规范看守所在押人员死亡处理工作，保障在押人员合法权益，维护看守所安全和社会和谐稳定，根据《中华人民共和国刑事诉讼法》、《中华人民共和国国家赔偿法》、《中华人民共和国看守所条例》等有关法律、法规，结合看守所工作实际，制定本规定。

第二条　在押人员死亡分为正常死亡和非正常死亡。

正常死亡是指因人体衰老或者疾病等原因导致的自然死亡。

非正常死亡是指自杀死亡，或者由于自然灾害、意外事故、他杀、体罚虐待、击毙等外部原因作用于人体造成的死亡。

第三条　在押人员死亡处理，公安机关、人民检察院、民政部门应当分工负责，加强协作，坚持依法、公正、及时、人道的原则。

第四条　人民检察院依法对在押人员死亡处理情况实施法律监督。

第二章　死亡报告、通知

第五条　在押人员死亡后，看守所应当立即通知死亡在押人员的近亲属，报告所属公安机关和人民检察院，通报办案机关或者原审人民法院。

死亡的在押人员无近亲属或者无法通知其近亲属的，看守所应当通知死亡在押人员户籍所在地或者居住地的村（居）民委员会或者公安派出所。

第六条　在押人员死亡后，公安机关、人民检察院应当按照有关规定分别层报公安部、最高人民检察院。

第三章　死亡调查、检察

第七条　在押人员死亡后，对初步认定为正常死亡的，公安机关应当立即开展以下调查工作：

（一）封存、查看在押人员死亡前十五日内原始监控录像，对死亡现场进行保护、勘验并拍照、录像；

（二）必要时，分散或者异地分散关押同监室在押人员并进行询问；

（三）对收押、巡视、监控、管教等岗位可能了解死亡在押人员相关情况的民警以及医生等进行询问调查；

（四）封存、查阅收押登记、入所健康和体表检查登记、管教民警谈话教育记录、禁闭或者械具使用审批表、就医记录等可能与死亡有关的台账、记录等；

（五）登记、封存死亡在押人员的遗物；

（六）查验尸表，对尸体进行拍照并录像；

（七）组织进行死亡原因鉴定。

第八条　公安机关调查工作结束后，应当作出调查结论，报告同级人民检察院，并通知死亡在押人员的近亲属。

人民检察院应当对公安机关的调查结论进行审查，并将审查结果通知公安机关。

第九条　人民检察院接到看守所在押人员死亡报告后，应当立即派员赶赴现场，开展相关工作。具有下列情形之一的，由人民检察院进行调查：

（一）在押人员非正常死亡的；

（二）死亡在押人员的近亲属对公安机关的调查结论有疑义，向人民检察院提出，人民检察院审查后认为需要调查的；

（三）人民检察院对公安机关的调查结论有异议的；

（四）其他需要由人民检察院调查的。

第十条 人民检察院在调查期间，公安机关应当积极配合，并提供便利条件。

第十一条 人民检察院调查结束后，应当将调查结论书面通知公安机关和死亡在押人员的近亲属。

第十二条 公安机关或者人民检察院组织进行尸检的，应当通知死亡在押人员的近亲属到场，并让其在《解剖尸体通知书》上签名或者盖章。对死亡在押人员无近亲属或者无法通知其近亲属，以及死亡在押人员的近亲属无正当理由拒不到场或者拒绝签名或者盖章的，不影响尸检，但是公安机关或者人民检察院应当在《解剖尸体通知书》上注明，并对尸体解剖过程进行全程录像，并邀请与案件无关的人员或者死者近亲属聘请的律师到场见证。

第十三条 公安机关、人民检察院委托其他具有司法鉴定资质的机构进行尸检的，应当征求死亡在押人员的近亲属的意见；死亡在押人员的近亲属提出另行委托具有司法鉴定资质的机构进行尸检的，公安机关、人民检察院应当允许。

第十四条 公安机关或者死亡在押人员的近亲属对人民检察院作出的调查结论有异议、疑义的，可以在接到通知后三日内书面要求作出调查结论的人民检察院进行复议。公安机关或者死亡在押人员的近亲属对人民检察院的复议结论有异议、疑义的，可以向上一级人民检察院提请复核。

人民检察院应当及时将复议、复核结论通知公安机关和死亡在押人员的近亲属。

第十五条 鉴定费用由组织鉴定的公安机关或者人民检察院承担。死亡在押人员的近亲属要求重新鉴定且重新鉴定意见与原鉴定意见一致的，重新鉴定费用由死亡在押人员的近亲属承担。

第十六条 在押人员死亡原因确定后，由公安机关出具《死亡证明》。

第四章　尸体、遗物处理

第十七条　人民检察院、死亡在押人员的近亲属对公安机关的调查结论无异议、疑义的，公安机关应当及时火化尸体。

公安机关、死亡在押人员的近亲属对人民检察院调查结论或者复议、复核结论无异议、疑义的，公安机关应当及时火化尸体。对经上一级人民检察院复核后，死亡在押人员的近亲属仍不同意火化尸体的，公安机关可以按照规定火化尸体。

第十八条　除法律、法规另有特别规定外，在押人员尸体交由就近的殡仪馆火化处理。

公安机关负责办理在押人员尸体火化的相关手续。殡仪馆应当凭公安机关出具的《死亡证明》和《火化通知书》火化尸体，并将《死亡证明》和《火化通知书》存档。

第十九条　尸体火化自死亡原因确定之日起十五日内进行。

死亡在押人员的近亲属要求延期火化的，应当向公安机关提出申请。公安机关根据实际情况决定是否延期。尸体延长保存期限不得超过十日。

第二十条　尸体火化前，公安机关应当将火化时间、地点通知死亡在押人员的近亲属，并允许死亡在押人员的近亲属探视。死亡在押人员的近亲属拒绝到场的，不影响尸体火化。

尸体火化时，公安机关应当到场监督，并固定相关证据。

第二十一条　尸体火化后，骨灰由死亡在押人员的近亲属在骨灰领取文书上签字后领回。对尸体火化时死亡在押人员的近亲属不在场的，公安机关应当通知其领回骨灰；逾期六个月不领回的，由公安机关按照规定处理。

第二十二条　死亡在押人员的近亲属无法参与在押人员死亡处理活动的，可以书面委托律师或者其他公民代为参与。

第二十三条　死亡在押人员尸体接运、存放、火化和骨灰寄存等殡葬费用由公安机关支付，与殡仪馆直接结算。

第二十四条　死亡在押人员系少数民族的，尸体处理应当尊重其民族习惯，按照有关规定妥善处置。

死亡在押人员系港澳台居民、外国籍及无国籍人的，尸体处理按照国家有关法律、法规的规定执行。

第二十五条 死亡在押人员的遗物由其近亲属领回或者由看守所寄回。死亡在押人员的近亲属接通知后十二个月内不领取或者无法投寄的，按照规定处理。

第二十六条 公安机关应当将死亡在押人员尸体和遗物处理情况记录在案，并通报同级人民检察院。

第五章　法律责任

第二十七条 在调查处理在押人员死亡工作中，人民警察、检察人员以及从事医疗、鉴定等相关工作人员应当严格依照法律和规定履行职责。对有玩忽职守、滥用职权、徇私舞弊等违法违纪行为的，依法依纪给予处分；构成犯罪的，依法追究刑事责任。

第二十八条 看守所及其工作人员在行使职权时，违法使用武器、警械，殴打、虐待在押人员，或者唆使、放纵他人以殴打、虐待等行为造成在押人员死亡的，依法依纪给予处分；构成犯罪的，依法追究刑事责任，并由公安机关按照《中华人民共和国国家赔偿法》的规定予以赔偿。

对不属于赔偿范围但死亡在押人员家庭确实困难、符合相关救助条件的，死亡在押人员的近亲属可以按照规定向民政部门申请救助。

第二十九条 死亡在押人员的近亲属及相关人员因在押人员死亡无理纠缠、聚众闹事，影响看守所正常工作秩序和社会稳定的，公安机关应当依法予以处置；构成犯罪的，依法追究刑事责任。

第六章　附　　则

第三十条 本规定由公安部、最高人民检察院、民政部负责解释。

第三十一条 本规定自印发之日起施行。

最高人民法院关于办理减刑、假释案件具体应用法律若干问题的规定

（2011 年 11 月 21 日最高人民法院审判委员会
第 1532 次会议通过　法释〔2012〕2 号）

为正确适用刑法、刑事诉讼法，依法办理减刑、假释案件，根据刑法、刑事诉讼法和有关法律的规定，制定本规定。

第一条　根据刑法第七十八条第一款的规定，被判处管制、拘役、有期徒刑、无期徒刑的犯罪分子，在执行期间，认真遵守监规，接受教育改造，确有悔改表现的，或者有立功表现的，可以减刑；有重大立功表现的，应当减刑。

第二条　"确有悔改表现"是指同时具备以下四个方面情形：认罪悔罪；认真遵守法律法规及监规，接受教育改造；积极参加思想、文化、职业技术教育；积极参加劳动，努力完成劳动任务。

对罪犯在刑罚执行期间提出申诉的，要依法保护其申诉权利，对罪犯申诉不应不加分析地认为是不认罪悔罪。

罪犯积极执行财产刑和履行附带民事赔偿义务的，可视为有认罪悔罪表现，在减刑、假释时可以从宽掌握；确有执行、履行能力而不执行、不履行的，在减刑、假释时应当从严掌握。

第三条　具有下列情形之一的，应当认定为有"立功表现"：

（一）阻止他人实施犯罪活动的；

（二）检举、揭发监狱内外犯罪活动，或者提供重要的破案线索，经查证属实的；

（三）协助司法机关抓捕其他犯罪嫌疑人（包括同案犯）的；

（四）在生产、科研中进行技术革新，成绩突出的；

（五）在抢险救灾或者排除重大事故中表现突出的；

（六）对国家和社会有其他贡献的。

第四条　具有下列情形之一的，应当认定为有"重大立功表现"：

（一）阻止他人实施重大犯罪活动的；

（二）检举监狱内外重大犯罪活动，经查证属实的；

（三）协助司法机关抓捕其他重大犯罪嫌疑人（包括同案犯）的；

（四）有发明创造或者重大技术革新的；

（五）在日常生产、生活中舍己救人的；

（六）在抗御自然灾害或者排除重大事故中，有特别突出表现的；

（七）对国家和社会有其他重大贡献的。

第五条　有期徒刑罪犯在刑罚执行期间，符合减刑条件的，减刑幅度为：确有悔改表现，或者有立功表现的，一次减刑一般不超过一年有期徒刑；确有悔改表现并有立功表现，或者有重大立功表现的，一次减刑一般不超过二年有期徒刑。

第六条　有期徒刑罪犯的减刑起始时间和间隔时间为：被判处五年以上有期徒刑的罪犯，一般在执行一年六个月以上方可减刑，两次减刑之间一般应当间隔一年以上。被判处不满五年有期徒刑的罪犯，可以比照上述规定，适当缩短起始和间隔时间。

确有重大立功表现的，可以不受上述减刑起始和间隔时间的限制。

有期徒刑的减刑起始时间自判决执行之日起计算。

第七条　无期徒刑罪犯在刑罚执行期间，确有悔改表现，或者有立功表现的，服刑二年以后，可以减刑。减刑幅度为：确有悔改表现，或者有立功表现的，一般可以减为二十年以上二十二年以下有期徒刑；有重大立功表现的，可以减为十五年以上二十年以下有期徒刑。

第八条　无期徒刑罪犯经过一次或几次减刑后，其实际执行的刑期不能少于十三年，起始时间应当自无期徒刑判决确定之日起计算。

第九条 死刑缓期执行罪犯减为无期徒刑后，确有悔改表现，或者有立功表现的，服刑二年以后可以减为二十五年有期徒刑；有重大立功表现的，服刑二年以后可以减为二十三年有期徒刑。

死刑缓期执行罪犯经过一次或几次减刑后，其实际执行的刑期不能少于十五年，死刑缓期执行期间不包括在内。

死刑缓期执行罪犯在缓期执行期间抗拒改造，尚未构成犯罪的，此后减刑时可以适当从严。

第十条 被限制减刑的死刑缓期执行罪犯，缓期执行期满后依法被减为无期徒刑的，或者因有重大立功表现被减为二十五年有期徒刑的，应当比照未被限制减刑的死刑缓期执行罪犯在减刑的起始时间、间隔时间和减刑幅度上从严掌握。

第十一条 判处管制、拘役的罪犯，以及判决生效后剩余刑期不满一年有期徒刑的罪犯，符合减刑条件的，可以酌情减刑，其实际执行的刑期不能少于原判刑期的二分之一。

第十二条 有期徒刑罪犯减刑时，对附加剥夺政治权利的期限可以酌减。酌减后剥夺政治权利的期限，不能少于一年。

第十三条 判处拘役或者三年以下有期徒刑并宣告缓刑的罪犯，一般不适用减刑。

前款规定的罪犯在缓刑考验期限内有重大立功表现的，可以参照刑法第七十八条的规定，予以减刑，同时应依法缩减其缓刑考验期限。拘役的缓刑考验期限不能少于二个月，有期徒刑的缓刑考验期限不能少于一年。

第十四条 被判处十年以上有期徒刑、无期徒刑的罪犯在刑罚执行期间又犯罪，被判处有期徒刑以下刑罚的，自新罪判决确定之日起二年内一般不予减刑；新罪被判处无期徒刑的，自新罪判决确定之日起三年内一般不予减刑。

第十五条 办理假释案件，判断"没有再犯罪的危险"，除符合刑法第八十一条规定的情形外，还应根据犯罪的具体情节、原判刑罚情况，在刑罚执行中的一贯表现，罪犯的年龄、身体状况、性格特征，假释后生活来源以及监管条件等因素综合考虑。

第十六条　有期徒刑罪犯假释，执行原判刑期二分之一以上的起始时间，应当从判决执行之日起计算，判决执行以前先行羁押的，羁押一日折抵刑期一日。

第十七条　刑法第八十一条第一款规定的"特殊情况"，是指与国家、社会利益有重要关系的情况。

第十八条　对累犯以及因故意杀人、强奸、抢劫、绑架、放火、爆炸、投放危险物质或者有组织的暴力性犯罪被判处十年以上有期徒刑、无期徒刑的罪犯，不得假释。

因前款情形和犯罪被判处死刑缓期执行的罪犯，被减为无期徒刑、有期徒刑后，也不得假释。

第十九条　未成年罪犯的减刑、假释，可以比照成年罪犯依法适当从宽。

未成年罪犯能认罪悔罪，遵守法律法规及监规，积极参加学习、劳动的，应视为确有悔改表现，减刑的幅度可以适当放宽，起始时间、间隔时间可以相应缩短。符合刑法第八十一条第一款规定的，可以假释。

前两款所称未成年罪犯，是指减刑时不满十八周岁的罪犯。

第二十条　老年、身体残疾（不含自伤致残）、患严重疾病罪犯的减刑、假释，应当主要注重悔罪的实际表现。

基本丧失劳动能力、生活难以自理的老年、身体残疾、患严重疾病的罪犯，能够认真遵守法律法规及监规，接受教育改造，应视为确有悔改表现，减刑的幅度可以适当放宽，起始时间、间隔时间可以相应缩短。假释后生活确有着落的，除法律和本解释规定不得假释的情形外，可以依法假释。

对身体残疾罪犯和患严重疾病罪犯进行减刑、假释，其残疾、疾病程度应由法定鉴定机构依法作出认定。

第二十一条　对死刑缓期执行罪犯减为无期徒刑或者有期徒刑后，符合刑法第八十一条第一款和本规定第九条第二款、第十八条规定的，可以假释。

第二十二条　罪犯减刑后又假释的间隔时间，一般为一年；对一次减去二年有期徒刑后，决定假释的，间隔时间不能少于二年。

罪犯减刑后余刑不足二年，决定假释的，可以适当缩短间隔时间。

第二十三条　人民法院按照审判监督程序重新审理的案件，维持原判决、裁定的，原减刑、假释裁定效力不变；改变原判决、裁定的，应由刑罚执行机关依照再审裁判情况和原减刑、假释情况，提请有管辖权的人民法院重新作出减刑、假释裁定。

第二十四条　人民法院受理减刑、假释案件，应当审查执行机关是否移送下列材料：

（一）减刑或者假释建议书；

（二）终审法院的裁判文书、执行通知书、历次减刑裁定书的复制件；

（三）罪犯确有悔改或者立功、重大立功表现的具体事实的书面证明材料；

（四）罪犯评审鉴定表、奖惩审批表等；

（五）其他根据案件的审理需要移送的材料。

提请假释的，应当附有社区矫正机构关于罪犯假释后对所居住社区影响的调查评估报告。

人民检察院对提请减刑、假释案件提出的检察意见，应当一并移送受理减刑、假释案件的人民法院。

经审查，如果前三款规定的材料齐备的，应当立案；材料不齐备的，应当通知提请减刑、假释的执行机关补送。

第二十五条　人民法院审理减刑、假释案件，应当一律予以公示。公示地点为罪犯服刑场所的公共区域。有条件的地方，应面向社会公示，接受社会监督。公示应当包括下列内容：

（一）罪犯的姓名；

（二）原判认定的罪名和刑期；

（三）罪犯历次减刑情况；

（四）执行机关的减刑、假释建议和依据；

（五）公示期限；

（六）意见反馈方式等。

第二十六条 人民法院审理减刑、假释案件，可以采用书面审理的方式。但下列案件，应当开庭审理：

（一）因罪犯有重大立功表现提请减刑的；

（二）提请减刑的起始时间、间隔时间或者减刑幅度不符合一般规定的；

（三）在社会上有重大影响或社会关注度高的；

（四）公示期间收到投诉意见的；

（五）人民检察院有异议的；

（六）人民法院认为有开庭审理必要的。

第二十七条 在人民法院作出减刑、假释裁定前，执行机关书面提请撤回减刑、假释建议的，是否准许，由人民法院决定。

第二十八条 减刑、假释的裁定，应当在裁定作出之日起七日内送达有关执行机关、人民检察院以及罪犯本人。

第二十九条 人民法院发现本院或者下级人民法院已经生效的减刑、假释裁定确有错误，应当依法重新组成合议庭进行审理并作出裁定。

最高人民法院　最高人民检察院　公安部　司法部
关于对判处管制、宣告缓刑的犯罪分子
适用禁止令有关问题的规定（试行）

（法发〔2011〕9号）

为正确适用《中华人民共和国刑法修正案（八）》，确保管制和缓刑的执行效果，根据刑法和刑事诉讼法的有关规定，现就判处管制、宣告缓刑的犯罪分子适用禁止令的有关问题规定如下：

第一条　对判处管制、宣告缓刑的犯罪分子，人民法院根据犯罪情况，认为从促进犯罪分子教育矫正、有效维护社会秩序的需要出发，确有必要禁止其在管制执行期间、缓刑考验期限内从事特定活动，进入特定区域、场所，接触特定人的，可以根据刑法第三十八条第二款、第七十二条第二款的规定，同时宣告禁止令。

第二条　人民法院宣告禁止令，应当根据犯罪分子的犯罪原因、犯罪性质、犯罪手段、犯罪后的悔罪表现、个人一贯表现等情况，充分考虑与犯罪分子所犯罪行的关联程度，有针对性地决定禁止其在管制执行期间、缓刑考验期限内"从事特定活动，进入特定区域、场所，接触特定的人"的一项或者几项内容。

第三条　人民法院可以根据犯罪情况，禁止判处管制、宣告缓刑的犯罪分子在管制执行期间、缓刑考验期限内从事以下一项或者几项活动：

（一）个人为进行违法犯罪活动而设立公司、企业、事业单位或者在设立公司、企业、事业单位后以实施犯罪为主要活动的，禁止设立公司、企业、事业单位；

（二）实施证券犯罪、贷款犯罪、票据犯罪、信用卡犯罪等金融犯罪的，禁止从事证券交易、申领贷款、使用票据或者申领、使用信用卡等金融活动；

（三）利用从事特定生产经营活动实施犯罪的，禁止从事相关生产经营活动；

（四）附带民事赔偿义务未履行完毕，违法所得未追缴、退赔到位，或者罚金尚未足额缴纳的，禁止从事高消费活动；

（五）其他确有必要禁止从事的活动。

第四条　人民法院可以根据犯罪情况，禁止判处管制、宣告缓刑的犯罪分子在管制执行期间、缓刑考验期限内进入以下一类或者几类区域、场所：

（一）禁止进入夜总会、酒吧、迪厅、网吧等娱乐场所；

（二）未经执行机关批准，禁止进入举办大型群众性活动的场所；

（三）禁止进入中小学校区、幼儿园园区及周边地区，确因本人就学、居住等原因，经执行机关批准的除外；

（四）其他确有必要禁止进入的区域、场所。

第五条 人民法院可以根据犯罪情况，禁止判处管制、宣告缓刑的犯罪分子在管制执行期间、缓刑考验期限内接触以下一类或者几类人员：

（一）未经对方同意，禁止接触被害人及其法定代理人、近亲属；

（二）未经对方同意，禁止接触证人及其法定代理人、近亲属；

（三）未经对方同意，禁止接触控告人、批评人、举报人及其法定代理人、近亲属；

（四）禁止接触同案犯；

（五）禁止接触其他可能遭受其侵害、滋扰的人或者可能诱发其再次危害社会的人。

第六条 禁止令的期限，既可以与管制执行、缓刑考验的期限相同，也可以短于管制执行、缓刑考验的期限，但判处管制的，禁止令的期限不得少于三个月，宣告缓刑的，禁止令的期限不得少于二个月。

判处管制的犯罪分子在判决执行以前先行羁押以致管制执行的期限少于三个月的，禁止令的期限不受前款规定的最短期限的限制。

禁止令的执行期限，从管制、缓刑执行之日起计算。

第七条 人民检察院在提起公诉时，对可能判处管制、宣告缓刑的被告人可以提出宣告禁止令的建议。当事人、辩护人、诉讼代理人可以就应否对被告人宣告禁止令提出意见，并说明理由。

公安机关在移送审查起诉时，可以根据犯罪嫌疑人涉嫌犯罪的情况，就应否宣告禁止令及宣告何种禁止令，向人民检察院提出意见。

第八条 人民法院对判处管制、宣告缓刑的被告人宣告禁止令的，应当在裁判文书主文部分单独作为一项予以宣告。

第九条 禁止令由司法行政机关指导管理的社区矫正机构负责执行。

第十条 人民检察院对社区矫正机构执行禁止令的活动实行监督。发现有违反法律规定的情况，应当通知社区矫正机构纠正。

第十一条 判处管制的犯罪分子违反禁止令，或者被宣告缓刑的犯罪分子违反禁止令尚不属情节严重的，由负责执行禁止令的社区矫正机构所在地的公安机关依照《中华人民共和国治安管理处罚法》第六十条的规定处罚。

第十二条 被宣告缓刑的犯罪分子违反禁止令，情节严重的，应当撤销缓刑，执行原判刑罚。原作出缓刑裁判的人民法院应当自收到当地社区矫正机构提出的撤销缓刑建议书之日起一个月内依法作出裁定。人民法院撤销缓刑的裁定一经作出，立即生效。

违反禁止令，具有下列情形之一的，应当认定为"情节严重"：

（一）三次以上违反禁止令的；

（二）因违反禁止令被治安管理处罚后，再次违反禁止令的；

（三）违反禁止令，发生较为严重危害后果的；

（四）其他情节严重的情形。

第十三条 被宣告禁止令的犯罪分子被依法减刑时，禁止令的期限可以相应缩短，由人民法院在减刑裁定中确定新的禁止令期限。

最高人民检察院　公安部关于人民检察院
对看守所实施法律监督若干问题的意见

（公通字〔2010〕55 号）

为进一步完善人民检察院对看守所监管执法活动的监督机制，促进看守所依法、文明管理，保障刑事诉讼活动的顺利进行，现就人民检察院对看守所实施法律监督的有关问题提出以下意见：

一、明确监督范围

看守所下列执法和管理活动接受人民检察院的法律监督：

（一）执法活动

1. 收押、换押；

2. 羁押犯罪嫌疑人、被告人；

3. 提讯、提解、押解；

4. 安排律师会见；

5. 使用警械和武器；

6. 执行刑事判决、裁定；

7. 执行刑罚；

8. 释放；

9. 其他执法活动。

（二）管理活动

1. 分押分管；

2. 安排家属会见、通信；

3. 安全防范；

4. 教育工作；

5. 生活卫生；

6. 在押人员死亡等重大事件的调查处理；

7. 其他管理活动。

二、规范监督方式

对看守所的执法和管理活动，人民检察院采取下列方式进行监督：

（一）人民检察院在看守所设立派驻检察室，派驻检察室以派出人民检察院的名义开展法律监督工作；对关押量较少的小型看守所，由人民检察院进行巡回检察。

（二）人民检察院对看守所发生的在押人员死亡等重大事件，以及看守所在执法和管理活动中的职务犯罪案件，及时进行调查或者立案侦查。

（三）人民检察院派驻检察室应当按照既定方式与看守所实行监管信息共享和监控联网，通过网络及时、全面掌握看守所执法情况和监管情况，实行看守所信息共享、动态管理和动态监督，并确保信息安全。

（四）人民检察院派驻检察室应当与看守所建立和完善联席会议制度，定期召开会议，及时通报重大情况，分析监管活动和检察监督中存在的问题，研究改进工作的措施。

（五）人民检察院派驻检察室应当列席看守所主要执法和监管工作会议，认真听取情况，发现问题及时提出纠正意见。

（六）人民检察院派驻检察室应当建立和完善在押人员约见检察官制度。凡在押人员提出约见派驻检察官的，派驻检察官要及时谈话，了解情况。派驻检察官相关信息应当告知在押人员，检察信箱应当设置在在押人员监室，畅通在押人员举报、控告、申诉渠道。

三、完善监督程序

对看守所执法和监管活动中的违法情形，人民检察院在检察工作中应当按照下列程序进行监督和纠正：

（一）人民检察院在检察工作中发现看守所有违法情形的，应当口头或者书面提出纠正意见。看守所对人民检察院提出的纠正意见无异议的，应当在 2 日内予以纠正并通知人民检察院纠正结果。

其中，对人民检察院书面提出纠正意见的，应当书面通知。

（二）看守所对人民检察院提出的口头纠正意见有异议的，可以采取口头形式向人民检察院说明情况或者理由；人民检察院仍然认为必须纠正的，应当以书面形式向看守所提出。

（三）看守所对人民检察院提出的书面纠正意见有异议，需要复议的，应当在收到书面纠正意见后的 2 日内制作要求复议意见书，报经县级以上公安机关负责人批准，通过本级公安机关向同级人民检察院申请复议。人民检察院应当在收到要求复议意见书的 5 日内作出复议决定，书面通知公安机关。公安机关对复议决定无异议的，应当在收到复议决定后的 2 日内予以纠正并书面通知人民检察院纠正结果。

（四）看守所对人民检察院作出的复议决定有异议，需要复核的，应当在收到复议决定后的 5 日内制作提请复核意见书，报经县级以上公安机关负责人批准，通过本级公安机关向同级人民检察院提请复核。人民检察院应当在收到提请复核意见书的 2 日内将提请复核意见书和相关材料移送上一级人民检察院；上一级人民检察院应当在收到相关申请和材料后的 10 日内作出复核决定，书面通知下级人民检察院。下级人民检察院应当及时将复核决定书面告知公安机关。

四、严格监督责任

看守所应当自觉接受人民检察院的监督，对人民检察院提出的检察纠正意见应当按照规定进行纠正并反馈结果。对不按照规定进行纠正，又不说明情况或者理由，也不按照程序要求复议、提请复核的，公安机关应当依法依纪作出处理；构成犯罪的，应当依法追究刑事责任。

人民检察院应当按照法律及有关规定，采取切实措施，加强对看守所的法律监督工作。派驻检察人员、巡回检察人员应当认真履行法律监督职责，对检察发现的各种违法犯罪问题，必须及时进行处理，不得渎职。对因滥用职权或者玩忽职守，不认真履行法律监督职责，对看守所执法和管理工作中存在的问题，应当提出意见建议而不提出意见建议，应当通知纠正而未通知的，对看守所在执法和管理活动中发生的职务犯罪案件不依法予以立案侦查的，以及对看守所发生的在押人员死亡等重大事件，不及时进行调查，造成工作失误或者帮助掩盖事实真相的，依法给予纪律处分；构成犯罪的，依法追究刑事责任。

中央社会治安综合治理委员会办公室
最高人民法院　最高人民检察院　公安部
司法部关于加强和规范监外执行工作的意见

（2009 年 6 月 25 日）

为加强和规范被判处管制、剥夺政治权利、宣告缓刑、假释、暂予监外执行罪犯的交付执行、监督管理及其检察监督等工作，保证刑罚的正确执行，根据《中华人民共和国刑法》、《中华人民共和国刑事诉讼法》、《中华人民共和国监狱法》、《中华人民共和国治安管理处罚法》等有关规定，结合工作实际，提出如下意见：

一、加强和规范监外执行的交付执行

1. 人民法院对罪犯判处管制、单处剥夺政治权利、宣告缓刑的，应当在判决、裁定生效后五个工作日内，核实罪犯居住地后将判决书、裁定书、执行通知书送达罪犯居住地县级公安机关主管部门，并抄送罪犯居住地县级人民检察院监所检察部门。

2. 监狱管理机关、公安机关决定罪犯暂予监外执行的，交付执行的监狱、看守所应当将罪犯押送至居住地，与罪犯居住地县级公安机关办理移交手续，并将暂予监外执行决定书等法律文书抄送罪犯居住地县级公安机关主管部门、县级人民检察院监所检察部门。

3. 罪犯服刑地与居住地不在同一省、自治区、直辖市，需要回居住地暂予监外执行的，服刑地的省级监狱管理机关、公安机关监所管理部门应当书面通知罪犯居住地的同级监狱管理机关、公安机关监所管理部门，由其指定一所监狱、看守所接收罪犯档案，负责办理该罪犯暂予监外执行情形消失后的收监、刑满释放等手续，并通知罪犯居住地县级公安机关主管部门、县级人民检察院监所检察部门。

4. 人民法院决定暂予监外执行的罪犯，判决、裁定生效前已被羁押的，由公安机关依照有关规定办理移交。判决、裁定生效前未被羁押的，由人民法院通知罪犯居住地的县级公安机关执行。人民法院应当在作出暂予监外执行决定后五个工作日内，将暂予监外执行决定书和判决书、裁定书、执行通知书送达罪犯居住地县级公安机关主管部门，并抄送罪犯居住地县级人民检察院监所检察部门。

5. 对于裁定假释的，人民法院应当将假释裁定书送达提请假释的执行机关和承担监所检察任务的人民检察院。监狱、看守所应当核实罪犯居住地，并在释放罪犯后五个工作日内将假释证明书副本、判决书、裁定书等法律文书送达罪犯居住地县级公安机关主管部门，抄送罪犯居住地县级人民检察院监所检察部门。对主刑执行完毕后附加执行剥夺政治权利的罪犯，监狱、看守所应当核实罪犯居住地，并在释放罪犯前一个月将刑满释放通知书、执行剥夺政治权利附加刑所依据的判决书、裁定书等法律文书送达罪犯居住地县级公安机关主管部门，抄送罪犯居住地县级人民检察院监所检察部门。

6. 被判处管制、剥夺政治权利、缓刑罪犯的判决、裁定作出后，以及被假释罪犯、主刑执行完毕后附加执行剥夺政治权利罪犯出监时，人民法院、监狱、看守所应当书面告知其必须按时到居住地公安派出所报到，以及不按时报到应承担的法律责任，并由罪犯本人在告知书上签字。自人民法院判决、裁定生效之日起或者监狱、看守所释放罪犯之日起，在本省、自治区、直辖市裁判或者服刑、羁押的应当在十日内报到，在外省、自治区、直辖市裁判或者服刑、羁押的应当在二十日内报到。告知书一式三份，一份交监外执行罪犯本人，一份送达执行地县级公安机关，一份由告知机关存档。

7. 执行地公安机关收到人民法院、监狱、看守所送达的法律文书后，应当在五个工作日内送达回执。

二、加强和规范监外执行罪犯的监督管理

8. 监外执行罪犯未在规定时间内报到的，公安派出所应当上报县级公安机关主管部门，由县级公安机关通报作出判决、裁定或者决定的机关。

9. 执行地公安机关认为罪犯暂予监外执行条件消失的，应当及时书面建议批准、决定暂予监外执行的机关或者接收该罪犯档案的监狱的上级主管机关收监执行。批准、决定机关或者接收该罪犯档案的监狱的上级主管机关审查后认为需要收监执行的，应当制作收监执行决定书，分别送达执行地公安机关和负责收监执行的监狱。执行地公安机关收到收监执行决定书后，应当立即将罪犯收押，并通知监狱到羁押地将罪犯收监执行。

对于公安机关批准的暂予监外执行罪犯，暂予监外执行条件消失的，执行地公安机关应当及时制作收监执行通知书，通知负责收监执行的看守所立即将罪犯收监执行。

10. 公安机关对暂予监外执行罪犯未经批准擅自离开所居住的市、县，经警告拒不改正，或者拒不报告行踪、下落不明的，可以按照有关程序上网追逃。

11. 人民法院决定暂予监外执行罪犯收监执行的，由罪犯居住地公安机关根据人民法院的决定，剩余刑期在一年以上的送交暂予监外执行地就近监狱执行，剩余刑期在一年以下的送交暂予监外执行地看守所代为执行。

12. 暂予监外执行罪犯未经批准擅自离开所居住的市、县，经警告拒不改正的，或者拒不报告行踪、下落不明的，或者采取自伤、自残、欺骗、贿赂等手段骗取、拖延暂予监外执行的，或者两次以上无正当理由不按时提交医疗、诊断病历材料的，批准、决定

机关应当根据执行地公安机关建议，及时作出对其收监执行的决定。

对公安机关批准的暂予监外执行罪犯发生上述情形的，执行地公安机关应当及时作出对其收监执行的决定。

13. 公安机关应当建立对监外执行罪犯的考核奖惩制度，根据考核结果，对表现良好的应当给予表扬奖励；对符合法定减刑条件的，应当依法提出减刑建议，人民法院应当依法裁定。执行机关减刑建议书副本和人民法院减刑裁定书副本应当抄送同级人民检察院监所检察部门。

14. 监外执行罪犯在执行期、考验期内，违反法律、行政法规或者国务院公安部门有关监督管理规定的，由公安机关依照《中华人民共和国治安管理处罚法》第六十条的规定给予治安管理处罚。

15. 被宣告缓刑、假释的罪犯在缓刑、假释考验期间有下列情形之一的，由与原裁判人民法院同级的执行地公安机关提出撤销缓刑、假释的建议：

（1）人民法院、监狱、看守所已书面告知罪犯应当按时到执行地公安机关报到，罪犯未在规定的时间内报到，脱离监管三个月以上的；

（2）未经执行地公安机关批准擅自离开所居住的市、县或者迁居，脱离监管三个月以上的；

（3）未按照执行地公安机关的规定报告自己的活动情况或者不遵守执行机关关于会客等规定，经过三次教育仍然拒不改正的；

（4）有其他违反法律、行政法规或者国务院公安部门有关缓刑、假释的监督管理规定行为，情节严重的。

16. 人民法院裁定撤销缓刑、假释后，执行地公安机关应当及时将罪犯送交监狱或者看守所收监执行。被撤销缓刑、假释并决定收监执行的罪犯下落不明的，公安机关可以按照有关程序上网追逃。

公安机关撤销缓刑、假释的建议书副本和人民法院撤销缓刑、假释的裁定书副本应当抄送罪犯居住地人民检察院监所检察部门。

17. 监外执行罪犯在缓刑、假释、暂予监外执行、管制或者剥夺政治权利期间死亡的，公安机关应当核实情况后通报原作出判决、裁定的人民法院和原关押监狱、看守所，或者接收该罪犯档案的监狱、看守所，以及执行地县级人民检察院监所检察部门。

18. 被判处管制、剥夺政治权利的罪犯执行期满的，公安机关应当通知其本人，并向其所在单位或者居住地群众公开宣布解除管制或者恢复政治权利；被宣告缓刑的罪犯缓刑考验期满，原判刑罚不再执行的，公安机关应当向其本人和所在单位或者居住地群众宣布，并通报原判决的人民法院；被裁定假释的罪犯假释考验期满，原判刑罚执行完毕的，公安机关应当向其本人和所在单位或者居住地群众宣布，并通报原裁定的人民法院和原执行的监狱、看守所。

19. 暂予监外执行的罪犯刑期届满的，执行地公安机关应当及时通报原关押监狱、看守所或者接收该罪犯档案的监狱、看守所，按期办理释放手续。人民法院决定暂予监外执行的罪犯刑期届满的，由执行地公安机关向原判决人民法院和执行地县级人民检察院通报，并按期办理释放手续。

三、加强和规范监外执行的检察监督

20. 人民检察院对人民法院、公安机关、监狱、看守所交付监外执行活动和监督管理监外执行罪犯活动实行法律监督，发现违法违规行为的，应当及时提出纠正意见。

21. 县级人民检察院对人民法院、监狱、看守所交付本县（市、区、旗）辖区执行监外执行的罪犯应当逐一登记，建立罪犯监外执行情况检察台账。

22. 人民检察院在监外执行检察中，应当依照有关规定认真受理监外执行罪犯的申诉、控告，妥善处理他们反映的问题，依法维护其合法权益。

23. 人民检察院应当采取定期和不定期相结合的方法进行监外

执行检察，并针对存在的问题，区别不同情况，发出纠正违法通知书、检察建议书或者提出口头纠正意见。交付执行机关和执行机关对人民检察院提出的纠正意见、检察建议无异议的，应当在十五日内纠正并告知纠正结果；对纠正意见、检察建议有异议的，应当在接到人民检察院纠正意见、检察建议后七日内向人民检察院提出，人民检察院应当复议，并在七日内作出复议决定；对复议结论仍然提出异议的，应当提请上一级人民检察院复核，上一级人民检察院应当在七日内作出复核决定。

24. 人民检察院发现有下列情形的，应当提出纠正意见：

（1）人民法院、监狱、看守所没有依法送达监外执行法律文书，没有依法将罪犯交付执行，没有依法告知罪犯权利义务的；

（2）人民法院收到有关机关对监外执行罪犯的撤销缓刑、假释、暂予监外执行的建议后，没有依法进行审查、裁定、决定的；

（3）公安机关没有及时接收监外执行罪犯，对监外执行罪犯没有落实监管责任、监管措施的；

（4）公安机关对违法的监外执行罪犯依法应当给予处罚而没有依法作出处罚或者建议处罚的；

（5）公安机关、监狱管理机关应当作出对罪犯收监执行决定而没有作出决定的；

（6）监狱、看守所应当将罪犯收监执行而没有收监执行的；

（7）对依法应当减刑的监外执行罪犯，公安机关没有提请减刑或者提请减刑不当的；

（8）对依法应当减刑的监外执行罪犯，人民法院没有裁定减刑或者减刑裁定不当的；

（9）监外执行罪犯刑期或者考验期满，公安机关、监狱、看守所未及时办理相关手续和履行相关程序的；

（10）人民法院、公安机关、监狱、看守所在监外执行罪犯交付执行、监督管理过程中侵犯罪犯合法权益的；

（11）监外执行罪犯出现脱管、漏管情况的；

（12）其他依法应当提出纠正意见的情形。

25. 监外执行罪犯在监外执行期间涉嫌犯罪，公安机关依法应当立案而不立案的，人民检察院应当按照《中华人民共和国刑事诉讼法》第八十七条的规定办理。

四、加强监外执行的综合治理

26. 各级社会治安综合治理部门、人民法院、人民检察院、公安机关、司法行政机关应当充分认识加强和规范监外执行工作对于防止和纠正监外执行罪犯脱管、漏管问题，预防和减少重新犯罪，促进社会和谐稳定的重要意义，加强对这一工作的领导和检查；在监外执行的交付执行、监督管理、检察监督、综治考评等各个环节中，根据分工做好职责范围内的工作，形成各司其职、各负其责、协作配合、齐抓共管的工作格局。各级社会治安综合治理部门应当和人民检察院共同做好对监外执行的考评工作，并作为实绩评定的重要内容，强化责任追究，确保本意见落到实处。

27. 各级社会治安综合治理部门、人民法院、人民检察院、公安机关、司法行政机关应当每年定期召开联席会议，通报有关情况，研究解决监外执行工作中的问题。交付执行机关和县级公安机关应当每半年将监外执行罪犯的交付执行、监督管理情况书面通报同级社会治安综合治理部门和人民检察院监所检察部门。

28. 各省、自治区、直辖市应当按照中央有关部门的统一部署，认真开展并深入推进社区矫正试点工作，加强和规范对社区服刑人员的监督管理、教育矫正工作，努力发挥社区矫正在教育改造罪犯、预防重新违法犯罪方面的重要作用。社区矫正试点地区的社区服刑人员的交付执行、监督管理工作，参照本意见和依照社区矫正有关规定执行。

人民检察院监狱检察办法

（2008 年 2 月 22 日最高人民检察院
第十届检察委员会第九十四次会议通过
高检发监字〔2008〕1 号）

第一章 总   则

第一条 为规范监狱检察工作，根据《中华人民共和国刑事诉讼法》、《中华人民共和国监狱法》等法律规定，结合监狱检察工作实际，制定本办法。

第二条 人民检察院监狱检察的任务是：保证国家法律法规在刑罚执行活动中的正确实施，维护罪犯合法权益，维护监狱监管秩序稳定，保障惩罚与改造罪犯工作的顺利进行。

第三条 人民检察院监狱检察的职责是：

（一）对监狱执行刑罚活动是否合法实行监督；

（二）对人民法院裁定减刑、假释活动是否合法实行监督；

（三）对监狱管理机关批准暂予监外执行活动是否合法实行监督；

（四）对刑罚执行和监管活动中发生的职务犯罪案件进行侦查，开展职务犯罪预防工作；

（五）对监狱侦查的罪犯又犯罪案件审查逮捕、审查起诉和出庭支持公诉，对监狱的立案、侦查活动和人民法院的审判活动是否合法实行监督；

（六）受理罪犯及其法定代理人、近亲属的控告、举报和申诉；

（七）其他依法应当行使的监督职责。

第四条 人民检察院在监狱检察工作中，应当依法独立行使检察权，应当以事实为根据、以法律为准绳。

监狱检察人员履行法律监督职责，应当严格遵守法律，恪守检察职业道德，忠于职守，清正廉洁；应当坚持原则，讲究方法，注重实效。

第二章　收监、出监检察

第一节　收监检察

第五条　收监检察的内容：

（一）监狱对罪犯的收监管理活动是否符合有关法律规定。

（二）监狱收押罪犯有无相关凭证：

1. 收监交付执行的罪犯，是否具备人民检察院的起诉书副本和人民法院的刑事判决（裁定）书、执行通知书、结案登记表；

2. 收监监外执行的罪犯，是否具备撤销假释裁定书、撤销缓刑裁定书或者撤销暂予监外执行的收监执行决定书；

3. 从其他监狱调入罪犯，是否具备审批手续。

（三）监狱是否收押了依法不应当收押的人员。

第六条　收监检察的方法：

（一）对个别收监罪犯，实行逐人检察；

（二）对集体收监罪犯，实行重点检察；

（三）对新收罪犯监区，实行巡视检察。

第七条　发现监狱在收监管理活动中有下列情形的，应当及时提出纠正意见：

（一）没有收监凭证或者收监凭证不齐全而收监的；

（二）收监罪犯与收监凭证不符的；

（三）应当收监而拒绝收监的；

（四）不应当收监而收监的；

（五）罪犯收监后未按时通知其家属的；

（六）其他违反收监规定的。

第二节　出监检察

第八条　出监检察的内容：

（一）监狱对罪犯的出监管理活动是否符合有关法律规定。

（二）罪犯出监有无相关凭证：

1. 刑满释放罪犯，是否具备刑满释放证明书；

2. 假释罪犯，是否具备假释裁定书、执行通知书、假释证明书；

3. 暂予监外执行罪犯，是否具备暂予监外执行审批表、暂予监外执行决定书；

4. 离监探亲和特许离监罪犯，是否具备离监探亲审批表、离监探亲证明；

5. 临时离监罪犯，是否具备临时离监解回再审的审批手续；

6. 调监罪犯，是否具备调监的审批手续。

第九条 出监检察的方法：

（一）查阅罪犯出监登记和出监凭证；

（二）与出监罪犯进行个别谈话，了解情况。

第十条 发现监狱在出监管理活动中有下列情形的，应当及时提出纠正意见：

（一）没有出监凭证或者出监凭证不齐全而出监的；

（二）出监罪犯与出监凭证不符的；

（三）应当释放而没有释放或者不应当释放而释放的；

（四）罪犯没有监狱人民警察或者办案人员押解而特许离监、临时离监或者调监的；

（五）没有派员押送暂予监外执行罪犯到达执行地公安机关的；

（六）没有向假释罪犯、暂予监外执行罪犯、刑满释放仍需执行附加剥夺政治权利罪犯的执行地公安机关送达有关法律文书的；

（七）没有向刑满释放人员居住地公安机关送达释放通知书的；

（八）其他违反出监规定的。

第十一条 假释罪犯、暂予监外执行罪犯、刑满释放仍需执行附加剥夺政治权利罪犯出监时，派驻检察机构应当填写《监外执行罪犯出监告知表》，寄送执行地人民检察院监所检察部门。

第三章　刑罚变更执行检察

第一节　减刑、假释检察

第十二条　对监狱提请减刑、假释活动检察的内容：

（一）提请减刑、假释罪犯是否符合法律规定条件；

（二）提请减刑、假释的程序是否符合法律和有关规定；

（三）对依法应当减刑、假释的罪犯，监狱是否提请减刑、假释。

第十三条　对监狱提请减刑、假释活动检察的方法：

（一）查阅被提请减刑、假释罪犯的案卷材料；

（二）查阅监区集体评议减刑、假释会议记录，罪犯计分考核原始凭证，刑罚执行（狱政管理）部门审查意见；

（三）列席监狱审核拟提请罪犯减刑、假释的会议；

（四）向有关人员了解被提请减刑、假释罪犯的表现等情况。

第十四条　发现监狱在提请减刑、假释活动中有下列情形的，应当及时提出纠正意见：

（一）对没有悔改表现或者立功表现的罪犯，提请减刑的；

（二）对没有悔改表现，假释后可能再危害社会的罪犯，提请假释的；

（三）对累犯以及因杀人、爆炸、抢劫、强奸、绑架等暴力性犯罪被判处十年以上有期徒刑、无期徒刑的罪犯，提请假释的；

（四）对依法应当减刑、假释的罪犯没有提请减刑、假释的；

（五）提请对罪犯减刑的起始时间、间隔时间和减刑后又假释的间隔时间不符合有关规定的；

（六）被提请减刑、假释的罪犯被减刑后实际执行的刑期或者假释考验期不符合有关规定的；

（七）提请减刑、假释没有完备的合法手续的；

（八）其他违反提请减刑、假释规定的。

第十五条 派驻检察机构收到监狱移送的提请减刑材料的，应当及时审查并签署意见。认为提请减刑不当的，应当提出纠正意见，填写《监狱提请减刑不当情况登记表》。所提纠正意见未被采纳的，可以报经本院检察长批准，向受理本案的人民法院的同级人民检察院报送。

第十六条 派驻检察机构收到监狱移送的提请假释材料的，应当及时审查并签署意见，填写《监狱提请假释情况登记表》，向受理本案的人民法院的同级人民检察院报送。认为提请假释不当的，应当提出纠正意见，将意见以及监狱采纳情况一并填入《监狱提请假释情况登记表》。

第十七条 人民检察院收到人民法院减刑、假释裁定书副本后，应当及时审查。认为减刑、假释裁定不当的，应当在收到裁定书副本后二十日内，向作出减刑、假释裁定的人民法院提出书面纠正意见。

第十八条 人民检察院对人民法院减刑、假释的裁定提出纠正意见后，应当监督人民法院是否在收到纠正意见后一个月内重新组成合议庭进行审理。

第十九条 对人民法院减刑、假释裁定的纠正意见，由作出减刑、假释裁定的人民法院的同级人民检察院书面提出。

下级人民检察院发现人民法院减刑、假释裁定不当的，应当立即向作出减刑、假释裁定的人民法院的同级人民检察院报告。

第二十条 对人民法院采取听证或者庭审方式审理减刑、假释案件的，同级人民检察院应当派员参加，发表检察意见并对听证或者庭审过程是否合法进行监督。

第二节 暂予监外执行检察

第二十一条 对监狱呈报暂予监外执行活动检察的内容：

（一）呈报暂予监外执行罪犯是否符合法律规定条件；

（二）呈报暂予监外执行的程序是否符合法律和有关规定。

第二十二条 对监狱呈报暂予监外执行活动检察的方法：

（一）审查被呈报暂予监外执行罪犯的病残鉴定和病历资料；

（二）列席监狱审核拟呈报罪犯暂予监外执行的会议；

（三）向有关人员了解被呈报暂予监外执行罪犯的患病及表现等情况。

第二十三条 发现监狱在呈报暂予监外执行活动中有下列情形的，应当及时提出纠正意见：

（一）呈报保外就医罪犯所患疾病不属于《罪犯保外就医疾病伤残范围》的；

（二）呈报保外就医罪犯属于因患严重慢性疾病长期医治无效情形，执行原判刑期未达三分之一以上的；

（三）呈报保外就医罪犯属于自伤自残的；

（四）呈报保外就医罪犯没有省级人民政府指定医院开具的相关证明文件的；

（五）对适用暂予监外执行可能有社会危险性的罪犯呈报暂予监外执行的；

（六）对罪犯呈报暂予监外执行没有完备的合法手续的；

（七）其他违反暂予监外执行规定的。

第二十四条 派驻检察机构收到监狱抄送的呈报罪犯暂予监外执行的材料后，应当及时审查并签署意见。认为呈报暂予监外执行不当的，应当提出纠正意见。审查情况应当填入《监狱呈报暂予监外执行情况登记表》，层报省级人民检察院监所检察部门。

省级人民检察院监所检察部门审查认为监狱呈报暂予监外执行不当的，应当及时将审查意见告知省级监狱管理机关。

第二十五条 省级人民检察院收到省级监狱管理机关批准暂予监外执行的通知后，应当及时审查。认为暂予监外执行不当的，应当自接到通知之日起一个月内向省级监狱管理机关提出书面纠正意见。

省级人民检察院应当监督省级监狱管理机关是否在收到书面纠正意见后一个月内进行重新核查和核查决定是否符合法律规定。

第二十六条　下级人民检察院发现暂予监外执行不当的，应当立即层报省级人民检察院。

第四章　监管活动检察

第一节　禁闭检察

第二十七条　禁闭检察的内容：

（一）适用禁闭是否符合规定条件；

（二）适用禁闭的程序是否符合有关规定；

（三）执行禁闭是否符合有关规定。

第二十八条　禁闭检察的方法：

（一）对禁闭室进行现场检察；

（二）查阅禁闭登记和审批手续；

（三）听取被禁闭人和有关人员的意见。

第二十九条　发现监狱在适用禁闭活动中有下列情形的，应当及时提出纠正意见：

（一）对罪犯适用禁闭不符合规定条件的；

（二）禁闭的审批手续不完备的；

（三）超期限禁闭的；

（四）使用戒具不符合有关规定的；

（五）其他违反禁闭规定的。

第二节　事故检察

第三十条　事故检察的内容：

（一）罪犯脱逃；

（二）罪犯破坏监管秩序；

（三）罪犯群体病疫；

（四）罪犯伤残；

（五）罪犯非正常死亡；

（六）其他事故。

第三十一条　事故检察的方法：

（一）派驻检察机构接到监狱关于罪犯脱逃、破坏监管秩序、群体病疫、伤残、死亡等事故报告，应当立即派员赴现场了解情况，并及时报告本院检察长；

（二）认为可能存在违法犯罪问题的，派驻检察人员应当深入事故现场，调查取证；

（三）派驻检察机构与监狱共同剖析事故原因，研究对策，完善监管措施。

第三十二条 罪犯在服刑期间因病死亡，其家属对监狱提供的医疗鉴定有疑义向人民检察院提出的，人民检察院应当受理。经审查认为医疗鉴定有错误的，可以重新对死亡原因作出鉴定。

罪犯非正常死亡的，人民检察院接到监狱通知后，原则上应在二十四小时内对尸体进行检验，对死亡原因进行鉴定，并根据鉴定结论依法及时处理。

第三十三条 对于监狱发生的重大事故，派驻检察机构应当及时填写《重大事故登记表》，报送上一级人民检察院，同时对监狱是否存在执法过错责任进行检察。

辖区内监狱发生重大事故的，省级人民检察院应当检查派驻检察机构是否存在不履行或者不认真履行监督职责的问题。

第三节 狱政管理、教育改造活动检察

第三十四条 狱政管理、教育改造活动检察的内容：

（一）监狱的狱政管理、教育改造活动是否符合有关法律规定；

（二）罪犯的合法权益是否得到保障。

第三十五条 狱政管理、教育改造活动检察的方法：

（一）对罪犯生活、学习、劳动现场和会见室进行实地检察和巡视检察；

（二）查阅罪犯名册、伙食账簿、会见登记和会见手续；

（三）向罪犯及其亲属和监狱人民警察了解情况，听取意见；

（四）在法定节日、重大活动之前或者期间，督促监狱进行安

全防范和生活卫生检查。

第三十六条 发现监狱在狱政管理、教育改造活动中有下列情形的，应当及时提出纠正意见：

（一）监狱人民警察体罚、虐待或者变相体罚、虐待罪犯的；

（二）没有按照规定对罪犯进行分押分管的；

（三）监狱人民警察没有对罪犯实行直接管理的；

（四）安全防范警戒设施不完备的；

（五）监狱人民警察违法使用戒具的；

（六）没有按照规定安排罪犯与其亲属会见的；

（七）对伤病罪犯没有及时治疗的；

（八）没有执行罪犯生活标准规定的；

（九）没有按照规定时间安排罪犯劳动，存在罪犯超时间、超体力劳动情况的；

（十）其他违反狱政管理、教育改造规定的。

第三十七条 派驻检察机构参加监狱狱情分析会，应当针对罪犯思想动态、监管秩序等方面存在的问题，提出意见和建议，与监狱共同研究对策，制定措施。

第三十八条 派驻检察机构应当与监狱建立联席会议制度，及时了解监狱发生的重大情况，共同分析监管执法和检察监督中存在的问题，研究改进工作的措施。联席会议每半年召开一次，必要时可以随时召开。

第三十九条 派驻检察机构每半年协助监狱对罪犯进行一次集体法制宣传教育。

派驻检察人员应当每周至少选择一名罪犯进行个别谈话，并及时与要求约见的罪犯谈话，听取情况反映，提供法律咨询，接收递交的材料等。

第五章 办理罪犯又犯罪案件

第四十条 人民检察院监所检察部门负责监狱侦查的罪犯又犯

罪案件的审查逮捕、审查起诉和出庭支持公诉，以及立案监督、侦查监督、审判监督、死刑临场监督等工作。

第四十一条 办理罪犯又犯罪案件期间该罪犯原判刑期届满的，在侦查阶段由监狱提请人民检察院审查批准逮捕，在审查起诉阶段由人民检察院决定逮捕。

第四十二条 发现罪犯在判决宣告前还有其他罪行没有判决的，应当分别情形作出处理：

（一）适宜于服刑地人民法院审理的，依照本办法第四十条、第四十一条的规定办理；

（二）适宜于原审地或者犯罪地人民法院审理的，转交当地人民检察院办理；

（三）属于职务犯罪的，交由原提起公诉的人民检察院办理。

第六章 受理控告、举报和申诉

第四十三条 派驻检察机构应当受理罪犯及其法定代理人、近亲属向检察机关提出的控告、举报和申诉，根据罪犯反映的情况，及时审查处理，并填写《控告、举报和申诉登记表》。

第四十四条 派驻检察机构应当在监区或者分监区设立检察官信箱，接收罪犯控告、举报和申诉材料。信箱应当每周开启。

派驻检察人员应当每月定期接待罪犯近亲属、监护人来访，受理控告、举报和申诉，提供法律咨询。

第四十五条 派驻检察机构对罪犯向检察机关提交的自首、检举和揭发犯罪线索等材料，依照本办法第四十三条的规定办理，并检察兑现政策情况。

第四十六条 派驻检察机构办理控告、举报案件，对控告人、举报人要求回复处理结果的，应当将调查核实情况反馈控告人、举报人。

第四十七条 人民检察院监所检察部门审查刑事申诉，认为原判决、裁定正确、申诉理由不成立的，应当将审查结果答复申诉人并做好息诉工作；认为原判决、裁定有错误可能，需要立案复查的，应当移送刑事申诉检察部门办理。

第七章　纠正违法和检察建议

第四十八条　纠正违法的程序：

（一）派驻检察人员发现轻微违法情况，可以当场提出口头纠正意见，并及时向派驻检察机构负责人报告，填写《检察纠正违法情况登记表》；

（二）派驻检察机构发现严重违法情况，或者在提出口头纠正意见后被监督单位七日内未予纠正且不说明理由的，应当报经本院检察长批准，及时发出《纠正违法通知书》；

（三）人民检察院发出《纠正违法通知书》后十五日内，被监督单位仍未纠正或者回复意见的，应当及时向上一级人民检察院报告。

对严重违法情况，派驻检察机构应当填写《严重违法情况登记表》，向上一级人民检察院监所检察部门报送并续报检察纠正情况。

第四十九条　被监督单位对人民检察院的纠正违法意见书面提出异议的，人民检察院应当复议。被监督单位对于复议结论仍然提出异议的，由上一级人民检察院复核。

第五十条　发现刑罚执行活动中存在执法不规范等可能导致执法不公和重大事故等苗头性、倾向性问题的，应当报经本院检察长批准，向有关单位提出检察建议。

第八章　其他规定

第五十一条　派驻检察人员每月派驻监狱检察时间不得少于十六个工作日，遇有突发事件时应当及时检察。

派驻检察人员应当将罪犯每日变动情况、开展检察工作情况和其他有关情况，全面、及时、准确地填入《监狱检察日志》。

第五十二条　派驻检察机构应当实行检务公开。对收监交付执行的罪犯，应当及时告知其权利和义务。

第五十三条　派驻检察人员在工作中，故意违反法律和有关规定，或者严重不负责任，造成严重后果的，应当追究法律责任、纪律责任。

第五十四条　人民检察院监狱检察工作实行"一志八表"的检察业务登记制度。"一志八表"是指《监狱检察日志》、《监外执行罪犯出监告知表》、《监狱提请减刑不当情况登记表》、《监狱提请假释情况登记表》、《监狱呈报暂予监外执行情况登记表》、《重大事故登记表》、《控告、举报和申诉登记表》、《检察纠正违法情况登记表》和《严重违法情况登记表》。

派驻检察机构登记"一志八表"，应当按照"微机联网、动态监督"的要求，实行办公自动化管理。

<h2 style="text-align:center">第九章　附　　则</h2>

第五十五条　本办法与《人民检察院监狱检察工作图示》配套使用。

第五十六条　本办法由最高人民检察院负责解释。

第五十七条　本办法自印发之日起施行。1994 年 11 月 25 日最高人民检察院监所检察厅印发的《监狱检察工作一志十一表（式样）》停止使用。

附件：《人民检察院监狱检察工作图示》和"一志八表"的印
　　　制式样

人民检察院监狱检察工作图示

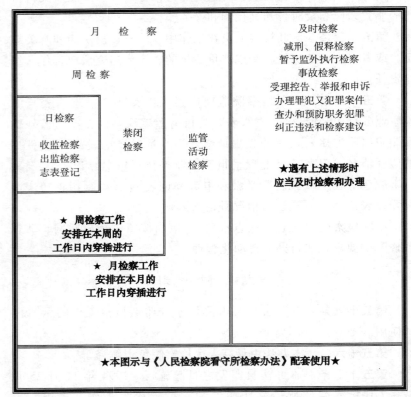

【最高人民检察院制发】
监狱检察日志

登记日期	年　　月　　日		派驻检察人员			
收监 出监 检察 情况	收监	人	出监	人	实有	人
其他检察工作情况						
备注						
登记单位						

监外执行罪犯出监告知表

被告知单位						
交付机关						
罪犯基本情况	姓　名		性　别		出生日期	年　月　日
	原判罪名				原判刑期	
	改判罪名		刑期截止日			
	变更执行种类					
	监督考察期限					
	出监时间					
	报到时间					
	居住地址					
告知内容						
备注						
填表单位						
填表人				填表日期	年　月　日	

监狱提请减刑不当情况登记表

提请单位				
罪犯基本情况	姓　名		出 生 日 期	年　月　日
	罪　名		入 监 时 间	
	原判刑期		刑期起止时间	
	改判刑期		刑期截止时间	
提请情况	法定条件			
	法定程序			
	列席会议			
检察意见				
监狱反馈意见				
备注				
填报单位				
填报人		填报日期	年　月　日	

此表向受理本案的人民法院的同级人民检察院报送

监狱提请假释情况登记表

提请单位					
罪犯基本情况	姓　名		出 生 日 期		年　月　日
	罪　名		入 监 时 间		
	原判刑期		刑期起止时间		
	改判刑期		刑期截止时间		
提请情况	法定条件				
	法定程序				
	列席会议				
检察意见					
监狱反馈意见					
备注					
填报单位					
填报人			填报日期		年　月　日

此表向受理本案的人民法院的同级人民检察院报送

监狱呈报暂予监外执行情况登记表

呈报单位					
罪犯基本情况	姓　名		出 生 日 期	年　月　日	
	罪　名		入 监 时 间		
	原判刑期		刑期起止时间		
	改判刑期		刑期截止时间		
提请情况	法定条件				
	法定程序				
	列席会议				
检察意见					
监狱反馈意见					
备注					
填报单位					
填 报 人			填报日期	年　月　日	

此表向省级人民检察院报送

重大事故登记表

发生重大事故的单位	
重大事故情况	
检察情况	
备　注	
填报单位	

填　报　人		填报日期	年　月　日

此表向上一级人民检察院报送和续报

控告、举报和申诉登记表

序　号	年第　　件	收件（接谈）时间	年　月　日
控告举 报申诉 人姓名		身　　份	
		联系方式	
控告 举报 申诉 内容			
处理 情况			
备　　注			
登记单位			
登　记　人		填报日期	年　月　日

检察纠正违法情况登记表

发生违法的单位	
违法情况	
提出纠正违法的时间	
检察纠正情况	
被监督单位反馈意见	
备注	
登记单位	
登记人	填报日期 年 月 日

注：对于严重违法情况，还应填报《严重违法情况登记表》

严重违法情况登记表

发生严重违法的单位	
严重违法情况	
提出纠正严重违法的时间	
检察纠正情况	
被监督单位反馈意见	
备　　注	
填报单位	
填　报　人		填报日期	年　月　日

此表向上一级人民检察院报送和续报

人民检察院看守所检察办法

(2008 年 2 月 22 日最高人民检察院
第十届检察委员会第九十四次会议通过
高检发监字〔2008〕1 号)

第一章 总 则

第一条 为规范看守所检察工作，根据《中华人民共和国刑事诉讼法》、《中华人民共和国看守所条例》等规定，结合看守所检察工作实际，制定本办法。

第二条 人民检察院看守所检察的任务是：保证国家法律法规在刑罚执行和监管活动中的正确实施，维护在押人员合法权益，维护看守所监管秩序稳定，保障刑事诉讼活动顺利进行。

第三条 人民检察院看守所检察的职责是：

（一）对看守所的监管活动是否合法实行监督；

（二）对在押犯罪嫌疑人、被告人羁押期限是否合法实行监督；

（三）对看守所代为执行刑罚的活动是否合法实行监督；

（四）对刑罚执行和监管活动中发生的职务犯罪案件进行侦查，开展职务犯罪预防工作；

（五）对公安机关侦查的留所服刑罪犯又犯罪案件，审查逮捕、审查起诉和出庭支持公诉，对公安机关的立案、侦查活动和人民法院的审判活动是否合法实行监督；

（六）受理在押人员及其法定代理人、近亲属的控告、举报和申诉；

（七）其他依法应当行使的监督职责。

第四条 人民检察院在看守所检察工作中，应当依法独立行使检察权，以事实为根据、以法律为准绳。

看守所检察人员履行法律监督职责，应当严格遵守法律，恪守检察职业道德，忠于职守，清正廉洁；应当坚持原则，讲究方法，注重实效。

第二章　收押、出所检察

第一节　收押检察

第五条　收押检察的内容：

（一）看守所对犯罪嫌疑人、被告人和罪犯的收押管理活动是否符合有关法律规定。

（二）看守所收押犯罪嫌疑人、被告人和罪犯有无相关凭证：

1. 收押犯罪嫌疑人、被告人，是否具备县级以上公安机关、国家安全机关签发的刑事拘留证、逮捕证；

2. 临时收押异地犯罪嫌疑人、被告人和罪犯，是否具备县级以上人民法院、人民检察院、公安机关、国家安全机关或者监狱签发的通缉、追捕、押解、寄押等法律文书；

3. 收押剩余刑期在一年以下的有期徒刑罪犯、判决确定前未被羁押的罪犯，是否具备人民检察院的起诉书副本、人民法院的判决（裁定）书、执行通知书、结案登记表；

4. 收押被决定收监执行的罪犯，是否具备撤销假释裁定书、撤销缓刑裁定书或者撤销暂予监外执行的收监执行决定书。

（三）看守所是否收押了依法不应当收押的人员。

第六条　收押检察的方法：

（一）审查收押凭证；

（二）现场检察收押活动。

第七条　发现看守所在收押管理活动中有下列情形的，应当及时提出纠正意见：

（一）没有收押凭证或者收押凭证不齐全而收押的；

（二）被收押人员与收押凭证不符的；

（三）应当收押而拒绝收押的；

（四）收押除特殊情形外的怀孕或者正在哺乳自己婴儿的妇女的；

（五）收押除特殊情形外的患有急性传染病或者其他严重疾病的人员的；

（六）收押法律规定不负刑事责任的人员的；

（七）收押时未告知被收押人员权利、义务以及应当遵守的有关规定的；

（八）其他违反收押规定的。

第八条　收押检察应当逐人建立《在押人员情况检察台账》。

第二节　出所检察

第九条　出所检察的内容：

（一）看守所对在押人员的出所管理活动是否符合有关法律规定。

（二）在押人员出所有无相关凭证：

1. 被释放的犯罪嫌疑人、被告人或者罪犯，是否具备释放证明书；

2. 被释放的管制、缓刑、独立适用附加刑的罪犯，是否具备人民法院的判决书、执行通知书；

3. 假释罪犯，是否具备假释裁定书、执行通知书、假释证明书；

4. 暂予监外执行罪犯，是否具备暂予监外执行裁定书或者决定书；

5. 交付监狱执行的罪犯，是否具备生效的刑事判决（裁定）书和执行通知书；

6. 交付劳教所执行的劳教人员，是否具备劳动教养决定书和劳动教养通知书；

7. 提押、押解或者转押出所的在押人员，是否具备相关凭证。

第十条　出所检察的方法：

（一）查阅出所人员出所登记和出所凭证；

（二）与出所人员进行个别谈话，了解情况。

第十一条 发现看守所在出所管理活动中有下列情形的，应当及时提出纠正意见：

（一）出所人员没有出所凭证或者出所凭证不齐全的；

（二）出所人员与出所凭证不符的；

（三）应当释放而没有释放或者不应当释放而释放的；

（四）没有看守所民警或者办案人员提押、押解或者转押在押人员出所的；

（五）判处死刑缓期二年执行、无期徒刑、剩余刑期在一年以上有期徒刑罪犯或者被决定劳动教养人员，没有在一个月内交付执行的；

（六）对判处管制、宣告缓刑、裁定假释、独立适用剥夺政治权利、决定或者批准暂予监外执行罪犯，没有及时交付执行的；

（七）没有向刑满释放人员居住地公安机关送达释放通知书的；

（八）其他违反出所规定的。

第十二条 监狱违反规定拒收看守所交付执行罪犯的，驻所检察室应当及时报经本院检察长批准，建议监狱所在地人民检察院监所检察部门向监狱提出纠正意见。

第十三条 被判处管制、宣告缓刑、裁定假释、决定或者批准暂予监外执行的罪犯，独立适用剥夺政治权利或者刑满释放仍需执行附加剥夺政治权利的罪犯出所时，驻所检察室应当填写《监外执行罪犯出所告知表》，寄送执行地人民检察院监所检察部门。

第三章　羁押期限检察

第十四条 羁押期限检察的内容：

（一）看守所执行办案换押制度是否严格，应当换押的是否及时督促办案机关换押；

（二）看守所是否在犯罪嫌疑人、被告人的羁押期限届满前七日，向办案机关发出羁押期限即将届满通知书；

（三）看守所是否在犯罪嫌疑人、被告人被超期羁押后，立即向人民检察院发出超期羁押报告书并抄送办案机关。

第十五条 羁押期限检察的方法：

（一）查阅看守所登记和换押手续，逐一核对在押人员诉讼环节及其羁押期限，及时记录诉讼环节及其羁押期限变更情况；

（二）驻所检察室应当与看守所信息联网，对羁押期限实行动态监督；

（三）提示看守所及时履行羁押期限预警职责；

（四）对检察机关立案侦查的职务犯罪案件，在犯罪嫌疑人羁押期限届满前七日，监所检察部门应当向本院办案部门发出《犯罪嫌疑人羁押期限即将届满提示函》。

第十六条 纠正超期羁押的程序：

（一）发现看守所没有报告超期羁押的，立即向看守所提出纠正意见；

（二）发现同级办案机关超期羁押的，立即报经本院检察长批准，向办案机关发出纠正违法通知书；

（三）发现上级办案机关超期羁押的，及时层报上级办案机关的同级人民检察院；

（四）发出纠正违法通知书后五日内，办案机关未回复意见或者仍然超期羁押的，报告上一级人民检察院处理。

第四章 监管活动检察

第一节 事故检察

第十七条 事故检察的内容：

（一）在押人员脱逃；

（二）在押人员破坏监管秩序；

（三）在押人员群体病疫；

（四）在押人员伤残；

（五）在押人员非正常死亡；

（六）其他事故。

第十八条 事故检察的方法：

（一）驻所检察室接到看守所关于在押人员脱逃、破坏监管秩序、群体病疫、伤残、死亡等事故报告，应当立即派员赴现场了解情况，并及时报告本院检察长；

（二）认为可能存在违法犯罪问题的，派驻检察人员应当深入事故现场，调查取证；

（三）驻所检察室与看守所共同剖析事故原因，研究对策，完善监管措施。

第十九条 在押人员因病死亡，其家属对看守所提供的医疗鉴定有疑义向人民检察院提出的，人民检察院监所检察部门应当受理。经审查认为医疗鉴定有错误的，可以重新对死亡原因作出鉴定。

在押人员非正常死亡的，人民检察院接到看守所通知后，原则上应当在二十四小时内对尸体进行检验，对死亡原因进行鉴定，并根据鉴定结论依法及时处理。

第二十条 对于看守所发生的重大事故，驻所检察室应当及时填写《重大事故登记表》，报送上一级人民检察院，同时对看守所是否存在执法过错责任进行检察。

看守所发生重大事故的，上一级人民检察院应当检查驻所检察室是否存在不履行或者不认真履行监督职责的问题。

第二节 教育管理活动检察

第二十一条 教育管理活动检察的内容：

（一）看守所的教育管理活动是否符合有关规定；

（二）在押人员的合法权益是否得到保障。

第二十二条 教育管理活动检察的方法：

（一）对监区、监室、提讯室、会见室进行实地检察和巡视检察；

（二）查阅在押人员登记名册、伙食账簿、会见登记和会见手续；

（三）向在押人员及其亲属和监管民警了解情况，听取意见；

（四）在法定节日、重大活动之前或者期间，督促看守所进行安全防范和生活卫生检查。

第二十三条 发现看守所在教育管理活动中有下列情形的，应当及时提出纠正意见：

（一）监管民警体罚、虐待或者变相体罚、虐待在押人员的；

（二）监管民警为在押人员通风报信、私自传递信件物品、伪造立功材料的；

（三）没有按照规定对在押人员进行分别羁押的；

（四）监管民警违法使用警械具或者使用非法定械具的；

（五）违反规定对在押人员适用禁闭措施的；

（六）没有按照规定安排办案人员提讯的；

（七）没有按照规定安排律师及在押人员家属与在押人员会见的；

（八）没有及时治疗伤病在押人员的；

（九）没有执行在押人员生活标准规定的；

（十）没有按照规定安排在押人员劳动，存在在押人员超时间、超体力劳动情况的；

（十一）其他违反教育管理规定的。

第二十四条 驻所检察室应当与看守所建立联席会议制度，及时了解看守所发生的重大情况，共同分析监管执法和检察监督中存在的问题，研究改进工作的措施。联席会议每半年召开一次，必要时可以随时召开。

第二十五条 驻所检察室应当协助看守所对在押人员进行经常性的法制宣传教育。

驻所检察人员应当每周至少选择一名在押人员进行个别谈话，并及时与要求约见的在押人员谈话，听取情况反映，提供法律咨询，接收递交的材料等。

第五章　执行刑罚活动检察

第一节　留所服刑检察

第二十六条 留所服刑检察的内容：

（一）看守所办理罪犯留所服刑是否符合有关规定；

（二）对剩余刑期在一年以上罪犯留所服刑的，是否按照规定履行批准手续；

（三）看守所是否将未成年犯或者被决定劳教人员留所执行；

（四）看守所是否将留所服刑罪犯与其他在押人员分别关押。

第二十七条　留所服刑检察的方法：

（一）审查看守所《呈报留所服刑罪犯审批表》及相关材料；

（二）向有关人员了解留所服刑罪犯的表现情况；

（三）对留所服刑人员的监室实行巡视检察。

第二十八条　发现看守所办理罪犯留所服刑活动有下列情形的，应当及时提出纠正意见：

（一）对剩余刑期在一年以上罪犯留所服刑，看守所没有履行报批手续或者手续不齐全的；

（二）将未成年犯和劳教人员留所执行的；

（三）将留所服刑罪犯与其他在押人员混管混押的；

（四）其他违反留所服刑规定的。

第二节　减刑、假释、暂予监外执行检察

第二十九条　对看守所提请或者呈报减刑、假释、暂予监外执行活动检察的内容：

（一）提请或者呈报减刑、假释、暂予监外执行的罪犯，是否符合法律规定条件；

（二）提请或者呈报减刑、假释、暂予监外执行的程序是否符合法律和有关规定；

（三）对依法应当减刑、假释、暂予监外执行的罪犯，看守所是否提请或者呈报减刑、假释、暂予监外执行。

第三十条　对看守所提请或者呈报减刑、假释、暂予监外执行活动检察的方法：

（一）查阅被提请减刑、假释罪犯的案卷材料；

（二）审查被呈报暂予监外执行罪犯的病残鉴定和病历资料；

（三）列席看守所审核拟提请或者呈报罪犯减刑、假释、暂予

监外执行的会议；

（四）向有关人员了解被提请或者呈报减刑、假释、暂予监外执行罪犯的表现等情况。

第三十一条 对于看守所提请或者呈报减刑、假释、暂予监外执行活动的检察情况，驻所检察室应当记入《看守所办理减刑、假释、暂予监外执行情况登记表》。

第三十二条 本办法对看守所提请或者呈报减刑、假释、暂予监外执行检察的未尽事项，参照《人民检察院监狱检察办法》第三章刑罚变更执行检察的有关规定执行。

第六章 办理罪犯又犯罪案件

第三十三条 人民检察院监所检察部门负责公安机关侦查的留所服刑罪犯又犯罪案件的审查逮捕、审查起诉和出庭支持公诉，以及立案监督、侦查监督和审判监督等工作。

第三十四条 发现留所服刑罪犯在判决宣告前还有其他罪行没有判决的，应当分别情形作出处理：

（一）适宜于服刑地人民法院审理的，依照本办法第三十三条的规定办理；

（二）适宜于原审地或者犯罪地人民法院审理的，转交当地人民检察院办理；

（三）属于职务犯罪的，交由原提起公诉的人民检察院办理。

第三十五条 犯罪嫌疑人、被告人羁押期间的犯罪案件，由原办案机关处理。驻所检察室发现公安机关应当立案而没有立案的，应当告知本院侦查监督部门。

第七章 受理控告、举报和申诉

第三十六条 驻所检察室应当受理在押人员及其法定代理人、近亲属向检察机关提出的控告、举报和申诉，根据在押人员反映的情况，及时审查处理，并填写《控告、举报和申诉登记表》。

第三十七条 驻所检察室应当在看守所内设立检察官信箱，及时接收在押人员控告、举报和申诉材料。

第三十八条 驻所检察室对在押人员向检察机关提交的自首、检举和揭发犯罪线索等材料，依照本办法第三十六条的规定办理，并检察兑现政策情况。

第三十九条 驻所检察室办理控告、举报案件，对控告人或者举报人要求回复处理结果的，应当将调查核实情况反馈控告人、举报人。

第四十条 驻所检察室受理犯罪嫌疑人、被告人及其法定代理人、近亲属有关羁押期限的申诉，应当认真进行核实，并将结果及时反馈申诉人。

第四十一条 人民检察院监所检察部门审查留所服刑罪犯的刑事申诉，认为原判决或者裁定正确、申诉理由不成立的，应当将审查结果答复申诉人并做好息诉工作；认为原判决、裁定有错误可能，需要立案复查的，应当移送刑事申诉检察部门办理。

第八章 纠正违法和检察建议

第四十二条 纠正违法的程序：

（一）驻所检察人员发现轻微违法情况，可以当场提出口头纠正意见，并及时向驻所检察室负责人报告，填写《检察纠正违法情况登记表》；

（二）驻所检察室发现严重违法情况，或者在提出口头纠正意见后被监督单位七日内未予纠正且不说明理由的，应当报经本院检察长批准，及时发出《纠正违法通知书》；

（三）人民检察院发出《纠正违法通知书》后十五日内，被监督单位仍未纠正或者回复意见的，应当及时向上一级人民检察院报告。

对严重违法情况，驻所检察室应当填写《严重违法情况登记表》，向上一级人民检察院监所检察部门报送并续报检察纠正情况。

第四十三条 被监督单位对人民检察院的纠正违法意见书面提

出异议的，人民检察院应当复议。被监督单位对于复议结论仍然提出异议的，由上一级人民检察院复核。

第四十四条 发现刑罚执行和监管活动中存在执法不规范等可能导致执法不公和重大事故等苗头性、倾向性问题的，应当报经本院检察长批准，向有关单位提出检察建议。

第九章 其他规定

第四十五条 派驻检察人员每月派驻看守所检察时间不得少于十六个工作日，遇有突发事件时应当及时检察。

派驻检察人员应当将在押人员每日变动情况、开展检察工作情况和其他有关情况，全面、及时、准确地填入《看守所检察日志》。

第四十六条 驻所检察室实行检务公开制度。对新收押人员，应当及时告知其权利和义务。

第四十七条 派驻检察人员在工作中，故意违反法律和有关规定，或者严重不负责任，造成严重后果的，应当追究法律责任、纪律责任。

第四十八条 人民检察院看守所检察工作实行"一志一账六表"的检察业务登记制度。"一志一账六表"是指《看守所检察日志》、《在押人员情况检察台账》、《监外执行罪犯出所告知表》、《看守所办理减刑、假释、暂予监外执行情况登记表》、《重大事故登记表》、《控告、举报和申诉登记表》、《检察纠正违法情况登记表》和《严重违法情况登记表》。

驻所检察机构登记"一志一账六表"，应当按照"微机联网、动态监督"的要求，实行办公自动化管理。

第十章 附 则

第四十九条 本办法与《人民检察院看守所检察工作图示》配套使用。

第五十条 本办法由最高人民检察院负责解释。

第五十一条 本办法自印发之日起施行。1990 年 5 月 11 日最高人民检察院监所检察厅《关于统一使用看守所检察业务登记表的通知》中看守所检察业务登记"一志八表"停止使用。

附件：《人民检察院看守所检察工作图示》和"一志一账六表"的印制式样。

人民检察院看守所检察工作图示

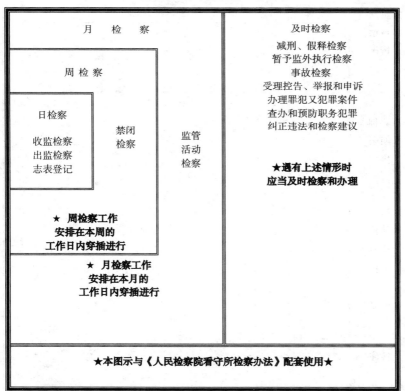

【最高人民检察院制发】
看守所检察日志

登记日期	年　月　日		驻所检察人员			
收押 出所 检察 情况	收押	人	出所	人	实有	人
	留所服刑		人			
羁押 期限 检察 情况						
其他 检察 工作 情况 记录						
备注						
登记 单位						

在押人员情况检察台账

在押人员	羁押场所						
	姓　名		性　别		出生日期	年　月　日	
	案　由				入所时间		
羁押期限情况							
所内主要表现情况							
备注							
登记单位				登记人			

监外执行罪犯出所告知表

被告知单位					
交付执行机关外执行罪犯					
罪犯基本情况	姓　名		性　别		出生日期　年　月　日
	原 判 罪 名			原 判 刑 期	
	改 判 罪 名			刑期截止时间	
	变更执行种类				
	监督考察期限				
	出 所 时 间				
	报 到 时 间				
	居 住 地 址				
告知内容					
备注					
填表单位					
填表人				填表日期　年　月　日	

看守所办理减刑、假释、暂予监外执行情况登记表

办理单位					
罪犯基本情况	刑罚变更执行种类				
	姓　　名		出 生 日 期	年　月　日	
	罪　　名		入 所 时 间		
	原判刑期		刑期起止时间		
	改判刑期		刑期截止时间		
提请情况	法定条件				
	法定程序				
	列席会议				
裁定情况	裁定单位				
	裁定结果				
向何机关提请、呈报审批					
检察意见					
备注					
填报单位					
填报人		填报日期	年　月　日		

此表向受理本案的审批机关的同级人民检察院报送

重大事故登记表

发生重大事故的单位	
重 大 事 故 情 况	
检 察 情 况	
备注	
填报单位	
填报人	填报日期　　年　月　日

此表向上一级人民检察院报送和续报

控告、举报和申诉登记表

序号	年第　件	收件（接谈）时间	年　月　日
控告举报申诉人姓名		身　份	
		联系方式	
控告举报申诉内容			
处理情况			
备注			
登记单位			
登记人		登记日期	年　月　日

检察纠正违法情况登记表

发生违法的单位	
违法情况	
提出纠正违法的时间	
检察纠正情况	
被监督单位反馈意见	
备注	
登记单位	
登记人	登记日期　年　月　日

注：对于严重违法情况，还应填报《严重违法情况登记表》

严重违法情况登记表

发生严重违法的单位	
严重违法情况	
提出纠正严重违法的时间	
检察纠正情况	
被监督单位反馈意见	
备注	
填报单位	
填报人	填报日期　　年　月　日

此表向上一级人民检察院报送和续报

人民检察院劳教检察办法

（2008 年 2 月 22 日最高人民检察院
第十届检察委员会第九十四次会议通过
高检发监字〔2008〕1 号）

第一章　总　　则

第一条　为规范劳教检察工作，根据全国人民代表大会常务委员会批准的《国务院关于劳动教养问题的决定》、《国务院关于劳动教养的补充规定》的规定，结合劳教检察工作实际，制定本办法。

第二条　人民检察院劳教检察的任务是：保证国家法律法规在劳动教养活动中的正确实施，维护劳教人员合法权益，维护劳教场所监管秩序稳定，保障惩治和矫正劳教人员工作的顺利进行。

第三条　人民检察院劳教检察的职责是：

（一）对劳教所执行劳教决定和监管活动是否合法实行监督；

（二）对劳教所呈报和劳教管理机关批准延期、减期、提前解教、所外执行、所外就医活动是否合法实行监督；

（三）对劳教执行和监管活动中发生的职务犯罪案件进行侦查，开展职务犯罪预防工作；

（四）对公安机关侦查的劳教人员犯罪案件审查逮捕、审查起诉和出庭支持公诉；对公安机关的立案、侦查活动和人民法院的审判活动是否合法实行监督；

（五）受理劳教人员及其法定代理人、近亲属的控告、举报和申诉；

（六）其他依法应当行使的监督职责。

第四条　人民检察院在劳教检察工作中，应当坚持依法独立行使检察权，坚持以事实为根据、以法律为准绳。

劳教检察人员履行法律监督职责，应当严格遵守法律，恪守检察职业道德，忠于职守，清正廉洁；应当坚持原则，讲究方法，注重实效。

第二章　入所、出所检察

第一节　入所检察

第五条　入所检察的内容：

（一）劳教所对被决定劳教人员的收容管理活动是否符合有关规定。

（二）劳教所收容劳教人员有无相关凭证：

1. 新收容劳教人员，是否具备劳动教养决定书和劳动教养通知书；

2. 被收回所内执行剩余劳教期的劳教人员，是否具备批准手续；

3. 从其他劳教所调入的劳教人员，是否具备审批手续。

（三）劳教所是否收容了不应当收容的人员。

第六条　入所检察的方法：

（一）劳教人员个别入所的，实行逐人检察；

（二）劳教人员集体入所的，实行重点检察；

（三）对新收劳教人员大队，实行巡视检察。

第七条　发现劳教所在收容管理活动中有下列情形的，应当及时提出纠正意见：

（一）没有入所凭证或者入所凭证不齐全的；

（二）收容劳教人员与入所凭证不符的；

（三）应当收容而拒绝收容的；

（四）收容怀孕的妇女、正在哺乳自己未满一周岁婴儿的妇女或者丧失劳动能力的人的；

（五）收容除法律、法规有特殊规定外的精神病人、呆傻人、盲、聋、哑人，严重病患者的；

（六）劳教人员入所后未按时通知其家属的；

（七）其他违反收容规定的。

第八条 派驻检察机构发现入所人员不符合劳动教养条件或者需要依法追究刑事责任的，应当在发现后三日内，报经本院检察长批准，将有关材料转交劳教审批地人民检察院监所检察部门办理。

劳教审批地人民检察院监所检察部门收到相关材料后，应当在十五日内进行核查，并将核查情况和处理意见反馈劳教执行地人民检察院监所检察部门。

第二节　出所检察

第九条 出所检察的内容：

（一）劳教所对解除劳教和劳教人员出所管理活动是否符合有关规定。

（二）劳教人员出所有无相关凭证：

1. 解除劳教人员，是否具备解除劳动教养证明书、劳教审批机关撤销原劳教决定书、人民法院撤销原劳教决定的判决书；

2. 所外执行人员，是否具备所外执行劳教呈批表、所外执行劳教证明；

3. 所外就医人员，是否具备劳教人员所外就医呈批表、劳教人员所外就医证明；

4. 离所人员，是否具备拘留证、逮捕证、调离转所审批手续或者因办案需要临时离所批准手续；

5. 放假、准假人员，是否具备劳教人员放假、准假呈批表、劳教人员准假证明。

第十条 出所检察的方法：

（一）查阅出所人员的出所登记和出所凭证；

（二）与出所人员进行个别谈话，了解情况。

第十一条 发现劳教所在出所管理活动中有下列情形的，应当及时提出纠正意见：

（一）出所人员没有出所凭证或者出所凭证不齐全的；

（二）出所人员与出所凭证不符的；

（三）到期不及时办理解教手续或者无故扣押解教证明的；

（四）被刑事拘留、逮捕或者因办案需要临时离所以及调离转所人员，没有劳教所民警或者办案人员押解的；

（五）没有向解教人员居住地公安机关送达解除劳动教养通知书的；

（六）没有向所外执行、所外就医人员居住地公安机关送达有关法律文书的；

（七）其他违反出所规定的。

第三章　劳教变更执行检察

第十二条　对劳教所呈报劳教变更执行活动检察的内容：

（一）呈报延期、减期、提前解教、所外执行、所外就医的劳教人员，是否符合规定条件；

（二）呈报延期、减期、提前解教、所外执行、所外就医的程序，是否符合有关规定；

（三）对应当延期、减期、提前解教、所外执行、所外就医的劳教人员，劳教所是否呈报延期、减期、提前解教、所外执行、所外就医。

第十三条　对劳教所呈报劳教变更执行活动检察的方法：

（一）查阅被呈报延期、减期、提前解教、所外执行、所外就医劳教人员的案卷材料；

（二）查阅劳教人员所在中队办公会记录、计分考核原始凭证、劳教人员病历资料、医院诊断证明以及劳教所的审查意见；

（三）列席劳教所研究呈报延期、减期、提前解教、所外执行、所外就医的会议；

（四）向有关人员了解被呈报延期、减期、提前解教、所外执行、所外就医劳教人员的表现等情况。

第十四条　发现劳教所在呈报劳教变更执行活动中有下列情形的，应当及时提出纠正意见：

（一）对劳教期间表现不好或者有重新违法犯罪可能的劳教人

员，呈报减期、提前解教、所外执行的；

（二）对多次流窜作案被劳教的人员呈报提前解教、所外执行的；

（三）对因吸毒被劳教尚未戒除毒瘾的人员呈报提前解教、所外执行的；

（四）对患有性病未治愈的劳教人员呈报提前解教、所外执行的；

（五）呈报所外就医人员没有劳教所医院或者指定地方县级以上医院出具的证明，或者没有家属提出书面申请或者担保的；

（六）其他违反呈报减期、提前解教、所外执行、所外就医规定的。

第十五条　派驻检察机构收到劳教所移送的呈报延期、减期、提前解教材料的，应当及时审查并签署意见。认为呈报延期、减期、提前解教不当的，应当提出纠正意见，填写《劳教所办理延期、减期、提前解教不当情况登记表》。所提纠正意见未被采纳的，可以报经本院检察长批准，向受理本案的劳教管理机关的同级人民检察院报送。

第十六条　派驻检察机构收到劳教所移送的呈报所外执行、所外就医材料的，应当及时审查并签署意见。认为呈报所外执行、所外就医不当的，应当提出纠正意见。

派驻检察机构应当将审查情况填入《劳教所办理所外执行、所外就医情况登记表》，报送受理本案的劳教管理机关的同级人民检察院监所检察部门。

第十七条　派驻检察机构发现延期、减期、提前解教、所外执行、所外就医的决定不当的，报经本院检察长批准，应当立即向作出批准决定的劳教管理机关的同级人民检察院监所检察部门报告。

人民检察院监所检察部门收到派驻检察机构的报告后，应当及时审查。认为延期、减期、提前解教、所外执行、所外就医不当的，应当向劳教管理机关提出书面纠正意见。

第四章　监管活动检察

第一节　禁闭检察

第十八条　禁闭检察的内容：

（一）适用禁闭是否符合规定条件；

（二）适用禁闭的程序是否符合有关规定；

（三）执行禁闭是否符合有关规定。

第十九条　禁闭检察的方法：

（一）对禁闭室进行现场检察；

（二）查阅禁闭登记和审批手续；

（三）听取被禁闭人和有关人员的意见。

第二十条　发现劳教所在适用禁闭活动中有下列情形的，应当及时提出纠正意见：

（一）对劳教人员适用禁闭不符合规定条件的；

（二）禁闭的审批手续不完备的；

（三）超期限禁闭的；

（四）使用戒具不符合有关规定的；

（五）其他违反禁闭规定的。

第二节　事故检察

第二十一条　事故检察的内容：

（一）劳教人员逃跑；

（二）劳教人员破坏监管秩序；

（三）劳教人员群体病疫；

（四）劳教人员伤残；

（五）劳教人员非正常死亡；

（六）其他事故。

第二十二条　事故检察的方法：

（一）派驻检察机构接到劳教所关于劳教人员逃跑、破坏监管秩序、群体病疫、伤残、死亡等事故报告，应当立即派员赴现场了解情况，并及时报告本院检察长；

（二）认为可能存在违法犯罪问题的，派驻检察人员应当深入事故现场，调查取证；

（三）派驻检察机构与劳教所共同剖析事故原因，研究对策，完善监管措施。

第二十三条 劳教人员在所内因病死亡，其家属对劳教所提供的医疗鉴定有疑义向人民检察院提出的，人民检察院监所检察部门应当受理。经审查认为医疗鉴定有错误的，可以重新对死亡原因作出鉴定。

劳教人员非正常死亡的，人民检察院接到劳教所通知后，原则上应当在二十四小时内对尸体进行检验，对死亡原因进行鉴定，并根据鉴定结论依法及时处理。

第二十四条 对于劳教所发生的重大事故，派驻检察机构应当及时填写《重大事故登记表》，报送上一级人民检察院，同时对劳教所是否存在执法过错责任进行检察。

辖区内劳教所发生重大事故的，省级人民检察院应当检查派驻检察机构是否存在不履行或者不认真履行监督职责的问题。

第三节 教育管理活动检察

第二十五条 教育管理活动检察的内容：

（一）劳教所的教育管理活动是否符合有关规定；

（二）劳教人员的合法权益是否得到保障。

第二十六条 教育管理活动检察的方法：

（一）对劳教人员生活、学习、劳动现场和会见室进行实地检察和巡视检察；

（二）查阅劳教人员登记名册、伙食账簿、劳动记录、会见登记和会见手续；

（三）向劳教人员及其亲属和监管民警了解情况，听取意见；

（四）在法定节日、重大活动之前或者期间，督促劳教所进行安全防范和生活卫生检查。

第二十七条 发现劳教所在教育管理活动中有下列情形的，应当及时提出纠正意见：

（一）监管民警体罚、虐待或者变相体罚、虐待劳教人员的；

（二）没有按照规定对劳教人员实行分类编队、分级管理的；

（三）监管民警没有对劳教人员实行直接管理的；

（四）监管民警违法使用警械、戒具的；

（五）没有按照规定安排劳教人员与其亲属会见的；

（六）没有及时治疗伤病劳教人员的；

（七）没有执行劳教人员生活标准规定的；

（八）没有按照规定时间安排劳教人员劳动，存在劳教人员超时间、超体力劳动情况的；

（九）其他违反教育管理规定的。

第二十八条 派驻检察机构应当与劳教所建立联席会议制度，及时了解劳教所发生的重大情况，共同分析监管执法和检察监督中存在的问题，研究改进工作的措施。联席会议每半年召开一次，必要时可以随时召开。

第二十九条 派驻检察机构每半年协助劳教所对劳教人员进行一次集体法制宣传教育。

派驻检察人员应当每周至少选择一名劳教人员进行个别谈话，并及时与要求约见的劳教人员谈话，听取情况反映，提供法律咨询，接收递交的材料等。

第五章 办理劳教人员犯罪案件

第三十条 人民检察院监所检察部门负责公安机关侦查的劳教人员犯罪案件的审查逮捕、审查起诉和出庭支持公诉，以及立案监督、侦查监督和审判监督等工作。

第三十一条 发现劳教人员有未被追究刑事责任的犯罪事实的，应当分别情形作出处理：

（一）适宜于劳教执行地人民法院审理的，依照本办法第三十条的规定办理；

（二）适宜于原审批地或者犯罪地人民法院审理的，转交当地人民检察院办理。

第六章 受理控告、举报和申诉

第三十二条 派驻检察机构应当受理劳教人员及其法定代理人、近亲属向检察机关提出的控告、举报和申诉，根据劳教人员反映的情况，及时审查处理，并填写《控告、举报和申诉登记表》。

第三十三条 派驻检察机构应当在劳教所内设立检察官信箱，接收劳教人员控告、举报和申诉材料。信箱应当每周开启。

派驻检察人员应当每月定期接待劳教人员近亲属、监护人来访，受理控告、举报和申诉，提供法律咨询。

第三十四条 派驻检察机构对劳教人员向检察机关提交的自首、检举和揭发犯罪线索等材料，依照本办法第三十二条的规定办理，并检察兑现政策情况。

第三十五条 派驻检察机构办理控告、举报案件，对控告人、举报人要求回复处理结果的，应当将调查核实情况反馈控告人、举报人。

第三十六条 人民检察院监所检察部门审查不服劳教决定的申诉，认为原决定正确、申诉理由不成立的，应当将审查结果答复申诉人并作好息诉工作；认为原决定有错误可能，需要复查的，应当移送原劳教审批地的人民检察院监所检察部门办理。

第七章 纠正违法和检察建议

第三十七条 纠正违法的程序：

（一）派驻检察人员发现轻微违法情况，可以当场提出口头纠正意见，并及时向派驻检察机构负责人报告，填写《检察纠正违法情况登记表》；

（二）派驻检察机构发现严重违法情况，或者在提出口头纠正意见后被监督单位七日内未予纠正且不说明理由的，应当报经本院检察长批准，及时发出《纠正违法通知书》；

（三）人民检察院发出《纠正违法通知书》后十五日内，被监督单位仍未纠正或者回复意见的，应当及时向上一级人民检察院报告。

对严重违法情况，派驻检察机构应当填写《严重违法情况登记表》，向上一级人民检察院监所检察部门报送并续报检察纠正情况。

第三十八条 被监督单位对人民检察院的纠正违法意见书面提出异议的，人民检察院应当复议。被监督单位对于复议结论仍然提出异议的，由上一级人民检察院复核。

第三十九条 检察发现劳教执行和监管活动中存在执法不规范等可能导致执法不公和重大事故等苗头性、倾向性问题的，应当报经本院检察长批准，向有关单位提出检察建议。

第八章 其他规定

第四十条 派驻检察人员每月派驻劳教所检察时间不得少于十六个工作日，遇有突发事件时应当及时检察。

派驻检察人员应当将劳教人员每日变动情况、开展检察工作情况和其他有关情况，全面、及时、准确地填入《劳教检察日志》。

第四十一条 驻所检察机构实行检务公开制度。对新收容劳教人员，应当及时告知其权利和义务。

第四十二条 派驻检察人员在工作中，故意违反法律和有关规定，或者严重不负责任，造成严重后果的，应当追究法律责任、纪律责任。

第四十三条 人民检察院劳教检察工作实行"一志六表"的检察业务登记制度。"一志六表"是指《劳教检察日志》、《劳教所办理延期、减期、提前解教不当情况登记表》、《劳教所办理所外执行、所外就医情况登记表》、《重大事故登记表》、《控告、举报和申诉登记表》、《检察纠正违法情况登记表》和《严重违法情况登记表》。

派驻检察机构登记"一志六表"，应当按照"微机联网、动态监督"的要求，实行办公自动化管理。

第九章　附　　则

第四十四条　本办法与《人民检察院劳教检察工作图示》配套使用。

第四十五条　本办法由最高人民检察院负责解释。

第四十六条　本办法自印发之日起施行。1992 年 10 月 7 日最高人民检察院办公厅印发的《关于劳改、劳教检察工作实行经常化、制度化的意见》中劳教检察业务登记"一志十表"停止使用。

附件:《人民检察院劳教检察工作图示》和"一志六表"的印制式样

人民检察院劳教检察工作图示

月　检　察		监管活动检察	及时检察
周　检　察			劳教变更执行检察
日检察			事故检察
入所检察 出所检察 志表登记	禁闭检察		受理控告、举报和申诉
			办理劳教人员犯罪案件
★ 周检察工作 安排在本周的 工作日内穿插进行			查办和预防职务犯罪
			纠正违法和检察建议
★ 月检察工作 安排在本月的 工作日内穿插进行			★遇有上述情形时 应当及时检察和办理
本图示与《人民检察院劳教检察办法》配套使用★			

【最高人民检察院制发】
劳教检察日志

登记日期	年　　月　　日			派驻检察人员			
入所 出所 检察 情况	入所		人	出所		人	实有	人
其他检察工作情况								
备注								
登记单位								

劳教所办理延期、减期、提前解教不当情况登记表

呈报单位					
被呈报的劳教人员	呈报劳教变更执行种类				
	姓　名		出 生 日 期	年　月　日	
	罪错性质		入所时间		
	编队情况				
	劳教期限		出所时间		
呈报情况	规定条件				
	规定程序				
	列席会议				
检察意见					
备注					
填报单位					
填报人			填报日期	年　月　日	

此表向受理本案的劳教管理机关的同级人民检察院报送

劳教所办理所外执行、所外就医情况登记表

呈报单位				
被呈报的劳教人员	呈报劳教变更执行种类			
	姓　名		出生日期	年　月　日
	罪错性质		入所时间	
	编队情况			
	劳教期限		出所时间	
呈报情况	规定条件			
	规定程序			
	列席会议			
检察意见				
备注				
填报单位				
填报人			填报日期	年　月　日

此表向受理本案的劳教管理机关的同级人民检察院报送

重大事故登记表

发生重大事故的单位	
重大事故情况	
检察情况	
备注	
填报单位	
填报人		填报日期	年 月 日

此表向上一级人民检察院报送和续报

控告、举报和申诉登记表

序号	年第 件	收件（接谈）时间	年 月 日
控告举报申诉人姓名		身　份	
		联系方式	
控告举报申诉内容			
处理情况			
备注			
登记单位			
登记人		登记日期	年 月 日

检察纠正违法情况登记表

发生违法的单位	
违法情况	
提出纠正违法的时间	
检察纠正情况	
被监督单位反馈意见	
备注	
登记单位	
登记人	登记日期　　　年　月　日

注：对于严重违法情况，还应填报《严重违法情况登记表》

严重违法情况登记表

发生严重违法的单位	
严重违法情况	
提出纠正严重违法的时间	
检察纠正情况	
被监督单位反馈意见	
备注	
填报单位	
填报人	填报日期　　年　月　日

此表向上一级人民检察院报送和续报

人民检察院监外执行检察办法

(2008 年 2 月 22 日最高人民检察院
第十届检察委员会第九十四次会议通过
高检发监字〔2008〕1 号)

第一章 总 则

第一条 为规范监外执行检察工作，根据《中华人民共和国刑法》、《中华人民共和国刑事诉讼法》等法律规定，结合监外执行检察工作实际，制定本办法。

第二条 人民检察院监外执行检察的任务是：保证国家法律法规在刑罚执行活动中的正确实施，维护监外执行罪犯合法权益，维护社会和谐稳定。

第三条 人民检察院监外执行检察的职责是：

（一）对人民法院、监狱、看守所交付执行活动是否合法实行监督；

（二）对公安机关监督管理监外执行罪犯活动是否合法实行监督；

（三）对公安机关、人民法院、监狱、看守所变更执行活动是否合法实行监督；

（四）对监外执行活动中发生的职务犯罪案件进行侦查，开展职务犯罪预防工作；

（五）其他依法应当行使的监督职责。

第四条 人民检察院在监外执行检察工作中，应当坚持依法独立行使检察权，坚持以事实为根据、以法律为准绳。

检察人员履行法律监督职责，应当严格遵守法律，恪守检察职业道德，忠于职守，清正廉洁；应当坚持原则，讲究方法，注重实效。

第二章　交付执行检察

第五条　交付执行检察的内容：

（一）人民法院、监狱、看守所交付执行活动是否符合有关法律规定；

（二）人民法院、监狱、看守所交付执行的相关法律手续是否完备；

（三）人民法院、监狱、看守所交付执行是否及时。

第六条　交付执行检察的方法：

（一）监所检察部门收到本院公诉部门移送的人民法院判处管制、独立适用剥夺政治权利、宣告缓刑、决定暂予监外执行的法律文书后，应当认真审查并登记，掌握人民法院交付执行的情况；

（二）通过对人民检察院派驻监狱、看守所检察机构的《监外执行罪犯出监（所）告知表》内容进行登记，掌握监狱、看守所向执行地公安机关交付执行被裁定假释、批准暂予监外执行以及刑满释放仍需执行附加剥夺政治权利的罪犯情况；

（三）向执行地公安机关了解核查监外执行罪犯的有关法律文书送达以及监外执行罪犯报到等情况。

第七条　发现在交付执行活动中有下列情形的，应当及时提出纠正意见：

（一）人民法院、监狱、看守所没有向执行地公安机关送达监外执行罪犯有关法律文书或者送达的法律文书不齐全的；

（二）监狱没有派员将暂予监外执行罪犯押送至执行地公安机关的；

（三）人民法院、监狱、看守所没有将监外执行罪犯的有关法律文书抄送人民检察院的；

（四）人民法院、监狱、看守所因交付执行不及时等原因造成监外执行罪犯漏管的；

（五）其他违反交付执行规定的。

第八条 县、市、区人民检察院对辖区内的监外执行罪犯，应当逐一填写《罪犯监外执行情况检察台账》，并记录有关检察情况。

第三章 监管活动检察

第九条 监管活动检察的内容：

（一）公安机关监督管理监外执行罪犯活动是否符合有关法律规定；

（二）监外执行罪犯是否发生脱管现象；

（三）监外执行罪犯的合法权益是否得到保障。

第十条 监管活动检察的方法：

（一）查阅公安机关监外执行罪犯监督管理档案；

（二）向协助公安机关监督考察监外执行罪犯的单位和基层组织了解、核实有关情况；

（三）与监外执行罪犯及其亲属谈话，了解情况，听取意见。

第十一条 发现公安机关在监管活动中有下列情形的，应当及时提出纠正意见：

（一）没有建立监外执行罪犯监管档案和组织的；

（二）没有向监外执行罪犯告知应当遵守的各项规定的；

（三）监外执行罪犯迁居，迁出地公安机关没有移送监督考察档案，迁入地公安机关没有接续监管的；

（四）对监外执行罪犯违法或者重新犯罪，没有依法予以治安处罚或者追究刑事责任的；

（五）公安民警对监外执行罪犯有打骂体罚、侮辱人格等侵害合法权益行为的；

（六）公安机关没有及时向人民检察院通报对监外执行罪犯的监督管理情况的；

（七）其他违反监督管理规定的。

第十二条 人民检察院监所检察部门应当与公安机关、人民法院的有关部门建立联席会议制度，及时通报有关情况，分析交付执行、监督管理活动和检察监督中存在的问题，研究改进工作的措施。联席会议可每半年召开一次，必要时可以随时召开。

第四章　变更执行检察

第一节　收监执行检察

第十三条　收监执行检察的内容：

（一）公安机关撤销缓刑、假释的建议和对暂予监外执行罪犯的收监执行是否符合有关法律规定；

（二）人民法院撤销缓刑、假释裁定是否符合有关法律规定；

（三）监狱、看守所收监执行活动是否符合有关法律规定。

第十四条　收监执行检察的方法：

（一）查阅公安机关记录缓刑、假释、暂予监外执行罪犯违法违规情况的相关材料；

（二）向与缓刑、假释、暂予监外执行罪犯监管有关的单位、基层组织了解有关情况；

（三）必要时可以与违法违规的缓刑、假释、暂予监外执行罪犯谈话，了解情况。

第十五条　发现在收监执行活动中有下列情形的，应当及时提出纠正意见：

（一）公安机关对缓刑罪犯在考验期内违反法律、行政法规或者公安部门监督管理规定，情节严重，没有及时向人民法院提出撤销缓刑建议的；

（二）公安机关对假释罪犯在考验期内违反法律、行政法规或者公安部门监督管理规定，尚未构成新的犯罪，没有及时向人民法院提出撤销假释建议的；

（三）原作出缓刑、假释裁判的人民法院收到公安机关提出的撤销缓刑、假释的建议书后没有依法作出裁定的；

（四）公安机关对人民法院裁定撤销缓刑、假释的罪犯，没有及时送交监狱或者看守所收监执行的；

（五）公安机关对具有下列情形之一的暂予监外执行罪犯，没有及时通知监狱、看守所收监执行的：

1. 未经公安机关批准擅自外出，应当收监执行的；
2. 骗取保外就医的；
3. 以自伤、自残、欺骗等手段故意拖延保外就医时间的；
4. 办理保外就医后无故不就医的；
5. 违反监督管理规定经教育不改的；
6. 暂予监外执行条件消失且刑期未满的。

（六）监狱、看守所收到公安机关对暂予监外执行罪犯的收监执行通知后，没有及时收监执行的；

（七）不应当收监执行而收监执行的；

（八）其他违反收监执行规定的。

第二节　减刑检察

第十六条　减刑检察的内容：

（一）提请、裁定减刑罪犯是否符合法律规定条件；

（二）提请、裁定减刑的程序是否符合法律和有关规定；

（三）对依法应当减刑的罪犯是否提请、裁定减刑。

第十七条　减刑检察的方法：

（一）查阅被提请减刑罪犯的案卷材料；

（二）向有关人员了解被提请减刑罪犯的表现等情况；

（三）必要时向提请、裁定减刑的机关了解有关情况。

第十八条　本办法对管制、缓刑罪犯的减刑检察的未尽事项，参照《人民检察院监狱检察办法》第三章刑罚变更执行检察的有关规定执行。

第十九条　县、市、区人民检察院监所检察部门应当将提请、裁定减刑检察活动情况，填入《监外执行罪犯减刑情况登记表》。

第五章　终止执行检察

第二十条　终止执行检察的内容：

（一）终止执行的罪犯是否符合法律规定条件；

（二）终止执行的程序是否合法，是否具备相关手续。

第二十一条 终止执行检察的方法：

（一）查阅刑事判决（裁定）书等法律文书中所确定的监外执行罪犯的刑期、考验期；

（二）了解公安机关对终止执行罪犯的释放、解除等情况；

（三）与刑期、考验期届满的罪犯谈话，了解情况，听取意见。

第二十二条 发现在终止执行活动中有下列情形的，应当及时提出纠正意见：

（一）公安机关对执行期满的管制罪犯，没有按期宣布解除并发给《解除管制通知书》的；

（二）公安机关对执行期满的剥夺政治权利罪犯，没有按期向其本人和所在单位、居住地群众宣布恢复其政治权利的；

（三）公安机关对考验期满的缓刑、假释罪犯没有按期予以公开宣告的；

（四）公安机关对刑期届满的暂予监外执行罪犯没有通报监狱的；监狱对刑期届满的暂予监外执行罪犯没有办理释放手续的；

（五）公安机关对死亡的监外执行罪犯，没有及时向原判人民法院或者原关押监狱、看守所通报的；

（六）公安机关、人民法院、监狱、看守所对刑期、考验期限未满的罪犯提前释放、解除、宣告的；

（七）其他违反终止执行规定的。

第六章　纠正违法和检察建议

第二十三条 纠正违法的程序：

（一）监所检察人员发现轻微违法情况，可以当场提出口头纠正意见，并及时向监所检察部门负责人报告，填写《检察纠正违法情况登记表》；

（二）监所检察部门发现严重违法情况，或者在提出口头纠正意见后被监督单位七日内未予纠正且不说明理由的，应当报经本院检察长批准，及时发出《纠正违法通知书》；

（三）人民检察院发出《纠正违法通知书》后十五日内，被监督单位仍未纠正或者回复意见的，应当及时向上一级人民检察院报告。

对严重违法情况，监所检察部门应当填写《严重违法情况登记表》，向上一级人民检察院监所检察部门报送并续报检察纠正情况。

第二十四条　被监督单位对人民检察院的纠正违法意见书面提出异议的，人民检察院应当复议。被监督单位对于复议结论仍然提出异议的，由上一级人民检察院复核。

第二十五条　发现对于监外执行罪犯的交付执行、监督管理活动中存在执法不规范、管理不严格等可能导致执法不公等苗头性、倾向性问题的，应当报经本院检察长批准，向有关单位提出检察建议。

第七章　其他规定

第二十六条　人民检察院开展监外执行检察工作，可以采取定期与不定期检察，全面检察与重点检察，会同有关部门联合检查等方式进行。

县、市、区人民检察院在监外执行检察工作中，每半年至少开展一次全面检察。

第二十七条　检察人员在工作中，故意违反法律和有关规定，或者严重不负责任，造成严重后果的，应当追究法律责任、纪律责任。

第二十八条　人民检察院监外执行检察工作实行"一账三表"的检察业务登记制度。"一账三表"是指《罪犯监外执行情况检察台账》、《检察纠正违法情况登记表》、《严重违法情况登记表》、《监外执行罪犯减刑情况登记表》。

监所检察部门登记"一账三表"，应当按照"微机联网、动态监督"的要求，实现办公自动化管理。

第八章　　附　　则

第二十九条　本办法由最高人民检察院负责解释。

第三十条　本办法自印发之日起施行。

附件："一账三表"的印制式样

罪犯监外执行情况检察台账

<table>
<tr><td colspan="2">交付执行机关</td><td colspan="6"></td></tr>
<tr><td rowspan="5">罪犯基本
情　　况</td><td>姓名</td><td></td><td>性别</td><td></td><td>出生日期</td><td colspan="2">年　月　日</td></tr>
<tr><td>监外执行种类</td><td></td><td colspan="2">监督考察起止时间</td><td colspan="3"></td></tr>
<tr><td>原判罪名</td><td></td><td colspan="2">刑期及其起止时间</td><td colspan="3"></td></tr>
<tr><td>住所地址</td><td colspan="6"></td></tr>
<tr><td>身份证号</td><td colspan="2"></td><td colspan="2">联系方式</td><td colspan="2"></td></tr>
<tr><td colspan="2">执行地公安机关</td><td colspan="6"></td></tr>
<tr><td colspan="2">检察情况记录</td><td colspan="6"></td></tr>
<tr><td colspan="2">备注</td><td colspan="6"></td></tr>
<tr><td colspan="2">登记单位</td><td colspan="4"></td><td>登记人</td><td></td></tr>
</table>

检察纠正违法情况登记表

发生违法的单位	
违法情况	
提出纠正违法的时间	
检察纠正情况	
被监督单位反馈意见	
备注	
登记单位	登记人　　　年　月　日

注：对于严重违法情况，还应填报《严重违法情况登记表》

严重违法情况登记表

发生严重违法的单位	
严重违法情况	
提出纠正严重违法的时间	
检察纠正情况	
被监督单位反馈意见	
备注	
填报单位	
填报人	填报日期　　年　月　日

此表向上一级人民检察院报送和续报

监外执行罪犯减刑情况登记表

罪犯 基本 情况	监外执行种类	交付执行时间		
	姓　　名	出生日期	年　　月　　日	
	罪　　名	监督考察期限		
	原判刑期	刑期起止时间		
	改判刑期	刑期截止时间		
提请 情况	法定条件			
	法定程序			
裁定 情况	裁定单位			
	裁定结果			
检 察 意 见				
备注				
填报单位				
填报人		填报日期	年　月　日	

此表向受理本案的人民法院的同级人民检察院报送

看守所留所执行刑罚罪犯管理办法

（2008 年 2 月 14 日公安部部长办公
会议通过 公安部令第 98 号）

第一章 总 则

第一条 为了规范看守所对留所执行刑罚罪犯的管理，做好罪犯改造工作，根据《中华人民共和国刑事诉讼法》、《中华人民共和国监狱法》、《中华人民共和国看守所条例》等有关法律、法规，结合看守所执行刑罚的实际，制定本办法。

第二条 被判处有期徒刑的罪犯，在被交付执行前，剩余刑期在一年以下的，由看守所代为执行刑罚。

被判处拘役的罪犯，由看守所执行刑罚。

未成年犯，由未成年犯管教所执行刑罚。

第三条 看守所应当设置专门监区或者监室监管罪犯。监区和监室应当设在看守所警戒围墙内。

第四条 看守所管理罪犯应当坚持惩罚与改造相结合、教育和劳动相结合的原则，将罪犯改造为守法公民。

第五条 罪犯的人格不受侮辱，人身安全和合法财产不受侵犯，罪犯享有辩护、申诉、控告、检举以及其他未被依法剥夺或者限制的权利。

罪犯应当遵守法律、法规和看守所管理规定，服从管理，接受教育，按照规定参加劳动。

第六条 看守所应当保障罪犯的合法权益，为罪犯行使权利提供必要的条件。

第七条 看守所对罪犯执行刑罚的活动依法接受人民检察院的法律监督。

第二章 刑罚的执行

第一节 收 押

第八条 看守所在收到交付执行的人民法院送达的人民检察院起诉书副本和人民法院判决书、裁定书、执行通知书、结案登记表的当日，应当办理罪犯收押手续，填写收押登记表，载明罪犯基本情况、收押日期等，并由民警签字后，将罪犯转入罪犯监区或者监室。

第九条 对于判决前未被羁押，判决后需要羁押执行刑罚的罪犯，看守所应当凭本办法第八条所列文书收押，并采集罪犯十指指纹信息。

对于发现余罪的罪犯，需要将其羁押到立案地看守所的，立案地看守所凭拘留证、逮捕证复印件收押。对于人民法院异地再审开庭，需要将罪犯临时羁押在异地看守所的，异地看守所凭提起刑事再审的诉讼文书、提审手续收押。

第十条 按照本办法第九条收押罪犯时，看守所应当进行健康和人身、物品安全检查。对罪犯的非生活必需品，应当登记，代为保管；对违禁品，应当予以没收。

对女性罪犯的人身检查，由女性人民警察进行。

第十一条 办理罪犯收押手续时应当建立罪犯档案。罪犯档案一人一档，分为正档和副档。正档包括收押凭证、暂予监外执行决定书、减刑、假释裁定书、释放证明书等法律文书；副档包括收押登记、谈话教育、罪犯考核、奖惩、疾病治疗、财物保管登记等管理记录。

第十二条 收押罪犯后，看守所应当在五日内向罪犯家属或者监护人发出罪犯执行刑罚地点通知书。对收押的外国籍罪犯，应当在二十四小时内报告所属公安机关。

第二节 对罪犯申诉、控告、检举的处理

第十三条 罪犯对已经发生法律效力的判决、裁定不服，提出申诉的，看守所应当及时将申诉材料转递给人民检察院和作出生效

判决的人民法院。罪犯也可以委托其亲属或者律师提出申诉。

第十四条 罪犯有权控告、检举违法犯罪行为。看守所应当设置控告、检举信箱，接受罪犯的控告、检举材料。罪犯也可以直接向民警控告、检举。

第十五条 对罪犯向看守所提交的控告、检举材料，看守所应当自收到材料之日起十五日内作出处理；对罪犯向人民法院、人民检察院提交的控告、检举材料，看守所应当自收到材料之日起五日予以转送。

看守所对控告、检举作出处理或者转送有关部门处理的，应当及时将有关情况或者处理结果通知具名控告、检举的罪犯。

第十六条 看守所在执行刑罚过程中，发现判决可能有错误的，应当提请人民检察院或者人民法院处理。

第三节 暂予监外执行

第十七条 罪犯符合刑事诉讼法规定的暂予监外执行条件的，本人或者其家属可以向看守所提出书面申请，管教民警或者看守所医生也可以提出书面意见。

第十八条 看守所接到暂予监外执行申请或者意见后，应当召开所务会研究，初审同意后根据不同情形对罪犯进行病情鉴定、生活不能自理鉴定或者妊娠检查，未通过初审的，应当告知原因。

所务会应当有书面记录，并由与会人员签名。

第十九条 对暂予监外执行罪犯的病情鉴定，应当到省级人民政府指定的医院进行；妊娠检查，应当到医院进行；生活不能自理鉴定，由看守所分管所领导、管教民警、看守所医生、驻所检察人员等组成鉴定小组进行；对正在哺乳自己婴儿的妇女，看守所应当通知罪犯户籍所在地或者居住地的公安机关出具相关证明。

生活不能自理，是指因病、伤残或者年老体弱致使日常生活中起床、用餐、行走、如厕等不能自行进行，必须在他人协助下才能完成。

对于自伤自残的罪犯，不得暂予监外执行。

第二十条 罪犯需要保外就医的，应当由罪犯或者罪犯家属提出保证人。保证人由看守所审查确定。

第二十一条 保证人应当具备下列条件：

（一）愿意承担保证人义务，具有完全民事行为能力；

（二）人身自由未受到限制，享有政治权利；

（三）有固定的住所和收入，有条件履行保证人义务；

（四）与被保证人共同居住或者居住在同一县级公安机关辖区。

第二十二条 保证人应当签署保外就医保证书。

第二十三条 罪犯保外就医期间，保证人应当履行下列义务：

（一）监督被保证人遵守法律和有关规定；

（二）发现被保证人擅自离开居住区域或者有违法犯罪行为的，立即向执行机关报告；

（三）为被保证人的治疗、护理、复查以及正常生活提供必要的条件和保障；

（四）督促和协助被保证人按照规定履行定期复查病情和向执行机关报告；

（五）被保证人保外就医情形消失，或者被保证人死亡的，立即向执行机关报告。

第二十四条 对需要暂予监外执行的罪犯，看守所应当填写暂予监外执行审批表，并附病情鉴定或者妊娠检查证明，或者生活不能自理鉴定，或者哺乳自己婴儿证明；需要保外就医的，应当同时附保外就医保证书。县级看守所应当将有关材料报经所属公安机关审核同意后，报地市级公安机关审批；地市级以上看守所应当将有关材料报所属公安机关审批。

看守所在报送审批材料的同时，应当将暂予监外执行审批表副本、病情鉴定或者妊娠检查诊断证明、生活不能自理鉴定、哺乳自己婴儿证明、保外就医保证书等有关材料的复印件抄送人民检察院驻所检察机构。

第二十五条 看守所收到批准机关暂予监外执行决定书后，应当办理罪犯出所手续，发给暂予监外执行通知书，并告知罪犯应当遵守的规定。

第二十六条 看守所应当将暂予监外执行的罪犯送交负责执行的县级公安机关。

第二十七条 暂予监外执行罪犯服刑地和居住地不在同一省级或者地市级公安机关辖区，需要回居住地暂予监外执行的，服刑地的省级公安机关监管部门或者地市级公安机关监管部门应当书面通知居住地的同级公安机关监管部门，由居住地的公安机关监管部门指定看守所接收罪犯档案、负责办理收监或者刑满释放等手续。

第二十八条 看守所收到执行地公安机关关于暂予监外执行罪犯的收监执行通知书后，应当立即将罪犯收监。

第二十九条 罪犯在暂予监外执行期间刑期届满的，看守所应当为其办理刑满释放手续。

第三十条 罪犯暂予监外执行期间死亡的，看守所应当将执行地公安机关的书面通知归入罪犯档案，并在登记表中注明。

第四节　减刑、假释的提请

第三十一条 罪犯符合减刑、假释条件的，由管教民警提出建议，报看守所所务会研究决定。所务会应当有书面记录，并由与会人员签名。

第三十二条 看守所所务会研究同意后，应当将拟提请减刑、假释的罪犯名单以及减刑、假释意见在看守所内公示。公示期限为七个工作日。公示期内，如有民警或者罪犯对公示内容提出异议，看守所应当重新召开所务会复核，并告知复核结果。

第三十三条 公示完毕，看守所所长应当在罪犯减刑、假释审批表上签署意见，加盖看守所公章，制作提请减刑、假释建议书，经所属公安机关审核后，连同有关材料一起提请所在地中级人民法院裁定。

第三十四条 执行地公安机关向看守所提出暂予监外执行罪犯减刑、假释建议的，应当提供暂予监外执行罪犯确有悔改或者立功、重大立功表现的事实材料。看守所接到相关建议和材料后，应当召开所务会研究，报经所属公安机关审核后，提请所在地中级人民法院裁定。

第三十五条　看守所提请人民法院审理减刑、假释案件时，应当送交下列材料：

（一）提请减刑、假释建议书；

（二）终审人民法院的判决书、裁定书、历次减刑裁定书的复印件；

（三）罪犯确有悔改或者立功、重大立功表现的证明材料；

（四）罪犯评审鉴定表、奖惩审批表等有关材料。

第三十六条　在人民法院作出减刑、假释裁定前，看守所发现罪犯不符合减刑、假释条件的，应当书面撤回减刑、假释建议书；在减刑、假释裁定生效后，看守所发现罪犯不符合减刑、假释条件的，应当书面向作出裁定的人民法院提出撤销裁定建议。

第三十七条　看守所收到人民法院假释裁定书后，应当办理罪犯出所手续，发给假释证明书，并于三日内将罪犯的有关材料寄送罪犯居住地的县级公安机关。

第三十八条　被假释的罪犯被人民法院裁定撤销假释的，看守所应当在收到撤销假释裁定后将罪犯收监。

第三十九条　罪犯在假释期间未违反相关规定的，假释考验期满时，看守所应当为罪犯办理刑满释放手续。罪犯在假释期间死亡的，看守所应当将执行地公安机关的书面通知归入罪犯档案，并在登记表中注明。

第五节　释　　放

第四十条　看守所应当在罪犯服刑期满三十日前，将拟释放的罪犯通知罪犯原户籍所在地的县级公安机关和司法行政部门。

第四十一条　罪犯服刑期满，看守所应当按期释放，发给刑满释放证明书，并告知其在规定期限内，持刑满释放证明书到原户籍所在地的公安派出所办理户籍登记手续；有代管钱物的，看守所应当如数发还。刑满释放人员患有重病的，看守所应当通知其家属接回。

第四十二条　外国籍罪犯被判处附加驱逐出境的，看守所应当在罪犯服刑期满前十日通知所属公安机关出入境管理部门。

第三章 管 理

第一节 分押分管

第四十三条 看守所应当根据罪犯的犯罪类型、刑罚种类、性格特征、心理状况、健康状况、改造表现等，对罪犯实行分别关押和管理。罪犯数量少的，可以集中关押。

第四十四条 看守所应当根据罪犯的改造表现，对罪犯实行宽严有别的分级处遇。对罪犯适用分级处遇，按照有关规定，依据对罪犯改造表现的考核结果确定，并应当根据情况变化适时调整。

对不同处遇等级的罪犯，看守所应当在其活动范围、会见通讯、接收物品、文体活动、奖励等方面，分别实施相应的处遇。

第二节 会见、通讯、临时出所

第四十五条 罪犯可以与其亲属或者监护人每月会见一至二次，每次不超过一小时。每次前来会见罪犯的人员不超过三人。因特殊情况需要延长会见时间，增加会见人数，或者其亲属、监护人以外的人要求会见的，应当经看守所领导批准。

第四十六条 罪犯与受委托的律师会见，由律师向看守所提出申请，看守所应当查验授权委托书、律师事务所介绍信和律师执业证，并在四十八小时内予以安排。

第四十七条 依据我国参加的国际公约和缔结的领事条约的有关规定，外国驻华使（领）馆官员要求探视其本国籍罪犯，或者外国籍罪犯亲属、监护人首次要求会见的，应当向省级公安机关提出书面申请。看守所根据省级公安机关的书面通知予以安排。外国籍罪犯亲属或者监护人再次要求会见的，可以直接向看守所提出申请。

外国籍罪犯拒绝其所属国驻华使（领）馆官员或者其亲属、监护人探视的，看守所不予安排，但罪犯应当出具本人签名的书面声明。

第四十八条 经看守所领导批准，罪犯可以用指定的固定电话与其亲友、监护人通话；外国籍罪犯还可以与其所属国驻华使（领）馆通话。通话费用由罪犯本人承担。

第四十九条 少数民族罪犯可以使用其本民族语言文字会见、通讯；外国籍罪犯可以使用其本国语言文字会见、通讯。

第五十条 会见应当在看守所会见室进行。

第五十一条 会见、通讯应当遵守看守所的有关规定。对违反规定的，看守所可以中止会见、通讯。

第五十二条 罪犯可以与其亲友或者监护人通信。看守所应当对罪犯的来往信件进行检查，发现有碍罪犯改造内容的信件可以扣留。

罪犯写给看守所的上级机关和司法机关的信件，不受检查。

第五十三条 办案机关因办案需要向罪犯了解有关情况的，应当出具办案机关证明和办案人员工作证，并经看守所领导批准后在看守所内进行。

第五十四条 因起赃、辨认、出庭作证、接受审判等需要将罪犯提出看守所的，由办案机关出具公函，经看守所领导批准后提出，并当日送回。

侦查机关因办理其他案件需要将罪犯临时寄押到异地看守所取证，并持有侦查机关所在的地市级以上公安机关公函的，看守所应当允许提出，并办理相关手续。

人民法院因再审开庭需要将罪犯提出看守所，并持有人民法院刑事再审决定书或者刑事裁定书，或者人民检察院抗诉书的，看守所应当允许提出，并办理相关手续。

第五十五条 被判处拘役的罪犯每月可以回家一至二日，由罪犯本人提出申请，管教民警签署意见，经看守所所长审核后，报所属公安机关批准。

第五十六条 被判处拘役的外国籍罪犯提出探亲申请的，看守所应当报地市级以上公安机关审批。地市级以上公安机关作出批准决定的，应当报上一级公安机关备案。

被判处拘役的外国籍罪犯探亲时，不得出境。

第五十七条 对于准许回家的拘役罪犯，看守所应当发给回家证明，并告知应当遵守的相关规定。

罪犯回家时间不能集中使用，不得将刑期末期作为回家时间，变相提前释放罪犯。

第五十八条 罪犯需要办理婚姻登记等必须由本人实施的民事法律行为的，应当向看守所提出书面申请，经看守所领导批准后出所办理，由二名以上民警押解。

第五十九条 罪犯进行民事诉讼需要出庭时，应当委托诉讼代理人代为出庭。对于涉及人身关系的诉讼等必须由罪犯本人出庭的，凭人民法院出庭通知书办理临时离所手续，由人民法院司法警察负责押解看管，并于当日返回。

罪犯因特殊情况不宜离所出庭的，看守所可以与人民法院协商，根据《中华人民共和国民事诉讼法》第一百二十一条的规定，由人民法院到看守所开庭审理。

第六十条 罪犯遇有配偶、父母、子女病危或者死亡，确需本人回家处理的，由当地公安派出所出具证明，经看守所所属公安机关领导批准，可以暂时离所，由二名以上民警押解，并于当日返回。

第三节 生活、卫生

第六十一条 罪犯伙食按照国务院财政部门、公安部门制定的实物量标准执行。

第六十二条 罪犯应当着囚服。

第六十三条 对少数民族罪犯，应当尊重其生活、饮食习惯。罪犯患病治疗期间，看守所应当适当提高伙食标准。

第六十四条 看守所对罪犯收受的物品应当进行检查，非日常生活用品由看守所登记保管。罪犯收受的钱款，由看守所代为保管，并开具记账卡交与罪犯。

看守所检查、接收送给罪犯的物品、钱款后，应当开具回执交与送物人、送款人。

罪犯可以依照有关规定使用物品和支出钱款。罪犯刑满释放时，钱款余额和本人物品由其本人领回。

第六十五条　对患病的罪犯，看守所应当及时治疗；对患有传染病需要隔离治疗的，应当及时隔离治疗。

第六十六条　罪犯在服刑期间死亡的，看守所应当立即报告所属公安机关，并通知罪犯家属和人民检察院、原判人民法院。外国籍罪犯死亡的，应当立即层报至省级公安机关。

罪犯死亡的，由看守所所属公安机关或者医院对死亡原因作出鉴定。罪犯家属有异议的，可以向人民检察院提出。

第四节　考核、奖惩

第六十七条　看守所应当依照公开、公平、公正的原则，对罪犯改造表现实行量化考核。考核情况由管教民警填写。考核以罪犯认罪服法、遵守监规、接受教育、参加劳动等情况为主要内容。

考核结果作为对罪犯分级处遇、奖惩和提请减刑、假释的依据。

第六十八条　罪犯有下列情形之一的，看守所可以给予表扬、物质奖励或者记功：

（一）遵守管理规定，努力学习，积极劳动，有认罪伏法表现的；

（二）阻止违法犯罪活动的；

（三）爱护公物或者在劳动中节约原材料，有成绩的；

（四）进行技术革新或者传授生产技术，有一定成效的；

（五）在防止或者消除灾害事故中作出一定贡献的；

（六）对国家和社会有其他贡献的。

对罪犯的物质奖励或者记功意见由管教民警提出，物质奖励由看守所领导批准，记功由看守所所务会研究决定。被判处有期徒刑的罪犯有前款所列情形之一，在服刑期间一贯表现好，离开看守所不致再危害社会的，看守所可以根据情况准其离所探亲。

第六十九条　罪犯申请离所探亲的，应当由其家属担保，经看守所所务会研究同意后，报所属公安机关领导批准。探亲时间不含路途时间，为三至七日。罪犯在探亲期间不得离开其亲属居住地，不得出境。

看守所所务会应当有书面记录，并由与会人员签名。

不得将罪犯离所探亲时间安排在罪犯刑期末期，变相提前释放罪犯。

第七十条 对离所探亲的罪犯，看守所应当发给离所探亲证明书。罪犯应当在抵家的当日携带离所探亲证明书到当地公安派出所报到。返回看守所时，由该公安派出所将其离所探亲期间的表现在离所探亲证明书上注明。

第七十一条 罪犯有下列破坏监管秩序情形之一，情节较轻的，予以警告；情节较重的，予以记过；情节严重的，予以禁闭；构成犯罪的，依法追究刑事责任：

（一）聚众哄闹，扰乱正常监管秩序的；

（二）辱骂或者殴打民警的；

（三）欺压其他罪犯的；

（四）偷窃、赌博、打架斗殴、寻衅滋事的；

（五）有劳动能力拒不参加劳动或者消极怠工，经教育不改的；

（六）以自伤、自残手段逃避劳动的；

（七）在生产劳动中故意违反操作规程，或者有意损坏生产工具的；

（八）有违反看守所管理规定的其他行为的。

对罪犯的记过、禁闭由管教民警提出意见，报看守所领导批准。禁闭时间为五至十日，禁闭期间暂停会见、通讯。

第七十二条 看守所对被禁闭的罪犯，应当指定专人进行教育帮助。对确已悔悟的，可以提前解除禁闭，由管教民警提出书面意见，报看守所领导批准；禁闭期满的，应当立即解除禁闭。

第四章　教育改造

第七十三条 看守所应当建立对罪犯的教育改造制度，对罪犯进行法制、道德、文化、技能等教育。

　　第七十四条　对罪犯的教育应当根据罪犯的犯罪类型、犯罪原因、恶性程度及其思想、行为、心理特征，坚持因人施教、以理服人、注重实效的原则，采取集体教育与个别教育相结合，所内教育与所外教育相结合的方法。

　　第七十五条　有条件的看守所应当设立教室、谈话室、文体活动室、图书室、阅览室、电化教育室、心理咨询室等教育改造场所，并配备必要的设施。

　　第七十六条　看守所应当结合时事、政治、重大事件等，适时对罪犯进行集体教育。

　　第七十七条　看守所应当根据每一名罪犯的具体情况，适时进行有针对性的教育。

　　第七十八条　看守所应当积极争取社会支持，配合看守所开展社会帮教活动。看守所可以组织罪犯到社会上参观学习，接受教育。

　　第七十九条　看守所应当根据不同情况，对罪犯进行文化教育，鼓励罪犯自学。

　　罪犯可以参加国家举办的高等教育自学考试，看守所应当为罪犯学习和考试提供方便。

　　第八十条　看守所应当加强监区文化建设，组织罪犯开展适当的文体活动，创造有益于罪犯身心健康和发展的改造环境。

　　第八十一条　看守所应当组织罪犯参加劳动，培养劳动技能，积极创造条件，组织罪犯参加各类职业技术教育培训。

　　第八十二条　看守所对罪犯的劳动时间，参照国家有关劳动工时的规定执行。

　　罪犯有在法定节日和休息日休息的权利。

　　第八十三条　看守所对于参加劳动的罪犯，可以酌情发给报酬并执行国家有关劳动保护的规定。

　　第八十四条　罪犯在劳动中致伤、致残或者死亡的，由看守所参照国家劳动保险的有关规定处理。

第五章　附　　则

第八十五条　罪犯在看守所内又犯新罪的，由看守所侦查；重大、复杂案件由所属公安机关侦查。

第八十六条　看守所发现罪犯有判决前尚未发现的犯罪行为的，应当书面报告所属公安机关。

第八十七条　地市级以上公安机关可以根据实际情况设置集中关押留所执行刑罚罪犯的看守所。

第八十八条　各省、自治区、直辖市公安厅、局和新疆生产建设兵团公安局可以依据本办法制定实施细则。

第八十九条　本办法自 2008 年 7 月 1 日起施行。

最高人民检察院关于加强和改进监所检察工作的决定

（2006 年 11 月 29 日最高人民检察院第十届检察委员会
第六十五次会议通过　高检发〔2007〕3 号）

为充分发挥检察职能作用，进一步加强对刑罚执行和监管活动的法律监督，保护被监管人合法权益，现就加强和改进监所检察工作作如下决定。

一、充分认识监所检察工作的重要性，进一步加强对监所检察工作的领导

1. 对刑罚执行和监管活动实行监督是法律赋予检察机关的一项重要法律监督职能，是中国特色社会主义检察制度的重要内容，是检察机关惩治和预防职务犯罪、强化诉讼监督、维护社会稳定的重要工作。加强新形势下监所检察工作，对于促进监管场所依法、严格、文明、科学管理，保护被监管人合法权益，保障刑罚正确执行，维护社会公平正义，服务和谐社会建设，具有十分重要的意义。

2. 各级人民检察院要切实把监所检察工作摆到重要位置，进一步加强领导。针对一些地方存在的监所检察工作领导体制不顺、监督机制不健全、基层基础工作薄弱等问题，研究制定加强和改进监所检察工作的具体措施。检察长要经常听取监所检察工作汇报，切实解决监所检察工作中遇到的困难和问题，每年要定期深入监所检察工作第一线，检查指导工作。

3. 上级人民检察院要加强对下级人民检察院监所检察工作的领导。要经常深入基层调查研究，在基层检察院监所检察部门设立工作联系点，了解和掌握监所检察工作的新情况，研究新问题，采取有效措施加以解决。

二、进一步明确监所检察职责和重点

4. 监所检察的主要职责是：

（1）对监狱、看守所、拘役所执行刑罚和监管活动是否合法实行监督；

（2）对人民法院裁定减刑、假释是否合法实行监督；

（3）对监狱管理机关、公安机关、人民法院决定暂予监外执行活动是否合法实行监督；

（4）对劳动教养机关的执法活动是否合法实行监督；

（5）对公安机关、司法行政机关管理监督监外执行罪犯活动是否合法实行监督；

（6）对刑罚执行和监管活动中的职务犯罪案件立案侦查，开展职务犯罪预防工作；

（7）对罪犯又犯罪案件和劳教人员犯罪案件审查逮捕、审查起诉，对立案、侦查和审判活动是否合法实行监督；

（8）受理被监管人及其近亲属、法定代理人的控告、举报和申诉；

（9）承办检察长交办的其他事项。

5. 监所检察工作要重点开展对刑罚变更执行的监督，防止和纠正超期羁押，监督纠正侵犯被监管人合法权益的违法行为，查办刑罚执行和监管活动中的职务犯罪案件等工作。

三、积极查办刑罚执行和监管活动中的职务犯罪案件

6. 各级人民检察院要把查办刑罚执行和监管活动中的职务犯罪案件作为反贪污贿赂、反渎职侵权工作的重要组成部分，采取有力措施，推动工作深入开展。

7. 努力拓宽发现案件线索的渠道。通过设立宣传栏、举报信箱，个别谈话，召开被监管人及其家属座谈会，加强与监管机关纪检监察部门的联系，受理相关人员的举报、控告等，发现职务犯罪案件线索。规范案件线索管理，严格按照规定分级上报备案，严禁瞒案不报、压案不查、有案不办。

8. 加强监所检察部门与反贪污贿赂、反渎职侵权部门在查办职务犯罪案件工作中的协调与配合。刑罚执行和监管活动中发生的属于重大、复杂或者跨地区的职务犯罪案件，经检察长决定可以交由反贪污贿赂或者反渎职侵权部门办理。对于交由反贪污贿赂或者反渎职侵权部门办理的，监所检察部门应当予以配合。

9. 提高监所检察部门查办职务犯罪案件的能力和水平，加强监所检察部门办案力量。各级人民检察院监所检察部门要配备一名负责查办案件工作的领导，充实相应的侦查骨干力量。

10. 采取切实有效的措施，规范办案活动，严格办案纪律，确保办案安全，提高办案质量。办理职务犯罪案件，应当按照规定的范围和程序接受人民监督员的监督。

11. 各级人民检察院监所检察部门要紧密结合查办职务犯罪案件，积极开展职务犯罪预防工作。

四、建立、完善刑罚执行和监管活动监督机制

12. 建立对减刑、假释的提请、裁定活动和暂予监外执行的呈报、审批活动全过程同步监督机制。

检察机关发现刑罚执行机关对不符合减刑、假释、暂予监外执行情形的罪犯违法提请、呈报减刑、假释、暂予监外执行的，应当及时提出纠正意见；发现罪犯符合减刑、假释、暂予监外执行情形，刑罚执行机关未提请、呈报减刑、假释、暂予监外执行的，应当及时提出检察建议。

13. 建立羁押期限预警提示、提前告知和纠正超期羁押催办督办、责任追究长效机制，建立人民监督员对超期羁押案件监督制度，切实防止超期羁押案件的发生。

14. 加强与公安机关、司法行政机关的工作联系，互通信息，研究解决刑罚执行和监管活动中发现的新问题。派驻检察机构应当与监管场所的信息系统实行微机联网，实现动态监督。加强事故检察、安全防范检察，发现监管活动中的违法情况，及时提出纠正意见。

15. 对下列罪犯刑罚执行和监管情况进行重点监督，并逐人建立档案：

（1）职务犯罪的罪犯；

（2）涉黑涉恶涉毒犯罪的罪犯；

（3）破坏社会主义市场经济秩序的侵财性犯罪的罪犯；

（4）服刑中的顽固型罪犯和危险型罪犯；

（5）从事事务性活动的罪犯；

（6）多次获得减刑的罪犯；

（7）在看守所留所服刑的罪犯；

（8）调换监管场所服刑的罪犯；

（9）其他需要重点监督的罪犯。

16. 对被监管人及其近亲属、法定代理人的申诉，经审查认为原判决有错误可能的，移送申诉检察部门办理，认为申诉理由不成立的，做好息诉工作。

17. 在刑罚执行和监管活动监督工作中，应当建立和完善以下工作制度：

（1）监所检察业务流程管理制度。最高人民检察院制定人民检察院监狱检察、看守所检察、劳教检察和监外执行检察流程管理制度，明确监所检察各项业务的监督程序，规范监督行为，提高监督效率和质量。

（2）工作目标管理责任制和派驻检察岗位责任制。明确派驻检察的职责、任务和要求，落实责任追究制度等。

（3）请示报告制度。对于刑罚执行和监管活动中出现的重大违法问题、重大事故和案件，按照有关规定，及时报告上级人民检察院。

（4）检务公开制度。实行监所检察职责、工作程序、办案纪律公开，接受社会监督。

（5）工作考评制度。上级人民检察院应当加强对下级人民检察院监所检察部门的业务工作考评。根据监所检察工作的特点，最高人民检察院制定派驻检察机构业务工作考评办法，省级人民检察院制定考核细则。

五、规范派驻检察机构建设

18. 对设立的派出检察院和在监狱、看守所、劳教所、拘役所设置的派驻检察室，要加强管理和规范。派驻检察人员每月派驻检察时间不得少于十六个工作日。

19. 除直辖市外，派出检察院一般由省辖市（自治州）人民检察院派出。省辖市（自治州）人民检察院派出的检察院检察长与派出它的人民检察院监所检察部门主要负责人由一人担任，派出检察院检察长应当由与监管场所主要负责人相当级别的检察官担任。对于不符合上述要求的，要积极创造条件逐步加以理顺。

派出检察院内设机构要贯彻精简、统一、效能的原则，体现"小机关、大派驻"的要求。根据工作需要，派出检察院对所担负检察的监管场所要设置派驻检察室，检察室主任应当由派出检察院副检察长或者相当级别的检察官担任。

派出检察院由派出它的人民检察院领导。派出检察院的各项业务工作，应当由派出它的人民检察院监所检察部门统一管理和指导。经费保障独立预决算或者直接拨款。

20. 对于没有设置派出检察院的监狱、劳教所，一般由市级人民检察院派驻检察室。对于看守所、拘役所，由其所属的公安机关对应的人民检察院派驻检察室。派驻检察室以派出它的人民检察院名义开展法律监督工作，并由派出它的人民检察院监所检察部门进行业务管理和指导。

派驻检察室主任应当由派出它的人民检察院监所检察部门的负责人或者相当级别的检察官担任。

21. 派驻检察室实行规范化等级管理。定期开展规范化检察室等级评定工作，一级规范化检察室由最高人民检察院每三年评定一次，二级、三级规范化检察室由省级人民检察院每两年评定一次。对评定的规范化检察室实行动态管理，不符合条件的应当降低或者撤销规范化等级。

22. 将派驻检察机构基础建设纳入检察机关基层基础设施建设总体规划。按照科技强检的要求为派驻检察机构配备必要的交通、通讯设施和器材装备，积极推进派驻检察机构的"两房"建设，解决好办公、办案、专业技术用房和住宿用房，认真落实派驻检察人员的补助，为派驻检察机构有效地开展工作创造必要的条件。

23. 常年关押人数较少的小型监管场所，可以实行巡回检察。对小型监狱、劳教所一般由市级人民检察院进行巡回检察，对小型看守所由对应的人民检察院进行巡回检察。实行巡回检察的，每月不得少于三次。

六、加强监所检察队伍建设

24. 加强监所检察人员思想政治建设和执法能力建设。深入开展社会主义法治理念教育和职业道德、职业纪律教育，引导监所检察人员进一步增强使命感、责任感，树立正确的执法观，敢于监督，善于监督，积极探索法律监督的新途径和新方法，努力做好新形势下的监所检察工作。

25. 抓好监所检察部门领导班子建设。选配政治立场坚定、理论素质高、工作能力强、有组织能力的人员到监所检察部门的领导岗位。尤其要配强省级人民检察院监所检察处领导班子，要选拔政治素质好、业务精通、能办案会监督、善于协调、有开拓精神的干部担任监所检察处处长。上级人民检察院要积极与组织部门、机构编制部门沟通和协商，解决好派出检察机构领导正职的配备问题。

26. 逐步优化监所检察队伍的人员结构。把综合素质好、协调能力强的业务骨干充实到监所检察部门，对不适合在监所检察部门工作的人员要及时调整。

27. 对监所检察人员要坚持严格教育、严格管理、严格监督。严禁接受被监管人及其家属的吃请、礼物及提供的娱乐活动，严禁利用职务之便为被监管人通风报信、打探案情，对于监所检察人员的违纪违法行为，要严肃查处。

28. 把监所检察人员的素质教育和业务培训纳入检察机关整体培训计划。针对监所检察业务多样性、综合性的特点，定期对监所检察部门及派出检察机构的领导和业务骨干进行培训。为适应查办职务犯罪案件工作的需要，对监所检察人员定期进行侦查业务培训。

29. 实行派驻检察人员定期交流轮换制度。省级人民检察院要结合本地实际，制定切实可行的定期交流轮换制度。交流轮换工作由人民检察院政治部门负责，监所检察部门协助。

建立派驻检察人员工作绩效考核机制。对工作实绩突出的派驻检察人员，予以表彰和奖励。最高人民检察院和省级人民检察院定期组织开展"优秀派驻检察人员"评比活动。

30. 重视监所检察理论研究。积极创造条件，提供理论研究平台和载体，形成理论研究氛围，用理论研究成果指导监所检察工作创新发展。

加强被监管人权利保护方面的国际交流，宣传中国检察机关在保护被监管人权利方面的立场、观点和所取得的成就。

监狱教育改造工作规定

（2003 年 6 月 3 日部长办公会议审议通过
司法部令第 79 号）

第一章 总 则

第一条 为了规范监狱教育改造工作，提高教育改造质量，根据《中华人民共和国监狱法》和有关法律、法规的规定，结合监狱教育改造工作实际，制定本规定。

第二条 监狱教育改造工作是刑罚执行活动的重要组成部分，是改造罪犯的基本手段之一，是监狱工作法制化、科学化、社会化的重要体现，贯穿于监狱工作的全过程。

第三条 监狱教育改造工作的任务，是通过各种有效的途径和方法，教育罪犯认罪悔罪，自觉接受改造，增强法律意识和道德素养，掌握一定的文化知识和劳动技能，将其改造成为守法公民。

第四条 监狱教育改造工作，应当根据罪犯的犯罪类型、犯罪原因、恶性程度及其思想、行为、心理特征，坚持因人施教、以理服人、循序渐进、注重实效的原则。

第五条 监狱教育改造工作主要包括：入监教育；个别教育；思想、文化、技术教育；监区文化建设；社会帮教；心理矫治；评选罪犯改造积极分子；出监教育等。

第六条 监狱教育改造工作，应当坚持集体教育与个别教育相结合，课堂教育与辅助教育相结合，常规教育与专题教育相结合，狱内教育与社会教育相结合。

第七条 监狱应当设立教育改造场所，包括教室、谈话室、文体活动室、图书室、阅览室、电化教育室、心理咨询室等，并配备相应的设施。

第八条 监狱用于罪犯教育改造的经费，按照国家规定的有关标准执行。少数民族罪犯、未成年犯的教育改造经费应予提高。

第二章 入监教育

第九条 对新入监的罪犯，应当将其安排在负责新收分流罪犯的监狱或者监区，集中进行为期两个月的入监教育。

第十条 新收罪犯入监后，监狱（监区）应当向其宣布罪犯在服刑期间享有的权利和应当履行的义务：

（一）罪犯在服刑期间享有下列权利：人格不受侮辱，人身安全和合法财产不受侵犯，享有辩护、申诉、控告、检举以及其他未被依法剥夺或者限制的权利。

（二）罪犯在服刑期间应当履行下列义务：遵守国家法律、法规和监规纪律，服从管理，接受教育改造，按照规定参加劳动。

第十一条 监狱（监区）对新收罪犯，应当进行法制教育和监规纪律教育，引导其认罪悔罪，明确改造目标，适应服刑生活。

第十二条 监狱（监区）应当了解和掌握新收罪犯的基本情况、认罪态度和思想动态，进行个体分析和心理测验，对其危险程度、恶性程度、改造难度进行评估，提出关押和改造的建议。

第十三条 入监教育结束后，监狱（监区）应当对新收罪犯进行考核验收。对考核合格的，移送相应类别的监狱（监区）服刑改造；对考核不合格的，应当延长入监教育，时限为一个月。

第三章 个别教育

第十四条 监狱应当根据每一名罪犯的具体情况，安排监狱人民警察对其进行有针对性的个别教育。

第十五条 个别教育应当坚持法制教育与道德教育相结合，以理服人与以情感人相结合，戒之以规与导之以行相结合，内容的针对性与形式的灵活性相结合，解决思想问题与解决实际问题相结合。

第十六条 监狱各监区的人民警察对所管理的罪犯，应当每月至少安排一次个别谈话教育。

第十七条 罪犯有下列情形之一的，监狱人民警察应当及时对其进行个别谈话教育：

（一）新入监或者服刑监狱、监区变更时；

（二）处遇变更或者劳动岗位调换时；

（三）受到奖励或者惩处时；

（四）罪犯之间产生矛盾或者发生冲突时；

（五）离监探亲前后或者家庭出现变故时；

（六）无人会见或者家人长时间不与其联络时；

（七）行为反常、情绪异常时；

（八）主动要求谈话时；

（九）暂予监外执行、假释或者刑满释放出监前；

（十）其他需要进行个别谈话教育的。

第十八条 监狱人民警察对罪犯进行个别谈话教育，应当认真做好记录，并根据罪犯的思想状况和动态，采取有针对性的教育改造措施。

第十九条 监狱应当建立罪犯思想动态分析制度，并根据分析情况，组织开展有针对性的专题教育。

分监区每周分析一次，监区每半月分析一次，监狱每月分析一次；遇有重大事件，应当随时收集、分析罪犯的思想动态。分析的情况应当逐级上报。

第二十条 监狱应当根据罪犯的犯罪类型，结合罪犯的危险程度、恶性程度、接受能力，对罪犯进行分类，开展分类教育。

第二十一条 监狱应当建立对顽固型罪犯（简称顽固犯）和危险型罪犯（简称危险犯）的认定和教育转化制度。

有下列情形之一的，认定为顽固犯：

（一）拒不认罪、无理缠诉的；

（二）打击先进、拉拢落后、经常散布反改造言论的；

（三）屡犯监规、经常打架斗殴、抗拒管教的；

（四）无正当理由经常逃避学习和劳动的；

（五）其他需要认定为顽固犯的。

有下列情形之一的，认定为危险犯：

（一）有自伤、自残、自杀危险的；

（二）有逃跑、行凶、破坏等犯罪倾向的；

（三）有重大犯罪嫌疑的；

（四）隐瞒真实姓名、身份的；

（五）其他需要认定为危险犯的。

第二十二条　监狱应当对顽固犯、危险犯制定有针对性的教育改造方案，建立教育转化档案，指定专人负责教育转化工作。必要时，可以采取集体攻坚等方式。

第二十三条　顽固犯和危险犯的认定与撤销，由监区或者直属分监区集体研究，提出意见，分别报监狱教育改造、狱政管理部门审核，由主管副监狱长审定。

第四章　思想、文化、技术教育

第二十四条　监狱应当办好文化技术学校，对罪犯进行思想、文化、技术教育。

成年罪犯的教学时间，每年不少于500课时；未成年犯的教学时间，每年不少于1000课时。

第二十五条　罪犯必须接受监狱组织的思想教育。思想教育包括以下内容：

（一）认罪悔罪教育；

（二）法律常识教育；

（三）公民道德教育；

（四）劳动常识教育；

（五）时事政治教育。

第二十六条　监狱组织的文化教育，应当根据罪犯不同的文化程度，分别开展扫盲、小学、初中文化教育，有条件的可以开展高中（中专）教育。鼓励罪犯自学，参加电大、函大、高等教育自学考试，并为他们参加学习和考试提供必要的条件。

尚未完成国家规定的九年制义务教育，年龄不满45周岁，能够坚持正常学习的罪犯，应当接受义务教育；已完成义务教育或者年龄在45周岁以上的罪犯，鼓励其参加其他文化学习。

第二十七条　监狱应当根据罪犯在狱内劳动的岗位技能要求和刑满释放后就业的需要，组织罪犯开展岗位技术培训和职业技能教育。

年龄不满50周岁，没有一技之长，能够坚持正常学习的罪犯，应当参加技术教育；有一技之长的，可以按照监狱的安排，选择学习其他技能。

第二十八条　监狱组织开展思想、文化、技术教育，其教员可以从本监狱的人民警察中选任，也可以从社会上符合条件的人员中聘任。

对罪犯的文化、技术教育，可以在本监狱选择服刑表现较好、有文化技术专长的罪犯协助。

第二十九条　监狱应当积极与当地教育、劳动和社会保障行政部门以及就业培训机构联系，在狱内文化、技术教育的专业设置、教学安排、师资培训、外聘教师、教研活动、考试（考核）和颁发学历、学位（资格）证书等方面取得支持和帮助。

第三十条　监狱应当积极利用社会资源，开展罪犯文化、技术教育，根据罪犯刑满释放后的就业需要，开设不同内容、种类的培训班。

第三十一条　监狱对罪犯开展的思想教育和扫盲、小学、初中文化教育，使用司法部监狱管理局统一编写的教材。

第五章　监区文化建设

第三十二条　监狱应当组织罪犯开展丰富多彩的文化、体育等活动，加强监区文化建设，创造有益于罪犯身心健康和发展的改造环境。

第三十三条　监狱应当办好图书室、阅览室、墙报、黑板报，组织开展经常性的读书、评报活动。

监狱图书室藏书人均不少于 10 本。

第三十四条　监狱应当根据自身情况，成立多种形式的文艺表演队、体育运动队等，组织罪犯开展文艺、体育活动。

第三十五条　监狱应当根据条件，组织罪犯学习音乐、美术、书法等，开展艺术和美育教育。

第三十六条　监狱应当建立电化教育系统、广播室，各分监区要配备电视，组织罪犯收听、收看新闻及其他有益于罪犯改造的广播、影视节目。

第三十七条　监狱应当根据教育改造罪犯的需要，美化监区环境，规范监区环境布置。

第三十八条　监狱应当在国庆节、国际劳动节、元旦、春节和重大庆祝、纪念活动，以及每月的第一天，组织罪犯参加升挂国旗仪式。

第六章　社会帮教

第三十九条　监狱应当积极争取社会各个方面和社会各界人士的支持，配合监狱开展有益于罪犯改造的各种社会帮教活动。

第四十条　监狱应当与罪犯原所在地的政府、原单位（学校）、亲属联系，签订帮教协议，适时邀请有关单位和人士来监狱开展帮教工作；监狱也可以组织罪犯到社会上参观学习，接受教育。

第四十一条　监狱应当鼓励和支持社会志愿者参与对罪犯进行思想、文化、技术教育等方面的帮教活动，并为其帮教活动提供便利。

第四十二条　监狱应当为罪犯获得法律援助提供帮助，联系、协调当地法律援助机构为罪犯提供法律援助服务。

第七章　心理矫治

第四十三条　监狱应当开展对罪犯的心理矫治工作。心理矫治工作包括：心理健康教育，心理测验，心理咨询和心理疾病治疗。

第四十四条 监狱应当建立心理矫治室，配置必要的设备，由专业人员对罪犯进行心理矫治。

第四十五条 监狱应当对罪犯进行心理健康教育，宣传心理健康知识，使罪犯对心理问题学会自我调节、自我矫治。

第四十六条 监狱应当在罪犯入监教育、服刑改造中期、出监教育期间对罪犯进行心理测验，建立心理档案，为开展有针对性的思想教育和心理矫治提供参考，对重新犯罪的倾向进行预测。

第四十七条 监狱应当配备专门人员，对罪犯提供心理咨询服务，解答罪犯提出的心理问题。

第四十八条 监狱对有心理疾病的罪犯，应当实施治疗；对病情严重的，应当组织有关专业人员会诊，进行专门治疗。

第四十九条 监狱从事心理测验、心理咨询工作的人员应当具备以下条件：

（一）取得心理咨询员、心理咨询师、高级心理咨询师等国家职业资格证书；

（二）具有强烈的事业心和高度的责任感；

（三）具有良好的品行和职业道德。

监狱可以聘请社会专业人员参与对罪犯的心理矫治工作。

第八章 激励措施

第五十条 监狱应当采取措施，激励罪犯接受改造，在教育改造工作中注重发挥改造积极分子的典型示范作用。

第五十一条 监狱和省、自治区、直辖市监狱管理局应当每年分别组织评选本监狱和本地区的改造积极分子。

改造积极分子的条件：认罪悔罪，积极改造；自觉遵守法律、法规、规章和监规纪律；讲究文明礼貌，乐于助人；认真学习文化知识和劳动技能，成绩突出；积极参加劳动，完成劳动任务；达到计分考核奖励条件。

第五十二条 监狱评选改造积极分子，应当在完成年终评审的基础上，由分监区召集罪犯集体评议推荐，全体警察集体研究，报监区长办公会审议，确定人选。直属分监区或者未设分监区的监区，其人选由分监区或者监区召集罪犯集体评议推荐，全体警察集体研究确定。

监区或者直属分监区确定人选后，填写《改造积极分子审批表》，报监狱教育改造部门审核，在本监狱内履行公示程序后，提交监狱长办公会审定。

第五十三条 监狱对改造积极分子人选实行公示的期限为七个工作日。公示期内，如有监狱人民警察或者罪犯对人选提出异议，由监狱教育改造部门进行复核，并告知复核结果。

第五十四条 省、自治区、直辖市监狱管理局评选本地区改造积极分子，由监狱根据下达的名额，从连续两年被评为监狱改造积极分子的罪犯中提出人选，报监狱管理局教育改造部门审核，由局长办公会审定。

第九章 出监教育

第五十五条 监狱对即将服刑期满的罪犯，应当集中进行出监教育，时限为三个月。

第五十六条 监狱组织出监教育，应当对罪犯进行形势、政策、前途教育，遵纪守法教育和必要的就业指导，开展多种类型、比较实用的职业技能培训，增强罪犯回归社会后适应社会、就业谋生的能力。

第五十七条 监狱应当邀请当地公安、劳动和社会保障、民政、工商、税务等部门，向罪犯介绍有关治安、就业、安置、社会保障等方面的政策和情况，教育罪犯做好出监后应对各方面问题的思想准备，使其顺利回归社会。

第五十八条 监狱应当根据罪犯在服刑期间的考核情况、奖惩情况、心理测验情况，对其改造效果进行综合评估，具体评价指标、评估方法、另行规定。

第五十九条 监狱应当在罪犯刑满前一个月，将其在监狱服刑改造的评估意见、刑满释放的时间，本人职业技能特长和回归社会后的择业意向，以及对地方做好安置帮教工作的建议，填入《刑满释放人员通知书》，寄送服刑人员原户籍所在地的县级公安机关和司法行政机关。

第六十条　监狱应当对刑满释放人员回归社会后的情况进行了解，评估教育改造工作的质量和效果，总结推广教育改造工作的成功经验，不断提高监狱教育改造工作的质量。

第十章　附　　则

第六十一条　对未成年犯的教育改造工作，依照《未成年犯管教所管理规定》（司法部令第 56 号）的有关规定执行；未作规定的，依照本规定执行。

第六十二条　本规定由司法部解释。

第六十三条　本规定自 2003 年 8 月 1 日起施行。

监狱提请减刑假释工作程序规定

（2003 年 1 月 7 日司法部部长办公会议通过　司法部令第 77 号）

第一章　总　　则

第一条　为规范监狱提请减刑、假释工作程序，根据《中华人民共和国刑法》、《中华人民共和国刑事诉讼法》、《中华人民共和国监狱法》的有关规定，结合刑罚执行工作实际，制定本规定。

第二条　监狱提请减刑、假释，应当根据法律规定的条件和程序进行，遵循公开、公平、公正的原则，实行集体评议、首长负责的工作制度。

第三条　被判处有期徒刑的罪犯的减刑、假释，由监狱提出建议，提请罪犯服刑地的中级人民法院裁定。

第四条 被判处死刑缓期二年执行的罪犯的减刑，被判处无期徒刑的罪犯的减刑、假释，由监狱提出建议，经省、自治区、直辖市监狱管理局审核同意后，提请罪犯服刑地的高级人民法院裁定。

第五条 监狱成立提请减刑假释评审委员会，由主管副监狱长及刑罚执行、狱政管理、教育改造、生活卫生、狱内侦查、监察等有关部门负责人组成，主管副监狱长任主任。监狱提请减刑假释评审委员会不得少于7人。

第六条 监狱提请减刑、假释，应当由分监区集体评议，监区长办公会审核，监狱提请减刑假释评审委员会评审，监狱长办公会决定。

省、自治区、直辖市监狱管理局审核减刑、假释建议，应当由主管副局长召集刑罚执行等有关部门审核，报局长审定，必要时可以召开局长办公会决定。

第二章　监狱提请减刑、假释的程序

第七条 提请减刑、假释，应当由分监区召开全体警察会议，根据法律规定的条件，结合罪犯服刑表现，集体评议，提出建议，报经监区长办公会审核同意后，报送监狱刑罚执行（狱政管理）部门审查。

直属分监区或者未设分监区的监区，由全体警察集体评议，提出减刑、假释建议，报送监狱刑罚执行（狱政管理）部门审查。

分监区、直属分监区或者未设分监区的监区的集体评议以及监区长办公会议审核情况，应当有书面记录，并由与会人员签名。

第八条 监区或者直属分监区提请减刑、假释，应当报送下列材料：

（一）《罪犯减刑（假释）审核表》；

（二）监区长办公会或者直属分监区、监区集体评议的记录；

（三）终审法院的判决书、裁定书、历次减刑裁定书的复印件；

（四）罪犯计分考核明细表、奖惩审批表、罪犯评审鉴定表和其他有关证明材料。

第九条 监狱刑罚执行（狱政管理）部门收到对罪犯拟提请减刑、假释的材料后，应当就下列事项进行审查：

（一）需提交的材料是否齐全、完备、规范；

（二）认定罪犯是否确有悔改或者立功、重大立功表现；

（三）拟提请减刑、假释的建议是否适当；

（四）罪犯是否符合法定减刑、假释的条件。

刑罚执行（狱政管理）部门完成审查后，应当出具审查意见，连同监区或者直属分监区报送的材料一并提交监狱提请减刑假释评审委员会评审。

第十条 监狱提请减刑假释评审委员会应当召开会议，对刑罚执行（狱政管理）部门审查提交的减刑、假释建议进行评审。会议应当有书面记录，并由与会人员签名。

第十一条 监狱提请减刑假释评审委员会经评审后，应当将拟提请减刑、假释的罪犯名单以及减刑、假释意见在监狱内公示。公示期限为7个工作日。公示期内，如有警察或者罪犯对公示内容提出异议，监狱提请减刑假释评审委员会应当进行复核，并告知复核结果。

第十二条 监狱提请减刑假释评审委员会完成评审和公示程序后，应当将拟提请减刑、假释的建议和评审报告，报请监狱长办公会审议决定。

第十三条 经监狱长办公会决定提请减刑、假释的，由监狱长在《罪犯减刑（假释）审核表》上签署意见，加盖监狱公章，并由监狱刑罚执行（狱政管理）部门根据法律规定制作《提请减刑建议书》或者《提请假释建议书》，连同有关材料一并提请人民法院裁定。

对本规定第四条所列罪犯决定提请减刑、假释的，监狱应当将《罪犯减刑（假释）审核表》连同有关材料报送省、自治区、直辖市监狱管理局审核。

第十四条 监狱提请人民法院裁定减刑、假释，应当提交下列材料：

（一）《提请减刑建议书》或者《提请假释建议书》；

（二）终审法院判决书、裁定书、历次减刑裁定书的复印件；

（三）罪犯确有悔改或者立功、重大立功表现的具体事实的书面证据材料；

（四）罪犯评审鉴定表、奖惩审批表。

对本规定第四条所列罪犯提请减刑、假释的，应当同时提交省、自治区、直辖市监狱管理局签署意见的《罪犯减刑（假释）审核表》。

第十五条 监狱在向人民法院提请减刑、假释的同时，应当将提请减刑、假释的建议，书面通报派出人民检察院或者派驻检察室。

第三章 监狱管理局审核减刑、假释建议的程序

第十六条 省、自治区、直辖市监狱管理局收到监狱报送的提请减刑、假释建议的材料后，应当由主管副局长召集刑罚执行（狱政管理）等有关部门进行审核。审核中发现监狱报送的材料不齐全或者有疑义的，应当通知监狱补交有关材料或者作出说明。

第十七条 监狱管理局主管副局长主持完成审核后，应当将审核意见报请局长审定；对重大案件或者有其他特殊情况的罪犯的减刑、假释问题，可以建议召开局长办公会审议决定。

监狱管理局审核同意对罪犯提请减刑、假释的，由局长在《罪犯减刑（假释）审批表》上签署意见，加盖监狱管理局公章。

第四章 附 则

第十八条 对违反法律规定和本规定提请减刑、假释的，视情节给予责任人相应的行政处分；构成犯罪的，依法追究刑事责任。

第十九条 司法部直属监狱提请减刑、假释的程序，按照本规定办理；对本规定第四条所列罪犯提请减刑、假释的，报送司法部监狱管理局审核。

第二十条　本规定由司法部解释。

第二十一条　本规定自 2003 年 5 月 1 日起施行。

罪犯保外就医执行办法

（1990 年 12 月 31 日　司发〔1990〕247 号）

第一条　为了加强和改进对罪犯的保外就医的管理工作，根据《中华人民共和国劳动改造条例》的有关规定，制定本办法。

第二条　对于被判处无期徒刑、有期徒刑或者拘役的罪犯，在改造期间有下列情形之一的，可准予保外就医：

（一）身患严重疾病，短期内有死亡危险的。

（二）原判无期徒刑和死刑缓期二年执行后减为无期徒刑的罪犯，从执行无期徒刑起服刑七年以上，或者原判有期徒刑的罪犯执行原判刑期（已减刑的，按减刑后的刑期计算）三分之一以上（含减刑时间），患严重慢性疾病，长期医治无效的。但如果病情恶化有死亡危险、改造表现较好的，可以不受上述期限的限制。

（三）身体残疾、生活难以自理的。

（四）年老多病，已失去危害社会可能的。

第三条　下列罪犯不准保外就医：

（一）被判处死刑缓期二年执行的罪犯在死刑缓期执行期间的；

（二）罪行严重，民愤很大的；

（三）为逃避惩罚在狱内自伤自残的。

第四条　对累犯、惯犯、反革命犯的保外就医，从严控制，对少年犯、老残犯、女犯的保外就医，适当放宽。

第五条　对需要保外就医的罪犯，由所在监狱、劳改队、少管所中队队务会讨论通过，报单位狱政科讨论并邀请驻劳改机关的检察院（组）人员列席参加，初审同意后，进行病残鉴定。

第六条 保外就医的病残鉴定由监狱、劳改队、少管所医院进行，未设医院的，可送劳改局中心医院或者就近的县级以上医院检查鉴定。鉴定结论应经医院业务院长签字，加盖公章，并附化验单、照片等有关病历档案。

第七条 对符合第二条规定情形之一的罪犯，监狱、劳改队、少管所应当填写《罪犯保外就医征求意见书》，征求罪犯家属所在地公安机关意见，并与罪犯家属联系，办理取保手续。

取保人应当具备管束和教育保外就医罪犯的能力，并有一定的经济条件。取保人资格由公安机关负责审查。

取保人和被保人应当在《罪犯保外就医取保书》上签名或者盖章。

第八条 对需要保外就医的罪犯，由监狱、劳改队、少管所填写《罪犯保外就医审批表》，连同《罪犯保外就医征求意见书》、有关病残鉴定和当地公安机关意见，报省、自治区、直辖市劳改局审批。同时将上述副本送给担负检察任务的派出机构。劳改局批准同意保外就医的，应将《罪犯保外就医审批表》副本三份送达报请审批单位。

第九条 对批准保外就医的罪犯，监狱、劳改队、少管所应当办理出监手续，发给《罪犯保外就医证明书》，并对罪犯进行遵纪守法和接受公安机关监督的教育，同时，应将《罪犯保外就医审批表》、《保外就医罪犯出监所鉴定表》、人民法院判决书复印件或者抄件，及时送达罪犯家属所在地的县级公安机关和人民检察院。

第十条 保外就医罪犯由取保人领回到当地公安机关报到。保外就医罪犯在规定时间内不报到的，公安机关应及时通知其所在的监狱、劳改队、少管所，由劳改机关负责寻找。

第十一条 家居外省、自治区、直辖市的罪犯回原住地保外就医的，监狱、劳改队、少管所应当将其档案材料转给原住地劳改局，由该劳改局指定就近的监狱、劳改队、少管所管理。

第十二条 对符合本办法第二条第（一）、（二）项规定情形的罪犯，实行定期保外就医制度。依据罪犯病情，可以一次批准决定保外就医时间半年至一年。期满前，监狱、劳改队、少管所应当派干警实地考察或者发函调查。保外就医罪犯病情基本好转的，由监狱、劳改队、少管所收监执行；经县级以上医院证明尚未好转的，由监狱、劳改队、少管所提出意见，报省、自治区、直辖市劳改局批准，办理延长保外就医期限手续，每次可以延长半年至一年。

决定收监执行或者延长保外就医时间的，监狱、劳改队、少管所应当及时通知当地公安机关和人民检察院。

第十三条 罪犯保外就医期间的生活和医疗费用，由其负有扶养义务的亲属负担；个别确有困难的，经当地公安机关证明，监狱、劳改队、少管所可以酌情予以补助。

因公致残或者因意外伤残的罪犯保外就医的，由监狱、劳改队、少管所负责治疗，也可以给予定期或者一次性补助。

第十四条 保外就医罪犯，由所在地公安机关负责日常性监督考察，劳改机关每年应当派干警或者发函进行一次全面考察，了解罪犯病情和表现情况，根据情况进行处理。派出干警考察的，应当与负责监督考察的公安机关联系并与罪犯本人、取保人见面；发函考察的，负责监督考察的公安机关应当及时回复。

罪犯在保外就医期间死亡、迁移地址或者重新犯罪的，当地公安机关应当及时函告负责管理的监狱、劳改队、少管所；对确有悔改或者立功表现的，应当向负责管理的监狱、劳改队、少管所介绍情况，监狱、劳改队、少管所可以向人民法院提出减刑建议。

第十五条 罪犯保外就医期间刑期届满的，监狱、劳改队、少管所应当按期办理释放手续。

第十六条 罪犯保外就医期间计入执行刑期，但采取非法手段骗取保外就医、经查证属实的除外。

保外就医罪犯未经公安机关批准擅自外出的期间不计入执行刑期。

第十七条 保外就医罪犯有下列情形之一的，予以收监执行：

（一）重新违法犯罪的；

（二）采取非法手段骗取保外就医的；

（三）经治疗疾病痊愈或者病情基本好转的。

第十八条 依照规定由公安机关看守所羁押的罪犯需要保外就医的，参照本办法执行。

第十九条 本办法自发布之日起施行。

附件：《罪犯保外就医疾病伤残范围》

罪犯保外就医疾病伤残范围

正在服刑的罪犯有下列病残情况之一，且符合其他规定条件者，可准予保外就医：

一、经精神病专科医院（按地区指定的司法鉴定医院）司法鉴定确诊的经常发作的各种精神病，如精神分裂症、躁狂忧郁症、周期性精神病等。

二、各种器质性心脏病（风湿性心脏病、冠状动脉粥样硬化性心脏病、高血压性心脏病、心肌病、心包炎、肺源性心脏病、先天性心脏病等），心脏功能在三级以上。

器质性心脏病所致的心律失常，如多发多源性期前收缩、心房纤颤、二度以上的房室传导阻滞等。

心肌梗塞经治疗后，仍有严重的冠状动脉供血不足改变或合并症者。

三、高血压病 III 期。

四、空洞型肺结核、反复咯血，经两个疗程治疗不愈者，支气管扩张、反复咯血、且合并肺感染者。

患有肺胸膜性疾病，同时存在严重呼吸功能障碍者，如渗出性胸膜炎、脓胸、外伤性血气胸、弥漫性肺间质纤维化等。

五、各种肝硬变所致的失代偿期，如门静脉性肝硬变、坏死后肝硬变、胆汁性肝硬变、心源性肝硬变、血吸虫性肝硬变等。

六、各种慢性肾脏疾病引起的肾功能不全，经治疗不能恢复者，如慢性肾小球肾炎、慢性肾盂肾炎、双侧肾结核、肾小动脉硬化等。

七、脑血管疾病、颅内器质疾病所致的肢体瘫痪、明显语言障碍或视力障碍等，经治疗不愈者。

脑血管疾病，如脑出血、脑血栓形成、蛛网膜下腔出血、脑栓塞等。

颅内器质疾病，如颅内肿瘤、脑脓肿、森林脑炎、结核性脑膜炎、化脓性脑膜炎、严重颅脑外伤等。

八、各种脊髓疾病及周围神经所致的肢体瘫痪、大小便失禁、生活不能自理者。

各种脊髓疾病，如脊髓炎、高位脊髓空洞症、脊髓压迫症、运动神经元疾病。

周围神经疾病，如多发性神经炎、周围神经损伤、治疗无效、生活不能自理者。

九、癫痫频繁大发作，伴有精神障碍者。

十、糖尿病合并心、脑、肾病变或严重继发感染者。

十一、胶原性疾病造成脏器功能障碍，治疗无效者，如系统性红斑狼疮、皮肌炎、结节性多发动脉炎等。

十二、内分泌腺疾病，难以治愈者，达到丧失劳动能力者，如脑垂体瘤、肢端肥大症、尿崩症、柯兴氏综合症、原发性醛固酮增多症、嗜铬细胞瘤、甲状腺机能亢进、甲状腺机能减退、甲状旁腺机能亢进、甲状旁腺机能减退症。

十三、白血病、再生障碍性贫血者。

十四、寄生虫病侵犯肺、脑、肝等重要器官，造成继发性损害，生活不能自理者。寄生虫病包括囊虫病、肺吸虫病、中华分枝睾吸虫病、丝虫病、血吸虫病等。

十五、心、肝等重要脏器损伤或遗有严重功能障碍，各种重要脏器手术治疗后，遗有严重功能障碍、丧失劳动能力者。

十六、消化器官及其腹部手术后有严重并发症，如重度粘连性肠梗阻，反复发作，不宜治愈者。

十七、肺、肾、肾上腺等器官一侧切除，对侧仍有病变或有明显功能障碍者。

十八、严重骨盆骨折合并尿道损伤，经治后在骨关节遗有运动功能障碍，或遗有尿道狭窄和尿路感染久治不愈者。

十九、脑、脊髓外伤治疗后遗有痴呆、失语（包括严重语言不清），截瘫或一个肢体功能丧失、大小便不能控制、功能难以恢复者。

二十、双上肢、双下肢、一个上肢和一个下肢因伤、病截肢或失去功能，不能恢复者。

截肢指上肢在腕关节以上，下肢踝关节以上。

失去功能指肢体强直、畸型、肌肉萎缩、上肢必须达到手不能提物，下肢必须达到足不能持重。

二十一、双手完全失去功能或伤病致双手手指缺损六个以上者。且六个缺损的手指中有半数以上在指掌关节处离断，必须包括双拇指全失。

二十二、两个以上主要关节（指肩、膝、肘髋）因伤病发生强直畸形，经治疗不见好转、相当于双下肢或双上肢或一个上肢和一个下肢丧失功能的程度，脊柱功能完全丧失者。

二十三、各种恶性肿瘤经过治疗不见好转者。

二十四、其他各类肿瘤，严重影响肌体功能而不能进行彻底治疗，或者全身状态不佳、肿瘤过大、肿瘤和主要脏器有严重粘连等原因而不能手术治疗或有严重后遗症。

其他各类肿瘤系指各种良性肿瘤或暂时难以确定性质的肿瘤。

不能进行彻底治疗的甲状腺瘤、胸腺瘤、支气管囊肿、纵膈肿瘤等肿瘤压迫推移脏器，影响呼吸循环功能者。

严重的后遗症和癫痫、偏瘫、截瘫、胃瘘、尿瘘等。

二十五、伤病后所致的双目失明或接近失明（指两眼视力均为一米内指数）。内耳伤、病所致的平衡失调，经治疗不能恢复者。

二十六、上下颌伤、病经治疗后有语言不清、严重咀嚼障碍，两者同时存在者。

二十七、经专科防治机构（省、市职业病防治院所）确定的二、三期矽肺、煤矽肺、石棉肺；各种职业性中毒性肺病及其他职业病治疗后，遗有肢体瘫痪、癫痫、失语、痴呆、失明、精神病等，职业性放射线病所致主要脏器有严重损伤者。

职业性中毒，系指在生产条件下，接触工农业毒物而引起的一种职业性疾病。

二十八、同时患有两种（含两种）以上疾病，其中一种病情必须接近上述各项疾病程度。

二十九、艾滋病毒反应阳性者。

三十、其他需保外就医的疾病。

图书在版编目（CIP）数据

监所检察案例教程/荣彰主编. —北京：中国检察出版社，
2014.1

（检察实务培训系列教材）

ISBN 978 – 7 – 5102 – 0978 – 9

Ⅰ.①监… Ⅱ.①荣… Ⅲ.①监狱 – 检察 – 工作 – 中国 –
教材 ②看守所 – 检察 – 工作 – 中国 – 教材 Ⅳ.①D926.34

中国版本图书馆 CIP 数据核字（2013）第 202825 号

监所检察案例教程

荣 彰 主编

出版发行：	中国检察出版社
社　　址：	北京市石景山区香山南路 111 号（100144）
网　　址：	中国检察出版社（www.zgjccbs.com）
电　　话：	(010)68682164(编辑)　68650015(发行)　68636518(门市)
经　　销：	新华书店
印　　刷：	保定市中画美凯印刷有限公司
开　　本：	A5
印　　张：	13.875 印张
字　　数：	384 千字
版　　次：	2014 年 1 月第一版　　2014 年 1 月第一次印刷
书　　号：	ISBN 978 – 7 – 5102 – 0978 – 9
定　　价：	38.00 元